KB055642

譯註 儀禮注疏
士昏禮

❷

譯註 儀禮注疏
士昏禮

❷

정병섭 역주

學古房

목차

❶

❷

제 9 절
동뢰(同牢)의 절차

92上

婦至, 主人揖婦以入. 及寢門, 揖入, 升自西階. 媵布席于奧. 夫入于室, 卽席. 婦尊西, 南面, 媵·御沃盥交.

직역 婦가 至하면 主人은 婦에게 揖하고 入한다. 寢門에 及하면 揖하고 入하며 升하되 西階로 自한다. 媵은 奧에 布席한다. 夫는 室에 入하여 席에 卽한다. 婦는 尊西하여 南面하고 媵과 御는 沃盥하길 交한다.

의역 신부가 도착하면 신랑은 신부에게 읍을 하고 안으로 들어간다. 침문에 당도하면 읍을 하고 들어가며 서쪽 계단을 통해서 올라간다. 잉은 방의 아랫목에 자리를 편다. 신랑은 실로 들어가서 자리로 나아간다. 신부는 술동이 서쪽에 위치하여 남쪽을 바라보고, 잉과 어는 상대를 바꿔 대야에 손 씻을 물을 따른다.

鄭注 升自西階, 道婦入也. 媵, 送也, 謂女從者也. 御, 當爲訝. 訝, 迎也, 謂壻從者也. 媵沃壻盥於南洗, 御沃婦盥於北洗. 夫婦始接, 情有廉恥, 媵·御交道其志.

서쪽 계단을 통해 올라가는 것은 신부를 인도해서 들어가기 때문이다. '잉(媵)'자는 전송한다는 뜻이니, 신부측의 종자를 뜻한다. '어(御)'자는 마땅히 아(訝)자가 되어야 한다. '아(訝)'자는 맞이한다는 뜻이니, 신랑측의 종자를 뜻한다. 잉은 남쪽에 설치된 물대야에서 신랑에게 손 씻을 물을 따라주고, 어는 북쪽에 설치된 물대야에서 신부에게 손 씻을 물을 따라준다. 부부가 처음으로 만나 부끄러워하는 감정이 있으니, 잉과 어가 그 뜻을 상호 인도하는 것이다.

賈疏 ●“婦至”至“盥交”. ○釋曰: 此明夫導於婦入門升階, 及對席, 媵·御沃盥之儀. 云“主人揖婦以入”者, 此則詩云“好人提提, 宛然左辟”, 是也. 云“夫入于室, 卽席”者, 謂婿也. 婦在尊西, 未設席. 婿旣爲主, 東面須設饌, 訖, 乃設對席. 揖卽對席, 爲前後至之便故也.

●經文: “婦至”~“盥交”. ○ 이것은 신랑이 신부를 인도하여 문으로 들어가고 계단으로 오르며, 자리를 마주하면 잉과 어가 손 씻을 물을 따라주는 의례절차를 나타내고 있다. “신랑은 신부에게 읍을 하고 안으로 들어간다.”라고 했는데, 『시』에서 “아름다운 임은 차분히 살펴 조심스럽게 좌측으로 피하는구나.”[1]라고 한 말에 해당한다. “부(夫)는 실로 들어가서 자리로 나아간다.”라고 했는데, 신랑을 뜻한다. 신부는 술동이 서쪽에 있으니 아직 자리를 펼치지 않았기 때문이다. 신랑은 이미 주인의 입장이 되므로 동쪽을 바라보며 음식을 진설할 때까지 기다리고, 그 일이 끝나면 마주하는 자리를 설치한다. 읍을 하면 곧 마주하는 자리로 나아가니, 앞서 나아간 자와 뒤에 도달한 자 모두 편리하기 때문이다.

賈疏 ◎注“升自”至“其志”. ○釋曰: 云“升自西階, 道婦入也”者, 以尋常客客, 主人在東, 賓在西. 今主人與妻俱升西階, 故云道婦入也. 云“媵, 送也, 謂女從者也”, 卽姪娣也. 云“御, 當爲訝. 訝, 迎也, 謂婿從者也”者, 以其與婦人爲盥, 非男子之事, 謂夫家之賤者也. 知“媵沃婿盥於南洗, 御沃婦盥於北洗”者, 以其有南北二洗. 又云“媵御沃盥交”, 明知夫婦與媵御南北交相沃盥也.

◎鄭注: “升自”~“其志”. ○ 정현이 “서쪽 계단을 통해 올라가는 것은 신부를 인도해서 들어가기 때문이다.”라고 했는데, 일상적으로 빈객을 대할 때 주인은 동쪽에 있고 빈객은 서쪽에 있다. 현재 주인에 해당하는 신랑

1) 『시』「위풍(魏風)·갈구(葛屨)」: 好人提提, 宛然左辟, 佩其象揥. 維是褊心, 是以爲刺.

이 신부와 함께 서쪽 계단을 통해 올라가기 때문에 "신부를 인도해서 들어가기 때문이다."라고 했다. 정현이 "잉(媵)자는 전송한다는 뜻이니, 신부측의 종자를 뜻한다."라고 했는데, 신부의 조카와 여동생을 뜻한다. 정현이 "어(御)자는 마땅히 아(訝)자가 되어야 한다. 아(訝)자는 맞이한다는 뜻이니, 신랑측의 종자를 뜻한다."라고 했는데, 신부측의 종자와 함께 손 씻을 물을 따르는데, 이것은 남자의 일이 아니니 신랑 집안에 있는 미천한 여자 하인을 뜻한다. 정현이 "잉은 남쪽에 설치된 물대야에서 신랑에게 손 씻을 물을 따라주고, 어는 북쪽에 설치된 물대야에서 신부에게 손 씻을 물을 따라준다."라고 했는데, 이 말이 사실임을 알 수 있는 것은 남쪽과 북쪽 2곳에 각각 물대야가 있기 때문이다. 또 "잉과 어는 상대를 바꿔 대야에 손 씻을 물을 따른다."라고 했는데, 이를 통해 남편과 부인 및 잉과 어가 남쪽과 북쪽에서 교차하여 상대에 대해 손 씻을 물을 따라준다는 사실을 명확히 알 수 있다.

참고 9-1 『시』「위풍(魏風)·갈구(葛屨)」

糾糾葛屨, (규규갈구) : 칭칭 휘감긴 칡으로 엮은 신발이여,
可以履霜. (가이리상) : 서리를 밟을 수 있겠는가.
摻摻女手, (섬섬여수) : 가냘프고 여린 여인의 손이여,
可以縫裳. (가이봉상) : 치마를 꿰맬 수 있겠는가.
要之襋之, (요지극지) : 허리띠를 달고 옷깃을 달아,
好人服之. (호인복지) : 아름다운 임이 만드는구나.

好人提提, (호인제제) : 아름다운 임은 차분히 살펴,
宛然左辟, (완연좌벽) : 조심스럽게 좌측으로 피하나니,
佩其象揥. (패기상체) : 상아로 만든 빗치개를 찼구나.

維是褊心, (유시편심) : 다만 편협하고 다급한 마음인지라,
是以爲刺. (시이위자) : 이로써 풍자하노라.

毛序 葛屨, 刺褊也. 魏地陿隘, 其民, 機巧趨利, 其君, 儉嗇褊急, 而無德以將之.

모서 「갈구」편은 편협하고 다급함을 풍자한 시이다. 위나라는 땅이 협소하여 백성들은 잔꾀를 부리며 이익을 추구했고 군주는 인색하고 편협하며 다급하여 덕으로 시행할 수 없었다.

그림 9-1 ▣ 부부즉석도(夫婦卽席圖)

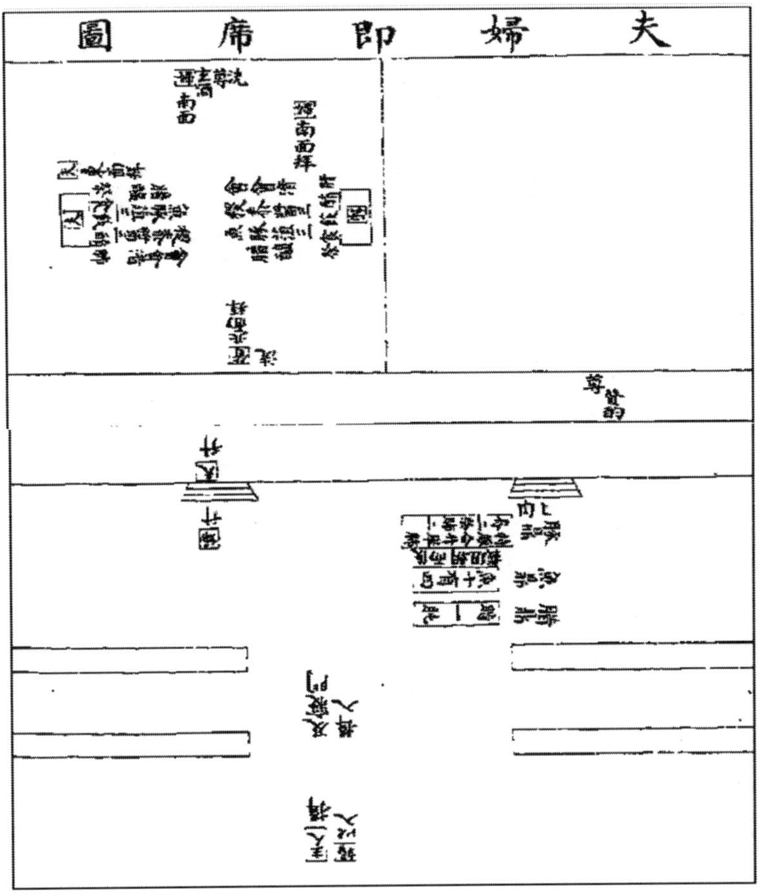

夫婦卽席圖

※ 출처: 『의례도(儀禮圖)』 2권

92下

贊者徹尊冪. 擧者盥, 出, 除冪, 擧鼎入, 陳于阼階南, 西面, 北上. 匕俎從設.

직역 贊者가 尊冪을 徹한다. 擧者가 盥하고 出하여 冪을 除하고 鼎을 擧하여 入해서 阼階의 南에 陳하되 西面하며 北上한다. 匕俎는 從設한다.

의역 혼례의 진행을 돕는 자는 술동이의 덮개를 치운다. 솥을 드는 자는 손을 씻고 밖으로 나와 솥 덮개를 치우고, 솥을 들고서 안으로 들어가 동쪽 계단 남쪽에 진설하되 서쪽을 향하도록 하며 북쪽 끝에서부터 차례대로 정렬한다. 숟가락을 든 자와 도마를 든 자는 솥을 든 자를 뒤따라 들어가 설치한다.

鄭注 執匕者, 執俎者, 從鼎而入, 設之. 匕, 所以別出牲體也. 俎, 所以載也.

숟가락을 잡고 있는 자와 도마를 잡고 있는 자는 솥을 든 자를 따라서 들어와 설치한다. 숟가락은 희생물의 몸체를 구별해 꺼내기 위한 것이다. 도마는 그것을 올리기 위한 것이다.

賈疏 ●"贊者"至"從設". ◎注"執匕"至"載也". ○釋曰: 按特牲·少牢·公食與有司徹, 及此昏禮等, 執匕俎擧鼎各別人者, 此吉禮尙威儀故也. 士喪禮擧鼎, 右人以右手執匕, 左人以左手執俎, 擧鼎人兼執匕俎者, 喪禮略也. 云"從設"者, 以從男之事, 故從吉祭法也. 公食執匕俎之人, 入加匕於鼎, 陳俎於鼎南, 其匕與載, 皆擧鼎者爲之. 特牲注云: "右人也, 尊者於事指使可也." 則右人於鼎北, 南面匕肉出之. 左人於鼎西俎南, 北面承取肉, 載於俎. 士虞右人載者, 喪祭少變, 故在西方, 長者在左也. 今昏禮鬼神陰陽當與特牲禮同, 亦右人匕, 左人載, 遂執俎而立, 以侍設也. 云"匕, 所以別出牲體也"者, 凡牲有體, 別謂肩·臂·臑·肫·胳·脊·脅之等於鼎, 以次別匕出之載者, 依其體別, 以次載之於俎, 故云別出牲體也.

● 經文: "贊者"~"從設". ◎ 鄭注: "執匕"~"載也". ○『의례』「특생궤식례(特牲饋食禮)」·「소뢰궤식례(少牢饋食禮)」·「공사대부례(公食大夫禮)」 및 「유사철(有司徹)」편과 이곳 「사혼례」편 등을 살펴보면, 숟가락을 잡고 도마를 잡으며 솥을 드는 것은 각각 별개의 사람이 했으니, 이것은 길례에서 위엄스러운 의례 형식을 숭상하기 때문이다. 『의례』「사상례(士喪禮)」편에서는 솥을 들 때 우측에 있는 자는 우측 손으로 숟가락을 들고, 좌측에 있는 자는 좌측 손으로 도마를 들어서, 솥을 드는 자가 숟가락이나 도마를 드는 자의 임무를 겸했는데, 상례에서는 간략히 하기 때문이다. '종설(從設)'이라고 했는데, 남자의 일을 따르기 때문에 길제의 법도를 따르는 것이다. 「공사대부례」에서는 숟가락과 도마를 든 자가 들어와 솥에 숟가락을 올리고 솥의 남쪽에 도마를 놓아두니, 숟가락을 올리고 고기를 올리는 것은 모두 솥을 든 자가 하게 된다. 「특생궤식례」편의 주에서는 "우측에 있는 사람이니, 존귀한 자는 일에 대해서 지시하고 시키는 것이 옳다."[1]라 했으니, 우측에 있는 자는 솥의 북쪽에서 남쪽을 바라보며 숟가락으로 고기를 꺼내는 것이다. 좌측에 있는 자는 솥의 서쪽과 도마의 남쪽에서 북쪽을 바라보며 받들어 고기를 취해 도마에 올린다. 『의례』「사우례(士虞禮)」편에서 우측에 있는 자가 고기를 올리는 것은 상제에서는 조금 변화를 주기 때문에 서쪽에 있게 되니 장자(長者)가 좌측에 있게 된다. 현재 「사혼례」에서는 부부가 되는 것을 귀신을 섬기듯 대하여 마땅히 「특생궤식례」와 동일하게 해야 하므로, 또한 우측에 있는 자가 숟가락을 들고 좌측에 있는 자가 고기를 올리게 되며, 마침내 도마를 들고 서서 진설하는 것을 시중든다. 정현이 "숟가락은 희생물의 몸체

1) 이 문장은 『의례』「특생궤식례(特牲饋食禮)」편의 "乃朼."라는 기록에 대한 정현의 주이다.

를 구별해 꺼내기 위한 것이다."라고 했는데, 무릇 희생물은 몸체가 있는데, 구별한다는 것은 견 · 비 · 노 · 순 · 각 · 척 · 협 등을 솥에서 차례대로 구별해 숟가락으로 꺼내 올리는 것을 뜻하니, 몸체의 구별에 따라 차례대로 도마에 올린다. 그렇기 때문에 "희생물의 몸체를 구별해서 꺼낸다."라고 했다.

그림 9-2 ▣ 소비(疏匕)와 도비(挑匕)

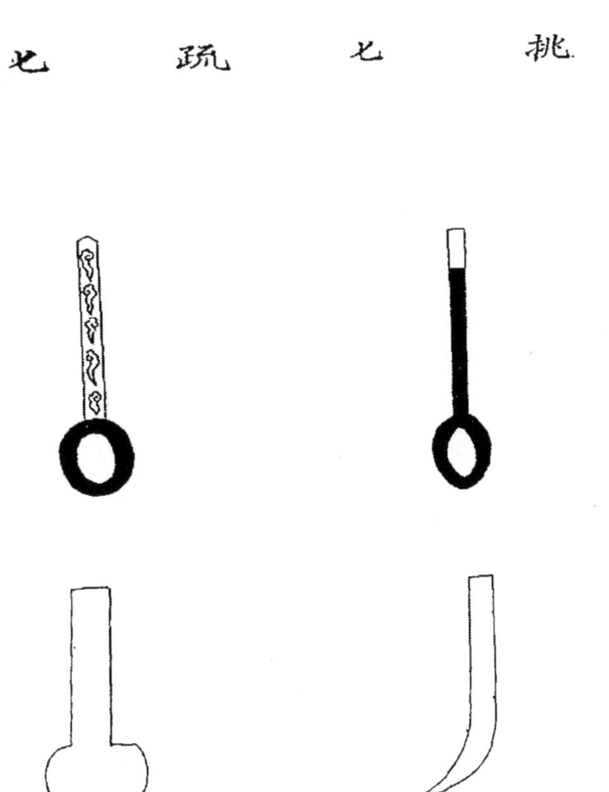

※ 출처:

상단-『삼례도집주(三禮圖集注)』 13권

하단-『삼례도(三禮圖)』 4권

93上

北面載, 執而俟.

직역 北面하여 載하고, 執하여 俟한다.

의역 도마를 든 자는 북쪽을 바라보며 고기를 올리고, 그것을 들고서 두(豆)가 진설되기를 기다린다.

鄭注 執俎而立, 俟豆先設.

도마를 들고 서서 두가 먼저 진설되기를 기다린다.

賈疏 ●"北面載執而俟". ◎注"執俎"至"先設". ○釋曰: 知俟豆先設者, 下文菹醢後乃云"俎入, 設于豆東", 故知也.

●經文: "北面載執而俟". ◎鄭注: "執俎"~"先設". ○두가 먼저 진설되기를 기다린다는 사실을 알 수 있는 이유는 아래문장에서 절임과 젓갈이 나오고 그 뒤에 "도마를 든 자가 들어와 두의 동쪽에 진설한다."라고 했기 때문에,[1] 이러한 사실을 알 수 있다.

---

1) 『의례』「사혼례」: 贊者設醬于席前, 菹醢在其北. 俎入, 設于豆東, 魚次. 腊特于俎北.

93上

匕者逆退, 復位于門東, 北面, 西上.

직역 匕者가 逆退하여 門東에 復位하고 北面하며 西上한다.

의역 숟가락을 들고 있는 자가 역순으로 물러나서 문의 동쪽의 자리로 복귀하여 서는데, 북쪽을 바라보며 서쪽 끝에서부터 차례대로 정렬한다.

鄭注 執匕者事畢逆退, 由便. 至此乃著其位, 略賤也.

숟가락을 들고 있는 자는 일이 끝나면 역순으로 물러나니, 편리에 따르기 때문이다. 이 지점에 이르러서야 그들의 자리를 드러내는 것은 미천한 자에게는 간략히 다루기 때문이다.

賈疏 ●"匕者"至"西上". ◎注"執匕"至"賤也". ○釋曰: 云"至此乃著其位, 略賤也"者, 按士冠未行事, 陳主人位訖, 卽言兄弟及擯者之位, 於此初陳鼎門外時, 不見執匕者位, 至此乃著其位, 故言略賤也.

●經文: "匕者"~"西上". ◎鄭注: "執匕"~"賤也". ○정현이 "이 지점에 이르러서야 그들의 자리를 드러내는 것은 미천한 자에게는 간략히 다루기 때문이다."라고 했는데, 『의례』「사관례(士冠禮)」편을 살펴보면, 아직 일을 시행하기 이전에 주인의 자리를 설치하고 그 일이 끝나면 형제와 빈(擯)의 자리를 언급했다. 그런데 이곳에서는 처음 솥을 문밖에 설치할 때 숟가락을 든 자의 자리가 나타나지 않았으며, 이 지점에 이르러서야 그 자리를 드러냈다. 그렇기 때문에 미천한 자에게는 간략히 다루기 때문이라고 말했다.

93上

贊者設醬于席前, 菹醢在其北. 俎入, 設于豆東, 魚次. 腊特于俎北.

직역 贊者가 席前에 醬을 設하고 菹醢는 그 北에 在한다. 俎가 入하여 豆의 東에 設하고, 魚는 次한다. 腊은 俎의 北에 特한다.

의역 혼례의 진행을 돕는 자가 자리 앞에 장을 진설하고, 절임과 젓갈은 그 북쪽에 놓아둔다. 도마를 든 자가 들어와 두의 동쪽에 진설하고, 물고기는 그 다음에 둔다. 포는 도마의 북쪽에 단독으로 진설한다.

鄭注 豆東, 菹醢之東.

두의 동쪽은 절임과 젓갈의 동쪽을 뜻한다.

賈疏 ◎注"豆東菹醢之東". ○釋曰: 醬與菹醢俱在豆, 知不在醬東者, 下文醬東有黍稷, 故知在菹醢東也.

◎鄭注: "豆東菹醢之東". ○장과 절임 및 젓갈은 모두 두에 담는데, 장의 동쪽에 놓지 않는다는 사실을 알 수 있는 이유는 아래문장에 장의 동쪽에는 서직이 있다고 했다.[1] 그렇기 때문에 절임과 젓갈의 동쪽에 둔다는 사실을 알 수 있다.

1) 『의례』「사혼례」: 贊設黍于醬東, 稷在其東, 設湆于醬南.

93下

贊設黍于醬東, 稷在其東, 設湆于醬南.

직역 贊은 醬의 東에 黍를 設하고 稷은 그 東에 在하며 醬의 南에 湆을 設한다.

의역 혼례의 진행을 돕는 자는 찰기장밥을 담은 그릇을 장의 동쪽에 진설하고, 메기장밥을 담은 그릇을 그 동쪽에 두며, 장의 남쪽에 고깃국을 진설한다.

鄭注 饌要方也.

음식을 진설할 때에는 네모 반듯하게 두어야 하기 때문이다.

賈疏 ●"贊設"至"醬南". ◎注"饌要方也". ○釋曰: 豆東, 兩俎, 醬東, 黍稷, 是其要方也.

● 經文: "贊設"~"醬南". ◎ 鄭注: "饌要方也". ○ 두의 동쪽에는 2개의 도마가 있고, 장의 동쪽에는 찰기장밥과 메기장밥이 있으니, 이것이 네모지고 반듯하게 두는 것이다.

93下

設對醬于東.

직역 東에 對醬을 設한다.

의역 도마의 동쪽에 신부가 사용하는 장을 진설한다.

鄭注 對醬, 婦醬也, 設之當特俎.

'대장(對醬)'은 신부가 사용하는 장이니, 그것을 설치하여 단독으로 있는 도마와 마주보게 한다.

賈疏 ●"設對醬于東". ◎注"對醬"至"特俎". ○釋曰: 婿東面設醬, 在南爲右, 婦西面, 則醬在北爲右, 皆以右手取之爲便, 故知設之當特俎東也.

●經文: "設對醬于東". ◎鄭注: "對醬"~"特俎". ○신랑은 동쪽을 바라보며 그에 따라 장을 설치하니 남쪽에 있는 것이 우측이 되고, 신부는 서쪽을 바라보니 장이 북쪽에 있으면 우측이 된다. 모두 우측 손으로 취하는 것을 편리로 삼기 때문에, 그것을 설치하며 단독으로 올린 도마의 동쪽을 마주보게 한다는 사실을 알 수 있다.

93下

葅醢在其南, 北上. 設黍于腊北, 其西稷. 設湆于醬北. 御布對席, 贊啓會, 卻于敦南, 對敦于北.

직역 葅醢는 그 南에 在하되 北上한다. 腊의 北에 黍를 設하고 그 西에 稷한다. 醬의 北에 湆을 設한다. 御는 對席을 布하고 贊은 啓會하여 敦의 南에 卻하고 北에 對敦한다.

의역 절임과 젓갈은 그 남쪽에 두되 북쪽 끝에서부터 차례대로 정렬한다. 포의 북쪽에 찰기장밥을 담은 그릇을 진설하며, 메기장밥을 담은 그릇은 그 서쪽에 둔다. 장의 북쪽에 고깃국을 진설한다. 어는 신랑의 자리와 마주하는 곳에 자리를 펴고, 혼례의 진행을 돕는 자는 밥그릇 뚜껑을 열어 돈의 남쪽에 뒤집어 놓고, 북쪽에는 신부의 돈을 마주하게 둔다.

鄭注 啓, 發也. 今文啓作開, 古文卻爲綌.

'계(啓)'자는 연다는 뜻이다. 금문에는 '계(啓)'자가 개(開)자로 기록되어 있고, 고문에는 '각(卻)'자가 격(綌)자로 기록되어 있다.

賈疏 ●"葅醢"至"于北". ○釋曰: "葅醢在其南, 北上"者, 謂葅在醬南, 其南有葅有醢. 若婿醢在葅北, 從南向北陳爲南上. 此從北向南陳, 亦醢在葅南, 爲北上也. 云"湆", 卽上文大羹湆. 在爨者, 羹宜熱, 醢[1]食乃將入, 是以公食大夫云"大羹湆不和, 實于鐙, 由門入, 公設之于醬西", 是也. 又生人食, 公食大夫是也. 特牲·士虞等爲神設, 皆爲敬尸, 尸亦不食也. 鄕飮酒·鄕射·燕禮·大射不設者, 湆非飮食之具, 故無也. 少牢無湆者, 文不備. 有司徹有湆者, 賓尸禮褻, 故有之, 與少牢禮異也. 云"設湆于醬北"者, 按上設婿湆於醬南, 在醬

1) 해(醢) : 『십삼경주소』 북경대 출판본에서는 "해(醢)자를 『요의』에서는 임(臨)자로 기록했다."라고 했다.

黍之南, 特俎出於饌北, 此設婦湆於醬北, 在特俎東, 饌內則不得要方, 上注云"要方"者, 據大判而言耳. 云"啓會, 卻于敦南, 對敦于北"者, 取婿東面以南爲右, 婦西面以北爲右, 各取便也. 卻, 仰也, 謂仰於地也.

●經文: "菹醢"~"于北". ○"절임과 젓갈은 그 남쪽에 두되 북쪽 끝에서부터 차례대로 정렬한다."라고 했는데, 절임은 장의 남쪽에 두어, 그 남쪽에 절임과 젓갈이 있게 된다는 뜻이다. 만약 신랑이 먹는 젓갈인 경우라면 절임의 북쪽에 두어, 남쪽으로부터 북쪽을 향하게 진설하니, 남쪽 끝에서부터 차례대로 정렬하게 된다. 이곳에서는 북쪽으로부터 남쪽을 향하게 진설하는데, 또한 젓갈은 절임 남쪽에 있게 되어, 북쪽 끝에서부터 차례대로 정렬한다. '읍(湆)'이라고 한 것은 앞 문장에 나온 대갱읍(大羹湆)[2]에 해당한다. 부뚜막에서 끓이는 것은 국은 뜨거워야 하기 때문이고, 식사에 임하게 되어서야 장차 들이게 되니, 이러한 까닭으로 『의례』「공사대부례(公食大夫禮)」편에서는 "고깃국은 조미를 가미하지 않고 등에 담으며, 문을 통해 들어오고, 공이 장의 서쪽에 진설한다."[3]라고 한 것이다. 또 살아있는 자가 먹는 경우에는 「공사대부례」편의 내용이 여기에 해당한다. 『의례』「특생궤식례(特牲饋食禮)」편과 「사우례(士虞禮)」편 등의 내용은 신을 위해 진설하는 것으로, 모두 시동을 공경하기 위한 것이며, 시동은 또한 이것을 먹지 않는다. 『의례』「향음주례(鄉飮酒禮)」·「향사례(鄉射禮)」·「연례(燕禮)」·「대사례(大射禮)」편에서는 진설하지 않았는데, 고깃국은 음식을 갖추기 위한 것이 아니다. 그렇기 때문에 없다. 「소뢰궤식례(少牢饋食禮)」편에도 고깃국이 없는데, 문장을 자세히 기록하지 않았기 때문이다. 「유사철(有司徹)」편에는 고깃국이

2) 『의례』「사혼례」: 大羹湆在爨.

3) 『의례』「공사대부례(公食大夫禮)」: 大羹湆不和, 實于鐙. 宰右執鐙, 左執蓋, 由門入, 升自阼階, 盡階, 不升堂, 授公, 以蓋降, 出, 入反位. 公設之于醬西, 賓辭, 坐遷之.

나오는데, 빈시[4]의 예법에서는 친근하게 대하기 때문에 갖추는 것으로, 「소뢰궤식례」의 예법과 차이가 난다. "장의 북쪽에 고깃국을 진설한다."라고 했는데, 살펴보면 앞에서 신랑의 고깃국은 장의 남쪽에 진설하였으니, 장과 찰기장밥의 남쪽에 있게 되며, 단독으로 올린 도마는 음식들의 북쪽으로 나오게 되는데, 이곳에서 신부의 고깃국을 장의 북쪽에 진설한다고 했으면, 단독으로 차려진 도마의 동쪽에 있게 되며, 음식들의 안쪽에 두게 되면 네모 반듯하게 될 수 없다. 앞의 주에서 '요방(要方)'이라고 말한 것은 큰 판을 기준으로 말한 것일 뿐이다. "밥그릇 뚜껑을 열어 돈의 남쪽에 뒤집어 놓고, 북쪽에는 신부의 돈을 마주하게 둔다."라고 했는데, 신랑이 동쪽을 바라보아 남쪽을 우측으로 삼고, 신부가 서쪽을 바라보아 북쪽을 우측으로 삼아 각각 편리에 따름을 취한 것이다. '각(卻)'자는 뒤집는다는 뜻이니, 지면에서 뒤집는다는 의미이다.

4) 빈시(賓尸)는 두 가지 뜻이 있다. 첫 번째는 제사를 지낸 다음날 다시 지내는 제사를 뜻한다. 두 번째는 제사를 지낸 다음 날 시행하는 일종의 잔치이다. 제사 때 시동의 역할을 했던 자의 노고를 위로하기 위해 시행한다.

그림 9-3 ▣ 등(鐙)

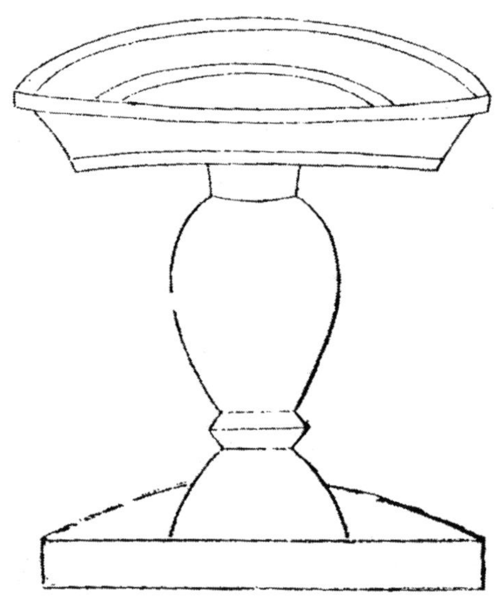

※ 출처: 『삼재도회(三才圖會)』「기용(器用)」 1권

94上

贊告具. 揖婦, 卽對筵, 皆坐, 皆祭. 祭薦·黍·稷·肺.

직역 贊이 具를 告한다. 婦에게 揖하여 對筵에 卽하고 皆히 坐하고 皆히 祭한다. 薦·黍·稷·肺로 祭한다.

의역 혼례의 진행을 돕는 자가 음식들이 모두 갖춰졌다고 아뢴다. 신랑은 신부에게 읍을 하고 신부로 하여금 자신과 마주하는 자리로 나아가게 하며 둘 모두 자리에 앉고 둘 모두 제사를 지낸다. 절임과 젓갈, 찰기장밥과 메기장밥, 희생물의 폐로 제사를 지낸다.

鄭注 贊者西面告饌具也. 婿揖婦, 使卽席. 薦, 菹醢.

혼례의 진행을 돕는 자는 서쪽을 바라보며 음식들이 모두 갖춰졌다고 아뢴다. 신랑은 신부에게 읍을 하여 신부로 하여금 자신의 자리로 나아가게 한다. '천(薦)'은 절임과 젓갈이다.

賈疏 ●"贊者"至"稷肺". ◎注"贊者"至"菹醢". ○釋曰: 知"贊者西面告饌具"者, 以其所告者宜告主人, 主人東面, 知西面告也. 云"薦菹醢"者, 以其儀禮之內單言薦者, 皆據籩豆而言也.

●經文: "贊者"~"稷肺". ◎鄭注: "贊者"~"菹醢". ○정현이 "혼례의 진행을 돕는 자는 서쪽을 바라보며 음식들이 모두 갖춰졌다고 아뢴다."라고 했는데, 이 말이 사실임을 알 수 있는 것은 아뢰는 자는 마땅히 주인에게 아뢰어야 하는데, 주인은 동쪽을 바라보고 있는 상태이니, 서쪽을 바라보며 아뢴다는 사실을 알 수 있다. 정현이 "천(薦)은 절임과 젓갈이다."라고 했는데, 『의례』의 기록 중 '천(薦)'이라고만 말한 것은 모두 변(籩)과 두(豆)를 기준으로 말한 것이기 때문이다.

94下

贊爾黍, 授肺脊. 皆食, 以湆·醬, 皆祭擧·食擧也.

직역 贊이 黍를 爾하고 肺脊을 授한다. 皆히 食하며 湆과 醬으로써 하고 皆히 擧를 祭하고 擧를 食한다.

의역 혼례의 진행을 돕는 자는 찰기장밥을 옮겨서 자리 위에 놓아주고 희생물의 폐와 등골뼈를 건네준다. 신랑과 신부는 모두 그것들을 먹으며 고깃국과 장을 곁들여서 먹고, 둘 모두 희생물의 폐를 들어 제사지내고 희생물의 폐를 들어 먹는다.

鄭注 爾, 移也, 移置席上, 便其食也. 皆食, 食黍也. 以, 用也, 用者, 謂啜湆咂醬. 古文黍作稷.

'이(爾)'자는 옮긴다는 뜻이니, 자리 위로 옮겨주어 먹기 편리하도록 만드는 것이다. 둘 모두 먹는다는 말은 찰기장밥을 먹는다는 뜻이다. '이(以)'자는 사용한다는 뜻이다. 사용한다는 것은 고깃국을 마시고 장을 맛본다는 뜻이다. 고문에는 '서(黍)'자가 직(稷)자로 기록되어 있다.

賈疏 ●"贊爾"至"擧也". ○釋曰: 云"祭擧·食擧也"者, 擧謂擧肺, 以其擧以祭以食, 故名肺爲擧, 則上文云"祭"者, 祭肺也.

●經文: "贊爾"~"擧也". ○"희생물의 폐를 들어 제사지내고 희생물의 폐를 들어 먹는다."라고 했는데, '거(擧)'는 희생물의 폐를 든다는 뜻이니, 폐를 들어서 이것으로 제사를 지내고 이것을 먹는다. 그렇기 때문에 희생물의 폐를 '거(擧)'라고 부르는 것이니, 앞에서 '제(祭)'라고 한 것도 희생물의 폐로 제사를 지낸다는 뜻이다.

賈疏 ◎注"爾移"至"作稷". ○釋曰: 云"爾, 移也"者, 爾訓爲近, 謂移之使近人, 故云"移置席上, 便其食也". 按玉藻云"食坐盡前", 謂臨席前畔, 則不得移黍於席上. 此云"移置席上"者, 鬼神陰陽, 故此昏禮從特牲祭祀法. 云"皆食, 食黍也"者, 按特牲·少牢祭擧·食擧乃飯, 此先食黍, 乃祭擧, 相反者, 彼九飯禮成, 故先食擧, 以爲導食氣. 此三飯禮略, 故不須導也. 此先爾黍稷, 後授肺, 特牲亦然, 以其士禮同也. 少牢佐食, 先以擧肺脊, 授尸, 乃爾黍者, 大夫禮與士異故也. 然士虞亦先授擧肺脊, 後乃爾黍者, 喪禮與吉反故也. 云"用者, 謂啜湆肺咂醬"者, 以其大羹汁不用箸, 醬又不須以箸, 故用口啜湆, 用指咂醬也.

◎ 鄭注: "爾移"~"作稷". ○ 정현이 "이(爾)자는 옮긴다는 뜻이다."라고 했는데, '이(爾)'자는 가깝다는 뜻이 되니, 옮겨서 사람과 가깝게 만든다는 의미이다. 그렇기 때문에 "자리 위로 옮겨주어 먹기 편리하도록 만든다."라고 했다. 『예기』「옥조(玉藻)」편을 살펴보면 "음식이 차려진 자리에 앉을 때에는 바짝 당겨서 앉는다."[1]라고 했는데, 자리의 앞쪽 끝단까지 붙여서 앉는다는 뜻으로, 자리 위에 찰기장밥을 옮겨둘 수 없다. 그런데 이곳에서 "자리 위로 옮겨준다."라고 한 것은 부부가 되는 것을 귀신을 섬기듯 대하기 때문이다. 그래서 이곳에서 말한 혼례에서는 『의례』「특생궤식례(特牲饋食禮)」에 나온 제사 법도에 따른다. 정현이 "둘 모두 먹는다는 말은 찰기장밥을 먹는다는 뜻이다."라고 했는데, 「특생궤식례」편과 「소뢰궤식례(少牢饋食禮)」편을 살펴보면, 거(擧)로 제사를 지내고 거를 먹은 뒤에 밥을 먹는다고 했다. 이곳에서는 먼저 찰기장밥을 먹고 그 뒤에 거로 제사를 지낸다고 하여 순서가 상반되는데, 「특생궤식례」편과 「소뢰궤식례」편은 아홉 차례 밥을 떠야 의례 절차가 완성된다. 그렇기 때문에 먼저 거를 먹어서 음식의 기운을 이끌어내는 것이다. 이곳에서는 세 차례 밥을 떠서 예법이 간소하다. 그렇기 때문에 기운을 이끌어낼 필요가 없다. 이곳에서는 칠기장밥과 메기장밥을 먼저 옮기고 이후에 희생물의 폐를 준

1) 『예기』「곡례상(曲禮上)」: 虛坐盡後, 食坐盡前. 坐必安, 執爾顏. 長者不及, 毋儳言. / 이 문장은 「옥조」편이 아닌 「곡례상」편의 기록이다.

다고 했는데, 「특생궤식례」 편에서도 이처럼 하니, 사의 예법이 동일하기 때문이다. 「소뢰궤식례」 편에서는 좌식(佐食)[2]이 먼저 희생물의 폐와 등골뼈를 들어서 시동에게 건네고, 그런 뒤에 찰기장밥을 옮긴다고 했다. 그 이유는 대부의 예법은 사의 예법과 차이가 나기 때문이다. 그렇다면 『의례』 「사우례(士虞禮)」 편에서도 먼저 희생물의 폐와 등골뼈를 들어서 준다고 했고 그 이후에야 찰기장밥을 옮긴다고 했다. 그 이유는 상례는 길례와 반대가 되기 때문이다. 정현이 "사용한다는 것은 고깃국을 마시고 장을 맛본다는 뜻이다."라고 했는데, 대갱의 국물은 젓가락으로 먹을 수 없으며, 장 또한 젓가락으로 먹을 필요가 없다. 그렇기 때문에 입을 이용해서 고깃국을 마시고 손가락을 이용해서 장을 찍어 맛보는 것이다.

참고 9-2 『예기』 「곡례상(曲禮上)」 기록

경문 虛坐盡後, 食坐盡前. 坐必安, 執爾顔. 長者不及, 毋儳言.

아직 음식이 차려지지 않은 자리에 앉을 때에는 멀찌감치 뒤로 물러나서 앉고, 음식이 차려진 자리에 앉을 때에는 바짝 당겨서 앉는다. 앉을 때에는 반드시 안정된 자세로 앉아야 하고, 자신의 얼굴색을 단정하게 가다듬는다. 어른이 말을 끝내지 않았다면, 어른의 말에 끼어들어서는 안 된다.

鄭注 謙也. 爲汙席. 執猶守也. 儳猶暫也, 非類雜.

음식이 없을 때 물러나 앉는 것은 겸손한 행동이다. 음식이 있을 때 물러나 앉으면, 음식을 떨어트려 자리를 더럽히기 때문이다. '집(執)'자는 지

2) 좌식(佐食)은 제사를 지낼 때, 시동의 옆에서 시동이 제사 음식을 흠향할 수 있도록 시중을 드는 사람이다. 『의례』 「특생궤식례(特牲饋食禮)」 편에는 "佐食北面, 立於中庭."이라는 기록이 있는데, 이에 대한 정현의 주에서는 "佐食, 賓佐尸食者."라고 풀이했다.

킨다는 뜻이다. '참(儳)'자는 잠(暫)자와 같으니, 종류가 다른 것들이 뒤섞여 있다는 뜻이다.

孔疏 ●"虛坐盡後"者, 凡坐各有其法. 虛, 空也. 空謂非飮食坐也. 盡後, 不敢近前, 以爲謙也. 玉藻云"徒坐不盡席尺", 是也.

●經文: "虛坐盡後". ○무릇 앉아 있을 경우에는 각각의 상황에 따라 지켜야 하는 예법들이 있다. '허(虛)'자는 비어있다는 뜻이다. 비어있다는 말은 곧 음식을 먹기 위해 앉는 자리가 아닌 경우를 뜻한다. '진후(盡後)'는 감히 앞쪽으로 가까이 다가가지 않는다는 뜻이니, 이러한 행동을 겸손한 것으로 여겼기 때문이다. 『예기』「옥조(玉藻)」편에서는 "특별한 일 없이 한가롭게 앉아 있을 때에는 자리 앞을 다 채우지 않고 1척 정도를 남겨둔다."[3]라고 하였는데, 이 기록이 바로 위의 내용을 가리킨다.

孔疏 ●"食坐盡前"者, 謂飮食坐也. 古者地鋪席, 而俎豆皆陳於席前之地, 若坐近後則濺汙席, 故盡前也. 玉藻云"讀書·食則齊豆去席尺", 是也.

●經文: "食坐盡前". ○음식을 먹는 자리에 앉는 경우를 뜻한다. 고대에는 바닥에 자리를 깔고, 음식을 담는 그릇들은 모두 자리의 앞쪽 바닥에 놓아두었다. 따라서 만약 자신이 앉은 자리가 뒤쪽에 치우쳐 있으면, 음식을 떨어트려서 자리를 더럽힐 수가 있다. 그렇기 때문에 앞으로 바짝 당겨서 앉는 것이다. 「옥조」편에서 "독서를 하거나 음식을 먹게 되면, 자리 앞에 두(豆)와 책 등을 놓게 되니, 그것들을 놓는 자리는 자리와 1척 정도 떨어지게 둔다."[4]라고 하였는데, 이 기록이 바로 위의 내용을 가리킨다.

---

3) 『예기』「옥조(玉藻)」: 徒坐不盡席尺.

4) 『예기』「옥조(玉藻)」: 讀書食則齊. 豆去席尺.

95上

三飯, 卒食.

직역 三飯하면 卒食한다.

의역 세 차례 밥을 뜨면 식사를 마친다.

鄭注 卒, 已也. 同牢示親, 不主爲食起, 三飯而成禮也.

'졸(卒)'자는 그친다는 뜻이다. 같은 희생물의 고기를 먹는 것은 친근함을 드러내는 것이며, 먹는 것을 위주로 하기 때문에 시행하는 것이 아니다. 따라서 세 차례 밥을 뜨게 되면 예법을 완수하게 된다.

賈疏 ●"三飯卒食". ◎注"同牢"至"禮也". ○釋曰: 云"同牢示親, 不主爲食起"者, 少牢十一飯, 特牲九飯而禮成, 此獨三飯, 故云同牢示親, 不主爲食起, 三飯而成禮也.

●經文: "三飯卒食". ◎鄭注: "同牢"~"禮也". ○정현이 "같은 희생물의 고기를 먹는 것은 친근함을 드러내는 것이며, 먹는 것을 위주로 하기 때문에 시행하는 것이 아니다."라고 했는데, 『의례』「소뢰궤식례(少牢饋食禮)」편에서는 11차례 밥을 뜨고, 「특생궤식례(特牲饋食禮)」편에서는 9차례 밥을 뜬 뒤에 예법을 완수하게 된다. 이곳에서는 유독 3차례만 밥을 떴다. 그렇기 때문에 "같은 희생물의 고기를 먹는 것은 친근함을 드러내는 것이며, 먹는 것을 위주로 하기 때문에 시행하는 것이 아니다. 따라서 세 차례 밥을 뜨게 되면 예법을 완수하게 된다."라고 했다.

제 10 절
윤(酳)의 절차

95上

贊洗爵, 酌酳主人, 主人拜受. 贊戶內北面答拜. 酳婦亦如之. 皆祭.

직역 贊이 爵을 洗하여 主人에게 酳을 酌하면 主人은 拜受한다. 贊이 戶內에서 北面하고 答拜한다. 婦에게 酳함에 亦히 如한다. 皆히 祭한다.

의역 혼례의 진행을 돕는 자가 술잔을 씻어서 신랑에게 입가심하는 술을 따라주면 신랑은 절을 하며 받는다. 혼례의 진행을 돕는 자는 방문 안쪽에서 북쪽을 바라보며 답배를 한다. 신부에게 입가심하는 술을 따라줄 때에도 이처럼 한다. 신랑과 신부는 모두 제사를 지낸다.

鄭注 酳, 漱也. 酳之言演也, 安也. 漱, 所以絜口, 且演安其所食. 酳酌內尊.

'윤(酳)'자는 입가심을 한다는 뜻이다. '윤(酳)'자는 흐른다는 뜻이며 편안하다는 뜻이다. 입가심을 하는 것은 입을 헹구는 것이며 또한 먹은 것을 소화시켜 편안케 하는 것이다. 입가심하는 술을 따를 때에는 방안의 술동이를 이용한다.

賈疏 ●"贊洗"至"皆祭". ○釋曰: 自此至"尊否", 論夫婦食訖酳及徹饌於房節. 云"主人拜受"者, 婿拜當東面酳, 婦亦如之者, 婦拜當南面. 是以少牢云簒"皆答拜", 鄭注云: "在東面席者, 東面拜. 在西面席者，皆南面拜.” 故知婦拜南面. 若贊答婦拜，亦於戶內北面也. 云“皆祭”者，祭先也.

● 經文: “贊洗”~“皆祭”. ○ 이곳 구문으로부터 “술동이는 진설하지 않는다.”라는 말까지는 남편과 부인이 방안에서 식사를 마치고 입가심하는 것과 음식을 치우는 절차를 논의하고 있다. “신랑은 절을 하며 받는다.”라고 했는데, 신랑은 절을 하며 동쪽을 바라보고 입가심하는 술을 마셔야 하며, 신부 또한 이처럼 하니, 신부는 절을 하며 남쪽을 바라보아야 한다. 이러한 까닭으로 『의례』「소뢰궤식례(少牢饋食禮)」편에서는 남은 밥을 먹는다고 말하며 “모두 답배를 한다.”[1]라 했고, 정현의 주에서는 “동쪽을 바라보는 자리에 있는 자들은 동쪽을 바라보며 절을 한다. 서쪽을 바라보는 자리에 있는 자들은 모두 남쪽을 바라보며 절을 한다.”라고 했다. 그러므로 신부가 절을 하며 남쪽을 바라본다는 사실을 알 수 있다. 만약 혼례의 진행을 돕는 자가 부인이 절한 것에 답배를 한다면 또한 방문 안쪽에서 북쪽을 바라보게 된다. “모두 제사를 지낸다.”라고 했는데, 음식을 처음 만든 자에게 제사를 지낸다는 뜻이다.

賈疏 ◎注“酳潄”至“內尊”. ○釋曰: 云“酳，潄也. 酳之言演也，安也. 潄，所以絜口，且演安其所食”者，按特牲云: “主人洗角升，酌酳尸.” 注云: “酳猶衍也，是獻尸也. 謂之酳者，尸旣卒食，又欲頤衍養樂之.” 又少牢云: “主人酌酒，乃酳尸.” 注云: “酳猶羨也，旣食之而又飮之，所以樂之.” 三注不同者，文有詳略，相兼乃具. 士虞亦是酳尸，注直云: “酳，安食也.” 不言養樂及羨者，喪故略之. 此三酳俱不言獻，皆云酳，直取其絜，故注云潄所以絜口，演安其所食，亦頤養樂之義. 知“酳酌內尊”者，以下文云贊“酌于戶外尊”，故知此夫婦酌內尊也.

1) 『의례』「소뢰궤식례(少牢饋食禮)」: 主人西面，三拜餕者. 餕者奠擧于俎，皆答拜，皆反，取擧.

◎鄭注: "酳漱"~"內尊". ○ 정현이 "윤(酳)자는 입가심을 한다는 뜻이다. 윤(酳)자는 흐른다는 뜻이며 편안하다는 뜻이다. 입가심을 하는 것은 입을 헹구는 것이며 또한 먹은 것을 소화시켜 편안케 하는 것이다."라고 했는데, 『의례』「특생궤식례(特牲饋食禮)」편을 살펴보면 "주인은 술잔을 씻고 올라가 시동에게 술을 따라주어 윤(酳)을 한다."[2]라 했고, 정현의 주에서는 "윤(酳)은 넉넉하게 한다는 뜻이니 시동에게 술을 따라서 바치는 것이다. 이것을 윤(酳)이라고 부른 이유는 시동이 이미 식사를 마쳤다면 또한 편안하고 넉넉하게 보양하고 즐겁게 만들고자 했기 때문이다."라고 했다. 또 『의례』「소뢰궤식례(少牢饋食禮)」편에서는 "주인이 술을 따르면 곧 시동에게 윤(酳)을 한다."[3]라 했고, 정현의 주에서는 "윤(酳)은 풍족하게 한다는 뜻이니 이미 식사를 했는데 또 술도 마시게 한 것은 즐겁게 만들고자 하는 것이다."라고 했다. 세 문장에 대한 주가 동일하지 않은데 문장에 상세하고 간략한 차이가 있기 때문으로, 상호 그 뜻을 겹치게 되면 의미가 완전해진다. 『의례』「사우례(士虞禮)」편에서도 시동에게 윤(酳)을 한다고 했는데,[4] 정현의 주에서는 단지 "윤(酳)은 음식 먹은 것을 편안하게 만드는 것이다."라고만 말하여, 보양한다거나 기른다거나 넉넉하게 한다는 말을 하지 않았으니, 상례에 해당하기 때문에 간략히 한 것이다. 이곳에서는 세 차례 윤(酳)을 하는데 모두 헌(獻)이라 말하지 않고, 모두 '윤(酳)'이라고만 했다. 이것은 단지 입안을 헹군다는 뜻만 취한 것이다. 그렇기 때문에 정현의 주에서는 "입가심을 하는 것은 입을 헹구는 것이며 또한 먹은 것을 소화시켜 편안케 하는 것이다."라고 했으니, 이 또한 넉넉하게 하고 보양하며 즐겁게 만든다는 뜻이 된다.

---

2) 『의례』「특생궤식례(特牲饋食禮)」: 主人洗角, 升, 酌, 酳尸.

3) 『의례』「소뢰궤식례(少牢饋食禮)」: 主人降, 洗爵, 升, 北面酌酒, 乃酳尸. 尸拜受, 主人拜送.

4) 『의례』「사우례(士虞禮)」: 主人洗廢爵, 酌酒酳尸. 尸拜受爵, 主人北面答拜. 尸祭酒, 嘗之.

정현이 "입가심하는 술을 따를 때에는 방안의 술동이를 이용한다."라고 했는데, 이 말이 사실임을 알 수 있는 이유는 아래문장에서 혼례의 진행을 돕는 자가 "방문 밖의 술동이에서 술을 따른다."[5]라고 했다. 그러므로 이곳에서 부부에게 술을 따라준다고 했을 때에는 방안에 있는 술동이에서 따른다는 사실을 알 수 있다.

---

5) 『의례』「사혼례」: 贊洗爵, 酌于戶外尊. 入戶, 西北面奠爵, 拜. 皆答拜. 坐祭, 卒爵, 拜. 皆答拜, 興.

96上

贊以肝從, 皆振祭, 嚌肝, 皆實于菹豆.

직역 贊이 肝으로 從하면 皆히 振祭하고 嚌肝하며 皆히 菹豆에 實한다.

의역 혼례의 진행을 돕는 자가 희생물의 간을 함께 올리면, 신랑과 신부는 모두 진제[1]를 하고, 희생물의 간을 맛보며, 둘 모두 남은 것은 절임을 담은 두(豆)에 올려둔다.

鄭注 肝, 肝炙也. 飮酒, 宜有肴以安之.

'간(肝)'은 희생물의 간을 구운 것이다. 술을 마시면 마땅히 고기 안주를 두어서 속을 편안케 해야 한다.

賈疏 ●"贊以"至"菹豆". ○釋曰: 按特牲·少牢獻尸, 以肝從尸嚌之, 加于菹豆, 與此同禮之正也. 主人與祝亦以肝從, 加於俎不加於豆者, 下尸, 故不敢同之也. 士虞獻尸, 尸以肝加於俎者, 喪祭, 故鄭云加於俎, 從其牲體也, 以喪不志於味, 但此云實, 不云加, 異於祭故也.

●經文: "贊以"~"菹豆". ○『의례』「특생궤식례(特牲饋食禮)」편[2]과 「소뢰궤식례(少牢饋食禮)」편[3]을 살펴보면, 시동에게 술을 따라서 바치

1) 진제(振祭)는 구제(九祭) 중 하나이다. '진제'는 본래 유제(擩祭)와 같은 것으로, '유제'는 아직 입에 대지 않은 음식을 젓갈이나 소금 등에 찍어서 제사를 지내는 것을 뜻하며, '진제'는 젓갈이나 소금 등에 찍은 음식에 대해 겉면에 묻은 젓갈이나 소금을 털어내어 제사를 지내는 것을 뜻한다.

2) 『의례』「특생궤식례(特牲饋食禮)」: 尸左執角, 右取肝擩于鹽, 振祭, 嚌之, 加于菹豆, 卒角. 祝受尸角, 曰: "送爵, 皇尸卒爵." 主人拜, 尸答拜.

3) 『의례』「소뢰궤식례(少牢饋食禮)」: 尸左執爵, 右兼取肝, 擩于俎鹽, 振祭, 嚌之, 加于菹豆, 卒爵. 主人拜, 受尸爵, 尸答拜.

며 희생물의 간을 뒤따라 올려서 시동이 그것을 맛보게 되고, 남은 것은 절임을 담은 두(豆)에 올려놓게 되니, 이곳에서 말하는 예의 정식 절차와 동일하다. 주인과 축관에 대해서도 희생물의 간을 뒤따라 올리는데, 남은 것은 도마에 올려놓고 두에 올려두지 않으니 시동보다 낮추기 때문이다. 그래서 감히 시동과 동일하게 따르지 않는다. 『의례』「사우례(士虞禮)」편에서는 시동에게 술을 따라서 바칠 때 시동은 희생물의 간을 도마에 올려놓게 되는데,[4] 상제(喪祭)[5]에 해당하기 때문이다. 그래서 정현은 "도마에 올려두는 것은 희생물의 몸체가 있는 곳에 따르기 때문이니, 상사에서는 음식의 맛에 뜻을 두지 않는다."라고 했다. 다만 이곳에서는 실(實)이라 했고 가(加)라고 하지 않았는데, 제례와 달리 했기 때문이다.

---

4) 『의례』「사우례(士虞禮)」: 尸左執爵, 右取肝, 擩鹽, 振祭, 嚌之, 加于俎. 賓降, 反俎于西塾, 復位.

5) 상제(喪祭)는 장례(葬禮)를 치른 이후에 지내는 제사들을 지칭하는 말이다.

96上

卒爵, 皆拜. 贊答拜, 受爵. 再酳如初, 無從. 三酳用巹, 亦如之.

직역 卒爵하면 皆히 拜한다. 贊이 答拜하고 受爵한다. 再酳하길 初와 如하되 無從한다. 三酳에 巹을 用하며 亦히 如한다.

의역 시신랑과 신부가 술잔을 비우면 둘 모두 절을 한다. 혼례의 진행을 돕는 자는 답배를 하고 술잔을 받는다. 두 번째 입가심하는 술을 따라줄 때에는 처음처럼 하는데 뒤따르는 안주는 없다. 세 번째 입가심하는 술을 따라줄 때에는 근(巹)을 이용하며 또한 처음처럼 한다.

鄭注 亦無從也.

또한 뒤따르는 안주는 없게 된다.

賈疏 ●"卒爵"至"如之". ◎ 注"亦無從也". ○釋曰: "卒爵, 皆拜, 贊答拜"者, 獻主處也. 云"再酳如初"者, 如自贊洗爵已下, 至答拜受爵也. 云"亦無從也"者, 三酳用巹亦如之, 亦自贊洗爵至受爵. 鄭直云"亦無從", 用巹文承再酳之下, 明知事事如再酳, 以其初酳有從, 再酳如初無從, 三酳用巹亦無從, 故鄭以亦無從言之, 其實皆同再酳也.

●經文: "卒爵"~"如之". ◎鄭注: "亦無從也". ○"신랑과 신부가 술잔을 비우면 둘 모두 절을 한다. 혼례의 진행을 돕는 자는 답배를 한다."라고 했는데, 신랑에게 술을 따라 준 곳이다. "두 번째 입가심하는 술을 따라줄 때에는 처음처럼 한다."라고 했는데, 혼례의 진행을 돕는 자가 술잔을 씻는다는 것으로부터 답배를 하고 술잔을 받는다는 것까지 동일하게 한다는 뜻이다. 정현이 "또한 뒤따르는 안주는 없게 된다."라고 했는데, 세 번째 입가심하는 술을 따라줄 때에는 근(巹)을 이용하게 되며 또한 처음

처럼 하니, 혼례의 진행을 돕는 자가 술잔을 씻는 것으로부터 술잔을 받는 것까지 동일하게 한다는 뜻이다. 정현은 단지 "또한 뒤따르는 안주는 없게 된다."라고만 했는데, 근을 사용한다는 문장은 두 번째 입가심하는 술을 따라준다는 말 뒤에 나오니, 그 사안을 두 번째 입가심하는 술을 따라줄 때처럼 모두 동일하게 한다는 사실을 알 수 있다. 그런데 처음 입가심하는 술을 따라줄 때에는 뒤따르는 안주가 있었으나 두 번째 입가심하는 술을 따라줄 때에는 처음처럼 하지만 뒤따르는 안주는 없고, 세 번째 입가심하는 술을 따라줄 때에는 근을 사용하며 또한 뒤따르는 안주가 없다. 그렇기 때문에 정현은 "또한 뒤따르는 안주는 없게 된다."라고 설명한 것이니, 실제로는 모두 두 번째 입가심하는 술을 따라줄 때와 동일하게 하는 것이다.

96上

贊洗爵, 酌于戶外尊. 入戶, 西北面奠爵, 拜. 皆答拜. 坐祭, 卒爵, 拜. 皆答拜, 興.

직역 贊이 洗爵하고 戶外의 尊에서 酌한다. 戶에 入하여 西에서 北面하고 爵을 奠하고 拜한다. 皆히 答拜한다. 坐하여 祭하고 卒爵하고 拜한다. 皆히 答拜하고 興한다.

의역 혼례의 진행을 돕는 자는 술잔을 씻고 방문 밖의 술동이에서 술을 따른다. 방문으로 들어와서 서쪽에서 북쪽을 바라보며 술잔을 내려놓고 절을 한다. 신랑과 신부는 모두 답배를 한다. 혼례의 진행을 돕는 자는 앉아서 제사를 지내고 술잔을 비우고서 절을 한다. 신랑과 신부는 모두 답배를 하고, 자리에서 일어난다.

鄭注 贊酌者, 自酢也.

혼례의 진행을 돕는 자가 술을 따르는 것은 스스로 잔을 권하는 것이다.

賈疏 ●"贊洗"至"拜興". ○釋曰: 言"皆"者, 皆夫婦也. 三酳乃酌外尊, 自酢者, 皆是略賤者也. 既隔[1], 合巹乃用爵, 不嫌相襲爵, 明更洗餘爵也.

●經文: "贊洗"~"拜興". ○'개(皆)'라고 했으니, 신랑과 신부 모두를 말한다. 세 차례 입가심하는 술을 따라주게 되면 방밖에 있는 술동이에서 술을 따르며, 스스로 잔을 권하게 되는데, 이 모두는 미천한 자에게 예법을 간략히 하기 때문이다. 이미 근(巹)을 하나로 합하였다면 술잔[爵]을 사용하게 되는데, 상호 술잔을 되풀이해서 사용한다는 혐의를 받지 않기 위해서이니, 재차 다른 술잔을 씻어서 사용하게 됨을 나타낸다.

---

1) 격(隔) : 『십삼경주소』 북경대 출판본에서는 "격(隔)자가 『모본』에는 없다."라고 했다.

96下

主人出, 婦復位.

직역 主人이 出하면 婦는 位에 復한다.

의역 신랑이 밖으로 나가면 신부는 자신의 자리로 되돌아간다.

鄭注 復尊西南面之位.

술동이 서쪽에서 남쪽을 바라보는 자리로 되돌아가는 것이다.

賈疏 ●"主人出婦復位". ◎注"復尊西南面之位". ○釋曰: 直云"主人出", 不云處所, 按下文云"主人說服于房"矣, 則此時亦向東房矣. 云"復尊西南面之位"者, 婦人不宜出復入, 故因舊位而立也.

●經文: "主人出婦復位". ◎鄭注: "復尊西南面之位". ○단지 "신랑이 밖으로 나간다."라고만 말하고 어느 곳으로 가는지 말하지 않았는데, 아래문장을 살펴보면 "신랑은 방에서 예복을 벗는다."[1]라고 했으니, 이 시기에도 동쪽 방으로 가는 것이다. 정현이 "술동이 서쪽에서 남쪽을 바라보는 자리로 되돌아가는 것이다."라고 했는데, 신부는 밖으로 나왔다가 다시 들어가서는 안 된다. 그렇기 때문에 이전의 자리에 따라 그곳에 위치한다.

---

1) 『의례』「사혼례」: 主人說服于房, 媵受. 婦說服于室, 御受. 姆授巾.

제 11 절
철찬(徹饌)의 절차

96下

乃徹于房中, 如設于室, 尊否.

직역 乃히 房中에 徹하며 室에 設함과 如하되 尊은 否한다.

의역 이에 실에 차려냈던 음식을 물려 방안에 차려두는데, 실에 진설했던 것처럼 하되, 술동이는 진설하지 않는다.

鄭注 徹室中之饌設于房中, 爲媵御餕之. 徹尊不設, 有外尊也.

실안에 차려두었던 음식을 치워서 방안에 진설하니, 잉과 어가 남은 음식을 먹게 하기 위해서이다. 술동이를 치우고 진설하지 않는 것은 방문 밖에 술동이가 있기 때문이다.

賈疏 ●"乃徹"至"尊否". ○釋曰: 經云"乃徹于房中, 如設于室", 雖據豆俎而言, 理兼於尊矣, 故云徹尊不設有外尊, 明徹中兼尊也. 云"尊否"者, 唯尊不設于房中而言也. 知爲媵御餕之者, 下文云"媵餕主人之餘"已下, 是也.

●經文: "乃徹"~"尊否". ○경문에서 "이에 실에 차려냈던 음식을 물려 방안에 차려두는데, 실에 진설했던 것처럼 한다."라고 했는데, 비록 두와 도마에 기준을 두어 말한 것이지만, 이치상 술동이도 포함된다. 그렇기 때문에 "술동이를 치우고 진설하지 않는 것은 방문 밖에 술동이가 있기

때문이다."라고 말한 것이니, 이것은 치우는 것들 중에 술동이가 포함됨을 나타낸다. "술동이는 진설하지 않는다."라고 했는데, 오직 술동이만은 방안에 진설하지 않는다고 말한 것이다. 잉과 어가 남은 음식을 먹게 하기 위해서라는 사실을 알 수 있는 이유는 아래문장에서 "잉이 신랑이 남긴 음식을 먹는다."[1]라고 한 문장으로부터 그 이하의 기록이 이러한 사실을 나타낸다.

1) 『의례』「사혼례」 : 媵餕主人之餘, 御餕婦餘, 贊酌外尊酳之.

그림 11-1 ▣ 철찬성례도(徹饌成禮圖)

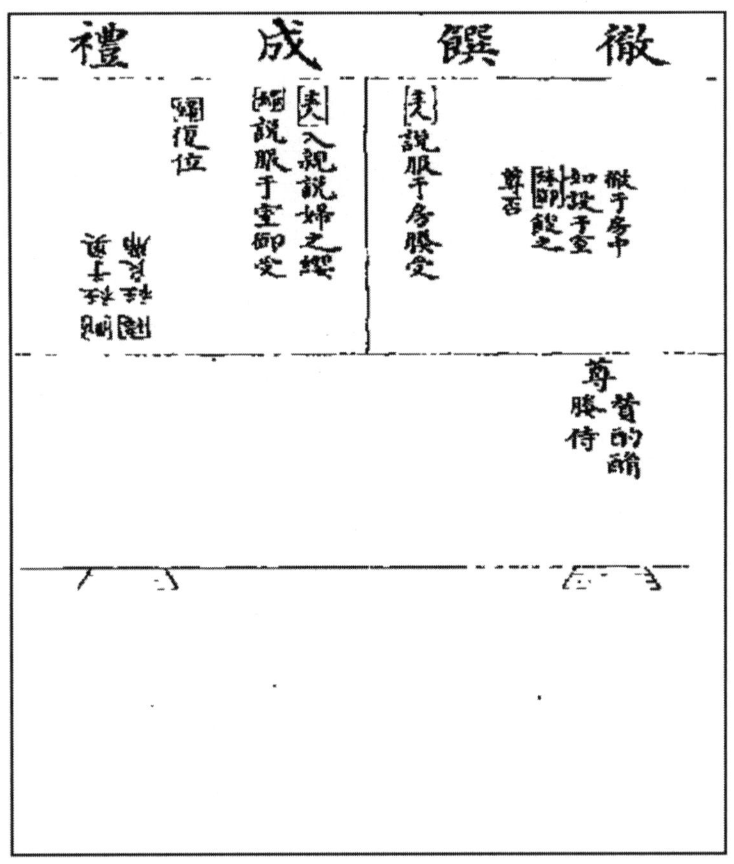

※ 출처: 『의례도(儀禮圖)』 2권

제 12 절
침식(寢息)의 절차

97上

主人說服于房, 媵受. 婦說服于室, 御受. 姆授巾.

직역 主人은 房에서 說服하고 媵이 受한다. 婦는 室에서 說服하고 御가 受한다. 姆가 巾을 授한다.

의역 신랑은 방에서 예복을 벗고 잉이 이를 받는다. 신부는 실에서 예복을 벗고 어가 이를 받는다. 유모는 신부에게 수건을 건넨다.

鄭注 巾, 所以自絜淸. 今文說皆作稅.

수건은 자신을 청결히 하기 위한 것이다. 금문에는 '탈(說)'자가 모두 탈(稅)자로 기록되어 있다.

賈疏 ●"主人"至"授巾". ○釋曰: 自此至"呼則聞", 論夫婦寢息及媵·御餕之事也. 云"主人說服于房, 媵受. 婦說服于室, 御受"者, 與沃盥文同, 亦是交接有漸之義也. 疊今文爲稅不從者, 稅是追服之言, 非脫去之義, 故不從也.

●經文: "主人"~"授巾". ○이곳 문장으로부터 "안에서 부르면 그 요구를 듣는다."[1]라고 한 문장까지는 남편과 아내가 침에서 쉬고 잉과 어가 남은 음식을 먹는 일을 논의하고 있다. "신랑은 방에서 예복을 벗고 잉이 이를

1) 『의례』「사혼례」: 媵侍于戶外, 呼則聞.

받는다. 신부는 실에서 예복을 벗고 어가 이를 받는다."라고 했는데, 손 씻을 물을 따른다고 할 때의 문장[2]과 동일하니, 이것 역시 교제함에 점진적으로 한다는 뜻에 해당한다. 거듭하여 금문에 기록된 '탈(稅)'자에 따르지 않은 것은 '태(稅)'자는 추복[3]의 말이 되니, 벗어서 제거한다는 뜻이 아니다. 그렇기 때문에 따르지 않은 것이다.

---

2) 『의례』「사혼례」: 婦至, 主人揖婦以入. 及寢門, 揖入, 升自西階. 媵布席于奧. 夫入于室, 卽席. 婦尊西, 南面, 媵・御沃盥交.

3) 추복(追服)은 상사(喪事)가 발생했을 때 특별한 사정으로 인해 상복(喪服)을 착용하지 못했을 때, 이후 기간을 미루어 복상(服喪)하는 것을 뜻한다.

97上

御衽于奧, 媵衽良席在東, 皆有枕, 北止.

직역 御는 奧에 衽하고, 媵은 良席을 衽하여 東에 在하되, 皆히 枕이 有하고, 止를 北한다.

의역 어는 아랫목에 신부의 이부자리를 펴고, 잉은 그 동쪽에 신랑의 이부자리를 펴는데, 모두 베개를 두며 발이 북쪽을 향하도록 한다.

鄭注 衽, 臥席也. 婦人稱夫曰良. 孟子曰: "將見良人之所之." 止, 足也. 古文止作趾.

'임(衽)'자는 눕는 자리를 편다는 뜻이다. 부인은 남편을 칭할 때 '양(良)'이라 부른다. 『맹자』에서는 "장차 남편[良人]이 가는 곳을 엿보겠다."라고 했다. '지(止)'자는 발을 뜻한다. 고문에는 '지(止)'자가 지(趾)자로 기록되어 있다.

賈疏 ●"御衽"至"北止". ◎注"衽臥"至"作趾". ○釋曰: 衽于奧, 主于婦席. 使御布婦席, 使媵布夫席, 此亦示交接有漸之義也. 云"衽, 臥席也"者, 按曲禮云: "請席何鄕, 請衽何趾." 鄭云: "坐問鄕, 臥問趾, 因於陰陽." 彼衽稱趾, 明衽臥席也. 若然, 前布同牢席, 夫在西, 婦在東, 今乃夫在東, 婦在西, 易處者, 前者示有陰陽交會有漸, 故男西女東, 今取陽往就陰, 故男女各於其方也. 云"孟子"者, 按孟子·離婁篇云: "齊人有一妻一妾而處室者, 其良人出, 則必厭酒肉而後反. 其妻問所與飮食者, 則盡富貴者. 其妻告其妾曰: 良人出, 則厭酒肉而後反, 問所與飮食者, 則盡富貴者也, 而未嘗有顯者來, 吾將瞷良人之所之." 注云: "瞷, 視也." 彼瞷爲視, 亦得爲見, 故鄭此注爲見也. 引之者, 證婦人稱夫爲良人之義也. 云"古文止作趾"者, 雖疊古文, 趾爲足, 亦一義也.

● 經文: "御衽"~"北止". ◎ 鄭注: "衽臥"~"作趾". ○ 아랫목에 신부의 이부자리를 펴는 것은 신부의 자리가 위주가 되기 때문이다. 어를 시켜서 신부의 이부자리를 펴고, 잉을 시켜서 신랑의 이부자리를 펴는데, 이것도 교제함에 점진적으로 한다는 뜻에 해당한다. 정현이 "임(衽)자는 눕는 자리를 편다는 뜻이다."라고 했는데, 『예기』「곡례(曲禮)」편을 살펴보면, "어른이 앉고자 한다면 어느 방향으로 자리를 펼 것인지 여쭙고, 어른이 눕고자 한다면 어느 방향으로 발을 둘 것인지 여쭙는다."[1]라 했고, 정현은 "앉을 자리에 대해서 방향을 묻고, 누울 자리에 대해서 발의 방향을 묻는 것은 음양의 구분에 따른 것이다."라고 했다. 「곡례」편에서 누울 자리[衽]에 대해 발이라 지칭했으니, 임(衽)이 눕는 자리에 해당함을 나타낸다. 만약 그렇다면 앞에서 동뢰[2]의 자리를 펼 때 신랑은 서쪽에 있고 신부는 동쪽에 있게 되는데, 지금은 신랑이 동쪽에 있고 신부가 서쪽에 있게 되어 자리를 바꾼 것은 앞에서는 음양이 서로 만남에 점진적인 점이 있음을 드러내기 위해서 남자가 서쪽에 있고 여자가 동쪽에 있는 것이며, 지금은 양이 가서 음에게 나아간 뜻을 취했기 때문에 남녀가 각각 그 방위에 있게 된다. 정현이 '맹자(孟子)'라고 말했는데, 『맹자』「이루(離婁)」편을 살펴보면 "제나라 사람 중 한 명의 처와 한 명의 첩을 두고 집에 사는 자가 있었는데, 그 남편이 밖으로 나가면 반드시 술과 고기를 배불리 먹은 뒤에야 돌아왔다. 그 처가 누구와 함께 음식을 먹었는지 물어보았더니 모두가 부귀한 자들이었다. 그 처가 첩에게 말하길, '남편이 외출하면 술과 고기를 배불리 먹은 뒤에야 돌아오기에, 누구와 함께 음식을 먹었는지 물어보았더니 모두가 부귀한 자들이었지만, 아직까지 현달

1) 『예기』「곡례상(曲禮上)」: 請席何鄕, 請衽何趾.

2) 동뢰(同牢)는 고대의 혼례(婚禮) 때 시행된 의식 중 하나이다. 부부가 함께 음식을 먹는 의식이다.

한 자가 찾아오는 일이 없으니, 내가 장차 남편이 가는 곳을 엿보겠다.'"[3] 라 했고, 주에서는 "간(瞯)은 살펴본다는 뜻이다."라 했다. 『맹자』의 주에서는 간(瞯)자를 시(視)자로 여겼으니, 또한 견(見)자로도 볼 수 있다. 그렇기 때문에 정현이 이곳 주석에서 견(見)이라고 쓴 것이다. 이 문장을 인용한 것은 부인이 남편을 지칭할 때 양인(良人)이라고 한다는 뜻을 증명하기 위해서이다. 정현이 "고문에는 지(止)자가 지(趾)자로 기록되어 있다."라고 했는데, 비록 고문과 겹치더라도 지(趾)자는 발이 되니 또한 동일한 의미이다.

참고 12-1 『예기』「곡례상(曲禮上)」 기록

경문 請席何鄉, 請衽何趾.

자리를 들고 간 다음 어른이 앉고자 한다면 어느 방향으로 자리를 펼 것인지 여쭙고, 어른이 눕고자 한다면 어느 방향으로 발을 둘 것인지 여쭙는다.

鄭注 順尊者所安也. 衽, 臥席也. 坐問鄉, 臥問趾, 因於陰陽.

어른이 편안해 하는 방향에 따른다. '임(衽)'자는 눕는 자리를 뜻한다. 앉을 자리에 대해서 방향을 묻고, 누울 자리에 대해서 발의 방향을 묻는 것은 음양의 구분에 따른 것이다.

3) 『맹자』「이루하(離婁下)」 : 齊人有一妻一妾而處室者, 其良人出, 則必饜酒肉而後反. 其妻問所與飮食者, 則盡富貴也. 其妻告其妾曰, "良人出, 則必饜酒肉而後反, 問其與飮食者, 盡富貴也, 而未嘗有顯者來, 吾將瞯良人之所之也."

孔疏 ●"請席何鄕, 請衽何趾"者, 旣奉席來, 當隨尊者所欲眠坐也. 席, 坐席也. 鄕, 面也. 衽, 臥席也. 趾, 足也. 坐爲陽, 面亦陽也, 坐故問面欲何所鄕也. 臥是陰, 足亦陰也, 臥故問足欲何所趾也. 皆從尊者所安也.

●經文: "請席何鄕, 請衽何趾". ○ 자리를 가지고 왔다면, 연장자가 눕고자 하거나 혹은 앉고자 하는 방향에 따라서 펴야 한다. '석(席)'자는 앉는 자리를 뜻한다. '향(鄕)'자는 바라보는 방향을 뜻한다. '임(衽)'자는 눕는 자리를 뜻한다. '지(趾)'자는 사람의 발을 뜻한다. 앉는 행위는 음양으로 따지자면 양에 해당하고, 신체 부위 중 얼굴 또한 양에 해당한다. 따라서 앉는 자리에 대해서는 굳이 얼굴을 어느 방향으로 향하고 싶은지를 묻는 것이다. 눕는 행위는 음(陰)에 해당하고, 발 또한 음에 해당한다. 따라서 눕는 자리에 대해서는 굳이 발을 어느 쪽으로 두고 싶은지를 묻는 것이다. 이러한 것들은 모두 연장자가 편안히 여기는 방향에 따르는 것이다.

孔疏 ◎注"衽, 臥席也". ○ 正義曰: 按昏禮同牢禮畢, 將臥, 云"御衽於奧, 媵衽良席, 有枕北趾", 此是衽爲臥席也.

◎ 鄭注: "衽, 臥席也". ○『의례』「사혼례」편을 살펴보면, 동뢰(同牢)라는 의식이 모두 끝나게 되면, 눕는 자리를 펴게 되는데, "어는 아랫목에 신부의 이부자리를 펴고, 잉은 그 동쪽에 신랑의 이부자리를 펴는데, 모두 베개를 두며 발이 북쪽을 향하도록 한다."[4]라고 하였다. 여기에 나온 '임(衽)'자는 바로 누울 자리를 뜻한다.

---

4)『의례』「사혼례(士昏禮)」: 御衽于奧, 媵衽良席在東, 皆有枕, 北止.

참고 12-2 『맹자』「이루하(離婁下)」 기록

경문 齊人有一妻一妾而處室者. 其良人出, 則必饜酒肉而後反. 其妻問所與飮食者, 則盡富貴也①. 其妻告其妾曰: "良人出, 則必饜酒肉而後反, 問其與飮食者, 盡富貴也, 而未嘗有顯者來. 吾將瞯良人之所之也②." 蚤起, 施從良人之所之, 徧國中無與立談者. 卒之東郭墦間之祭者, 乞其餘; 不足, 又顧而之他. 此其爲饜足之道也③. 其妻歸告其妾曰: "良人者, 所仰望而終身也. 今若此!" 與其妾訕其良人, 而相泣於中庭④. 而良人未之知也, 施施從外來, 驕其妻妾⑤. 由君子觀之, 則人之所以求富貴利達者, 其妻妾不羞也而不相泣者, 幾希矣⑥.

제나라 사람 중 한 명의 처와 한 명의 첩을 두고 집에 사는 자가 있었다. 그 남편이 밖으로 나가면 반드시 술과 고기를 배불리 먹은 뒤에야 돌아왔다. 그 처가 누구와 함께 음식을 먹었는지 물어보았더니 모두가 부귀한 자들이었다. 그 처가 첩에게 말하길, "남편이 외출하면 반드시 술과 고기를 배불리 먹은 뒤에야 돌아오기에 누구와 함께 음식을 먹었는지 물어보았더니 모두가 부귀한 자들이었지만, 아직까지 현달한 자가 찾아오는 일이 없으니, 내가 장차 남편이 가는 곳을 엿보겠다."라 했다. 일찍 일어나서 남편이 가는 곳을 따라가 보았더니, 국성 안을 두루 돌아다니되 함께 서서 대화를 하는 자가 없었다. 끝내 동쪽 성곽 밖 무덤 사이의 제사를 지내는 자에게 찾아가서 남은 음식을 구걸하였고, 그것이 부족하면 또 이곳저곳을 살피며 다른 곳으로 찾아갔다. 이것이 그가 배불리 먹을 수 있었던 방법이었다. 그 처가 되돌아와 첩에게 알리길, "남편이란 우러러 바라보며 일생을 마쳐야 하는 자이다. 그런데 지금 이런 모양이다!"라 하고, 첩과 함께 남편을 헐뜯으며 마당에서 서로 눈물을 흘리고 있었다. 그런데 남편은 그러한 사실을 모르고서 경박하게 기뻐하며 밖으로부터 와서 처와 첩에게 교만하게 굴었다. 군자의 입장에서 본다면 사람들 중 부귀와 영달을 구하는 자들은 그 처와 첩이 부끄러워하지 않으며 눈물을 흘리지 않을 자가 드물 것이다.

趙注 ① 良人, 夫也. 盡富貴者, 夫詐言其姓名也.

'양인(良人)'은 남편을 뜻한다. "모두가 부귀한 자들이었다."는 것은 남편이 거짓으로 그들의 성명을 말한 것이다.

趙注 ② 妻疑其詐, 故欲覗其所之.

처가 남편의 거짓말을 의심했기 때문에, 간 곳을 살펴보고자 했던 것이다.

趙注 ③ 施者, 邪施而行, 不欲使良人覺也. 墦間, 郭外冢間也. 乞其祭者所餘酒肉也.

'이(施)'는 샛길로 가서 남편으로 하여금 알아채지 못하게끔 한 것이다. '번간(墦間)'은 성곽 밖 무덤 사이를 뜻한다. 제사를 지낸 자에게 남은 술과 음식을 구걸한 것이다.

趙注 ④ 妻妾於中庭悲傷其良人, 相對涕泣而謗毁之.

처와 첩은 마당에서 그 남편에 대해 슬퍼하고 쓰라림을 느껴 서로 마주보며 눈물을 흘리고 헐뜯었던 것이다.

趙注 ⑤ 施施猶扁扁喜悅之貌. 以爲妻妾不知, 如故驕之也.

'시시(施施)'는 경박하게 기뻐하는 모습을 뜻한다. 처와 첩이 알지 못할 것이라 여겼기 때문에 이전처럼 교만하게 군 것이다.

趙注 ⑥ 由, 用也. 用君子之道觀之, 今求富貴者, 皆以枉曲之道, 昏夜乞哀而求之, 以驕人於白日. 此良人爲妻妾所羞而泣傷也. 幾希者, 言今苟求富貴, 妻妾雖不羞泣者, 與此良人妻妾何異也.

‘유(由)’자는 용(用)자와 같다. 군자의 도를 통해서 살펴보면, 지금 부귀를 구하는 자들은 모두 부정한 방법으로 밤중에 애걸하여 구하고도 대낮에 사람들에게 교만하게 군다. 이 남편은 처와 첩에게 부끄럽게 여겨졌고 눈물을 흘리고 상처를 받았다. ‘기희(幾希)’는 지금 구차하게 부귀를 구하는 자는 처와 첩이 비록 부끄러워하며 눈물을 흘리지 않더라도, 이 남편과 어찌 다르겠느냐는 뜻이다.

孫疏 ●“齊人”至“幾希矣”. ○正義曰: 此章指言小人苟得, 謂不見知, 君子觀之, 與正道乖. 妻妾猶羞, 況于國人. 著以爲戒, 恥之甚焉. “齊人有一妻一妾”至“幾希矣”者, 孟子託此以譏時人苟貪富貴而驕人者也, 言齊國中人有一妻一妾者, 而居處於室, 其良人出外, 則必饜飽酒肉而後歸, 其妻問所與飲食酒肉者, 良人則盡以爲富貴者與之也. 其妻遂告其妾曰: 良人出門則必饜飽酒肉而後歸, 問其所與者, 良人皆以爲富貴者與之也, 而未嘗見有富貴顯達者來家中, 我將覘其良人所往. 妻疑之, 故欲覘其所往也. 明日蚤起, 乃邪施其身, 微從良人之所往, 徧盡一國之中, 無有與良人立談話者, 終往齊國東郭之處, 有冢間之祭者, 良人乃就乞其餘祭之酒肉, 不飽饜, 又顧視而求之於他人, 以此遂爲饜足之道. 其妻乃先歸告其妾, 曰: 良人者, 所仰望而終身者也, 今乃若此而乞之祭者爲饜足. 遂與其妾共訕良人, 而相對涕泣於中庭之間, 而良人未之知其妻妾非訕其己, 又施施然喜悅從外來, 歸復驕泰其妻妾. 孟子引至此, 乃曰: 由此齊人觀之, 則今之人所以諂求富貴利達者, 其妻與妾而不羞恥不相對涕泣於中庭者幾希矣. 言其少也, 皆若此齊人耳. 蓋孟子之言, 每每及此者, 所以救時之弊, 不得不如已矣.

●經文: “齊人”~“幾希矣”. ○이 장은 소인이 구차히 얻고도 알아보지 못했다 말하더라도 군자의 입장에서 보면 정도와 어긋남을 가리켜 말한 것이다. 처와 첩도 오히려 부끄러워하니 하물며 나라 사람들에게 있어서

는 어떠하겠는가. 이것을 드러내 경계로 삼은 것으로, 매우 부끄러워하는 것이다. "제나라 사람 중 한 명의 처와 한 명의 첩을 두고"라고 한 말로부터 "드물 것이다."라는 말까지는 맹자가 이 말에 의탁해서 당시 사람들이 구차하게 부귀를 탐하고도 남에게 교만하게 구는 것을 기롱한 것이니, 제나라 사람 중에 한 명의 처와 한 명의 첩을 둔 자가 있었고, 실에서 거주하고 있었는데, 그 남편이 외출하게 되면 반드시 술과 고기를 배불리 먹은 뒤에야 되돌아왔다. 그래서 그의 처가 함께 술과 고기를 먹은 자들에 대해 물었는데, 남편은 모두 부귀한 자들이 그와 함께 했다고 하였다. 그의 처가 마침내 그 첩에게 일러주어, 남편이 문밖으로 나가면 반드시 술과 고기를 배불리 먹은 뒤에야 돌아와 함께 한 자들에 대해 물었더니, 남편은 모두 부귀한 자들이 자신과 함께 했다고 하였다. 그런데 일찍이 부귀하여 현달한 자가 집으로 찾아온 경우를 보지 못했으니, 내가 남편이 간 곳을 살펴보겠다고 했다. 처가 그 사실을 의심했기 때문에 남편이 간 곳을 살피고자 했던 것이다. 다음날 일찍 일어나서 곧 자신은 샛길로 가서 은근히 남편이 가는 곳을 따라갔더니, 국성 안을 모조리 돌아다녔으나 남편과 서서 대화를 주고받는 자가 없었다. 끝내 제나라 국성 동쪽 성곽이 있는 지점에 갔는데, 무덤 사이에서 제사를 지내는 자가 있었고, 남편은 곧 그에게 나아가 제사를 지내고 남은 술과 고기를 구걸하였다. 배가 부르지 않자 다시 두리번거리고는 다른 사람에게 찾아가 구하였고, 이런 방식을 마침내 배불리 먹는 방도로 여긴 것이다. 그의 처가 먼저 되돌아와 첩에게 알리며, 남편은 우러러 보며 일생을 마쳐야 하는 자인데, 지금 이와 같은 방식으로 제사를 지내는 자에게 구걸하여 배불리 먹고 있다고 했다. 마침내 첩과 함께 남편을 헐뜯고 서로 마주보며 마당 사이에서 울고 있었는데, 남편은 처와 첩이 자신을 헐뜯었다는 사실을 알지 못하고, 또 경박하게 기뻐하며 밖으로부터 왔고, 되돌아와서는 다시 처와 첩에게 교만하게 굴었다. 맹자는 이러한 일화를 인용하고 이에 이르러서 말하길, 이러한 제나라 사람을 통해 살펴본다면, 오늘날의 사람들 중 부귀와 영달을 아첨하며 구하는 자들은 그의 처와 첩이 부끄러워하지 않고 마당에서 서로 마주보며 눈물을 흘리지 않을 자가 드물 것이다고 했다. 적다는 것은 모두 이와 같은 제나라 사람인 경우를 뜻한다. 무릇 맹자의 말이 매번 이에 이르렀던 것은 시대의 폐단을 구제하는 것이 그만두는 것보다 낫기 때문이다.

集註 章首當有孟子曰字, 闕文也. 良人, 夫也. 饜, 飽也. 顯者, 富貴人也. 施, 邪施而行, 不使良人知也. 墦, 冢也. 顧, 望也. 訕, 怨詈也. 施施, 喜悅自得之貌.

장의 앞 부분에는 마땅히 '맹자왈(孟子曰)'이라는 글자가 있어야 하니, 글자가 빠진 것이다. '양인(良人)'은 남편을 뜻한다. '염(饜)'은 배가 부른다는 뜻이다. '현자(顯者)'는 부귀한 사람을 뜻한다. '이(施)'는 샛길로 가서 남편이 알아채지 못하게 한 것이다. '번(墦)'은 무덤을 뜻한다. '고(顧)'는 바라본다는 뜻이다. '산(訕)'은 원망하고 꾸짖는다는 뜻이다. '시시(施施)'는 기뻐하며 자득하는 모습을 뜻한다.

集註 孟子言, 自君子而觀, 今之求富貴者, 皆若此人耳, 使其妻妾見之, 不羞而泣者少矣, 言可羞之甚也.

맹자는 "군자의 입장에서 보면, 지금 부귀를 구하는 자들은 모두 이 사람과 같을 따름이니, 그의 처와 첩으로 하여금 이것을 보게 한다면 부끄러워하며 울지 않을 자가 적다."라고 말한 것으로, 매우 부끄러워할만하다는 뜻이다.

集註 趙氏曰: 言今之求富貴者, 皆以枉曲之道, 昏夜乞哀以求之, 而以驕人於白日, 與斯人以何異哉.

조씨가 말하길, 지금 부귀를 구하는 자들은 모두 부정한 방법으로 밤중에

애걸하여 구하고도 대낮에 사람들에게 교만하게 구니, 이 사람과 어찌 다르겠는가.

97下

主人入, 親說婦之纓.

직역 主人이 入하여 親히 婦의 纓을 說한다.

의역 신랑이 실로 들어가서 직접 신부의 영을 푼다.

鄭注 入者, 從房還入室也. 婦人十五許嫁, 笄而禮之, 因著纓, 明有繫也. 蓋以五采爲之, 其制未聞.

들어가는 것은 방으로부터 다시 실로 들어가는 것이다. 여자는 15세 때 혼인이 약속되면 비녀를 꽂고 성인으로 예우하며, 이로 인해 영을 차게 되니, 결속되어 있음을 나타내기 위해서이다. 아마도 다섯 가지 채색의 비단으로 만들었을 것이나 그 제도에 대해서는 들어보지 못했다.

賈疏 ●"主人"至"之纓". ◎注"入者"至"未聞". ○釋曰: 知"從房還入室"者, 夫前出說服於房, 今言入, 明從房入室也. 云"婦人十五許嫁, 笄而禮之, 因著纓"者, 按曲禮云"女子許嫁纓", 又云"女子許嫁笄而字", 鄭據此諸侯文而言. 但言十五許嫁, 則以十五爲限, 則自十五已上皆可許嫁也. 云"明有繫也"者, 纓是繫物爲之, 明有繫也. 云"蓋以五采爲之"者, 以周禮·巾車職五路, 皆有繁纓就數, 鄭注: "纓皆用五采罽爲之." 此纓雖用絲爲之, 當用五采, 但無文, 故云"蓋"以疑之也. 云"其制未聞"者, 此纓與男子冠纓異, 彼纓垂之兩傍, 結其絛. 此女子纓, 不同於彼, 故云其制未聞. 但纓有二, 時不同, 內則云: "男女未冠笄者, 總角衿纓, 皆佩容臭." 鄭注云: "容臭, 香物也. 以纓佩之, 爲迫尊者給小使也." 此是幼時纓也. 內則又云, 婦事舅姑, 子事父母, "衿纓·綦屨". 注云: "衿, 猶結也. 婦人有纓示繫屬也." 是婦人·女子有二時之纓. 內則示有繫屬之纓, 卽許嫁之纓, 與此說纓一也. 若然, 笄亦有二等, 按問喪親始死, 笄纚, 據男子去冠仍有笄(元缺一字)與婦人之笄, 並有安髮之笄也. 爵弁·皮弁及六冕之笄, 皆是固冠冕之笄, 是其二也.

● 經文: "主人"~"之纓". ◎ 鄭注: "入者"~"未聞". ○ 정현이 "방으로부터 다시 실로 들어가는 것이다."라고 했는데, 이러한 사실을 알 수 있는 이유는 신랑은 앞서 밖으로 나와 방에서 옷을 벗었고, 지금 들어간다고 말했으니, 이것은 방으로부터 실로 들어감을 나타낸다. 정현이 "여자는 15세 때 혼인이 약속되면 비녀를 꽂고 성인으로 예우하며, 이로 인해 영을 차게 된다."라고 했는데, 『예기』「곡례(曲禮)」편을 살펴보면 "여자는 혼인이 결정되면 영을 찬다."[1]라 했고, 또 "여자의 경우에는 혼인이 결정된 이후에야 비녀를 꽂고 자를 지어준다."[2]라 했는데, 정현은 이러한 문장들에 근거해서 말한 것이다. 다만 15세 때 혼인이 약속된다고 했다면 15세를 기한으로 삼는 것이니, 15세로부터 그 이상의 경우에도 모두 혼인을 약속할 수 있다. 정현이 "결속되어 있음을 나타내기 위해서이다."라고 했는데, 영(纓)이라는 것은 사물을 이어매서 만들게 되니, 결속되어 있음을 나타내게 된다. 정현이 "아마도 다섯 가지 채색의 비단으로 만들었을 것이다."라고 했는데, 『주례』「건거(巾車)」편의 직무기록에서 오로[3]에 대해 모두 반영[4]의 취[5] 수치가 나오고, 정현의 주에서는 "영(纓)은 모두

1) 『예기』「곡례상(曲禮上)」: 女子許嫁, 纓, 非有大故, 不入其門.

2) 『예기』「곡례상(曲禮上)」: 女子許嫁, 笄而字.

3) 오로(五路)는 오로(五輅)라고도 기록한다. 고대의 천자가 탔던 다섯 종류의 수레를 뜻한다. 다섯 종류의 수레는 옥로(玉路)·금로(金路)·상로(象路)·혁로(革路)·목로(木路)이다. 또한 왕후(王后)가 탔던 다섯 종류의 수레를 뜻하기도 한다. 왕후가 탔던 다섯 종류의 수레는 중적(重翟)·염적(厭翟)·안거(安車)·적거(翟車)·연거(輦車)이다.

4) 반영(繁纓)에서의 '반(繁)'은 말에 채우는 복대이고, '영(纓)'은 거슴걸이이다. 『예기』「예기(禮器)」편에는 "大路繁纓一就, 次路繁纓七就."라는 기록이 있는데, 이에 대한 공영달(孔穎達)의 소(疏)에서는 "繁謂馬腹帶也. 纓, 鞅也."라고 풀이했다.

다섯 가지 채색의 모직물을 이용해서 만든다."라 했다. 이 영(纓)은 비록 명주를 이용해서 만들지만 마땅히 다섯 가지 채색을 사용해야 한다. 다만 기록이 없기 때문에 '개(蓋)'자를 덧붙여서 의문시한 것이다. 정현이 "그 제도에 대해서는 들어보지 못했다."라고 했는데, 여기에서 말한 영(纓)은 남자의 관에 다는 끈[纓]과는 다르며, 관에 다는 영(纓)은 양쪽 옆으로 늘어트려서 끈에 결속하는 것이다. 여기에서 말한 여자가 다는 영(纓)은 남자의 영(纓)과는 다르다. 그렇기 때문에 "그 제도에 대해서는 들어보지 못했다."라고 한 것이다. 다만 영(纓)에는 두 가지가 있는데, 차는 시기가 다르다. 『예기』「내칙(內則)」편에서는 "남녀 중 아직 관례나 계례를 치르지 않은 자는 머리카락을 묶어서 뿔처럼 만들며, 금영(衿纓)을 하니, 남녀 모두 향기를 내는 물건을 허리에 차게 된다."[6]라 했고, 정현의 주에서는 "용취(容臭)는 향기를 내는 물건이니, 영(纓)을 이용해서 차게 되고, 존귀한 자를 가까이 하는 자가 차니, 잡무를 맡아보는 미천한 자들에게 준다."라고 했다. 이것은 어렸을 때 차는 영(纓)이다. 「내칙」편에서는 또 부인이 시부모를 섬기고, 아들이 부모를 섬길 때 "금영(衿纓)을 하고 신발 끈을 결속한다."[7]라 했고, 주에서는 "금(衿)자는 묶는다는 뜻이다. 부인들은 영(纓)을 차게 되니, 어딘가에 결속되어 있음을 드러내는 것이다."라 했으니, 이것은 부인과 여자들에게 두 시기에 차는 영(纓)이 있었음을 나타낸다. 「내칙」편에서 결속되어 있음을 드러내는 영(纓)이라고

5) 취(就)는 고대의 복식과 장식에 있어서, 다섯 가지 채색의 끈을 이용하여, 한 번 두르는 것을 뜻한다.

6) 『예기』「내칙(內則)」: 男女未冠笄者, 鷄初鳴, 咸盥漱, 櫛縰, 拂髦, 總角, 衿纓, 皆佩容臭. 昧爽而朝, 問何食飮矣, 若已食則退, 若未食則佐長者視具.

7) 『예기』「내칙(內則)」: 夫婦之禮, 唯及七十同藏無間. 故妾雖老, 年未滿五十, 必與五日之御. 將御者, 齊漱澣, 愼衣服, 櫛縰笄總, 角拂髦, 衿纓, 綦屨. 雖婢妾, 衣服飮食必後長者. 妻不在, 妾御莫敢當夕. / 『예기』「내칙」: 左佩紛·帨·刀礪·小觿·金燧, 右佩箴管·線·纊, 施縏袠, 大觿·木燧. 衿纓, 綦屨, 以適父母舅姑之所.

한 것은 혼인이 약속될 때의 영(纓)에 해당하며, 이곳에서 말한 영(纓)과 동일한 것이다. 만약 그렇다면 비녀에도 두 가지가 있게 되니, 『예기』「문상(問喪)」편을 살펴보면 부모가 이제 막 돌아가셨을 때 비녀와 머리싸개를 남겨둔다고 했는데,[8] 이것은 남자가 관을 제거하게 되면 비녀와 (본래 1자 누락) 있다는 것에 근거한 것으로, 부인들이 사용하는 비녀와 함께 모두 머리카락을 고정시키는 비녀가 있게 된다. 작변·피변[9] 및 육면[10]에 다는 비녀는 모두 관과 면류관을 고정시키는 비녀가 되니, 이것이 그 두 번째 경우이다.

---

8) 『예기』「문상(問喪)」: 親始死, 雞斯徒跣, 扱上衽, 交手哭. 惻怛之心, 痛疾之意, 傷腎乾肝焦肺, 水漿不入口. 三日不擧火, 故鄰里爲之糜粥以飮食之. 夫悲哀在中, 故形變於外也. 痛疾在心, 故口不甘味, 身不安美也. / 정현은 "계사(雞斯)는 계리(笄纚)가 되어야 한다."고 했다.

9) 피변(皮弁)은 고대에 사용되었던 관(冠)의 한 종류이다. 백색 사슴의 가죽으로 만든 모자이다. 한편 관(冠)에 따른 의복까지 포함한 의미로 사용되기도 한다. 『주례』「하관(夏官)·변사(弁師)」편에는 "王之皮弁, 會五采玉璂, 象邸, 玉笄." 라는 기록이 있다.

10) 육면(六冕)은 천자가 착용하는 여섯 종류의 면복(冕服)을 가리킨다. 호천(昊天) 및 오제(五帝)에게 제사지낼 때에는 대구(大裘)를 입고 면류관[冕]을 쓰며, 선왕(先王)에게 제사지낼 때에는 곤면(袞冕)을 착용하고, 선공(先公)에 대한 제사 및 향사례(饗射禮)를 시행할 때에는 별면(鷩冕)을 착용하며, 산천(山川) 등에 제사지낼 때에는 취면(毳冕)을 착용하고, 사직(社稷) 등에 제사지낼 때에는 희면(希冕: =絺冕)을 착용하며, 기타 여러 제사에는 현면(玄冕)을 착용한다. 『주례』「춘관(春官)·사복(司服)」편에는 "掌王之吉凶衣服, 辨其名物, 辨其用事. 王之吉服, 祀昊天上帝, 則服大裘而冕, 祀五帝亦如之. 享先王則袞冕. 享先公, 饗射則鷩冕. 祀四望山川則毳冕. 祭社稷五祀則希冕. 祭群小祀則玄冕."이라는 기록이 있다.

참고 12-3 『예기』「곡례상(曲禮上)」 기록

경문 女子許嫁, 纓, 非有大故, 不入其門.

여자는 혼인이 결정되면 영(纓)이라는 것을 차게 되니, 중요한 일이 아니라면 그 여자가 있는 장소에는 함부로 들어가지 않는다.

鄭注 女子許嫁系纓, 有從人之端也. 大故, 宮中有災變, 若疾病, 乃後入也. 女子有宮者, 亦謂由命士以上也. 春秋傳曰: "群公子之舍, 則已卑矣."

여자가 혼인이 약속되어 영(纓)을 차는 것은 부인이 되는 징표를 받게 되는 것이다. '대고(大故)'는 집안에 재앙이나 변고가 발생한 경우이니, 만약 질병이 발생하였다면 남자도 뒤따라 들어갈 수 있다. 여자가 별도로 거처하는 독채가 있는 경우는 또한 명사(命士) 이상의 신분을 가진 집안을 뜻한다. 『춘추전』에서는 "딸들의 집처럼 사(舍)라고 한다면, 너무 폄하하여 부른 것이다."[11]라고 하였다.

孔疏 ●"女子許嫁, 纓"者, 女子, 婦人通稱也. 不要對文, 故不重云子也. 婦人質弱, 不能自固, 必有繫屬, 故恒繫纓. 纓有二時, 一是少時常佩香纓, 二是許嫁時繫纓, 此則爲許嫁時繫纓. 何以知然者? 內則云: "男女未冠笄, 衿纓." 鄭以爲佩香纓, 不云纓之形制. 此云許嫁"有從人之端也". 又婚禮: "主人入, 親說婦纓." 鄭注云: "婦人十五許嫁, 笄而禮之, 因著纓, 明有繫也. 蓋以五采爲之, 其制未聞." 又內則云: "婦事舅姑, 衿纓." 鄭云: "婦人有纓, 示繫屬也." 以此而言, 故知有二纓也. 但婦人之衿纓卽是五采者, 故鄭云: "示繫屬也." 今此"許嫁", 謂十五時.

11) 『춘추공양전』「장공(莊公) 1년」: 群公子之舍, 則以卑矣.

●經文: "女子許嫁, 纓". ○'여자(女子)'라는 말은 부인(婦人)들까지도 통칭하여 부르는 말이다. 다른 대상과 대비시킬 필요가 없기 때문에, '여자자(女子子)'[12]라고 하여 자(子)자를 겹쳐서 기록하지 않은 것이다. 부인은 본바탕이 연약하여 제 스스로 확고하게 지킬 수 없다. 따라서 반드시 결속시켜주는 기재가 있어야 한다. 그렇기 때문에 항상 영(纓)을 매다는 것이다. 영을 차는 경우에는 두 시기가 있는데, 첫 번째는 어렸을 때 항상 향기가 나는 영을 차게 되며, 두 번째는 혼인이 성사되었을 때 영을 매다는 것이다. 이곳 문장의 경우는 혼인이 성사되어 영을 차는 때를 가리킨다. 어떻게 이러한 사실을 알 수 있는가? 『예기』「내칙(內則)」편에서는 "남자와 여자 중 아직 관례(冠禮)나 계례(笄禮)를 치르지 않은 자들은 금영(衿纓)을 찬다."[13]라 하였는데, 정현은 향기가 나는 영을 찬다는 의미로 여겼다. 그러나 영의 형태 및 제작 방법에 대해서는 언급하지 않았다. 그리고 이곳 문장에 기록된 혼인이 성사된 자가 차는 영에 대해서, "부인이 되는 징표를 받게 되는 것이다."라고 하였다. 또 『의례』「사혼례」편에서는 "신랑이 실로 들어가서 직접 신부의 영을 푼다."[14]라 하였고, 정현의 주에서는 "여자는 15세 때 혼인이 약속되면 비녀를 꼽고 성인으로 예우하며, 이로 인해 영을 차게 되니, 결속되어 있음을 나타내기 위해서이다. 아마도 다섯 가지 채색의 비단으로 만들었을 것이나 그 제도에 대해서는 들어보지 못했다."라고 했다. 또 「내칙」편에서는 "며느리가 시부모를 섬길 때 금영을 찬다."[15]라고 하였는데, 정현은 "부인들은 영을 차

12) 여자자(女子子)는 여자 아이를 뜻한다. '남자 아이[男子]'라는 말과 대비시키기 위해서, '자(子)'자를 한 글자 더 덧붙이는 것이다. 『의례』「상복(喪服)」편에는 "女子子在室爲父."라는 기록이 있는데, 이에 대한 정현의 주에서는 "女子子者, 女子也, 別於男子也."라고 풀이했다.

13) 『예기』「내칙(內則)」: 男女未冠笄者, 鷄初鳴, 咸盥, 漱, 櫛, 縰, 拂髦, 總角, 衿纓, 皆佩容臭.

14) 『의례』「사혼례(士昏禮)」: 主人入, 親說婦之纓. 燭出.

15) 『예기』「내칙(內則)」: 婦事舅姑, 如事父母.…… 衿纓, 綦屨. 以適父母舅姑之所.

게 되니, 어딘가에 결속되어 있음을 드러내는 것이다."라고 하였다. 이러한 기록들을 통해서 언급해보자면, 영에는 두 종류가 있었다는 사실을 알 수 있다. 다만 부인들이 차는 금영은 곧 다섯 가지 색깔의 비단을 엮어서 만든다. 그렇기 때문에 정현은 "결속되어 있음을 나타내기 위해서이다."라고 한 것이다. 또 이곳에서 "혼인이 성사되었다."라고 한 말은 여자 나이 15세 때를 가리킨다.

참고 12-4 『예기』「곡례상(曲禮上)」 기록

경문 女子許嫁, 笄而字.

여자의 경우에는 혼인이 결정된 이후에야 비녀를 꼽고 자(字)를 지어준다.

鄭注 以許嫁爲成人.

혼인이 결정된 여자를 성인으로 여긴 것이다.

참고 12-5 『주례』「춘관(春官) · 건거(巾車)」 기록

* 참고: 8-5 참조

참고 12-6 『예기』「내칙(內則)」 기록

경문 男女未冠笄者, 鷄初鳴, 咸盥漱, 櫛縰, 拂髦, 總角, 衿纓, 皆佩容臭. 昧爽而朝, 問何食飮矣, 若已食則退, 若未食則佐長者視具.

남녀 중 아직 관례(冠禮)나 계례(笄禮)를 치르지 않은 자는 닭이 새벽에 처음으로 울면, 모두 일어나서 손을 씻고 양치질을 하고, 머리를 빗고

쇄(縰)를 착용하며, 머리다발을 털어서 먼지를 제거하고, 머리카락을 묶어서 뿔처럼 만들며, 금영(衿纓)하니, 남녀 모두 향기를 내는 물건을 허리에 차게 된다. 아직 동이 터 오르기 이전에 아침 문안인사를 드려서, 어떤 음식을 드시고 싶은가를 여쭙고, 만약 이미 식사를 끝냈다면 물러나고, 만약 아직 식사를 끝내지 않았다면, 나이가 많은 자를 도와서 음식 갖추는 것을 살펴본다.

鄭注 總角, 收髮結之. 容臭, 香物也, 以纓佩之, 爲迫尊者, 給小使也. 後成人也. 具, 饌也.

'총각(總角)'은 머리카락을 모아서 묶는다는 뜻이다. '용취(容臭)'는 향기를 내는 물건이니, 영(纓)을 이용해서 차게 되고, 존귀한 자를 가까이하는 자가 차니, 잡무를 맡아보는 미천한 자들에게 준다. 동이 틀 무렵에 문안인사를 드리는 것은 성인인 자들보다 뒤에 하기 위해서이다. '구(具)'자는 음식들을 뜻한다.

孔疏 ◎注"容臭"至"使也". ○正義曰: 臭謂芬芳, 臭物謂之容者, 庾氏云: "以臭物可以脩飾形容, 故謂之容臭. 以纓佩之者, 謂纓上有香物也."

◎鄭注: "容臭"~"使也". ○'취(臭)'자는 향기로운 냄새를 뜻하는데, 향기를 내는 물건에 '용(容)'자를 붙여서 부르고 있다. 그 이유에 대해 유씨[16]는 "향기가 나는 물건으로는 겉모습을 장식할 수 있다. 그렇기 때문에 '용취(容臭)'라고 부르는 것이다. 영(纓)을 이용해서 찬다는 말은 영(纓) 위에 향기가 나는 물건을 단다는 뜻이다."라고 했다.

16) 유울지(庾蔚之, ? ~ ?) : =유씨(庾氏). 남조(南朝) 때 송(宋)나라 학자이다. 저서로는 『예기약해(禮記略解)』, 『예론초(禮論鈔)』, 『상복(喪服)』, 『상복세요(喪服世要)』, 『상복요기주(喪服要記注)』 등을 남겼다.

참고 12-7 『예기』「내칙(內則)」 기록

경문 夫婦之禮, 唯及七十同藏無間. 故妾雖老, 年未滿五十, 必與五日之御. 將御者, 齊漱澣, 愼衣服, 櫛縰笄總, 角拂髦, 衿纓, 綦屨. 雖婢妾, 衣服飮食必後長者. 妻不在, 妾御莫敢當夕.

부부의 예에 있어서, 오직 70세가 되어야만 같은 숙소에 머무르며 사이를 두지 않는다. 그렇기 때문에 첩이 비록 늙었더라도 나이가 아직 50세에 이르지 않았다면, 반드시 5일을 주기로 시중드는 일에 참여한다. 장차 시중을 들게 되는 여자는 재계를 하고 양치질과 손발을 씻으며, 의복을 신중히 차려 입고, 머리를 빗어서 싸매며, 비녀와 총(總)을 덧대어 다팔머리를 만들고, 머리카락에 묻은 먼지를 털어내며, 금영(衿纓)을 차고, 신발 끈을 결속한다. 비록 비첩(婢妾)의 신분이라 하더라도, 의복과 음식에 있어서는 반드시 연장자보다 뒤에 한다. 처가 부재한 경우 첩은 시중을 들 때 감히 처가 시중드는 밤에 대신 시중을 들지 않는다.

鄭注 衰老無嫌. 及, 猶至也. 五十始衰, 不能孕也. 妾閉房不復出御矣, 此御謂侍夜勸息也. 五日一御, 諸侯制也. 諸侯取九女, 姪娣兩兩而御, 則三日也. 次兩媵, 則四日也. 次夫人專夜, 則五日也. 天子十五日乃一御. 其往如朝也. 角, 衍字也. 拂髦, 或爲繆髦也. 人貴賤不可以無禮. 辟女君之御日也.

70세가 되면 노쇠하여 남녀사이에 유별함이 없다는 혐의를 두지 않게 된다. '급(及)'자는 ~에 이르다는 뜻이다. 50세가 되면 비로소 노쇠하게 되니 아이를 잉태할 수 없기 때문이다. 첩은 자신의 방을 닫고 다시금 밖으로 나와서 시중을 들지 않으니, 이때의 어(御)자는 밤에 시중을 들며 부군이 쉴 수 있도록 도와준다는 뜻이다. 5일 동안 한 차례씩 시중을 드는 것은 제후에게 해당하는 제도이다. 제후는 아내를 들일 때 9명의 여자를 얻게 되니, 처와 첩이 데려온 조카나 누이는 서로 짝을 지어서 시중을 들게 되어, 이들이 3일 동안 시중을 든다. 그 다음으로 두 명의 잉첩이 시중을 드니, 4일 째에 시중을 든다. 그 다음으로 부인 홀로 밤에 시중을 드니, 5일 째에 시중을 든다. 천자의 경우, 15일 동안 한 차례씩 시중을 든다. 시중을 드는 여인이 침소로 나아갈 때에는 아침 문안인사를 드릴 때처럼 한다. '각(角)'자는 연문으로 기록된 글자이다. '불모(拂髦)'라는 글자를 다른 판본에서는 무모(繆髦)라고도 기록한다. 사람은 신분의 귀천에 따라서 무례하게 굴 수 없다. 정부인이 시중드는 날을 피하는 것이다.

참고 12-8 『예기』「내칙(內則)」 기록

경문 左佩紛·帨·刀礪·小觿·金燧, 右佩箴管·線·纊, 施縏袠, 大觿·木燧. 衿纓, 綦屨, 以適父母舅姑之所.

허리띠를 두른 뒤 허리에 물건을 차게 되니, 좌측에는 기물을 닦는 헝겊, 손을 닦는 수건, 작은 칼과 가는 숫돌, 작은 매듭을 푸는 작은 뿔송곳, 햇빛으로 불을 붙일 때 사용하는 금수(金燧)를 차고, 우측에는 바늘을 넣은 통, 실, 솜, 이것들을 넣는 주머니, 큰 매듭을 푸는 큰 뿔송곳, 나무를 마찰시켜 불을 붙이는 목수(木燧)를 찬다. 그리고 금영(衿纓)을 차고, 신발 끈을 결속하여, 부모 및 시부모가 계신 장소로 간다.

鄭注 縏, 小囊也. 縏袠言"施", 明爲箴·管·線·纊有之. 衿猶結也. 婦人有纓, 示繫屬也. 適, 之.

'반(縏)'자는 작은 주머니를 뜻한다. 주머니에 대해서 '시(施)'라고 말한 것은 잠(箴)·관(管)·선(線)·광(纊)을 담기 위해 차게 됨을 나타내기 위해서이다. '금(衿)'자는 묶는다는 뜻이다. 부인들은 영(纓)을 차게 되니, 어딘가에 결속되어 있음을 드러내는 것이다. '적(適)'자는 가다는 뜻이다.

孔疏 ◎注"鞶小"至"有之". ○正義曰: 熊氏云: "袟, 刺也. 以針刺袟而爲鞶囊, 故云鞶袟也. 餘物皆不言施, 獨於箴·管·線·纊之下而言施鞶袟, 明爲四物而施矣.

◎鄭注: "鞶小"~"有之". ○ 웅안생이 말하길, "'질(袟)'자는 찌른다는 뜻이니, 침은 뾰족하여 치르게 되므로 주머니에 담게 된다. 그렇기 때문에 '반질(鞶袟)'이라고 말한 것이다. 나머지 사물들에 대해서는 모두 '시(施)'라고 언급하지 않았는데, 유독 바늘·통·실·솜이라고 한 구문 뒤에만 '시반질(施鞶袟)'이라고 언급했으니, 이것은 곧 주머니가 이 네 가지 사물들을 위해서 차게 된다는 사실을 나타낸다.

孔疏 ◎注"衿猶"至"屬也". ○正義曰: 按鄭注昏禮云"婦人十五許嫁, 笄而禮之, 因著纓, 明有繫, 蓋以五采爲之, 其制未聞." 鄭注昏禮旣云"笄而著纓", 則未笄無纓也. 下"男女未冠笄", 亦云"衿纓"者, 彼未冠笄之纓用之以佩容臭, 故下注云"容臭香物, 以纓佩之", 故童子男女皆有之, 與此婦人旣笄之纓別也.

◎鄭注: "衿猶"~"屬也". ○『의례』「사혼례」편에 대한 정현의 주를 살펴보면, "여자는 15세 때 혼인이 약속되면 비녀를 꼽고 성인으로 예우하며, 이로 인해 영을 차게 되니, 결속되어 있음을 나타내기 위해서이다. 아마도 다섯 가지 채색의 비단으로 만들었을 것이나 그 제도에 대해서는 들어보지 못했다."라고 했는데, 정현은 「사혼례」편에 대한 주에서 이미 "비녀를 꼽고 영(纓)을 찬다."라고 했으니, 아직 비녀를 꼽지 않은 여자들은 영(纓)을 차지 않는 것이다. 아래문장에서는 '남자와 여자 중 아직 관례(冠禮)나 계례(笄禮)를 치르지 않은 자'라 말했고, 또한 '금영(衿纓)'이라고 했는데, 그 문장에 나온 것은 아직 관례나 계례를 치르지 않았던 자들이 차는 영(纓)을 이용해서 향기나는 물건을 허리에 찼던 것이다. 그렇기 때문에 아래문장에 대한 정현의 주에서는 "용취(容臭)는 향기를 내는 물

건이니, 영(纓)을 이용해서 차게 된다."라고 한 것이다. 그래서 남자아이와 여자아이는 모두 이것을 차게 되지만, 여기에서 말한 이미 비녀를 꼽고 있는 부인들이 차는 영(纓)과는 구별된다.

참고 12-9 『예기』「문상(問喪)」 기록

경문 親始死, 雞斯徒跣, 扱上衽, 交手哭. 惻怛之心, 痛疾之意, 傷腎乾肝焦肺, 水漿不入口. 三日不擧火, 故鄰里爲之糜粥以飮食之. 夫悲哀在中, 故形變於外也. 痛疾在心, 故口不甘味, 身不安美也.

부모님이 이제 막 돌아가시게 되면, 자식은 관을 제거하고 비녀와 머리싸개만 남기며 신발을 벗어 맨발을 만들며, 심의(深衣)의 앞섶을 허리띠에 꼽고, 두 손을 교차하여 가슴을 두들기며 곡을 한다. 슬픈 마음과 애통한 생각은 콩팥을 상하게 하고 간을 마르게 하며 폐를 태우니, 물이나 음료도 마실 수 없다. 3일 동안 밥 짓는 불을 때지 않기 때문에 이웃 사람들이 그를 위해 된죽과 묽은 죽을 만들어서 그에게 마시고 먹게끔 한다. 슬픔이 마음에 있기 때문에 모습이 겉으로 드러남에 초췌하게 변한다. 애통함이 마음에 있기 때문에 입은 맛을 느끼지 못하고, 몸은 좋은 것을 편안히 여기지 못한다.

鄭注 親, 父母也. "雞斯", 當爲"笄纚", 聲之誤也. 親始死去冠, 二日乃去笄纚, 括髮也. 今時始喪者邪巾貊頭, 笄纚之存象也. 徒, 猶空也. 上衽, 深衣之裳前. 五藏者, 腎在下, 肝在中, 肺在上, 擧三者之焦傷, 而心脾在其中矣. 五家爲鄰, 五鄰爲里. 言人情之中外相應.

'친(親)'자는 부모를 뜻한다. '계사(雞斯)'는 마땅히 계리(笄纚)가 되어야 하니, 소리가 비슷해서 생긴 오류이다. 부모가 이제 막 돌아가셨을 때에는 관을 제거하고, 2일째에는 비녀와 머리싸개를 제거하며, 머리를 묶게 된다. 현재는 부모가 이제 막 돌아가셨을 때 사건[17]을 하고 맥두[18]를 하는데, 이것은 비녀를 꼽고 머리싸개를 했던 잔상이 남아있는 것이다. '도(徒)'자는 비다는 뜻이다. '상임(上衽)'은 심의(深衣) 중에서도 치마에 해당하는 앞자락이다. 다섯 가지 장기 중 콩팥은 밑에 있고 간은 중간에 있으며 폐는 위에 있는데, 이 세 가지가 타거나 상한다고 제시했으니, 심장과 비장은 그 안에 포함된다. 5개의 가(家)는 1개의 인(鄰)이 되고, 5개의 인(鄰)은 1개의 리(里)가 된다. 사람의 정감은 안과 겉이 서로 호응하게 된다는 뜻이다.

孔疏 ●"親始"至"實也". ○正義曰: 此一節明初死三日以來, 居喪哭踊, 悲哀疾痛之意也.

●經文: "親始"~"實也". ○이곳 문단은 부모가 이제 막 돌아가셨을 때로부터 3일 이전까지 상중에 곡하고 용[19]하며, 슬프고 애통한 뜻을 나타내고 있다.

孔疏 ●雞斯"者, 笄, 謂骨笄. 纚, 謂縚髮之繒. 言親始死, 孝子先去冠, 唯留笄纚也.

●經文: "雞斯". ○'계(笄)'는 골계(骨笄)를 뜻한다. 이(纚)는 머리카락을 감싸는 비단이다. 즉 부모가 이제 막 돌아가셨을 때, 자식은 우선 관을 제거하는데, 오직 비녀와 머리싸개만은 남겨둔다는 뜻이다.

---

17) 사건(邪巾)은 부모가 이제 막 돌아가셨을 때 자식이 머리에 쓰게 되는 천을 뜻한다.

18) 맥두(貊頭)는 고대에 남자들이 머리를 묶을 때 사용하던 두건이다.

19) 용(踊)은 상중(喪中)에 취하는 행동으로, 곡(哭)에 맞춰서 발을 구르는 행위이다.

그림 12-1 ▣ 금반(衿鞶)과 금영(衿纓)

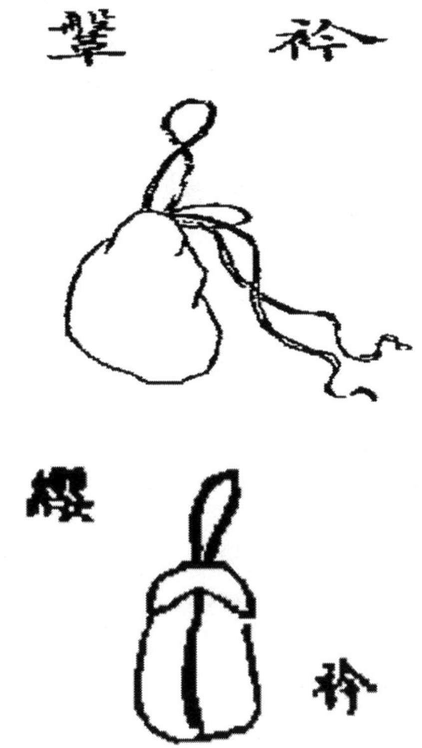

※ 출처:

금반-『가산도서(家山圖書)』「금반협사휘이도(衿鞶篋笥楎椸圖)」

금-『가산도서(家山圖書)』「동자복용도상(童子服用圖上)」

◎금반(衿鞶)-여자들이 차는 영(纓)의 일종

그림 12-2 ▣ 조영(組纓)

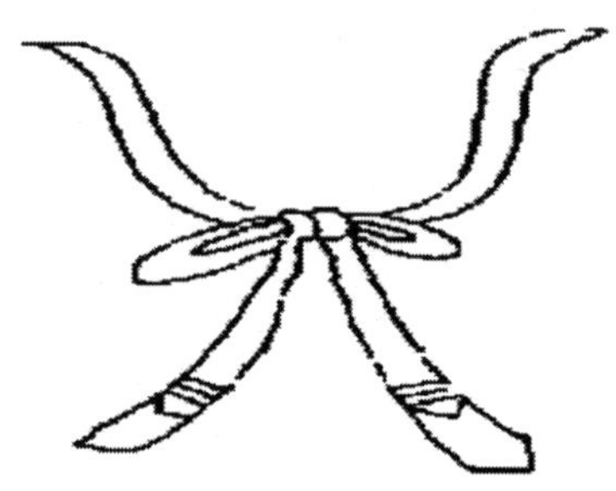

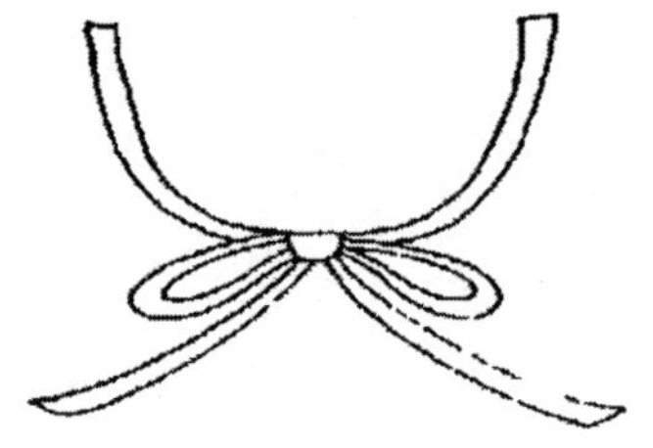

※ 출처:
상단-『삼례도집주(三禮圖集注)』 3권
하단-『육경도(六經圖)』 8권

그림 12-3 ▣ 수(遂)의 행정구역 및 담당자

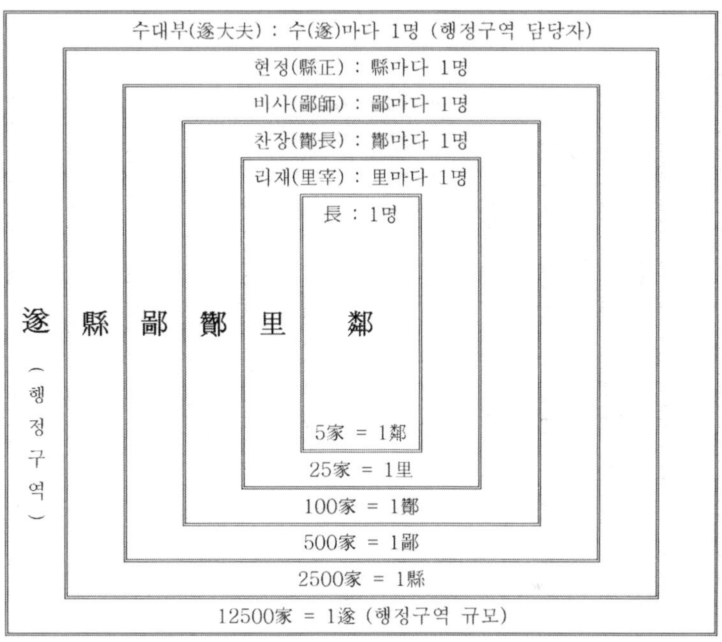

98上

燭出.

직역 燭이 出한다.

의역 횃불을 밖으로 내간다.

鄭注 昏禮畢, 將臥息.

혼례가 끝나 장차 누워 쉬고자 하기 때문이다.

제 13 절

준(餕)의 절차

98上

媵餕主人之餘, 御餕婦餘, 贊酌外尊酳之.

직역 媵이 主人의 餘를 餕하고, 御가 婦의 餘를 餕하며, 贊이 外尊에서 酌하여 酳한다.

의역 잉이 신랑이 남긴 음식을 먹고, 어가 신부가 남긴 음식을 먹으며, 혼례의 진행을 돕는 자가 방문 밖의 술동이에서 술을 따라 입기심을 하도록 한다.

鄭注 外尊, 房戶外之東尊.

'외준(外尊)'은 방문 밖 동쪽에 있는 술동이를 뜻한다.

賈疏 ●"媵餕"至"酳之". ○釋曰: 亦陰陽交接之義. 云"酌外尊"者, 賤不敢與主人同酌內尊也.

●經文: "媵餕"~"酳之". ○이 또한 음양이 사귀는 뜻에 해당한다. "방문 밖의 술동이에서 술을 따른다."라고 했는데, 미천한 자에 대해 감히 신랑과 동일하게 방안의 술동이에서 술을 따를 수 없기 때문이다.

98下

媵侍于戶外, 呼則聞.

직역 媵이 戶外에서 侍하며, 呼하면 聞한다.

의역 잉이 방문 밖에서 기다리며, 안에서 부르면 그 요구를 듣는다.

鄭注 爲尊者有所徵求. 今文侍作待.

존귀한 자가 요구하는 것이 있을 때를 대비하기 위해서이다. 금문에는 '시(侍)'자가 대(待)자로 기록되어 있다.

賈疏 ●"媵侍"至"則聞". ○釋曰: 不使御待于戶外供承夫婦者, 以女爲主, 故使媵待于戶外也.

●經文: "媵侍"~"則聞". ○어로 하여금 방문 밖에서 기다리게 하며 신랑과 신부의 요구를 받들게 하지 않는 것은 신부를 위주로 하기 때문에 잉으로 하여금 방문 밖에서 기다리게 하는 것이다.

제 14 절
부현구고(婦見舅姑)의 절차

98下

夙興, 婦沐浴. 纚笄·宵衣以俟見.

직역 夙興하여 婦는 沐浴한다. 纚笄하고 宵衣하여 見을 俟한다.

의역 다음날 새벽에 일찍 일어나서 며느리는 목욕을 한다. 머리싸개를 하고 비녀를 꽂고 초의를 착용하고서 시부모 뵙기를 기다린다.

鄭注 夙, 早也. 昏, 明日之晨. 興, 起也. 俟, 待也. 待見於舅姑寢門之外. 古者命士以上, 年十五父子異宮.

'숙(夙)'자는 일찍이라는 뜻이다. 혼례를 치르고 그 다음날 새벽을 뜻한다. '흥(興)'자는 일어난다는 뜻이다. '사(俟)'자는 기다린다는 뜻이다. 침문 밖에서 시부모 찾아뵙는 것을 기다리는 것이다. 고대에는 명사(命士)로부터 그 이상의 계층은 나이가 15세가 되면 부모와 자식이 거주하는 건물을 달리했다.

賈疏 ●"夙興"至"俟見". ○釋曰: 自此至"授人", 論婦見舅姑之事. 云"纚笄宵衣"者, 此則特牲主婦宵衣也. 不著純衣纁袡者, 彼嫁時之盛服. 今已成昏之後, 不可使服, 故退從此服也.

●經文: "夙興"~"俟見". ○ 이곳 문장으로부터 "유사에게 건넨다."[1]라고

1) 『의례』「사혼례」: 降階, 受笲腶脩, 升, 進, 北面拜, 奠于席. 姑坐, 擧以興, 拜,

한 문장까지는 며느리가 시부모를 찾아뵙는 사안을 논의하고 있다. "머리싸개를 하고 비녀를 꼽고 초의를 착용한다."라고 했는데, 이것은 『의례』「특생궤식례(特牲饋食禮)」편에서 주부가 초의를 입는다고 한 것에 해당한다.[2] 훈색의 가선을 댄 순의(純衣)를 착용하지 않는 것은 이 복장은 시집올 때 착용하는 융성한 복장에 해당하기 때문이다. 현재는 이미 혼례를 마친 이후이므로 이 복장을 착용할 수 없다. 그렇기 때문에 단계를 낮춰서 이러한 복장을 착용한다.

賈疏 ◎注"夙早"至"異宮". ○釋曰: 言"昏, 明日之晨"者, 以昨日昏時成禮, 此經言"夙興", 故知是昏之晨旦也. 云"興, 起也. 俟, 待也. 待見於舅姑寢門之外"者, 因訓卽解之也. 云"古者命士以上, 年十五父子異宮"者, 按內則云: "由命士以上, 父子異宮." 不云年限. 今鄭知十五爲限者, 以其十五成童, 是以鄭注喪服亦云: "子幼謂年十五以下, 則不隨母嫁." 故知十五以後乃異宮也. 鄭言此限者, 欲見不命之士父子同宮, 雖俟見, 不得言舅姑寢門外也.

◎鄭注: "夙早"~"異宮". ○ 정현이 "혼례를 치르고 그 다음날 새벽을 뜻한다."라고 했는데, 전날 저녁에 혼례의 예법을 완수하였고, 이곳 경문에서 "일찍 일어난다."라고 했다. 그렇기 때문에 혼례를 치른 다음날 새벽이 됨을 알 수 있다. 정현이 "흥(興)자는 일어난다는 뜻이다. 사(俟)자는 기다린다는 뜻이다. 침문 밖에서 시부모를 찾아뵙는 것을 기다리는 것이다."라고 했는데, 글자의 풀이로 인해 곧바로 그 의미를 풀이한 것이다. 정현이 "고대에는 명사(命士)로부터 그 이상의 계층은 나이가 15세가 되면 부모와 자식이 거주하는 건물을 달리했다."라고 했는데, 『예기』「내칙(內則)」편을 살펴보면 "명사로부터 그 이상의 계급은 부모와 자식이 다

授人.

2) 『의례』「특생궤식례(特牲饋食禮)」: 主婦纚笄宵衣, 立于房中, 南面.

른 건물에 거처한다."[3]라고 하여, 나이의 제한을 언급하지 않았다. 그런데 이곳에서 정현이 15세를 기준으로 삼았다. 이러한 사실을 알 수 있었던 이유는 15세가 되면 성동[4]이 되기 때문이다. 이러한 까닭으로 정현은 『의례』「상복(喪服)」편에 대한 주에서도 "자식이 어리다는 말은 그 나이가 15세 미만을 뜻하니, 모친이 다른 집에 재가할 때 따라가지 않는다."[5]라고 했다. 그러므로 15세를 넘기게 되면 다른 건물에 거주하게 된다는 사실을 알 수 있다. 정현이 이러한 나이의 제한을 언급한 것은 명의 등급을 받지 못한 사는 부모와 자식이 같은 건물에 거주하여 비록 뵙기를 기다리더라도 시부모의 침문 밖에서 기다린다고 말할 수 없기 때문이다.

참고 14-1 『예기』「내칙(內則)」 기록

경문 由命士以上, 父子皆異宮. 昧爽而朝, 慈以旨甘; 日出而退, 各從其事; 日入而夕, 慈以旨甘.

명사(命士)로부터 그 이상의 계급은 부모와 자식이 모든 경우에 있어서

3) 『예기』「내칙(內則)」: 由命士以上, 父子皆異宮. 昧爽而朝, 慈以旨甘; 日出而退, 各從其事; 日入而夕, 慈以旨甘.

4) 성동(成童)은 아동들 중에서도 나이가 찬 자들을 뜻한다. 8세 이상이 된 아동을 뜻한다고 풀이하기도 하며, 15세 이상이 된 아동을 뜻한다고 풀이하기도 한다. 『춘추곡량전』「소공(召公) 19년」편의 "羈貫成童, 不就師傅, 父之罪也."라는 기록에 대해, 범녕(范甯)의 주에서는 "成童, 八歲以上."이라고 풀이했고, 『예기』「내칙(內則)」편의 "成童, 舞象, 學射御."라는 기록에 대해, 정현의 주에서는 "成童, 十五以上."이라고 풀이했다.

5) 이 문장은 『의례』「상복(喪服)」편의 "傳曰, 何以期也? 傳曰, 夫死, 妻稚, 子幼, 子無大功之親, 與之適人. 而所適者亦無大功之親, 所適者以其貨財爲之築宮廟, 歲時使之祀焉, 妻不敢與焉, 若是, 則繼父之道也. 同居則服齊衰期, 異居則服齊衰三月也. 必嘗同居, 然後爲異居. 未嘗同居, 則不爲異居."라는 기록에 대한 정현의 주이다.

다른 건물에 각각 거처한다. 이러한 경우 동틀 무렵에 아침 문안인사를 드리고, 감미로운 맛을 내는 음식을 통해 부모를 친애하는 마음을 드러내고, 해가 떠오르면 물러가서, 각자 자신의 일에 종사하며, 해가 저물면 저녁 문안인사를 드리고, 감미로운 맛을 내는 음식을 통해 부모를 친애하는 마음을 드러낸다.

鄭注 異宮, 至敬也. 慈, 愛敬進之. 日出乃從事, 食祿不免農也.

다른 건물에 거주하는 것은 공경함을 지극히 나타내기 위해서이다. '자(慈)'자는 친애하고 공경하는 마음으로 음식을 바친다는 뜻이다. 해가 떠오르면 곧 자신의 일에 종사하니, 명사(命士)들은 녹봉을 받지만 농사일에서 면제되지는 않기 때문이다.

그림 14-1 ▣ 부현구고급예부도(婦見舅姑及醴婦圖)

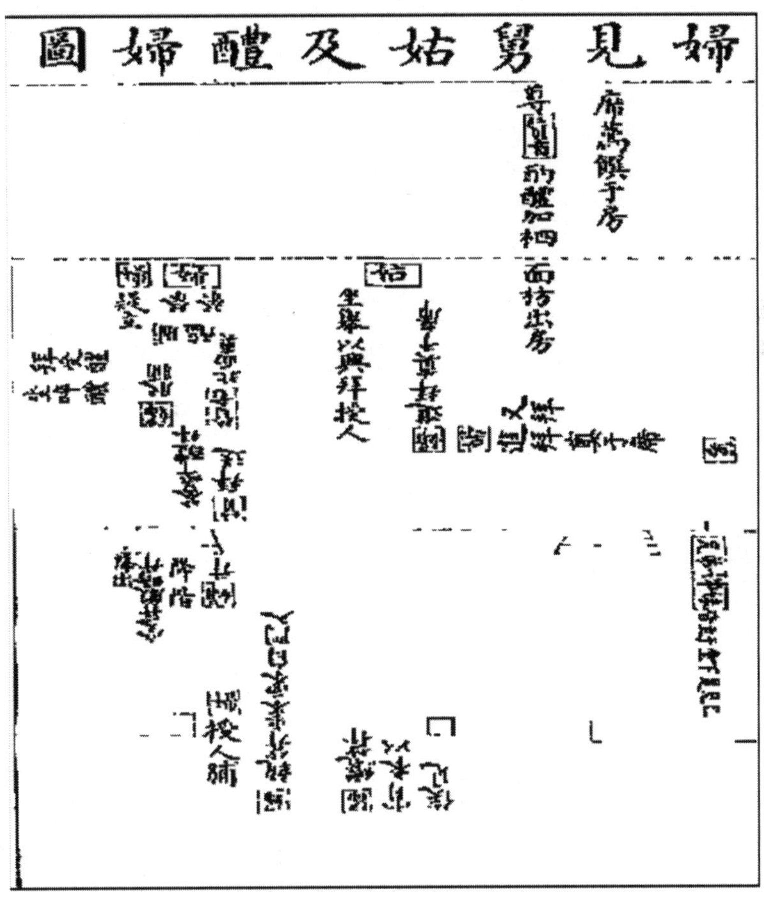

※ 출처: 『의례도(儀禮圖)』 2권

99上

質明, 贊見婦于舅姑. 席于阼, 舅卽席. 席于房外, 南面, 姑卽席.

직역 質明에 贊이 舅姑에게 婦를 見한다. 阼에 席하면 舅가 席에 卽한다. 房外에 席하며 南面하면 姑가 席에 卽한다.

의역 동이 트게 되면 혼례의 진행을 돕는 자는 며느리가 시부모를 뵐 수 있게 한다. 동쪽 계단에 자리를 마련하면 시아비는 자리로 나아간다. 방밖에 자리를 마련하며 머리 부분이 남쪽을 향하도록 두면 시어미가 자리로 나아간다.

鄭注 質, 平也. 房外, 房戶外之西. 古文舅皆作咎.

'질(質)'자는 고르다는 뜻이다. 방밖은 방문 밖의 서쪽을 뜻한다. 고문에는 '구(舅)'자가 모두 구(咎)자로 기록되어 있다.

賈疏 ●"質明"至"卽席". ◎注"質平"至"作咎". ○釋曰: 此經論設舅姑席位所在. 鄭知房外是房戶外之西者, 以其舅在阼, 阼當房戶之東. 若姑在房戶之東, 卽當舅之北, 南面向之不便. 又見下記云"父醴女而俟迎者, 母南面於戶外, 女出於母左", 以母在房戶西, 故得女出於母左. 是以知此房外亦房戶外之西也.

●經文: "質明"~"卽席". ◎鄭注: "質平"~"作咎". ○이곳 경문은 시부모의 자리를 설치하는 장소를 논의하고 있다. 정현이 방밖이 방문 밖의 서쪽에 해당한다는 사실을 알 수 있었던 것은 시아비는 동쪽 계단에 있게 되는데, 동쪽 계단은 방문의 동쪽에 해당한다. 만약 시어미가 방문 밖의 동쪽에 있게 된다면 시아비의 북쪽에 있게 되어 남쪽을 바라보는 것이 불편해진다. 또 아래 기문에서는 "신부의 부친은 딸자식에게 예(醴)를 하고 신부는 신랑이 친영하기를 기다리며, 모친은 방밖에서 남쪽을 바라

본다. 신부는 모친의 좌측으로 나온다."[1]고 했다. 신부의 모친이 방문 밖의 서쪽에 있기 때문에, 신부가 모친의 좌측으로 나올 수 있는 것이다. 이러한 까닭으로 방밖이라는 것 또한 방문 밖의 서쪽에 해당한다는 사실을 알 수 있다.

1) 『의례』「사혼례」: 父醴女而俟迎者, 母南面于房外. 女出于母左, 父西面戒之, 必有正焉, 若衣·若笄. 母戒諸西階上, 不降.

99上

婦執笲棗栗, 自門入, 升自西階, 進拜, 奠于席.

직역 婦는 棗栗의 笲을 執하여 門으로 自하여 入하고 升하길 西階로 自하며, 進하여 拜하고 席에 奠한다.

의역 며느리는 대추와 밤이 들어있는 변을 들고 문을 통해 들어가며 서쪽 계단으로 올라가서 나아가 절을 하고 자리에 물건을 놓아둔다.

鄭注 笲, 竹器而衣者, 其形蓋如今之筥▼(竹/去)簏矣. 進拜者, 進東面乃拜. 奠之者, 舅尊, 不敢授也.

'변(笲)'은 대나무로 만든 그릇에 옷을 입힌 것인데, 그 형태는 오늘날의 거(筥)나 거로(▼(竹/去)簏)와 같았을 것이다. 나아가 절을 한다는 것은 나아가 동쪽을 바라보며 절을 한다는 뜻이다. 놓아두는 것은 시아비는 존귀하므로 감히 직접 건넬 수 없기 때문이다.

賈疏 ●"婦執"至"于席". ○釋曰: 此經論婦從舅寢門外入見舅之事也. 必見舅用棗栗, 見姑以腶脩者, 按春秋莊二十四年經書: "秋, 八月丁丑, 夫人姜氏入. 戊寅, 大夫宗婦覿, 用幣." 公羊傳云: "宗婦者何? 夫夫之妻也. 覿者何? 見也. 用者何? 用者不宜用也. 見用幣, 非禮也. 然則曷用? 棗栗云乎. 腶脩云乎." 注云: "腶脩者, 脯也. 禮, 婦人見舅以棗栗爲贄, 見姑以腶脩爲贄, 見夫人至尊, 兼而用之. 云乎, 辭也. 棗栗, 取其早自謹敬. 腶脩, 取其斷斷自脩正." 是用棗栗·腶脩之義也. 按雜記云: "婦見舅姑, 兄弟姑姊妹皆立于堂下, 西面, 北上, 是見已." 注云: "婦來爲供養也, 其見主於尊者, 兄弟以下在位, 是爲已見, 不復特見." 又云: "見諸父, 各就其寢." 注云: "旁尊也. 亦爲見時不來." 今此不言者, 文略也.

● 經文: "婦執"~"于席". ○ 이곳 경문은 며느리가 시아비의 침문 밖으로부터 안으로 들어가 시아비를 찾아뵙는 일을 논의하고 있다. 시아비를 뵐 때 반드시 대추와 밤을 예물로 사용하고, 시어미를 뵐 때 반드시 조미육포를 예물로 사용하는 것은 『춘추』 장공 24년의 경문 기록을 살펴보면 "가을 8월 정축일에 부인 강씨가 노나라로 들어왔다. 무인일에 대부와 종부들이 부인을 뵐 때 비단을 사용했다."[1]라 했고, 『공양전』에서는 "종부(宗婦)는 누구인가? 대부의 처이다. 적(覿)이란 무엇인가? 만나본다는 뜻이다. 용(用)이라 기록한 것은 어째서인가? 사용한 것이 마땅히 사용하지 말아야 하는 것이기 때문이다. 찾아뵐 때 비단을 사용하는 것은 비례이다. 그렇다면 무엇을 사용해야 하는가? 대추와 밤일 것이다. 조미육포일 것이다."[2]라 했으며, 주에서는 "단수(腶脩)는 포이다. 예법에 따르면 며느리가 시아비를 찾아뵐 때 대추와 밤을 예물로 사용하고, 시어미를 찾아뵐 때 조미육포를 예물로 사용한다. 제후의 부인을 찾아뵐 때에는 지극히 존귀한 존재이므로 이 둘을 함께 사용한다. 운호(云乎)는 어조사이다. 대추와 밤은 일찍 일어나 스스로 조심하고 공경한다는 뜻을 따르는 것이다. 조미육포는 과감히 끊어내서 스스로 수양하고 바르게 한다는 뜻을 따르는 것이다."라 했다. 이것은 대추와 밤을 사용하고 조미육포를 사용하는 뜻에 해당한다. 『예기』「잡기(雜記)」편을 살펴보면 "며느리가 시부모를 뵐 때, 남편의 형제 · 고모 · 자매들은 모두 당하에 서 있게 되는데, 모두 서쪽을 바라보며 서열에 따라 북쪽 끝에서부터 정렬한다. 며느리가 들어오게 되면 그들을 지나치게 되므로 이 시기에 그들을 알현할 따름이며, 별도로 찾아뵙지 않는다."라 했고, 정현의 주에서는 "며느리가 시집을 오는 것은 공양의 의례를 시행하기 위해서이니, 찾아뵐 때에는

---

1) 『춘추』「장공(莊公) 24년」: 秋, 公至自齊. 八月丁丑, 夫人姜氏入. 戊寅, 大夫宗婦覿, 用幣.

2) 『춘추공양전』「장공(莊公) 24년」: 宗婦者何? 大夫之妻也, 覿者何? 見也. 用者何? 用者不宜用也. 見用幣, 非禮也. 然則曷用棗栗云乎, 腶脩云乎.

존귀한 시부모가 위주가 되므로, 남편의 형제로부터 그 이하의 가족들은 당하에 위치하며, 이 시기에 이미 만나보았으므로 재차 단독으로 찾아뵙지 않는다."라고 했다. 또한 "남편의 백부나 숙부 등은 존귀한 자들이므로, 그 다음날 각각에 대해서 그들의 침소로 찾아가 뵙는다."라 했고,[3] 정현의 주에서는 "남편의 백부나 숙부들은 방계의 친족 중 존귀한 자들이며, 또한 며느리가 시부모를 뵐 때 그 집으로 찾아오지 않기 때문이다."라고 했다. 이곳에서 이러한 사실을 언급하지 않은 것은 문장을 간략히 기록했기 때문이다.

賈疏 ◎注"笲竹"至"授也". ○釋曰: 知"笲, 竹器"者, 以字從竹, 故知竹器. 知有衣者, 下記云"笲緇被纁裏加于橋", 注云: "被, 表也. 笲有衣者, 婦見舅姑, 以飾爲敬." 是有衣也. 云"如今之筥▼(竹/去)簏矣"者, 此擧漢法以況義, 但漢法去今以遠, 其狀無以可知也. 云"進拜者, 進東面乃拜"者, 謂從西階進至舅前而拜. 云"奠之者, 舅尊, 不敢授也"者, 按下姑奠于席不授, 而云舅尊不敢授者, 但舅直撫之而已, 至姑則親擧之. 親擧者, 若親授之, 然故於舅得云尊不敢授也.

◎鄭注: "笲竹"~"授也". ○ 정현이 "변(笲)은 대나무로 만든 그릇이다."라고 했는데, 이 말이 사실임을 알 수 있는 이유는 글자가 죽(竹)자를 부수로 하고 있기 때문에 대나무로 만든 그릇임을 알 수 있다. 옷을 입힌다는 사실을 알 수 있는 이유는 아래 기문에서 "변은 치색의 천으로 겉을 감싸고 훈색의 천으로 안을 감싸서 받침대 위에 올려둔다."[4]라 했고, 정현의 주에서는 "피(被)는 겉을 뜻한다. 변에 옷을 입히는 것은 며느리가 시부모를 찾아뵐 때에는 장식 꾸미는 것을 공경스러운 태도로 여기기 때문이다."

---

3) 『예기』「잡기하(雜記下)」: 婦見舅姑, 兄弟姑姊妹皆立于堂下, 西面北上, 是見已. 見諸父各就其寢.

4) 『의례』「사혼례」: 笲, 緇被纁裏, 加于橋. 舅答拜, 宰徹笲.

라고 했다. 이것은 곧 옷을 입히게 됨을 나타낸다. 정현이 "오늘날의 거(筥)나 거로(▼(竹/去)簏)와 같았을 것이다."라고 했는데, 이것은 한나라 때의 법도를 제시하여 그 의미를 비유한 것이다. 다만 한나라의 법도는 지금과 시간적 차이가 많이 나서 그 형태에 대해서는 알 수 있는 방법이 없다. 정현이 "나아가 절을 한다는 것은 나아가 동쪽을 바라보며 절을 한다는 뜻이다."라고 했는데, 서쪽 계단으로부터 나아가 시아비 앞에 당도하면 절을 한다는 뜻이다. 정현이 "놓아두는 것은 시아비는 존귀하므로 감히 직접 건넬 수 없기 때문이다."라고 했는데, 아래문장을 살펴보면 시어미에 대해서도 자리에 놓아둔다고 했으니 직접 건네지 않는 것인데, 이곳에서 시아비는 존귀하므로 감히 직접 건넬 수 없다고 했다. 그 이유는 시아비는 단지 변을 어루만지기만 할 뿐이며, 시어미는 직접 그것을 들게 된다. 직접 든다는 것은 마치 직접 건네는 것과 같다. 그렇기 때문에 시아비에 대해서는 존귀하므로 감히 직접 건넬 수 없다고 말할 수 있다.

참고 14-2 『춘추공양전』 장공(莊公) 24년 기록

경문 秋, 公至自齊. 八月, 丁丑, 夫人姜氏入.

가을 장공이 제나라로부터 돌아왔다. 8월 정축일에 부인 강씨가 노나라로 들어왔다.

전문 其言入何?

들어왔다고 말한 것은 어째서인가?

何注 據夫人姜氏言至不言入.

부인 강씨에 대해 지(至)라 말하고 입(入)이라 말하지 않은 것에 근거한 것이다.

徐疏 ◎注"據夫人"至"言入". ○解云: 卽桓三年九月, "夫人姜氏至自齊", 是.

◎何注: "據夫人"~"言入". ○환공(桓公) 3년 9월에 "부인 강씨가 제나라로부터 왔다."[5]라고 한 말에 해당한다.

전문 難也. 其言日何①? 難也. 其難奈何? 夫人不僂, 不可使入, 與公有所約, 然後入②.

힘들었기 때문이다. 날짜를 말한 것은 어째서인가? 힘들었기 때문이다. 힘들었다는 것은 무엇인가? 부인이 서두르지 않아 들여보낼 수 없었고, 장공과 약조를 한 이후에야 들어왔기 때문이다.

何注 ① 據夫人姜氏至, 不日.

부인 강씨가 왔을 때 날짜를 기록하지 않은 것에 근거한 것이다.

何注 ② 僂, 疾也, 齊人語. 約, 約遠媵妾也. 夫人稽留, 不肯疾順公, 不可使卽入. 公至後, 與公約定八月丁丑乃入, 故爲難辭也. 夫人要公不爲大惡者, 妻事夫有四義: 雞鳴縱笄而朝, 君臣之禮也; 三年惻隱, 父子之恩也; 圖安危可否, 兄弟之義也; 樞機之內, 寢席之上, 朋友之道, 不可純以君臣之義責之.

'누(僂)'자는 빠르다는 뜻이니, 제나라 사람들이 쓰는 말이다. '약(約)'은 잉첩을 멀리하겠다고 약조한 것이다. 부인은 머물며 장공을 신속히 따라가는 것을 수긍하지 않았으므로 곧바로 들여보낼 수 없었다. 공이 돌아온 이후 공과 약조가 정해지자 8월 정축일이 되어서야 들어왔다. 그렇기 때

5) 『춘추』「환공(桓公) 3년」: 九月, 齊侯送姜氏于讙, 公會齊侯于讙. 夫人姜氏至自齊.

문에 힘들었다고 말한 것이다. 부인은 장공이 큰 잘못을 저지르지 않기를 바란 것이니, 처가 남편을 섬기는 것에는 네 가지 도의가 있다. 닭이 울자 머리카락을 싸매고 비녀를 꼽고서 아침 문안인사를 드리는 것은 군신 관계의 예이다. 삼년상을 치르며 측은하게 여기는 것은 부자 관계의 은정이다. 안위와 가부를 도모하는 것은 형제 관계의 도의이다. 추기(樞機)의 안과 침석(寢席)의 위는 붕우의 도를 상징하니, 순전히 군신 관계의 도의로만 나무랄 수 없다.

徐疏 ◎注"夫人要公"至"責之". ○解云: 正以所傳聞之世, 內之大惡皆諱不書. 今而書之, 故知然也.

◎何注: "夫人要公"~"責之". ○전해들었던 세대에 있어서 가내의 큰 잘못은 모두 피휘하여 기록하지 않았다. 그런데 지금은 그것을 기록했기 때문에 그러한 사실을 알 수 있다.

경문 戊寅, 大夫宗婦覿, 用幣.

무인일에 대부와 종부들이 부인을 뵐 때 비단을 사용했다.

전문 宗婦者何? 大夫之妻也. 覿者何? 見也. 用者何? 用者不宜用也.

'종부(宗婦)'는 누구인가? 대부의 처이다. 적(覿)이란 무엇인가? 만나본다는 뜻이다. 용(用)이라 기록한 것은 어째서인가? 사용한 것이 마땅히 사용하지 말아야 하는 것이기 때문이다.

何注 不宜用幣爲贄也.

마땅히 비단을 예물로 삼아서는 안 된다.

徐疏 ●"宗婦者何". ○解云: 欲言大夫之妻, 文不言及; 欲言非妻,相與俱見，故執不知問.

● 傳文: "宗婦者何". ○ 대부의 처라고 말하고자 하였다고 보기에는 문장에서 언급하지 않았고, 반대로 처가 아니라고 말하고자 하였다고 보기에는 서로 더불어 함께 만나보았기 때문에, 모르는 점을 들어 질문한 것이다.

徐疏 ●"覿者何". ○ 解云: 欲言是禮，男女無別; 欲言非禮，而在用上，故執不知問.

● 傳文: "覿者何". ○ 이것이 예법이라 말하고자 하였다고 보기에는 남녀 사이에 구별이 없게 되고, 반대로 비례라 말하고자 하였다고 보기에는 용(用)자 앞에 기록되어 있다. 그렇기 때문에 모르는 점을 들어 질문한 것이다.

徐疏 ●"用者何". ○ 解云: 初至之覿，禮則有之; 而經書用，乃是不宜之稱，故執不知問.

● 傳文: "用者何". ○ 처음 와서 만나보는 경우, 예법에 따르면 그러한 경우가 있지만 경문에서는 용(用)이라 기록했으니, 마땅하지 않았을 때의 지칭에 해당한다. 그렇기 때문에 모르는 점을 들어 질문한 것이다.

전문 見用幣，非禮也.

찾아뵐 때 비단을 사용하는 것은 비례이다.

何注 以文在覿下，不使齎見，知非禮也.

문장이 적(覿)자 뒤에 기록되어 있고, 재물을 가지고 찾아뵙도록 하지 않았으니, 비례가 됨을 알 수 있다.

徐疏 ●"見用幣, 非禮也". ○解云: 言其見夫人之法, 卿大夫宜用羔鴈, 宗婦宜用棗栗腶脩, 而皆用幣, 是爲非禮也.

● 傳文: "見用幣, 非禮也". ○ 부인을 찾아뵐 때의 예법은 경과 대부라면 마땅히 검은 양과 기러기를 사용해야 하고, 종부라면 마땅히 대추와 밤 및 조미육포를 사용해야 하는데, 모두 비단을 사용했으니, 이것은 비례가 된다.

徐疏 ◎注"以文"至"非禮也". ○解云: 若其是禮, 宜言大夫宗婦用幣覿也.

◎ 何注: "以文"~"非禮也". ○ 만약 이것이 예법이라면, 마땅히 대부와 종부가 비단을 사용해 찾아뵈었다고 말해야 한다.

전문 然則曷用? 棗栗云乎, 腶脩云乎.

그렇다면 무엇을 사용해야 하는가? 대추와 밤일 것이다. 조미육포일 것이다.

何注 腶脩者, 脯也. 禮, 婦人見舅姑, 以棗栗爲贄; 見女姑, 以腶脩爲贄; 見夫人, 至尊, 兼而用之. 云乎, 辭也. 棗栗取其早自謹敬, 腶脩取其斷斷自脩正. 執此者, 若其辭云爾, 所以敘情配志也. 凡贄, 天子用鬯, 諸侯用玉, 卿用羔, 大夫用鴈, 士用雉. 雉取其耿介; 鴈取其在人上, 有先後行列; 羔取其執之不鳴, 殺之不號, 乳必跪而受之, 類死義知禮者也; 玉取其至清, 而不自蔽其惡, 潔白而不受汚, 內堅剛而外溫潤, 有似乎備德之君子; 鬯取其芬芳在上, 臭達於天, 而醇粹無擇, 有似乎聖人, 故視其所執而知其所任矣. 日者, 禮, 夫人至, 大夫皆郊迎, 明日大夫宗婦皆見, 故著其明日也. 大夫妻言宗婦者, 大夫爲宗子者也. 族所以有宗者, 爲調族理親疏, 令昭穆親疏各得其序也，故始統世世繼重者爲大宗，旁統者爲小宗，小宗無子則絶，大宗無子則不絶，重本也。天子諸侯世以三牲養，禮有代宗之義，大夫不世，不得專宗。著言宗婦者，重敎化自本始也。

‘단수(腶脩)’는 포이다. 예법에 따르면 며느리가 시아비를 찾아뵐 때 대추와 밤을 예물로 사용하고, 시어미를 찾아뵐 때 조미육포를 예물로 사용하며, 제후의 부인을 찾아뵐 때에는 지극히 존귀한 존재이므로 이 둘을 함께 사용한다. ‘운호(云乎)’는 어조사이다. 대추와 밤은 일찍 일어나 스스로 조심하고 공경한다는 뜻을 따르는 것이고, 조미육포는 과감히 끊어내서 스스로 수양하고 바르게 한다는 뜻을 따르는 것이다. 이것을 쥔 자는 마치 그 말처럼 하는 것일 뿐이니, 정감을 서술하고 뜻을 짝하게 하는 방법이다. 무릇 예물의 경우, 천자는 울창주를 사용하고, 제후는 옥을 사용하며, 경은 검은 양을 사용하고, 대부는 기러기를 사용하며, 사는 꿩을 사용한다. 꿩을 사용하는 것은 정직하여 굽히지 않는 뜻을 취한 것이고, 기러기를 사용하는 것은 남의 윗자리에 있으면서 선후의 대열을 맞춤이 있다는 뜻을 취한 것이며, 검은 양을 사용하는 것은 잡아도 울지 않고 도살해도 울부짖지 않으며 젖을 먹을 때에는 반드시 무릎을 꿇고서 먹으니 도의에 목숨을 바치고 예를 아는 것과 비슷한 부류에 따른 것이고, 옥을 사용하는 것은 지극히 맑으면서도 스스로 나쁜 것을 가리지 못하며 지극히 깨끗하여 더러운 것을 받아들이지 않고 안은 굳강한데 밖으로는 온화하고 매끄러워 마치 덕을 갖춘 군자와 유사한 점이 있는 것에 따른 것이며, 울창주를 사용하는 것은 꽃다운 향기가 위에 머물면서 그 냄새가 하늘에 도달하고 진하고 순수하여 가릴 것이 없음이 성인과 유사한 점이 있음에 따른 것이다. 그러므로 그가 들고 있는 것을 보고서 그가 맡은 직임을 알 수 있다. 날짜에 있어서 예법에 따르면 부인이 왔을 때 대부는 모두 교외에서 맞이하고, 그 다음날 대부의 종부는 모두 찾아뵙게 된다. 그렇기 때문에 그 다음날에 대해 드러낸 것이다. 대부의 처에 대해 ‘종부(宗婦)’라 부르는 것은 대부는 종자가 되기 때문이다. 종족에 종자를 두는 것은 종족의 다스림과 친소관계를 조율하여, 소목과 친소가 각각 그 질서를 얻게끔 하기 위해서이다. 그렇기 때문에 처음으로 계통을 통괄함에 대대로 그 중책을 계승한 자를 대종으로 삼고, 계통의 방계가 되는 자를 소종으로 삼는데, 소종의 경우 자식이 없다면 대가 끊기지만 대종의 경우 자식이 없더라도 끊기지 않으니 근본을 중시하기 때문이다. 천자와 제후는 세대별로 3가지 희생물로 봉양을 하고, 예법에는 종자를 대신하는 도의가 있는데, 대부는 세습을 하지 않아서 종주를 오로지 할 수 없다. '종부(宗婦)'라고 명시해서 말한 것은 교화가 근본으로부터 시작되었음을 중시하기 때문이다.

徐疏 ◎注"腵脩者, 脯也". ○解云: 正以穀梁傳云"束脩之肉, 不行竟內", 以肉言之, 故知脩爲脯矣. 又下曲禮"婦人之贄, 脯脩棗栗", 謂之脯脩, 其義益顯.

◎何注: "腵脩者, 脯也". ○『곡량전』에서 "속수의 고기로는 경내에서 행하지 않는다."[6]라 했는데, 육(肉)이라고 말을 했기 때문에, 수(脩)가 포가 됨을 알 수 있다. 『예기』「곡례하(曲禮下)」편에서는 "부인이 사용하는 예물은 포와 조미육포와 대추와 밤이다."[7]라 했는데, '포수(脯脩)'라고 하였으니, 그 의미가 더욱 드러난다.

徐疏 ◎注"禮婦人"至"志也". ○解云: 時王之禮. 且以其文先言棗栗故也.

◎何注: "禮婦人"~"志也". ○당시 군왕이 제정한 예법이다. 또 그 문장에 있어서 대추와 밤을 먼저 언급했기 때문이다.

---

6) 『춘추곡량전』「은공(隱公) 1년」: 聘弓鍭矢, 不出竟場, 束脩之肉, 不行竟中, 有至尊者, 不貳之也.

7) 『예기』「곡례하(曲禮下)」: 婦人之摯, 椇·榛·脯·脩·棗·栗.

徐疏 ◎注"凡贄"至"用雉". ○解云: 皆下曲禮文. 彼言諸侯用圭, 此言玉者, 蓋所見異也.

◎何注: "凡贄"~"用雉". ○모두 『예기』「곡례하(曲禮下)」편의 기록이다.[8] 「곡례하」편에서 제후는 규(圭)를 사용한다고 했는데 이곳에서 옥(玉)을 사용한다고 말한 것은 아마도 본 것이 달랐던 점을 드러낸 것이다.

徐疏 ◎注"大夫不世, 不得專宗". ○解云: 欲道大夫之妻所以謂之婦人之義.

◎何注: "大夫不世, 不得專宗". ○대부의 처에 대해서 부인의 도의라 일컫는 이유를 말하고자 한 것이다.

徐疏 ◎注"重教化自本始也". ○解云: 正以宗子者, 宗族之本故也.

◎何注: "重教化自本始也". ○종자가 종족의 근본이 되기 때문이다.

참고 14-3 『예기』「잡기하(雜記下)」 기록

경문 婦見舅姑, 兄弟姑姊妹皆立于堂下, 西面北上, 是見已. 見諸父各就其寢.

시집을 온 며느리가 시부모를 알현할 때, 남편의 형제 · 고모 · 자매들은 모두 당하에 서 있게 되는데, 모두 서쪽을 바라보며 서열에 따라 북쪽 끝에서부터 정렬한다. 며느리가 들어오게 되면 그들을 지나치게 되므로 이 시기에 그들을 알현할 따름이며, 별도로 찾아뵙지 않는다. 다만 남편

8) 『예기』「곡례하(曲禮下)」 : 凡摯, 天子鬯, 諸侯圭, 卿羔, 大夫鴈, 士雉, 庶人之摯匹. 童子委摯而退. 野外軍中無摯, 以纓 · 拾 · 矢, 可也.

의 백부나 숙부 등은 존귀한 자들이므로, 그 다음날 각각에 대해서 그들의 침소로 찾아가 뵙는다.

鄭注 婦來爲供養也, 其見主於尊者, 兄弟以下在位, 是爲已見, 不復特見. 旁尊也, 亦爲見時不來.

며느리가 시집을 와서 공양의 의례를 시행하는 것이니, 찾아뵐 때에는 존귀한 시부모가 위주가 되므로, 남편의 형제로부터 그 이하의 가족들은 당하에 위치하며, 이 시기에 이미 만나보았으므로 재차 단독으로 찾아뵙지 않는다. 남편의 백부나 숙부들은 방계의 친족 중 존귀한 자들이며, 또한 며느리가 시부모를 알현할 때 그 집으로 찾아오지 않기 때문이다.

孔疏 ●"婦見舅姑"者, 謂婦來, 明日而見舅姑也.

●經文: "婦見舅姑". ○며느리가 시집을 오면 그 다음날 시부모를 찾아뵙는다는 뜻이다.

孔疏 ●"兄弟·姑·姊妹皆立于堂下, 西面北上"者, 見舅姑之時, 則夫之兄弟·姑·姊妹皆立于舅姑之堂下, 東邊西向, 以北爲上, 近堂爲尊也.

●經文: "兄弟·姑·姊妹皆立于堂下, 西面北上". ○시부모를 알현할 때, 남편의 형제·고모·자매들은 모두 시부모가 계신 장소의 당하에 위치하여 서 있게 되는데, 모두 동쪽 측면에서 서쪽을 바라보며, 북쪽 끝을 상등의 자리로 삼으니, 당과 가까운 장소는 존귀한 위치가 되기 때문이다.

孔疏 ●"是見已"者, 舅姑在堂上, 婦自南門而入, 入則從於夫之兄弟·姑·姊妹前度, 以因是卽爲相見, 不復更別詣其室見之, 故云"是見已", 謂是已見也.

●經文: "是見已". ○시부모는 당상에 있고 며느리는 남쪽 문을 통해

들어오니, 들어오게 되면 남편의 형제 · 고모 · 자매가 서 있는 앞쪽 길을 따라서 오게 되어, 이 기회를 통해 서로 만나보는 절차로 삼고, 재차 별도로 그들의 침소로 찾아가서 만나보지 않는다. 그렇기 때문에 "이에 만나볼 따름이다."라고 했으니, 이 시기에 이미 만나보았다는 의미이다.

孔疏 ●"見諸父, 各就其寢"者, 諸父, 謂夫之伯叔也. 旣是旁尊, 則婦於明日乃各往其寢而見之, 不與舅姑同日也.

●經文: "見諸父, 各就其寢". ○'제부(諸父)'는 남편의 백부나 숙부를 뜻한다. 그들은 이미 방계의 친족 중에서도 존귀한 자이므로, 며느리는 시부모를 찾아뵌 그 다음날 곧 각각에 대해서 그들의 침소로 찾아가 만나보게 되니, 시부모를 찾아뵌 날과 같은 날에 할 수 없기 때문이다.

그림 14-2 ▣ 변(笲)

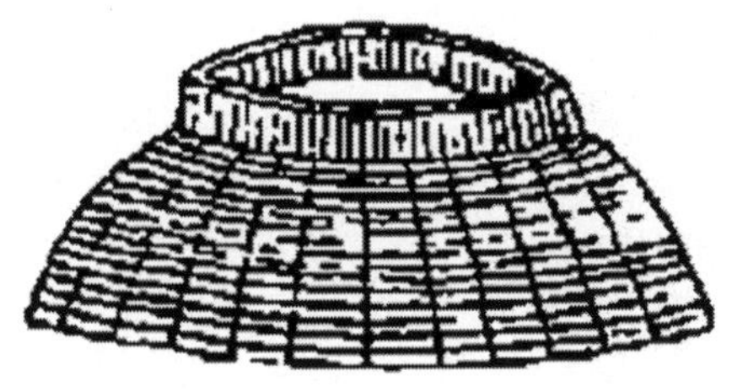

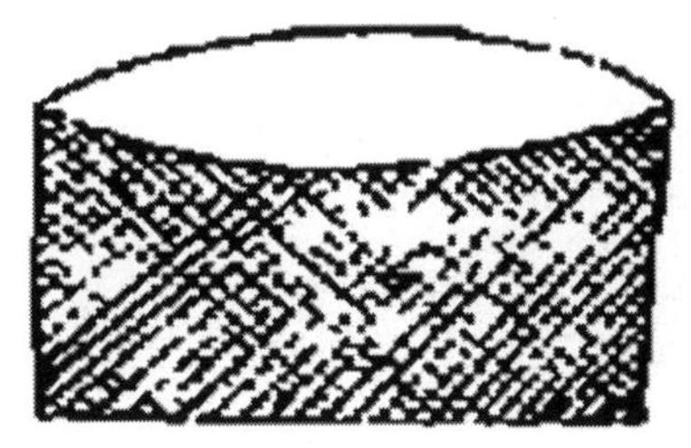

※ 출처:

상-『삼례도집주(三禮圖集注)』 2권 ; 하-『육경도(六經圖)』 9권

그림 14-3 ▣ 거(筥)

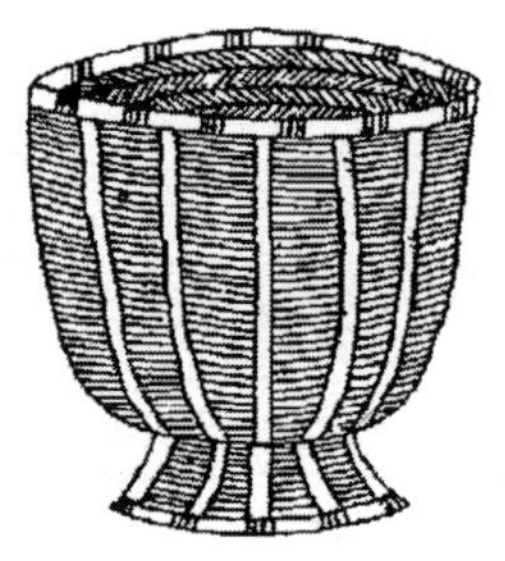

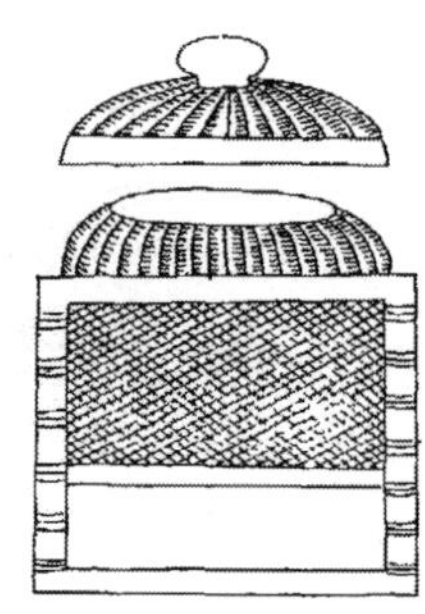

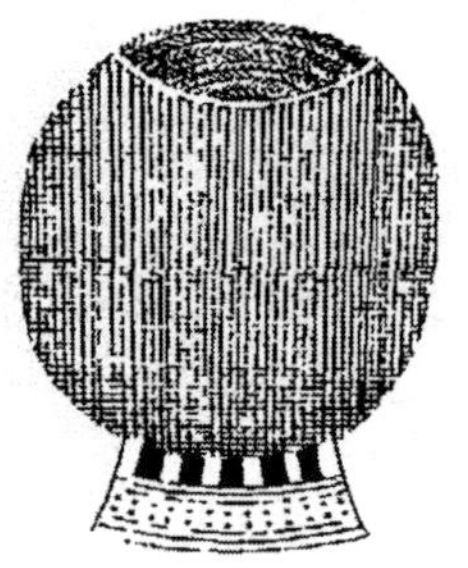

※ 출처:

상좌-『삼례도집주(三禮圖集注)』 12권 ; 상우-『삼례도(三禮圖)』 4권

하좌-『육경도(六經圖)』 6권 ; 하우-『삼재도회(三才圖會)』「기용(器用)」 2권

100上

舅坐撫之, 興, 答拜. 婦還, 又拜.

직역 舅는 坐하여 撫하고 興하여 答拜한다. 婦는 還하여 又히 拜한다.

의역 시아비는 앉아서 변을 어루만지고 일어나서 답배를 한다. 며느리는 자신의 자리로 되돌아와서 재차 절을 한다.

鄭注 還又拜者, 還於先拜處拜. 婦人與丈夫爲禮則俠拜.

되돌아가서 재차 절을 한다는 것은 앞서 절을 했던 장소로 되돌아가서 절을 한다는 뜻이다. 여자가 남자와 의례를 시행하는 경우라면 여자는 협배[1]를 한다.

賈疏 ●"舅坐"至"又拜". ◎注"還又"至"俠拜". ○釋曰: 云"先拜處"者, 謂前東面拜處也. 云"婦人與丈夫爲禮則俠拜"者, 謂若士冠冠者見母, "母拜受, 子拜送, 母又拜". 母於子尙俠拜, 則不徒此婦於舅而已, 故廣言婦人與丈夫爲禮則俠拜.

●經文: "舅坐"~"又拜". ◎鄭注: "還又"~"俠拜". ○정현이 "앞서 절을 했던 장소"라고 했는데, 이전에 동쪽을 바라보며 절을 했던 장소를 뜻한다. 정현이 "여자가 남자와 의례를 시행하는 경우라면 여자는 협배를 한다."라고 했는데, 마치 『의례』「사관례(士冠禮)」편에서 관례를 치른 자가 모친을 찾아뵐 때, "모친은 절을 하면서 받고 자식은 절을 하면서 보내며 모친은 재차 절을 한다."[2]라고 한 경우를 뜻한다. 모친은 아들에 대해서

1) 협배(俠拜)는 고대에 절을 하는 방법 중의 하나이다. 여자가 먼저 남자에게 절을 하면, 남자는 답배를 하게 되고, 여자는 재차 절을 하는데, 이것을 '협배'라고 부른다.

도 오히려 협배를 하니, 며느리가 시아비를 대하는 경우만이 아니다. 그렇기 때문에 여자가 남자와 의례를 시행하는 경우라면 여자는 협배를 한다고 폭넓게 설명한 것이다.

---

2) 『의례』「사관례(士冠禮)」 : 冠者奠觶于薦東, 降筵, 北面坐, 取脯, 降自西階, 適東壁, 北面見于母. <u>母拜受. 子拜送. 母又拜</u>.

100上

降階, 受笲腶脩, 升, 進, 北面拜, 奠于席. 姑坐, 擧以興, 拜, 授人.

직역 階를 降하여 腶脩의 笲을 受하고 升하여 進하되 北面하여 拜하고 席에 奠한다. 姑는 坐하고 擧하여 興하고 拜하고 人에게 授한다.

의역 며느리는 계단 밑으로 내려가서 조미육포가 담긴 변을 받고 다시 당상으로 올라가서 나아가 북쪽을 바라보며 절을 하고 자리에 놓아둔다. 시어미는 자리에 앉아서 변을 들고 일어나 절을 하고 유사에게 건넨다.

鄭注 人, 有司. 姑執笲以起, 答婦拜, 授有司徹之, 舅則宰徹之.

'인(人)'은 유사를 뜻한다. 시어미가 변을 들고 일어나 며느리가 절한 것에 답배를 하고, 유사에게 건네서 그것을 치우게 하는데, 시아비의 경우라면 재(宰)가 치운다.

賈疏 ●"降階"至"授人". ○釋曰: 此經論婦見姑之事.

●經文: "降階"~"授人". ○이곳 경문은 며느리가 시어미를 찾아뵙는 사안을 논의하였다.

賈疏 ◎注"人有"至"徹之". ○釋曰: 云"人, 有司"者, 凡行事者, 皆主人有司也. 知舅則使宰徹者, 此見下記云"舅答拜宰徹", 是也.

◎鄭注: "人有"~"徹之". ○정현이 "인(人)은 유사를 뜻한다."라고 했는데, 어떠한 절차를 시행할 때 모든 경우 주인에게는 그 일을 담당하는 유사가 있다. 시아비의 경우 재(宰)를 시켜 치우게 한다는 사실을 알 수 있는 것은 아래 기문에서 "시아비가 답배를 하면 재가 치운다."[1]고 했기 때문이다.

제 15 절
예부(醴婦)의 절차

100上

贊醴婦.

직역 贊은 婦에게 醴한다.

의역 혼례의 진행을 돕는 자가 며느리에게 예(醴)를 한다.

鄭注 醴當爲禮. 贊禮婦者, 以其婦道新成, 親厚之.

'예(醴)'자는 마땅히 예(禮)자가 되어야 한다. 혼례의 진행을 돕는 자가 며느리를 예우하는 것은 부인이 따라야 하는 도가 새로이 완성되었으므로 친애하며 후하게 대하는 것이다.

賈疏 ●"贊醴婦". ◎注"醴當"至"厚之". ○釋曰: 自此至"於門外", 論舅姑堂上禮婦之事. 云"醴當爲禮"者, 士冠·內則·昏義諸文, 醴皆破從禮者, 按司儀注: "上於下曰禮, 敵者曰儐." 又按大行人云"王禮再祼而酢"之等用鬱鬯, 不言王鬯, 再祼而酢而言禮, 則此諸文雖用醴禮賓, 不得卽言主人醴賓, 故皆從上於下曰禮解之.

●經文: "贊醴婦". ◎鄭注: "醴當"~"厚之". ○이곳 구문으로부터 "침문 밖에서 한다."[1]라는 구문까지는 시부모가 당상에서 며느리를 예우하는

1) 『의례』「사혼례」: 笲, 緇被纁裏, 加于橋. 舅答拜, 宰徹笲.

사안을 논의하고 있다. 정현이 “예(醴)자는 마땅히 예(禮)자가 되어야 한다.”라고 했는데, 『의례』「사관례(士冠禮)」편과 『예기』「내칙(內則)」편 및 「혼의(昏義)」편 등의 기록에서 예(醴)자를 모두 예(禮)자로 풀이했고, 『주례』「사의(司儀)」편에 대한 정현의 주를 살펴보면, “윗사람이 아랫사람에게 해주는 것을 ‘예(禮)’라 부르고, 신분이 대등한 경우에는 ‘빈(儐)’이라 부른다.”[2]라 했다. 또 『주례』「대행인(大行人)」편을 살펴보면, “천자가 예우할 때에는 두 차례 관(祼)을 하고서 술잔을 돌린다.”[3]라는 등의 기록이 나오는데 이때에는 울창주를 사용한다. 그런데도 천자가 울창주를 사용한다는 말을 하지 않고 두 차례 관을 하고서 술잔 돌리는 것을 예(禮)라고 했으니, 이곳의 여러 기록들에서 단술을 사용하여 빈객을 예우하면서 주인이 빈객을 예(醴)한다고 말할 수 없다. 그렇기 때문에 윗사람이 아랫사람을 대하는 것을 예(禮)라고 부른다는 말로 풀이한 것이다.

참고 15-1 『주례』「추관(秋官) · 사의(司儀)」 기록

* 참고: 3-4 참조

---

1) 『의례』「사혼례」 : 婦升席, 左執觶, 右祭脯醢, 以柶祭醴三, 降席, 東面坐, 啐醴, 建柶, 興, 拜. 贊答拜. 婦又拜, 奠于薦東, 北面坐取脯, 降, 出, 授人于門外.

2) 이 문장은 『주례』「추관(秋官) · 사의(司儀)」편의 “及將幣, 交擯, 三辭, 車逆, 拜辱, 賓車進, 答拜, 三揖三讓, 每門止一相, 及廟, 唯上相入. 賓三揖三讓, 登, 再拜, 授幣, 賓拜送幣. 每事如初, 賓亦如之. 及出, 車送, 三請三進, 再拜, 賓三還三辭, 告辟.”이라는 기록에 대한 정현의 주이다.

3) 『주례』「추관(秋官) · 대행인(大行人)」 : 上公之禮, 執桓圭九寸, 繅藉九寸, 冕服九章, 建常九斿, 樊纓九就, 貳車九乘, 介九人, 禮九牢, 其朝位, 賓主之間九十步, 立當車軹, 擯者五人, 廟中將幣三享, 王禮再祼而酢, 饗禮九獻, 食禮九舉, 出入五積, 三問三勞.

참고 15-2 『주례』「추관(秋官) · 대행인(大行人)」 기록

* 참고: 3-1 참조

100下

席于戶牖間.

직역 戶牖의 間에 席한다.

의역 방문과 들창 사이에 자리를 마련한다.

鄭注 室戶西, 牖東, 南面位.

방문의 서쪽과 들창의 동쪽이니, 자리의 머리쪽이 남쪽을 향하도록 자리를 마련한다.

賈疏 ●"席于戶牖間". ◎注"室戶"至"面位". ○釋曰: 知義然者, 以其賓客位於此, 是以禮子·禮婦·禮賓客, 皆於此尊之, 故也.

●經文: "席于戶牖間". ◎鄭注: "室戶"~"面位". ○그 의미가 이와 같다는 사실을 알 수 있는 이유는 이곳은 빈객의 자리를 마련하는 곳이기 때문이다. 이러한 까닭으로 자식을 예우하거나 며느리를 예우하거나 빈객을 예우할 때에는 모두 이곳에서 그를 존귀하게 높여준다.

100下

側尊甒醴于房中. 婦疑立于席西.

직역 房中에 側尊甒醴한다. 婦는 席西에 疑立한다.

의역 방안에는 단독으로 단술을 담은 술동이만 둔다. 며느리는 단정한 자세로 자리의 서쪽에 선다.

鄭注 疑, 正立自定之貌.

'의(疑)'는 바르게 서며 스스로를 안정시키는 모습을 뜻한다.

賈疏 ●"側尊"至"席西". ◎注"疑正立自定之貌". ○釋曰: 云"婦疑立于席西"者, 以其禮未至而無事, 故疑然自定而立, 以待事也. 若行之間而立, 則云立, 不得云疑立也.

●經文: "側尊"~"席西". ◎鄭注: "疑正立自定之貌". ○"며느리는 단정한 자세로 자리의 서쪽에 선다."라고 했는데, 해당 의례 절차가 아직 진행되지 않아서 시행할 일이 없기 때문에 단정한 자세로 스스로 안정을 취하며 서 있는 것으로, 앞으로 시행해야 할 일을 기다리는 것이다. 만약 어떤 일을 시행하는 가운데 서 있게 된다면 '입(立)'이라 말하니, '의립(疑立)'이라고 말할 수 없다.

101上

贊者酌醴, 加柶, 面枋, 出房, 席前北面. 婦東面拜受. 贊西階上北面拜送. 婦又拜. 薦脯醢.

직역 贊者는 醴를 酌하고 柶를 加하되 枋을 面하고 房을 出하여 席前에서 北面한다. 婦는 東面하여 拜受한다. 贊은 西階上에서 北面하여 拜送한다. 婦는 又히 拜한다. 脯醢를 薦한다.

의역 혼례의 진행을 돕는 자는 단술을 따르고 그 위에 숟가락을 올리는데 숟가락의 자루 부분이 앞을 향하도록 하며 방밖으로 나와 자리의 앞에서 북쪽을 바라본다. 며느리는 동쪽을 바라보며 절을 하고 받는다. 혼례의 진행을 돕는 자는 서쪽 계단 위에서 북쪽을 바라보며 절을 하고 술잔을 건넨다. 며느리는 재차 절을 한다. 혼례의 진행을 돕는 자는 포와 젓갈을 올린다.

鄭注 婦東面拜, 贊北面答之, 變于丈夫始冠成人之禮.

며느리가 동쪽을 바라보며 절을 하고 혼례의 진행을 돕는 자가 북쪽을 바라보며 답배를 하는 것은 남자가 처음 관례를 치러서 성인이 되었을 때의 예법에서 변화를 준 것이다.

賈疏 ●"贊者"至"脯醢". ○釋曰: 云"面枋, 出房"者, 以其贊授, 故面枋. 冠禮贊酌醴, 將授賓, 則面葉. 賓受醴, 將授子, 乃面枋也. 此婦又拜, 幷下經"婦又拜"者, 皆俠拜也.

●經文: "贊者"~"脯醢". ○"숟가락의 자루 부분이 앞을 향하도록 하며 방밖으로 나온다."라고 했는데, 혼례의 진행을 돕는 자가 술잔을 건네기 때문에 자루가 앞을 향하도록 한다. 『의례』「사관례(士冠禮)」편에서는 관례의 진행을 돕는 자가 단술을 따라서 빈객에게 건네려고 할 때 숟가락의 넓고 큰 부분이 앞을 향하도록 하고,[1)] 빈객이 단술을 받아서 관례를 치른 자식에게 건네게 되면 자루를 앞으로 향하게 한다고 했다.[2)] 이곳에

서 며느리는 재차 절을 한다고 했는데, 아래 경문에서 "며느리는 재차 절을 한다."[3]라고 한 말까지 모두 협배를 한다는 뜻이다.

賈疏 ◎注"婦東"至"之禮". ○釋曰: 云"婦東面拜, 贊北面答之, 變於丈夫始冠成人之禮"者, 按冠禮禮子與此禮婦俱在賓位, 彼禮子南面受醴, 此則東面, 不同, 故決之. 彼南面者, 以向賓拜, 此東面者, 以舅姑在東, 亦面拜之也.

◎鄭注: "婦東"~"之禮". ○ 정현이 "며느리가 동쪽을 바라보며 절을 하고 혼례의 진행을 돕는 자가 북쪽을 바라보며 답배를 하는 것은 남자가 처음 관례를 치러서 성인이 되었을 때의 예법에서 변화를 준 것이다."라고 했는데, 『의례』「사관례(士冠禮)」편을 살펴보면, 자식을 예우한다고 했을 때, 이곳에서 며느리를 예우한다고 한 것과 동일하게 모두 빈객의 자리에서 시행하는데, 「사관례」편에서는 자식을 예우하면 자식은 남쪽을 바라보며 단술을 받는다고 했고,[4] 이곳에서는 동쪽을 바라본다고 하여 동일하지 않다. 그렇기 때문에 이처럼 설명한 것이다. 「사관례」편에서 남쪽을 바라본다고 한 것은 빈객을 향하여 절하기 위해서이며, 이곳에서 동쪽을 바라본다고 한 것은 시부모가 동쪽에 있기 때문에 그쪽을 향하여 절하기 위해서이다.

---

1) 『의례』「사관례(士冠禮)」: 贊者洗于房中, 側酌醴, 加柶, 覆之, 面葉.

2) 『의례』「사관례(士冠禮)」: 賓揖, 冠者就筵, 筵西, 南面. 賓受醴于戶東, 加柶, 面枋, 筵前北面.

3) 『의례』「사혼례」: 婦升席, 左執觶, 右祭脯醢, 以柶祭醴三, 降席, 東面坐, 啐醴, 建柶, 興, 拜. 贊答拜. 婦又拜, 奠于薦東, 北面坐取脯, 降, 出, 授人于門外.

4) 『의례』「사관례(士冠禮)」: 冠者筵西拜受觶, 賓東面答拜. / 정현은 "자리의 서쪽에서 절을 하는 것은 남쪽을 바라보며 절을 하는 것이다.[筵西拜, 南面拜也.]"라고 설명했다.

101上

婦升席, 左執觶, 右祭脯醢, 以柶祭醴三, 降席, 東面坐, 啐醴, 建柶, 興, 拜. 贊答拜. 婦又拜, 奠于薦東, 北面坐取脯, 降, 出, 授人于門外.

직역 婦는 席에 升하여 左로 觶를 執하고 右로 脯醢에 祭하되 柶로 醴를 祭하길 三하며 席을 降하여 東面하여 坐하고 醴를 啐하며 柶를 建하고 興하여 拜한다. 贊은 答拜한다. 婦는 又히 拜하고 薦의 東에 奠하며 北面하고 坐하여 脯를 取하고 降하여 出하고 門外에서 人에게 授한다.

의역 며느리는 자리에 올라가서 좌측 손으로 술잔을 잡고 우측 손으로 포와 젓갈이 담긴 두 사이에서 제사를 지내는데 수저로 단술을 제사지내길 세 차례하며, 자리에서 내려와 동쪽을 바라보며 앉고 단술을 맛본 뒤 수저를 술잔에 세우고서 자리에서 일어나 절을 한다. 혼례의 진행을 돕는 자는 답배를 한다. 며느리는 재차 절을 하고 음식이 놓인 곳 동쪽에 술잔을 내려놓고 북쪽을 바라보며 앉아서 포를 들고 내려가며 침문 밖으로 나와 문밖에서 친정집의 사람에게 건넨다.

鄭注 奠于薦東, 升席, 奠之. 取脯降出授人, 親徹, 且榮得禮. 人, 謂婦氏人.

음식이 놓인 곳 동쪽에 놓아둔다는 것은 자리에 올라가서 술잔을 놓아두는 것이다. 포를 가지고 내려가서 밖으로 나가 다른 사람에게 건넨다고 했는데, 직접 치우는 뜻에 해당하고 또한 예우 받은 것을 영예롭게 여기기 때문이다. '인(人)'은 친정집 사람을 뜻한다.

賈疏 ●"婦升"至"門外". ◎ 注"奠于"至"氏人". ○釋曰: 鄭知奠者升席奠之者, 見上冠禮禮子·禮賓, 皆云卽筵"奠于薦東, 降筵, 北面坐取脯", 明此奠時升席, 南面奠, 乃降, 北面取脯, 降出授人. 云"親徹, 且榮得禮"者, 言且兼二事, 何者? 下饗婦之俎不親徹, 又自出門授人, 是且榮得禮. 下饗不親徹俎者, 於禮時禮訖, 故於後略之. 知人是婦氏人者, 以其在門外, 婦往授之, 明是婦氏之人也.

●經文: "婦升"~"門外". ◎鄭注: "奠于"~"氏人". ○놓아둔다는 말이 자리에 올라가서 놓아둔다는 사실을 정현이 알 수 있었던 것은 앞의『의례』「사관례(士冠禮)」편을 보면, 자식을 예우하거나 빈객을 예우할 때 모두 자리로 나아가 "음식이 놓인 곳 동쪽에 술잔을 내려놓고 자리에서 내려와 북쪽을 바라보며 앉아서 포를 잡는다."[5]라고 했으니, 이곳에서 술잔을 내려놓을 때 자리에 올라가서 남쪽을 바라보며 술잔을 내려놓고, 그런 뒤에 자리에서 내려와 북쪽을 바라보며 포를 잡고, 당하로 내려가 침문 밖으로 나가 다른 사람에게 건네게 됨을 나타낸다. 정현이 "직접 치우는 뜻에 해당하고 또한 예우 받은 것을 영예롭게 여기기 때문이다."라고 했는데, 두 사안을 함께 말한 것은 어째서인가? 뒤에서 부인에게 연회를 베풀어줄 때 그 도마는 직접 치우지 않고 또한 직접 밖으로 나가서 친정집 사람에게 건네게 되는데, 이것 또한 예우 받은 것을 영예롭게 여기기 때문이다. 뒤에서 연회를 베풀 때 직접 그 도마를 치우지 않는 것은 예우를 받을 시기에 그 예우가 끝나서 이후로는 간략히 시행하기 때문이다. 인(人)이 친정집 사람이라는 사실을 알 수 있는 이유는 침문 밖에 있으며 며느리가 가서 건네니, 이것은 친정집 사람임을 나타낸다.

5) 『의례』「사관례(士冠禮)」: 冠者奠觶于薦東, 降筵, 北面坐取脯, 降自西階, 適東壁, 北面見于母.

제 16 절

부궤구고(婦饋舅姑)의 절차

101下

舅姑入于室, 婦盥饋.

직역 舅姑가 室에 入하면 婦는 盥하고 饋한다.

의역 시부모가 방으로 들어가면 며느리는 손을 씻고 음식을 바친다.

鄭注 饋者, 婦道旣成, 成以孝養.

음식을 바치는 것은 부인의 도가 이미 이루어졌으니 효와 봉양으로 완성시키는 것이다.

그림 16-1 ▣ 부궤구고도(婦饋舅姑圖)

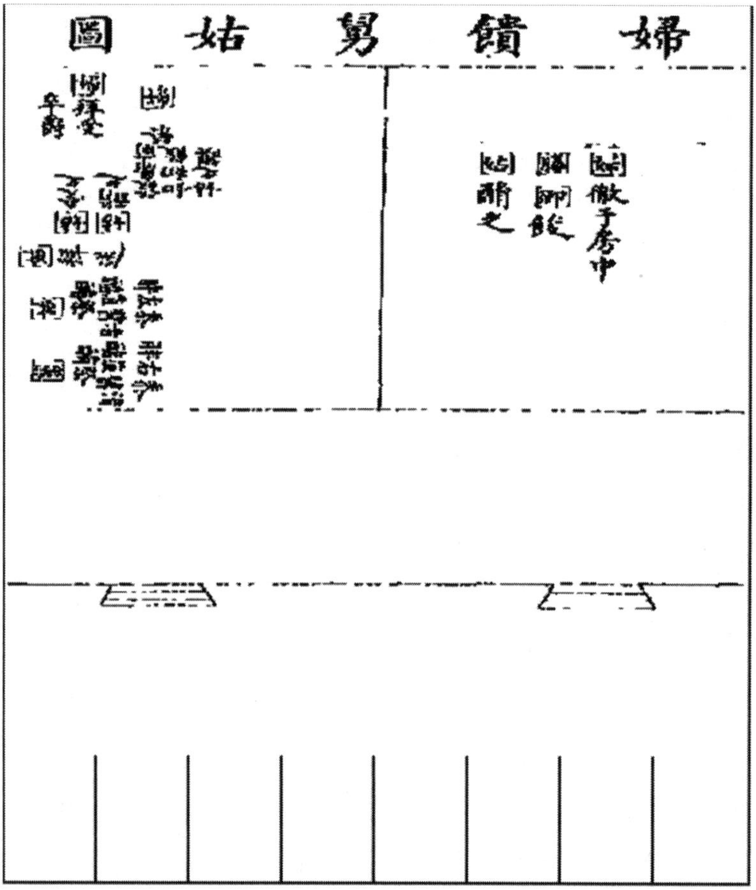

※ 출처: 『의례도(儀禮圖)』 2권

特豚, 合升, 側載, 無魚腊, 無稷, 並南上. 其他如取女禮.

직역 特豚하여 合升하되 側載하며 魚腊은 無하고 稷은 無하며 並히 南上한다. 其他는 取女의 禮와 如한다.

의역 음식은 한 마리의 새끼돼지를 사용하는데 한꺼번에 가지고 올라가서 우측과 좌측 부위를 각각의 도마에 올려두며, 말린 물고기는 포함되지 않고 메기장밥도 포함되지 않으며, 모두 남쪽 끝에서부터 차례대로 정렬한다. 나머지 것들은 아내를 들일 때 같은 희생물을 먹었을 때처럼 한다.

鄭注 側載者, 右胖載之舅俎, 左胖載之姑俎, 異尊卑. 並南上者, 舅姑共席于奥, 其饌各以南爲上. 其他, 謂醬湆菹醢. 女, 謂婦也. 如取婦禮同牢時. 今文並當作併.

'측재(側載)'는 희생물을 반으로 갈라 우측 부위는 시아비가 받는 도마에 올려두고 좌측 부위는 시어미가 받는 도마에 올라두는 것으로, 존비를 달리하기 때문이다. 모두 남쪽 끝에서부터 차례대로 정렬한다는 것은 시부모는 모두 아랫목에 자리를 마련해서 앉아 있고 바치는 음식들은 각각 남쪽을 상등으로 삼게 된다. '기타(其他)'는 장 · 고깃국 · 절임 · 젓갈 등을 뜻한다. '여(女)'는 신부를 뜻한다. 신부를 들일 때 같은 희생물을 먹었을 때처럼 하는 것이다. 금문에는 '병(並)'자가 병(併)자로 기록되어 있다.

賈疏 ●"舅姑"至"女禮". ○釋曰: 自此至"之錯", 論婦饋舅姑成孝養之事. 云"其他如取女禮"者, 則自"側載"以下, "南上"以上, 與取女異. 異者, 彼則有魚腊幷稷, 此則無魚腊與稷. 彼男東面, 女西面別席, 其醬醢菹, 夫則南上, 婦則北上; 今此舅姑共席東面, 俎及豆等皆南上. 是其異也.

●經文: "舅姑"~"女禮". ○ 이곳 구문으로부터 '지착(之錯)'[1]까지는 며느리가 시부모에게 음식을 바쳐서 효와 봉양의 도리를 완성시키는 사안을 논의하고 있다. "나머지 것들은 아내를 들일 때 같은 희생물을 먹었을 때처럼 한다."라고 했는데, '측재(側載)' 이하로부터 '남상(南上)' 이상까지는 아내를 들일 때의 절차와 차이가 난다. 차이를 보이는 것은 아내를 들이는 경우 말린 물고기와 메기장밥이 포함되는데, 이곳에서는 말린 물고기와 메기장밥이 포함되지 않는다고 했다. 그리고 아내를 들일 때 남자는 동쪽을 바라보고 여자는 서쪽을 바라보며 자리를 구별해서 앉았으며, 장 · 젓갈 · 절임의 경우 남편의 것은 남쪽 끝에서부터 정렬하고 아내의 것은 북쪽 끝에서부터 정렬했다. 그런데 이곳에서는 시부모가 같은 자리에 앉아서 동쪽을 바라보고 있으며 도마 및 두 등은 모두 남쪽 끝에서부터 정렬한다. 이것이 그 차이점이다.

賈疏 ◎注"側載"至"作併". ○釋曰: 豚載皆合升, 若成牲載一胖, 是常得云側, 此乃載胖, 故云"側". 但周人尙右, 故知右胖載之舅俎, 左胖載之姑俎. 是以鄭云"異尊卑"也. 云"並南上者, 舅姑共席于奧, 其饌各以南爲上"者, 決同牢男女東西相對, 各上其右也. 云"其他, 謂醬湆菹醢"者, 以同牢時夫婦各有此四者, 今以饋舅姑, 亦各有此四物, 故云"如同牢時"也. 雖不言酒, 旣有饋, 明有酒在其他中, 酒在內者, 亦在北牖下, 外尊亦當在房戶外之東. 鄭不云者, 略耳.

◎鄭注: "側載"~"作併". ○ 새끼돼지를 도마에 올리게 되는데 양쪽 부위를 모두 가지고 올라간다. 만약 하나의 희생물에서 그 반쪽을 담게 되면 일반적으로 '측(側)'이라 부를 수 있다. 이곳의 경우는 그 반쪽을 담는 것이기 때문에 '측(側)'이라고 했다. 다만 주나라 때에는 우측을 숭상하였

1) 『의례』「사혼례」: 婦徹于房中, 媵御餕, 姑酳之. 雖無娣, 媵先. 於是與始飯之錯.

기 때문에, 희생물의 우측 부위는 시아비의 도마에 올리고 좌측 부위는 시어미의 도마에 올리게 된다는 사실을 알 수 있다. 이러한 까닭으로 정현이 "존비를 달리하기 때문이다."라고 했다. 정현이 "모두 남쪽 끝에서부터 차례대로 정렬한다는 것은 시부모는 모두 아랫목에 자리를 마련해서 앉아 있고 바치는 음식들은 각각 남쪽을 상등으로 삼게 된다."라고 했는데, 같은 희생물을 먹을 때 신랑과 신부는 동쪽과 서쪽에서 서로 마주하여 각각 그 우측을 상등으로 삼게 되는 것과 구별한 것이다. 정현이 "기타(其他)는 장 · 고깃국 · 절임 · 젓갈 등을 뜻한다."라고 했는데, 같은 희생물을 먹을 때 신랑과 신부에게는 각각 이러한 네 가지 것들을 차리게 되는데, 지금은 시부모에게 음식을 바치는 것이므로 또한 각각에 대해서 이러한 네 가지 것들을 차리게 된다. 그렇기 때문에 "같은 희생물을 먹을 때처럼 하는 것이다."라고 했다. 비록 술에 대해서는 언급하지 않았지만, 이미 음식을 바친다고 했으니 술 또한 그 가운데 포함되어 있음을 나타낸다. 술이 그 안에 포함되었다면 또한 북쪽 들창 아래에 두었을 것이며, 방밖에 설치하는 술동이는 또한 방문 밖의 동쪽에 있었을 것이다. 정현이 이러한 사실을 언급하지 않은 것은 생략한 것일 뿐이다.

102上

婦贊成祭，卒食，一酳，無從.

직역 婦는 贊하여 祭를 成하고, 食을 卒하면 一酳하되 無從한다.

의역 며느리는 시부모를 도와서 음식에 대한 제사를 지내고, 시부모가 식사를 마치면 한 차례 입가심하는 술을 따르는데, 뒤따르는 안주는 없다.

鄭注 贊成祭者，授處之．今文無成也．

도와서 음식에 대한 제사를 지낸다는 말은 음식을 건네서 놓아둔다는 뜻이다. 금문에는 '성(成)'자가 없다.

賈疏 ●"婦贊"至"無從". ◎注"贊成祭者授處之". ○釋曰: "贊成祭"者，謂授之，又處置，令知在於豆間也.

●經文: "婦贊"~"無從". ◎鄭注: "贊成祭者授處之". ○"도와서 음식에 대한 제사를 지낸다."라고 했는데, 음식을 건네고 또 그것을 놓아두어, 두(豆) 사이에 두었음을 인지하게끔 한다는 뜻이다.

제 17 절
부준(婦餕)의 절차

102上

席于北墉下.

직역 北墉의 下에 席한다.

의역 북쪽 벽 아래에 자리를 설치한다.

鄭注 墉, 牆也, 室中北牆下.

'용(墉)'은 담장을 뜻하니, 실안의 북쪽 벽 밑을 의미한다.

賈疏 ●"席于北墉下". ○釋曰: 此席將爲婦餕之位處也.

●經文: "席于北墉下". ○이 자리는 장차 며느리가 남은 음식을 먹을 때 위치하는 자리가 된다.

102上

婦徹, 設席前如初, 西上. 婦餕, 舅辭, 易醬.

직역 婦가 徹하여 席前에 設하길 初와 如하되 西上한다. 婦가 餕하면 舅가 辭하고 醬을 易한다.

의역 며느리가 음식을 치워서 벽 밑의 자리 앞에 음식을 차리는데 최초 시부모에게 음식을 진설할 때처럼 하며 서쪽 끝에서부터 차례대로 정렬한다. 며느리가 남은 음식을 먹으려고 하면 시아비가 사양하고 장을 바꾼다.

鄭注 婦餕者, 卽席將餕也. 辭易醬者, 嫌淬汙.

'부준(婦餕)'은 자리로 나아가 남은 음식을 먹으려고 할 때를 뜻한다. 사양하고 장을 바꾼다는 것은 더러운 것을 꺼리기 때문이다.

賈疏 ●"婦徹"至"易醬". ○釋曰: "婦徹, 設于席前如初, 西上"者, 此直餕餘. "舅辭, 易醬"者, 舅尊故也. 不餕舅餘者, 以舅尊, 嫌相褻. 言"西上"者, 亦以右爲上也.

●經文: "婦徹"~"易醬". ○"며느리가 음식을 치워서 벽 밑의 자리 앞에 음식을 차리는데 최초 시부모에게 음식을 진설할 때처럼 하며 서쪽 끝에서부터 차례대로 정렬한다."라고 했는데, 이것은 남은 음식을 먹으려는 때에 해당한다. "시아비가 사양하고 장을 바꾼다."라고 했는데, 시아비는 존귀하기 때문이다. 시아비가 남긴 음식을 먹지 않는 것은 시아비는 존귀하여 서로 너무 친근하게 대한다는 혐의를 받기 때문이다. "서쪽 끝에서부터 차례대로 정렬한다."라고 했으니, 이 또한 우측을 상등으로 삼은 것이다.

賈疏 ◎注"婦餕"至"淬汙". ○釋曰: 言"將"者, 事未至, 以其此始. 言婦餕之意至下文"婦餕姑之饌"乃始餕耳. 云"辭易醬者, 婦嫌滓汙"者, 以其醬乃以指咂之, 滓汙也.

◎ 鄭注: "婦餕"~"滓汙". ○ '장(將)'이라고 말한 것은 그 사안이 아직 이르지 않았고 이제 시작하려고 하기 때문이다. 즉 며느리가 남은 음식을 먹는다는 뜻은 아래문장에서 "며느리가 시어미가 남긴 음식을 먹는다."[1] 라고 한 단계까지 이르러서야 비로소 남은 음식을 먹게 된다는 의미이다. 정현이 "사양하고 장을 바꾼다는 것은 더러운 것을 꺼리기 때문이다."라고 했는데, 장의 경우 손가락으로 맛을 보아 더러워졌기 때문이다.

1) 『의례』「사혼례」: 婦餕姑之饌. 御贊祭豆 · 黍 · 肺 · 擧肺 · 脊. 乃食, 卒, 姑酳之, 婦拜受, 姑拜送. 坐祭, 卒爵, 姑受, 奠之.

102下

婦餕姑之饌. 御贊祭豆·黍·肺·擧肺·脊. 乃食, 卒, 姑酳之, 婦拜受, 姑拜送. 坐祭, 卒爵, 姑受, 奠之.

직역 婦는 姑의 饌을 餕한다. 御는 豆·黍·肺·擧肺·脊로 祭함을 贊하고, 乃히 食하고 卒하면 姑가 酳하면 婦는 拜受하고, 姑는 拜送한다. 坐하여 祭하고 卒爵하면, 姑가 受하여 奠한다.

의역 며느리는 시어미가 남긴 음식을 먹는다. 어는 며느리가 두에 담긴 음식, 찰기장밥, 희생물의 폐, 거폐, 등골뼈로 제사지내는 것을 돕는다. 그것이 끝나면 며느리는 음식을 먹게 되고 식사를 마치면 시어미는 입가심하는 술을 따라주는데 며느리는 절을 하여 받고 시어미는 절을 하여 술잔을 건넨다. 며느리는 앉아서 술로 제사를 지내고 잔을 비우면 시어미는 그것을 받아 광주리에 넣는다.

鄭注 奠之, 奠于篚.

'전지(奠之)'는 광주리에 넣는다는 뜻이다.

賈疏 ●"婦餕"至"奠之". ◎注"奠之奠于篚". ○釋曰: 云"御贊祭豆·黍·肺·擧肺·脊"者, 御贊婦祭之也. 鄭知"奠之於篚"者, 此云如取女禮, 取女有篚, 明此亦奠之于篚可知也.

●經文: "婦餕"~"奠之". ◎鄭注: "奠之奠于篚". ○"어는 며느리가 두에 담긴 음식, 찰기장밥, 희생물의 폐, 거폐, 등골뼈로 제사지내는 것을 돕는다."라고 했는데, 어는 며느리가 음식에 대한 제사 지내는 것을 돕는다. "광주리에 넣는다."라고 했는데, 정현이 이러한 사실을 알 수 있었던 것은 이곳에서 아내를 들였을 때의 예처럼 한다고 했고, 아내를 들이는 절차에는 광주리가 포함된다.[1] 그러므로 이곳에서도 광주리에 넣는다는 사실을 알 수 있다.

---

1) 『의례』「사혼례」: 尊于房戶之東, 無玄酒. 篚在南, 實四爵合巹.

제 18 절
잉어준(媵御餕)의 절차

102下

婦徹于房中, 媵御餕, 姑酳之. 雖無娣, 媵先. 於是與始飯之錯.

직역 婦가 房中으로 徹하면, 媵과 御가 餕하고, 姑가 酳한다. 雖히 娣가 無라도 媵이 先한다. 是에 與히 始飯을 錯한다.

의역 며느리가 음식을 치워 방안에 옮겨 두면, 잉과 어가 남은 음식을 먹고, 시어미는 그들에게 입가심하는 술을 따라준다. 비록 부인측의 종자 중 여동생이 없더라도 여조카가 먼저 음식을 먹는다. 이 때에는 어와 함께 시부모가 먹고 남긴 음식을 서로 바꿔서 먹는다.

鄭注 古者嫁女, 必姪娣從, 謂之媵. 姪, 兄之子. 娣, 女弟也. 娣尊姪卑. 若或無娣, 猶先媵, 容之也. 始飯謂舅姑. 錯者, 媵餕舅餘, 御餕姑餘也. 古文始爲姑.

고대에는 딸을 시집보낼 때 반드시 여조카와 여동생을 함께 뒤따라 보냈으니, 이들을 '잉(媵)'이라 부른다. '질(姪)'은 형의 딸을 뜻한다. '제(娣)'는 딸의 여동생을 뜻한다. 여동생은 존귀하고 여조카는 상대적으로 미천하다. 만약 여동생이 없는 경우라 하더라도 여전히 잉이 먼저 먹으니, 여동생이 없는 경우까지도 포괄하기 위해서이다. '시반(始飯)'은 시부모가 처음 먹었던 음식을 뜻한다. '착(錯)'은 잉이 시아비가 남긴 음식을 먹고 어가 시어미가 남긴 음식을 먹는다는 뜻이다. 고문에는 '시(始)'자가

고(姑)자로 기록되어 있다.

賈疏 ●"婦徹"至"之錯". ◎注"古者"至"爲姑". ○釋曰: 云"古者嫁女, 必姪娣從, 謂之媵"者, 媵有二種, 若諸侯有二媵外別有姪娣. 是以莊公十九年經書: "秋, 公子結媵陳人之婦于鄄." 公羊傳曰: "媵者何? 諸侯娶一國, 則二國往媵之, 以姪娣從. 姪者何? 兄之子也. 娣者何? 弟也." 諸侯夫人自有姪娣, 幷二媵各有姪娣, 則九女是媵, 與姪娣別也. 若大夫·士無二媵, 卽以姪娣爲媵. 鄭云"古者嫁女, 必姪娣從, 謂之媵", 是據大夫·士言也. 云"姪, 兄之子. 娣, 女弟也. 娣尊姪卑"者, 解經云"雖無娣, 媵先"之義, 以其若有娣, 乃先, 媵卽姪也. 云"猶先媵, 容之也"者, 對御是夫之從者, 爲後. 若然, 姪與娣俱名媵, 今言雖無娣媵先, 似娣不名媵者, 但姪娣俱是媵. 今去娣, 娣外唯有姪, 姪言媵先, 以對御爲先, 非對娣也. 稱媵以其姪娣, 俱是媵也. 云"始飯謂舅姑"者, 舅姑始飯, 如今媵餕舅餘, 御餕姑餘, 是交錯之義, 若"媵御沃盥交"也. 舅姑爲飯始, 不爲餕始, 俗本云與始餕之錯者, 誤也.

●經文: "婦徹"~"之錯". ◎鄭注: "古者"~"爲姑". ○ 정현이 "고대에는 딸을 시집보낼 때 반드시 여조카와 여동생을 함께 뒤따라 보냈으니, 이들을 잉(媵)이라 부른다."라고 했는데, 잉에는 두 부류가 있다. 제후의 경우 두 부류의 잉 외에도 별도로 여조카와 여동생을 두게 된다. 이러한 까닭으로 장공(莊公) 19년에 대한 경문에서는 "가을 공자 결이 진나라로 시집가는 부인에 대해 잉으로 가는 여자를 호송하여 견(鄄)에 이르렀다."[1]라 했고, 『공양전』에서는 "잉(媵)이란 누구인가? 제후가 한 나라의 여자를 아내로 들이게 되면, 이웃 두 나라에서 여자를 보내 잉으로 삼게 하고, 여조카와 여동생을 뒤따르게 한다. 질(姪)이란 누구인가? 형의 딸이다. 제(娣)란 누구인가? 딸의 여동생이다."[2]라 했다. 제후의 부인에게 본인

1) 『춘추』「장공(莊公) 19년」: 秋, 公子結媵陳人之婦于鄄, 遂及齊侯, 宋公盟.

의 여조카와 여동생이 있고, 아울러 이웃 나라에서 보낸 2명의 잉에게도 각각 여조카와 여동생이 있다면 9명의 여자가 잉이 되지만, 부인의 여조카 및 여동생과는 구별된다. 대부와 사의 경우라면 이웃 나라에서 보내는 2명의 잉이 없으니, 부인의 여조카와 여동생을 잉으로 삼게 된다. 정현이 "고대에는 딸을 시집보낼 때 반드시 여조카와 여동생을 함께 뒤따라 보냈으니, 이들을 잉(媵)이라 부른다."라고 한 말은 대부와 사를 기준으로 설명한 것이다. 정현이 "질(姪)은 형의 딸을 뜻한다. 제(娣)는 딸의 여동생을 뜻한다. 여동생은 존귀하고 여조카는 상대적으로 미천하다."라고 했는데, 경문에서 "여동생이 없더라도 잉이 먼저 음식을 먹는다."라고 한 말을 풀이한 것이니, 만약 여동생이 있는 경우라면 여동생이 먼저 먹고, 잉은 곧 여조카가 된다. 정현이 "여전히 잉이 먼저 먹으니, 여동생이 없는 경우까지도 포괄하기 위해서이다."라고 했는데, 어(御)는 남편측의 종자로, 뒤에 먹게 되는 것과 대비된다. 만약 그렇다면 여조카와 여동생을 모두 잉(媵)이라 부르는데, 이곳에서 비록 제(娣)가 없더라도 잉(媵)이 먼저 먹는다고 하여, 마치 여동생에 대해서 잉(媵)이라 부를 수 없는 것처럼 보이지만, 여조카와 여동생은 모두 잉(媵)이 된다. 현재 여동생을 제외하면 여동생 외에는 오직 여조카만 있게 되어, 여조카에 대해 잉이 먼저 먹는다고 한 것은 남편측의 종자인 어와 대비해서 먼저 먹는다는 뜻으로, 여동생과 대비한 말이 아니다. 잉(媵)이라 지칭한 것은 여조카와 여동생 모두 잉이 되기 때문이다. 정현이 "시반(始飯)은 시부모가 처음 먹었던 음식을 뜻한다."라고 했는데, 시부모가 처음 음식을 먹고 난 뒤에 지금과 같이 잉이 시아비가 남긴 음식을 먹고 어가 시어미가 남긴 음식을 먹는다면, 이것은 서로 상대를 바꾼다는 뜻이 되며, 곧 잉과 어가 상대를 바꿔 대야에 손 씻을 물을 따른다고 한 경우[3]와 같다. 시부모는 처음 차려진

2) 『춘추공양전』「장공(莊公) 19년」: 媵者何? 諸侯娶一國, 則二國往媵之, 以姪娣從. 姪者何? 兄之子也. 娣者何? 弟也.

3) 『의례』「사혼례」: 婦至, 主人揖婦以入. 及寢門, 揖入, 升自西階. 媵布席于奧.

음식을 먹는 것으로 처음 차려진 음식의 남은 것을 먹는 것이 아니니, 세속본에서 '여시준지착(與始餕之錯)'이라 기록한 것은 잘못된 말이다.

참고 18-1 『춘추공양전』 장공(莊公) 19년 기록

경문 秋, 公子結媵陳人之婦于鄄, 遂及齊侯·宋公盟.

가을 공자 결이 진나라로 시집가는 부인에 대해 잉으로 가는 여자를 호송하여 견(鄄)에 이르러, 마침내 제나라 후작과 송나라 공작과 결맹하였다.

전문 媵者何? 諸侯娶一國, 則二國往媵之, 以姪娣從.

잉(媵)이란 누구인가? 제후가 한 나라의 여자를 아내로 들이게 되면, 이웃 두 나라에서 여자를 보내 잉으로 삼게 하고, 여조카와 여동생을 뒤따르게 한다.

何注 言往媵之者, 禮, 君不求媵, 二國自往媵夫人, 所以一夫人之尊.

보내 잉으로 삼게 한다고 말한 것은 예법에 따르면 군주는 잉을 구하지 않고, 두 나라에서 직접 보내 부인의 잉으로 삼게 하니, 부인의 존귀함을 통일시키기 위해서이다.

徐疏 ● "媵者何". ○ 解云: 媵是碎事, 例不見經, 今而書之, 故執不知問.

● 傳文: "媵者何". ○ 잉은 자질구레한 일에 해당하여, 용례에 따르면 경문에 드러내지 않는데, 지금 그것을 기록했다. 그렇기 때문에 모르는 점

夫入于室, 卽席. 婦尊西, 南面, 媵·御沃盥交.

을 들어 질문한 것이다.

전문 姪者何? 兄之子也. 娣者何? 弟也. 諸侯壹聘九女, 諸侯不再娶.

질(姪)이란 누구인가? 형의 딸이다. 제(娣)란 누구인가? 딸의 여동생이다. 제후는 한 번에 9명의 여자에게 장가를 드니, 제후는 재차 장가를 들지 않는다.

何注 必以姪娣從之者, 欲使一人有子, 二人喜也. 所以防嫉妒, 令重繼嗣也. 因以備尊尊 · 親親也. 九者, 極陽數也. 不再娶者, 所以節人情, 開媵路.

반드시 여조카와 여동생을 뒤따르게 하는 것은 한 사람이 자식을 잉태하면 나머지 두 사람도 기뻐하도록 만들고자 했기 때문이다. 질투를 방지하고 지위를 잇는 일을 중시하게끔 하고자 한 것이다. 이로 인해 존귀한 자를 존귀하게 높이고 친근한 자를 친근하게 대하는 도의를 갖춘다. 9는 양의 수를 다한 것이다. 재차 장가를 들지 않는 것은 인정을 절제하고 잉의 길을 열어주기 위해서이다.

徐疏 ●"姪者何". ○解云: 昭穆異等, 而與嫡俱行, 故執不知問.

● 傳文: "姪者何". ○ 소목의 등급이 다른데도 정실과 함께 가게 되기 때문에 모르는 점을 들어 질문한 것이다.

徐疏 ●"娣者何". ○解云: 與姪同倫而在姪下, 故執不知問.

● 傳文: "娣者何". ○ 여동생은 여조카와 순차가 같은데도 여조카 뒤에 기록되어 있기 때문에 모르는 점을 들어 질문한 것이다.

徐疏 ●"諸侯"至"再娶". ○解云: 傳言此者, 解所以有媵之意. 言諸侯娶女非一者，正由不得再娶故也.

● 傳文: "諸侯"至"再娶". ○ 전문에서 이 말을 한 것은 잉을 두는 뜻을 풀이하기 위해서이다. 즉 제후가 아내를 들일 때에는 한 사람만을 들이는 것이 아니니, 이로 인해 재차 장가를 들지 않는 것이다.

徐疏 ◎ 注"必以"至"人喜也". ○ 解云: 卽穀梁傳云"一人有子，三人緩帶"，范氏云"欲共享其祿"，是也.

◎ 何注: "必以"~"人喜也". ○『곡량전』에서 "한 사람이 자식을 가지면 세 사람이 긴장을 푼다."[4]라 했고, 범씨는 "함께 그 녹을 누리게끔 한 것이다."라 했다.

徐疏 ◎ 注"所以防嫉妒". ○ 解云: 謂三人不相疾也.

◎ 何注: "所以防嫉妒". ○ 세 사람이 서로 질투하지 않는다는 뜻이다.

徐疏 ◎ 注"令重繼嗣也". ○ 解云: 謂三人不相疾，共保其子.

◎ 何注: "令重繼嗣也". ○ 세 사람이 서로 질투하지 않고 함께 그 자식을 돌본다는 뜻이다.

徐疏 ◎ 注"因以備"至"親也". ○ 解云: 謂備姪所以尊尊，備娣所以親親. 其上尊下親，皆指嫡也.

◎ 何注: "因以備"~"親也". ○ 여조카를 갖추는 것은 존귀한 자를 존귀하게 높이기 위해서이고, 여동생을 갖추는 것은 친근한 자를 친근하게 대하기 위해서이다. 위로 높이고 아래로 친근하게 한다는 것은 모두 정실을

---

4) 『춘추곡량전』「문공(文公) 18년」: 有不待貶絶，而罪惡見者，有待貶絶，而惡從之者，姪娣者，不孤子之意也，一人有子，三人緩帶. 一曰就賢也.

가리킨다.

徐疏 ◎ 注"九者極陽數也". ○ 解云: 謂對一三五七以爲極矣也.

◎ 何注: "九者極陽數也". ○ 1 · 3 · 5 · 7과 대비해서 극(極)함이 된다는 뜻이다.

徐疏 ◎ 注"開媵路". ○ 解云: 謂亦有爲嫡之望也.

◎ 何注: "開媵路". ○ 또한 정실이 되고자 하는 희망이 있음을 뜻한다.

제 19 절
구고향부(舅姑饗婦)의 절차

103下

舅姑共饗婦以一獻之禮. 舅洗于南洗, 姑洗于北洗, 奠酬.

직역 舅姑는 共히 婦에게 饗하길 一獻의 禮로써 한다. 舅는 南洗에서 洗하고, 姑는 北洗에서 洗한다. 酬를 奠한다.

의역 시부모는 함께 일헌의 예법으로 며느리에게 향연을 베풀어준다. 시아비는 남쪽에 설치된 물대야에서 술잔을 씻고, 시어미는 북쪽에 설치된 물대야에서 술잔을 씻는다. 며느리는 시어미가 권한 술잔을 받아서 내려놓는다.

鄭注 以酒食勞人曰饗. 南洗在庭, 北洗在北堂. 設兩洗者, 獻酬酢以絜淸爲敬. 奠酬者, 明正禮成, 不復擧. 凡酬酒皆奠於薦左, 不擧. 其燕則更使人擧爵.

술과 음식으로 다른 사람의 노고를 위로해주는 것을 '향(饗)'이라 부른다. 남쪽에 설치된 물대야는 마당에 있고, 북쪽에 설치된 물대야는 북쪽 당에 있다. 두 곳에 물대야를 설치하는 것은 술을 주고 권하며 따를 때에는 청결한 것을 공경스러움으로 삼기 때문이다. 권한 술잔을 내려두는 것은 정규 예식이 완성되어 다시 술잔을 들지 않는다는 뜻을 드러내기 위해서이다. 무릇 술을 권한 술잔은 모두 음식이 차려진 곳 좌측에 내려놓고 들지 않는다. 연례의 경우라면 재차 다른 사람을 시켜서 술잔을 든다.

賈疏 ●"舅姑"至"奠酬". ◎注"以酒"至"擧爵". ○釋曰: 自此至"歸俎

于婦氏人", 論饗婦之事. 此饗與上盥饋同日爲之, 知者, 見昏義曰: "舅姑入室, 婦以特豚饋, 明婦順也. 厥明, 舅姑共饗婦." 鄭彼注云: "昏禮不言厥明, 此言之者, 容大夫以上禮多, 或異日." 故知此士同日可也. 此與上事相因, 亦於舅姑寢堂之上, 與禮婦同在客位也. 云"其饗婦以一獻之禮"者, 按下記云"饗婦姑薦焉", 注云: "舅姑共饗婦, 舅獻姑薦脯醢." 但薦脯醢無盥洗之事, 今設此洗, 爲婦人不下堂也. 云"姑洗於北洗", 洗者洗爵, 則是舅獻姑酬, 共成一獻, 仍無妨姑薦脯醢也. 云"凡酬酒皆奠於薦左, 不擧"者, 此經直云奠酬, 不言處所, 故云"凡", 通鄕飮酒·鄕射·燕禮之等. 云"燕則更使人擧爵"者, 按燕禮獻酬訖, 別有人擧旅行酬是也. 饗亦用醴酒, 知者, 以下記云"庶婦使人醮之", 注云"使人醮之, 不饗也. 酒不酬酢曰醮, 亦有脯醢. 適婦酌之以醴, 尊之; 庶婦酌之以酒, 卑之", 是也. 若然, 知記非醴婦者, 以記云"庶婦使人醮之", 明適婦親之. 按上醴婦雖適, 使贊者親, 明記醮庶婦使人當饗, 節也.

● 經文: "舅姑"~"奠酬". ◎ 鄭注: "以酒"~"擧爵". ○ 이곳 구문으로부터 "며느리의 도마에 올렸던 음식을 며느리 집안의 사람에게 보낸다."[1]라고 한 말까지는 며느리에게 향연을 베풀어주는 일을 논의한 것이다. 이곳에서 향연을 베푼다고 한 것은 앞에서 손을 씻고 음식을 바친다는 것[2]과 같은 날에 시행한다. 이러한 사실을 알 수 있는 이유는 『예기』「혼의(昏義)」편에서 "시부모가 실로 들어가면, 며느리는 한 마리의 돼지고기를 잡아서 음식으로 바치니, 이것은 며느리의 효성과 순종함을 드러낸다. 그 다음날 시부모는 함께 며느리에게 향연을 베풀어준다."[3]라 했고, 이

1) 『의례』「사혼례」: 歸婦俎于婦氏人.

2) 『의례』「사혼례」: 舅姑入于室, 婦盥饋.

3) 『예기』「혼의(昏義)」: 夙興, 婦沐浴以俟見. 質明, 贊見婦於舅姑, 婦執笲棗栗段脩以見. 贊醴婦, 婦祭脯醢, 祭醴, 成婦禮也. 舅姑入室, 婦以特豚饋, 明婦順也. 厥明, 舅姑共饗婦, 以一獻之禮奠酬. 舅姑先降自西階, 婦降自阼階, 以

기록에 대한 정현의 주에서는 "『의례』「사혼례」 편에는 '궐명(厥明)'이라는 기록이 없는데, 이곳에서 이 단어를 언급한 것은 대부 이상의 계층은 의례절차가 많아서 간혹 다른 날에 시행하는 경우까지도 포괄하고자 해서이다."라고 했다. 그러므로 여기에서 말하고 있는 사 계층은 동일한 날에 시행한다는 사실을 알 수 있다. 이곳에 나타난 절차와 앞에서 언급한 절차는 서로 연이어지므로, 이 또한 시부모의 침과 당상에서 시행하니, 며느리를 예우하는 것과 동일하게 빈객의 자리에서 하는 것이다. "일헌의 예법으로 며느리에게 향연을 베풀어준다."라고 했는데, 아래 기문을 살펴보면, "며느리에게 향연을 베풀어줄 때에는 시어미가 음식을 차린다."[4]라 했고, 주에서는 "시부모가 함께 며느리에게 향연을 베풀게 되면 시아비는 술을 따라 주고 시어미는 포와 젓갈을 차린다."라 했다. 다만 포와 젓갈을 올릴 때에는 손을 씻는 절차가 없다. 그런데 이곳에서는 물대야를 설치했으니, 부인들로 하여금 당하로 내려가지 않게끔 하기 위해서이다. "시어미는 북쪽에 설치된 물대야에서 술잔을 씻는다."라고 했는데, '세(洗)'는 술잔을 씻는다는 뜻이니, 시아비가 술을 따르고 시어미가 권하여 함께 일헌의 예를 완성하게 되므로, 시어미가 포와 젓갈을 차리더라도 무방하다. 정현이 "무릇 술을 권한 술잔은 모두 음식이 차려진 곳 좌측에 내려놓고 들지 않는다."라고 했는데, 이곳 경문에서는 단지 '전수(奠酬)'라고만 말하고 놓아두는 장소는 언급하지 않았다. 그렇기 때문에 '범(凡)'이라고 말한 것이니, 『의례』「향음주례(鄕飮酒禮)」·「향사례(鄕射禮)」·「연례(燕禮)」 등의 편에도 통용된다. 정현이 "연례의 경우라면 재차 다른 사람을 시켜서 술잔을 든다."라고 했는데, 「연례」 편을 살펴보면 술을 바치고 술을 권하는 절차가 끝나면 별도로 다른 사람이 술잔을 들어 여러 무리에게 권하면 서로 술을 권하는 절차가 시행되는데, 바로

著代也.

4) 『의례』「사혼례」 : 饗婦, 姑薦焉.

이것을 가리킨다. 향(饗)을 할 때에도 단술을 사용하게 되는데, 이러한 사실을 알 수 있는 이유는 아래 기문에서 "서부의 경우라면 다른 사람을 시켜서 그녀에게 초(醮)를 한다."[5]라 했고, 주에서는 "다른 사람을 시켜서 초(醮)를 하는 것은 향례를 시행하지 않기 때문이다. 삼주를 사용하되 술을 따라 권하지 않는 것을 '초(醮)'라고 부르며, 이러한 경우에도 포와 젓갈은 포함된다. 적부에게 술을 따라줄 때에는 단술을 사용하니, 그녀를 존귀하게 높이기 때문이다. 서부에게 술을 따라줄 때에는 삼주를 사용하니, 상대적으로 낮추기 때문이다."라고 한 말이 이러한 사실을 나타낸다. 만약 그렇다면 기문은 며느리에게 예(醴)를 해주는 것이 아님을 알 수 있는데, 기문에서 "서부에 대해서는 다른 사람을 시켜서 초(醮)를 한다." 라고 했기 때문으로, 이 말은 적부에 대해서는 직접하게 된다는 사실을 나타낸다. 앞의 내용을 살펴보면 며느리에게 예(醴)를 한다고 했을 때, 비록 그녀가 적부이긴 하지만 혼례의 진행을 돕는 자를 시켰으니, 기문에서 서부에게 초(醮)를 하며 다른 사람을 시킨다고 한 것은 이곳에서 말한 향(饗)에 해당하지만 보다 간소화된 것임을 나타낸다.

참고19-1 『예기』「혼의(昏義)」 기록

경문 夙興, 婦沐浴以俟見. 質明, 贊見婦於舅姑, 婦執笲棗栗段脩以見. 贊醴婦, 婦祭脯醢, 祭醴, 成婦禮也. 舅姑入室, 婦以特豚饋, 明婦順也.

아침 일찍 일어나서 며느리는 목욕을 하고 시부모를 뵐 때까지 기다린다. 날이 밝으면 혼례의 진행을 돕는 자는 시부모에게 며느리를 보이고, 며느리는 대추 · 밤 · 조미육포 등을 담은 변(笲)을 들고서 시부모를 찾아뵙는

5) 『의례』「사혼례」 : 庶婦, 則使人醮之, 婦不饋.

다. 혼례의 진행을 돕는 자가 며느리에게 단술을 따라 예우하면, 며느리는 포와 젓갈로 제사를 지내고 단술로 제사를 지내니, 정식 부인이 되는 예를 완성하는 절차이다. 그리고 시부모가 방으로 들어가면, 며느리는 한 마리의 돼지고기를 잡아서 음식으로 바치니, 이것은 며느리의 효성과 순종함을 드러낸다.

鄭注 成其爲婦之禮也. 贊醴婦, 當作"禮", 聲之誤也. 以饋明婦順者, 供養之禮主於孝順.

정식 부인이 되는 예를 완성하는 것이다. '찬례부(贊醴婦)'에서의 '예(醴)'자는 마땅히 예(禮)자로 기록해야 하니, 소리가 비슷해서 생긴 오류이다. 음식을 바치는 것으로 며느리의 순(順)함을 드러낸다는 것은 봉양의 예가 효순(孝順)을 위주로 하기 때문이다.

孔疏 ●"舅姑入室, 婦以特豚饋"者, 按士昏禮: "舅姑入于室, 婦盥, 饋特豚, 合升, 側載, 無魚腊, 無稷, 並南上. 其他如取女禮." 鄭注云: "側載者, 右胖載之舅俎, 左胖載之姑俎, 異尊卑. 並南上者, 舅姑共席于奧, 其饌各以南爲上", 是"特豚饋"也.

●經文: "舅姑入室, 婦以特豚饋". ○『의례』「사혼례」편을 살펴보면, "시부모가 방으로 들어가면 며느리는 손을 씻고 음식을 바친다. 음식은 한 마리의 새끼돼지를 사용하는데 한꺼번에 가지고 올라가서 우측과 좌측 부위를 각각의 도마에 올려두며, 말린 물고기는 포함되지 않고 메기장밥도 포함되지 않으며, 모두 남쪽 끝에서부터 차례대로 정렬한다. 나머지 것들은 아내를 들일 때 같은 희생물을 먹었을 때처럼 한다."라 했고, 정현의 주에서는 "측재(側載)는 희생물을 반으로 갈라 우측 부위는 시아비가 받는 도마에 올려두고 좌측 부위는 시어미가 받는 도마에 올라두는 것으로, 존비를 달리하기 때문이다. 모두 남쪽 끝에서부터 차례대로 정렬한다

는 것은 시부모는 모두 아랫목에 자리를 마련해서 앉아 있고 바치는 음식들은 각각 남쪽을 상등으로 삼게 된다."라고 했는데, 이것은 "한 마리의 돼지고기를 이용해서 찬을 바친다."는 뜻에 해당한다.

孔疏 ●"明婦順也"者, 言所以"特豚饋"者, 顯明其爲婦之孝順也.

●經文: "明婦順也". ○"한 마리의 돼지고기를 이용해서 찬을 바친다."는 것은 며느리가 실천하는 효성과 순종을 드러내는 방법이라는 뜻이다.

경문 厥明, 舅姑共饗婦, 以一獻之禮奠酬. 舅姑先降自西階, 婦降自阼階, 以著代也.

며느리가 시부모를 찾아뵌 그 다음날, 시부모는 함께 며느리에게 향연을 베풀어주니, 일헌(一獻)의 예로써 전수(奠酬)를 한다. 시부모는 먼저 서쪽 계단을 통해서 내려가고, 며느리는 동쪽 계단을 통해서 내려가니, 이를 통해서 세대가 교체됨을 나타낸다.

鄭注 言旣獻之, 而授之以室事也. 降者, 各還其燕寢. 婦見及饋享於適寢. 昏禮不言"厥明", 此言之者, 容大夫以上禮多, 或異日.

술을 따라주는 일이 끝나면 가사를 전수한다는 뜻이다. 계단에서 내려가는 것은 각각 자신의 연침(燕寢)으로 되돌아가는 것이다. 며느리가 알현하고 음식을 바치는 것은 적침(適寢)에서 시행한다. 『의례』「사혼례」편에는 '궐명(厥明)'이라는 기록이 없는데, 이곳에서 이 단어를 언급한 것은 대부 이상의 계층은 예법절차가 많아서 간혹 다른 날에 시행하는 경우도 있으니, 이러한 경우까지도 포괄하기 위해서이다.

孔疏 ●"厥明, 舅姑共饗婦以一獻之禮, 奠酬"者, 按士昏禮云, 旣言舅姑薦俎醢, 以鄕飮酒之禮約之, 席在室外戶之西, 舅酌酒於阼階獻婦, 婦西階上拜受, 卽席, 祭薦祭酒畢, 於西階上北面卒爵. 婦酢舅, 舅於阼階上受酢, 飮畢, 乃酬婦. 先酌自飮畢, 更酌酒以酬姑. 姑受爵奠於薦左, 不擧爵, 正禮畢也.

●經文: "厥明, 舅姑共饗婦以一獻之禮, 奠酬". ○『의례』「사혼례」편을 살펴보면, 시부모가 도마에 올린 고기와 젓갈을 차린다고 기록하고 있는데, 『의례』「향음주례(鄕飮酒禮)」편에 기록된 예법으로 요약해보면, 설치하는 자리는 실밖의 방문 서쪽에 놓아두고, 시아비는 동쪽 계단에서 술을 따라서 며느리에게 주고, 며느리는 서쪽 계단 위에서 절을 하며 받고, 자리에 나아가 음식에 대해 제사를 지내고 술에 대해 제사를 지내며, 그것이 끝나면 서쪽 계단 위에서 북쪽을 바라보며 술잔을 비운다. 며느리가 시아비에게 술을 권하게 되면, 시아비는 동쪽 계단 위에서 술잔을 받고, 잔을 비우게 되면 며느리에게 술을 권한다. 먼저 술을 따라서 제 스스로 마시는데, 그것이 끝나면 다시금 술을 따라서 시어미에게 술을 권한다. 시어미는 술잔을 받아서 음식을 놓아둔 곳 좌측에 내려놓고 잔을 들지 않으니, 정규 의례절차가 끝나게 된다.

孔疏 ●"以著代也"者, 言所以舅姑降自西階, 婦降自阼階, 是舅姑所升之處. 今婦由阼階而降, 是著明代舅姑之事也.

●經文: "以著代也". ○시부모가 서쪽 계단을 통해 내려가면 며느리가 동쪽 계단을 통해 내려가는데, 이곳은 시부모가 오르는 장소에 해당한다. 현재 며느리는 동쪽 계단을 통해서 내려가는데, 이것은 시부모의 일을 대신하게 된다는 사실을 나타낸다는 의미이다.

그림 19-1 ▣ 구고향부일헌도(舅姑饗婦一獻圖)

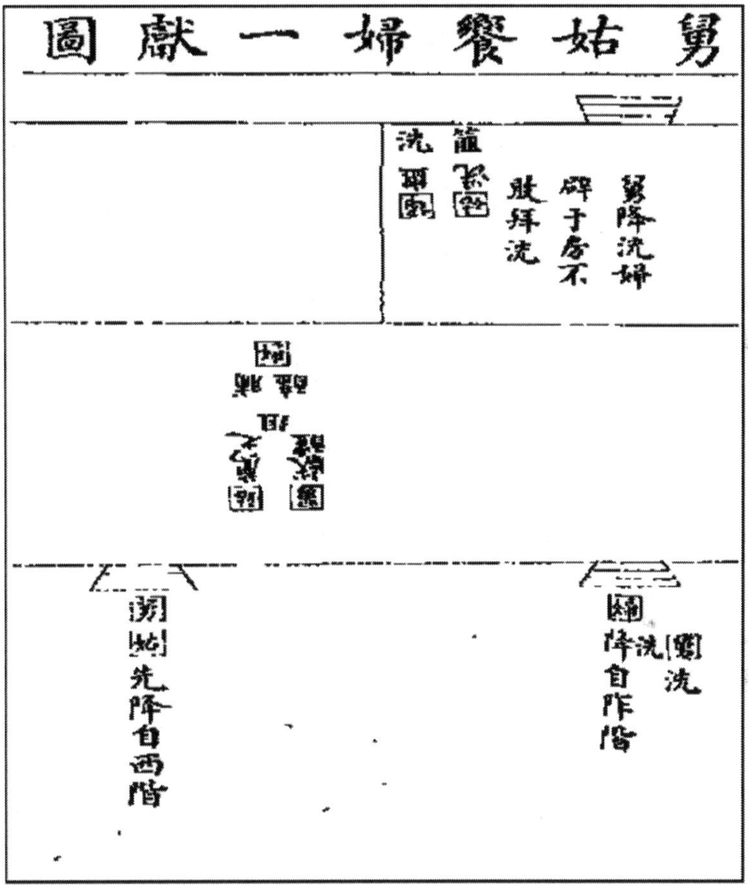

※ 출처: 『의례도(儀禮圖)』 2권

104上

舅姑先降自西階, 婦降自阼階.

직역 舅姑는 先히 降하되 西階로 自하며, 婦는 降하길 阼階로 自한다.

의역 시부모는 먼저 서쪽 계단을 통해 내려가고, 며느리는 동쪽 계단을 통해 내려간다.

鄭注 授之室, 使爲主, 明代己.

그녀에게 가사를 물려주어 그녀를 안주인으로 삼는 것이니, 자신을 대신하게 됨을 나타낸 것이다.

賈疏 ●"舅姑"自"阼階". ◎注"授之"至"代己". ○釋曰: 按曲禮云子事父母, "升降不由阼階", 是主人尊者之處. 今舅姑降自西階, 婦降自阼階, 是授婦以室之事也. 云"授之室", 昏義文也.

●經文: "舅姑"~"阼階". ◎鄭注: "授之"~"代己". ○『예기』「곡례(曲禮)」편을 살펴보면, 자식이 부모를 섬긴다고 하며 "오르고 내릴 때 동쪽 계단을 이용하지 않는다."[1]라고 했으니, 이곳은 주인처럼 존귀한 자가 사용하는 곳에 해당한다. 현재 시부모가 서쪽 계단을 통해 내려가고 며느리가 동쪽 계단을 통해 내려간다고 했으니, 이것은 며느리에게 가사를 전수한 것에 해당한다. "가사를 전수한다."라고 했는데, 이것은 「혼의」편의 기록이다.[2]

---

1) 『예기』「곡례상(曲禮上)」: 居喪之禮, 毀瘠不形, 視聽不衰. 升降, 不由阼階, 出入, 不當門隧.

2) 『예기』「혼의(昏義)」: 厥明, 舅姑共饗婦, 以一獻之禮奠酬. 舅姑先降自西階, 婦降自阼階, 以著代也. / 『예기』「교특생(郊特牲)」: 共牢而食, 同尊卑也. 故婦人無爵, 從夫之爵, 坐以夫之齒. 器用陶匏, 尙禮然也. 三王作牢用陶匏. 厥明, 婦盥饋. 舅姑卒食, 婦餕餘, 私之也. 舅姑降自西階, 婦降自阼階, 授之室

참고 19-2 『예기』「곡례상(曲禮上)」 기록

경문 居喪之禮, 毁瘠不形, 視聽不衰. 升降, 不由阼階, 出入, 不當門隧.

상을 치르는 예법에서는 슬픔 때문에 몸이 수척하게 되더라도 그 상태가 피골이 상접한 지경까지 이르게 하지 않으며, 보고 듣는 것조차 못할 지경까지 이르게 하지 않는다. 당에 오르거나 내려갈 때에는 부친이 사용하던 동쪽 계단을 이용하지 않고, 문을 출입할 때에도 부친이 사용하던 문의 중앙 길을 이용하지 않는다.

鄭注 爲其廢喪事. 形謂骨見. 常若親存, 隧, 道也.

이러한 규정을 제정한 이유는 그가 생명을 잃게 되면, 상사의 일을 중도에 그만두게 되기 때문이다. '형(形)'자는 뼈가 겉으로 드러난다는 뜻이다. 동쪽 계단과 문의 중앙 길을 사용하지 않는 이유는 항상 부친이 생존해 계신 것처럼 여기기 때문이며, '수(隧)'자는 길을 뜻한다.

孔疏 ●"升降不由阼階"者, 阼階, 主人之階也. 孝子事死如事生, 故在喪思慕, 猶若父在, 不忍從父阼階上下也. 若祔祭以後, 卽得升阼階. 知者, 按士虞禮云, 卒哭以後稱哀子, 祔祭稱孝子. 祔祭如饋食之禮, 旣同於吉, 則孝子得升阼階也. 然雜記云: "弔者入, 主人升堂西面." 下云: "旣葬, 蒲席." 則升堂西面, 未葬也, 旣言西面, 則是升自阼階. 此未葬得升阼階者, 敬異國之賓也.

●經文: "升降不由阼階". ○'조계(阼階)'는 그 집의 주인이 사용하는 동쪽 계단이다. 자식은 죽은 부모를 섬길 때 마치 살아계실 때처럼 섬긴다.[3] 그렇기 때문에 상중에 처해서도 부친에 대한 사모함이 부친이 생존

也. 昏禮不用樂, 幽陰之義也. 樂, 陽氣也. 昏禮不賀, 人之序也.

해 계실 때와 같아서, 차마 부친이 사용하던 동쪽 계단을 통해 오르내릴 수 없는 것이다. 만약 부제[4]를 지낸 이후라고 한다면, 동쪽 계단을 통해서 오르내릴 수 있게 된다. 이러한 사실을 알 수 있는 이유는 『의례』「사우례(士虞禮)」편을 살펴보면, 졸곡[5]을 한 이후에는 '애자(哀子)'라고 부르다가[6] 부제를 지내면서는 '효자(孝子)'라고 부른다고 했기 때문이다.[7] 부제를 지내는 예법은 궤식[8]을 할 때의 예법과 같으니, 이미 길례(吉禮)와 동일하게 한다면, 자식은 주인이 오르는 동쪽 계단을 통해서 오를 수 있는 것이다. 그런데 『예기』「잡기(雜記)」편에서는 "조문객이 들어서면, 주인은 당(堂)에 올라서 서쪽을 바라본다."[9]라 하였고, 그 아래문장에서

---

3) 『예기』「제의(祭義)」 : 文王之祭也, 事死者如事生, 思死者如不欲生, 忌日必哀, 稱諱如見親, 祀之忠也. / 『중용』「19장」 : 踐其位, 行其禮, 奏其樂, 敬其所尊, 愛其所親, 事死如事生, 事亡如事存, 孝之至也. / 『춘추좌씨전』「애공(哀公) 15년」 : 且臣聞之曰, 事死如事生, 禮也.

4) 부제(祔祭)는 '부(祔)'라고도 한다. 새로이 죽은 자가 있으면, 선조(先祖)에게 '부제'를 올리면서, 신주(神主)를 합사(合祀)하는 것을 말한다. 『주례』「춘관(春官)·대축(大祝)」편에는 "付練祥, 掌國事."라는 기록이 있고, 이에 대한 정현의 주에서는 "付當爲祔. 祭於先王以祔後死者."라고 풀이하였다.

5) 졸곡(卒哭)은 우제(虞祭)를 지낸 뒤에 지내는 제사이다. 이 제사를 지내게 되면, 수시로 곡(哭)하던 것을 멈추고, 아침과 저녁때에만 한 번씩 곡을 하게 된다. 그렇기 때문에 '졸곡'이라고 부르게 된 것이다.

6) 『의례』「사우례(士虞禮)」 : 死三日而殯, 三月而葬, 遂卒哭. 將旦而祔, 則薦. 卒, 辭曰, "哀子某, 來日某, 隮祔爾于爾皇祖某甫, 尙饗."

7) 『의례』「사우례(士虞禮)」 : 明日以其班祔. 沐浴, 櫛, 搔翦. 用專膚爲折俎, 取諸脰膉. 其他如饋食. 用嗣尸. 曰, "孝子某, 孝顯相, 夙興夜處, 小心畏忌不惰, 其身不寧. 用尹祭, 嘉薦普淖, 普薦溲酒. 適爾皇祖某甫, 以隮祔爾孫某甫, 尙饗."

8) 궤식(饋食)은 음식을 바친다는 뜻이다. 고대에는 천자 및 제후들이 매월 초하루마다 종묘(宗廟)에서 음식을 바치는 의식을 치렀는데, 이것을 '궤식'이라고도 부른다. 『주례』「춘관(春官)·대종백(大宗伯)」편에는 "以饋食享先王."이라는 기록이 있다.

9) 『예기』「잡기상(雜記上)」 : 弔者入, 主人升堂, 西面. 弔者升自西階, 東面.

는 "이미 장례를 치렀으면, 부들자리를 깔아둔다."[10]라 하였는데, 당에 올라서 서쪽을 바라본다는 것은 아직 장례를 치르지 않았기 때문이며, 또한 이 문장에서도 서쪽을 바라본다고 하였다면, 당에 오르면서 이 시기에 이미 동쪽 계단을 이용했다는 뜻이 된다. 「잡기」편의 내용처럼, 아직 장례를 치르기도 전에 동쪽 계단을 이용할 수 있는 이유는 다른 나라에서 찾아온 조문객들을 공경하기 위해서이다.

참고 19-3 『예기』「혼의(昏義)」 기록

* 참고: 19-1 참조

참고 19-4 『예기』「교특생(郊特牲)」 기록

경문 共牢而食, 同尊卑也. 故婦人無爵, 從夫之爵, 坐以夫之齒. 器用陶匏, 尙禮然也. 三王作牢用陶匏. 厥明, 婦盥饋. 舅姑卒食, 婦餕餘, 私之也. 舅姑降自西階, 婦降自阼階, 授之室也. 昏禮不用樂, 幽陰之義也. 樂, 陽氣也. 昏禮不賀, 人之序也.

혼례를 치른 부부가 같은 희생물의 고기를 먹는 것은 부부의 신분이 동일함을 뜻한다. 그렇기 때문에 부인에게는 작위가 없지만 남편의 작위에 따르는 것이고, 모임에 참여하여 자리에 앉을 때에도, 서열을 정함에 남편의 나이에 따르는 것이다. 기물들에 있어서 질그릇이나 바가지를 사용하는 것은 고대로부터 숭상되어 왔던 예가 이와 같았기 때문이다. 삼왕 때부터 희생물을 함께 먹고 질그릇과 바가지를 사용하는 것이 시행되었

10) 『예기』「잡기상(雜記上)」: 含者坐委于殯東南, 有葦席, <u>既葬蒲席</u>. 降出反位.

다. 혼례를 치른 다음날 아침 며느리는 깨끗하고 정결하게 씻고서 시부모에게 음식을 바친다. 시부모가 그 음식을 다 먹은 뒤, 며느리는 시부모가 남긴 음식을 먹게 되니, 이것은 은정을 베풀기 때문이다. 의례 절차가 끝나면 시부모는 빈객이 이용하는 서쪽 계단을 통해서 내려가고, 며느리는 주인이 이용하는 동쪽 계단을 통해서 내려가니, 그녀에게 가사를 전수한다는 뜻을 나타내기 위해서이다. 혼례를 치를 때에는 음악을 연주하지 않는데, 이것은 그윽하고 조용하고자 하는 의(義)에 따르기 때문이다. 음악은 양(陽)의 기운에 해당한다. 혼례에서는 당사자에게 축하를 하지 않으니, 이것은 그 자가 부모의 지위를 계승하게 되어, 부모의 입장에서는 서글픈 일이 되기 때문이다.

鄭注 爵, 謂夫命爲大夫, 則妻爲命婦. 此謂大古之禮器也. 言大古無共牢之禮, 三王之世作之, 而用太古之器, 重夫婦之始也. 私之猶言恩也. 明當爲家事之主也. 幽, 深也. 欲使婦深思其義, 不以陽散之也. 序猶代也.

'작(爵)'은 남편이 명(命)의 등급을 받아서 대부가 되었다면, 부인도 명부(命婦)가 된다는 뜻이다. 질그릇과 바가지는 태고시대 때 사용하던 예기를 뜻한다. 태고시대에는 희생물의 고기를 함께 먹는 예가 없었고, 삼왕이 통치하던 때 이러한 예법을 만들었으며, 태고시대 때 사용했던 그릇을 이용했는데, 이것은 부부의 도리가 시작됨을 중시하기 위해서라는 뜻이다. '사(私)'자는 은혜를 베풀다는 뜻이다. 마땅히 가사를 주관하는 안주인이 되어야 한다는 뜻을 나타낸다. '유(幽)'자는 깊다는 뜻이다. 부인으로 하여금 그 의(義)에 대해서 깊이 생각하도록 하고자 하여, 양(陽)으로 정신이 흐트러지지 않게끔 하는 것이다. '서(序)'자는 세대가 교체하다는 뜻이다.

孔疏 ●“舅姑降自西階, 婦降自阼階, 授之室也”者, 謂適婦也. 婦見餕餘之禮畢, 舅姑從賓階而下, 婦從主階而降, 是示授室與婦之義也. 按昏禮: 旣昏之後, 夙興, 贊見婦于舅姑. 席于阼, 舅卽席; 席于房外, 南面, 姑卽席. 婦執笲棗栗, 奠于舅席, 又執腶脩奠于姑席. 訖, 贊者醴婦, 席于戶牖間, 贊者酌醴以醴婦, 薦脯醢. 婦受醴畢, 取脯醢, 降出授人于門外. 舅姑入于室, 共席于奧, 婦盥饋特豚, 無魚腊, 無稷, 卒食, 一酳, 席于北墉下. 婦徹, 設於席前, 婦卽席, 餕姑之餘, 卒食, 姑酳之. 此士禮也. 其大夫以上, 牲牢則異也.

●經文: “舅姑降自西階, 婦降自阼階, 授之室也”. ○ 적자(適子)의 아내가 된 여자의 경우를 뜻한다. 며느리가 시부모를 찾아뵙고 남겨준 음식을 먹는 의례가 모두 끝나면, 시부모는 빈객이 이용하는 서쪽 계단을 통해서 내려가고, 며느리는 주인이 이용하는 동쪽 계단을 통해서 내려가는데, 이것은 가사를 며느리에게 준다는 의(義)를 나타내는 것이다. 『의례』「사혼례」편을 살펴보면, 이미 혼례를 치른 뒤에 다음날 일찍 일어나서, 혼례의 진행을 돕는 자가 며느리가 시부모를 뵐 수 있도록 돕는다. 동쪽 계단에 자리를 마련하면 시아비가 자리로 나아가고, 방밖에 자리를 마련하며 남쪽을 바라보도록 하면 시어미가 자리로 나아간다. 며느리는 대추와 밤을 담은 변을 가지고 시아비의 자리 앞에 놓아두고, 또한 조미육포를 가지고 시어미의 자리 앞에 놓아둔다. 이러한 절차가 끝나면, 혼례의 진행을 돕는 자는 며느리에게 단술을 따라 예우해 주는데, 그 자리는 호(戶)와 들창 사이에 깔아두고, 혼례의 진행을 돕는 자가 단술을 따라서 며느리를 예우하고, 포와 젓갈을 올린다. 며느리가 예우받는 일이 끝나면, 포와 젓갈을 잡고, 내려가서 문밖에서 친정측 사람에게 준다. 시부모가 실로 들어가면 아랫목에 자리를 함께 마련하고, 며느리는 손을 씻고서 한 마리의 돼지를 사용하여 음식을 바치는데, 말린 물고기는 없고, 메기장밥도 없으며, 음식을 다 먹게 되면, 한 차례 입가심하는 술을 마시고, 북쪽 들창 아래에 자리를 마련한다. 며느리가 상을 치우고 자리 앞에 진

설하면, 며느리는 자리로 나아가고, 시어미가 남긴 음식을 먹는데, 음식 먹는 일이 끝나면, 시어미는 며느리에게 입가심하는 술을 따라준다. 이러한 절차는 사 계층이 따르는 예법이다. 대부 이상의 계급에서는 희생물을 여러 마리 사용하게 되므로 차이가 생긴다.

104上

歸婦俎于婦氏人.

직역 婦氏人에게 婦俎를 歸한다.

의역 며느리의 도마에 올렸던 음식을 며느리 집안의 사람에게 보낸다.

鄭注 言俎, 則饗禮有牲矣. 婦氏人, 丈夫送婦者, 使有司歸以婦俎, 當以反命於女之父母, 明其得禮.

조(俎)라고 했다면 향례에는 희생물이 포함되는 것이다. '부씨인(婦氏人)'은 남자들 중 며느리를 전송하기 위해 온 자들로, 유사를 시켜 그들에게 며느리의 도마에 올렸던 희생물을 보내는 것이니, 이를 통해 며느리의 부모에게 되돌아가 보고하게 시켜 혼례가 성사되었음을 나타내야 하기 때문이다.

賈疏 ●"歸婦俎于婦氏人". ◎注"言俎"至"得禮". ○釋曰: 按雜記云大饗, "卷三牲之俎歸于賓館", 是賓所當得也. 饗時設几而不倚, 爵盈而不飮, 肴乾而不食, 故歸俎. 此饗婦, 婦亦不食, 故歸也. 經雖不言牲, 旣言俎, 俎所以盛肉, 故知有牲. 此婦氏人卽上婦所授脯者也, 故上注引此婦氏人, 證所授人爲一也.

●經文: "歸婦俎于婦氏人". ◎鄭注: "言俎"~"得禮". ○『예기』「잡기(雜記)」편을 살펴보면, 대향[1])을 할 때에는 "도마에 올렸던 세 희생물의

1) 대향(大饗)은 큰 연회를 뜻한다. 본래는 천자가 조회로 찾아온 제후들에게 베풀었던 성대한 연회를 가리킨다. 『예기』「중니연거(仲尼燕居)」편에는 "大饗有四焉."이라는 기록이 있고, 이에 대한 정현의 주에서는 "大饗, 謂饗諸侯來朝者也."라고 풀이했다.

고기 중 남은 것을 포장하여 빈객이 머무는 숙소로 보내준다."[2]라고 했는데, 이것은 빈객이 마땅히 얻어야 할 것에 해당한다. 향례를 시행할 때에도 안석을 설치하지만 몸을 기대지 않고 술잔을 가득 채우지만 다 마시지 않으며 고기를 말려서 내놓지만 먹지 않는다. 그렇기 때문에 도마에 담은 음식을 보내는 것이다. 이것은 며느리에게 향연을 베풀어주는 것임에도 며느리는 음식을 먹지 않는다. 그렇기 때문에 보내는 것이다. 경문에서는 비록 희생물을 언급하지 않았지만 이미 도마를 언급했다면 도마는 희생물을 담는 것이기 때문에 희생물이 포함된다는 사실을 알 수 있다. 이곳에서 말한 부씨인(婦氏人)은 앞에서 며느리가 포를 건네는 대상에 해당한다.[3] 그렇기 때문에 앞의 주석에서는 이곳에 나온 부씨인(婦氏人)이라는 말을 인용하여 건네는 대상이 동일한 자임을 증명한 것이다.

참고 19-5 『예기』「잡기하(雜記下)」 기록

경문 或問於曾子曰, "夫既遣而包其餘, 猶既食而裹其餘與? 君子既食則裹其餘乎?" 曾子曰, "吾子不見大饗乎? 夫大饗既饗, 卷三牲之俎歸于賓館, 父母而賓客之, 所以爲哀也. 子不見大饗乎?"

어떤 자가 증자에게 질문을 하며, "무릇 견전[4]을 끝내고서 남은 고기를 포장하여 견거[5]에 싣는 것은 식사를 마치고 남은 음식을 포장하는 것과

2) 『예기』「잡기하(雜記下)」: 或問於曾子曰, "夫既遣而包其餘, 猶既食而裹其餘與? 君子既食則裹其餘乎?" 曾子曰, "吾子不見大饗乎? 夫大饗既饗, <u>卷三牲之俎歸于賓館</u>, 父母而賓客之, 所以爲哀也. 子不見大饗乎?"

3) 『의례』「사혼례」: 婦升席, 左執觶, 右祭脯醢, 以柶祭醴三, 降席, 東面坐, 啐醴, 建柶, 興, 拜. 贊答拜. 婦又拜, 奠于薦東, 北面坐取脯, 降, 出, 授人于門外.

4) 견전(遣奠)은 장차 장례(葬禮)를 치르고자 할 때, 지내게 되는 전제사[奠祭]를 뜻한다.

5) 견거(遣車)는 장례(葬禮)를 치를 때 사용되는 수레이다. 장례 때에는 장지(葬地)

같은 것입니까? 군자도 식사를 끝내면 남은 음식을 포장해서 가지고 갑니까?"라고 했다. 증자는 "그대는 대향(大饗)의 예법을 보지 못했습니까? 무릇 대향을 할 때에도 연회가 끝나면 도마에 올렸던 세 희생물의 고기 중 남은 것을 포장하여 빈객이 머무는 숙소로 보내줍니다. 부모는 그 집의 주인인데도 부모가 돌아가시면 자식은 부모를 빈객에 대한 예법으로 대하니, 슬픔을 지극히 나타내기 위해서입니다. 그대는 대향의 예법을 보지 못했습니까?"라고 대답했다.

鄭注 言遣旣奠而又包之, 是與食於人·已而裹其餘將去何異與? 君子寧爲是乎? 言傷廉也. 旣饗歸賓俎, 所以厚之也. 言父母家之主, 今賓客之, 是孝子哀親之去也.

장례를 전송하며 전제사를 지내고 그 일이 끝나면 고기를 포장하는데, 이것은 남의 집이나 자신의 집에서 식사를 하고 남은 것을 포장하여 보내게 되는 것과 어떤 차이점이 있는가? 군자도 이처럼 하는냐는 말이다. 이처럼 하게 되면 염치에 해를 끼친다는 뜻이다. 연회를 끝내면 빈객의 도마에 올렸던 고기를 포장하여 돌려보내는 것은 후하게 대접하기 위해서이다. 부모는 그 집의 주인이 되지만 현재 빈객으로 대우하는 것은 자식이 부모가 떠나가게 됨을 애통하게 여기기 때문이라는 뜻이다.

孔疏 ●"夫大饗, 旣饗, 卷三牲之俎歸於賓館"者, 謂大饗賓客旣畢, 主人卷斂三牲俎上之肉, 歸於賓館.

●經文: "夫大饗, 旣饗, 卷三牲之俎歸於賓館". ○ 대향(大饗)에서 빈객을 대하는 예법이 끝나게 되면, 주인은 도마에 올린 세 가지 희생물의 고기를 거두고 포장해서 빈객이 머무는 숙소로 돌려보낸다는 뜻이다.

에서 제사를 지내기 위해 희생물을 가져가게 된다. '견거'는 바로 희생물의 몸체를 싣고 가는 수레를 뜻한다.

그림 19-2 ▣ 견거(遣車)

遣車

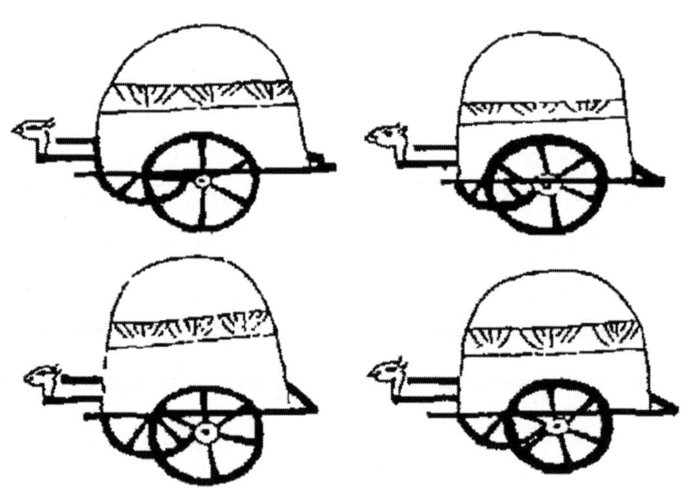

※ 출처: 『삼례도집주(三禮圖集注)』 18권

제 20 절
향송자(饗送者)의 절차

104下

舅饗送者以一獻之禮, 酬以束錦.

직역 舅는 送者에게 饗하길 一獻의 禮로써 하며, 酬는 束錦으로써 한다.

의역 시아비는 며느리를 전송하기 위해 찾아온 자들에게 일헌의 예법으로 향연을 베풀어주고, 술을 권할 때에는 1속의 비단을 선물한다.

鄭注 送者, 女家有司也. 爵至酬賓, 又從之以束錦, 所以相厚. 古文錦皆爲帛.

'송자(送者)'는 며느리 집안에서 보내온 유사를 뜻한다. 술잔이 빈객에게 술을 권하는 절차에 이르게 되면 또한 1속의 비단을 뒤따르게 하니, 서로의 은정을 두텁게 하기 위해서이다. 고문에는 '금(錦)'자가 모두 백(帛)자로 기록되어 있다.

賈疏 ●"舅饗"至"束錦". ◎注"送者"至"作帛". ○釋曰: 此一獻與饗婦一獻同, 禮則異, 彼兼有姑, 此依常饗賓客法. 知送者是女家有司者, 故左氏傳云: "齊侯送姜氏, 非禮也. 凡公女嫁于敵國, 姊妹則上卿送之, 以禮於先君. 公子則下卿送之. 於大國, 雖公子亦上卿送之. 於天子, 則諸卿皆行, 公不自送. 於小國, 則上大夫送之." 以此而言, 則尊無送卑之法, 則大夫亦遣臣送之, 士無臣, 故知有司送之也. 云"古文錦皆爲帛"者, 此及下文錦皆爲帛, 不從古文者, 禮有玉錦, 非獨此文, 則禮有贈錦之事, 故不從古文也.

● 經文: "舅饗"~"束錦". ◎ 鄭注: "送者"~"作帛". ○ 이곳에서 말한 일헌(一獻)은 며느리에게 향연을 베풀며 한 일헌과 같지만, 예법의 측면에서는 차이가 난다. 며느리에게 일헌을 할 때에는 그 절차에 시어미도 포함되지만, 이곳의 경우는 일반적으로 빈객에게 향연을 베푸는 예법에 따른다. 송자(送者)가 며느리 집안에서 보내온 유사에 해당함을 알 수 있는 것은 『좌씨전』에서 "제나라 후작이 강씨를 전송한 것은 비례이다. 무릇 공녀가 대등한 나라에 시집을 갈 때에는 제후의 자매에 해당한다면 상경이 전송하여 선군에 대해 예우한다. 제후의 딸이라면 하경이 전송한다. 대국에 시집갈 경우라면 비록 제후의 딸이라 하더라도 상경이 전송한다. 천자에게 시집갈 경우라면 모든 경들이 다 동행하지만 제후는 직접 전송하지 않는다. 소국에 시집갈 경우라면 상대부가 전송한다."[1]라 했다. 이를 통해 말해보자면 존귀한 자에게는 미천한 자를 전송하는 예법이 없으니, 대부 또한 신하를 보내 전송하고, 사는 신하가 없기 때문에 유사가 전송하게 됨을 알 수 있다. 정현이 "고문에는 금(錦)자가 모두 백(帛)자로 기록되어 있다."라고 했는데, 이곳 기록과 아래문장에 나온 '금(錦)'자가 모두 백(帛)자로 기록되어 있는 것으로, 고문을 따르지 않은 것은 예에는 옥과 금이라는 것이 나오고, 유독 이 문장만이 아니라면, 예법에는 금을 보내는 사안이 있다. 그렇기 때문에 고문에 따르지 않은 것이다.

참고 20-1 『춘추좌씨전』 환공(桓公) 3년 기록

1) 『춘추좌씨전』「환공(桓公) 3년」: 齊侯送姜氏, 非禮也. 凡公女嫁于敵國, 姊妹, 則上卿送之, 以禮於先君; 公子, 則下卿送之. 於大國, 雖公子, 亦上卿送之. 於天子, 則諸卿皆行, 公不自送. 於小國, 則上大夫送之.

전문 "齊侯送姜氏", 非禮也. 凡公女嫁于敵國, 姊妹, 則上卿送之, 以禮於先君; 公子, 則下卿送之. 於大國, 雖公子, 亦上卿送之. 於天子, 則諸卿皆行, 公不自送. 於小國, 則上大夫送之.

"제나라 후작이 강씨를 전송했다."는 것은 비례이다. 무릇 공녀가 대등한 나라에 시집을 갈 때에는 제후의 자매에 해당한다면 상경이 전송하여 선군에 대해 예우한다. 제후의 딸이라면 하경이 전송한다. 대국에 시집갈 경우라면 비록 제후의 딸이라 하더라도 상경이 전송한다. 천자에게 시집갈 경우라면 모든 경들이 다 동행하지만 제후는 직접 전송하지 않는다. 소국에 시집갈 경우라면 상대부가 전송한다.

杜注 "齊侯送姜氏", 本或作"送姜氏于讙". 公子則下卿送. 公子, 公女.

"제나라 후작이 강씨를 전송했다."는 것을 판본에 따라서 "환에서 강씨를 전송했다."라고도 기록한다. 공자(公子)의 경우라면 하경이 전송한다. '공자(公子)'는 공녀를 뜻한다.

孔疏 ●"凡公"至"送之". ○正義曰: 昏以相敵爲耦, 先以敵國爲文, 然後於大國小國辨其所異. 姊妹於敵國, 猶上卿送之, 於大國則上卿必矣. 且姊妹禮於先君, 不以所嫁輕重, 雖則小國, 亦使上卿送也. "於小國, 則上大夫送之", 文承"公子"之下, 謂送公子, 非送姊妹也. 周禮序官唯有中大夫, 無上大夫也. 禮記·王制曰: "諸侯之上大夫卿." 鄭玄云"上大夫曰卿", 則上大夫卽卿也, 又無上大夫矣. 而此云上大夫者, 諸侯之制, 三卿·五大夫. 五人之中, 又復分爲上下. 成三年傳曰: "次國之上卿當大國之中, 中當其下, 下當其上大夫. 小國之上卿當大國之下卿, 中當其上大夫, 下當其下大夫." 是分大夫爲上下也.

● 傳文: "凡公"~"送之". ○혼례에서는 서로 대등한 자를 짝으로 삼기

때문에, 먼저 대등한 나라에 대해 기록하고, 이후에 대국과 소국에 대해 그 차이점을 변별한 것이다. 대등한 나라에 자매가 시집을 갈 때에는 오히려 상경이 전송하니, 대국에 시집가게 되면 상경이 반드시 가게 된다. 또 자매에 대한 것이 선군을 예우하는 것이라면 이것은 시집을 가는 나라의 경중에 따른 것이 아니니, 비록 소국이라 하더라도 상경을 시켜 전송하게 된다. "소국에 시집갈 경우라면 상대부가 전송한다."라고 했는데, 이 문장은 '공자(公子)'라는 글자 뒤에 있으니, 공녀를 전송하는 것을 말하며, 자매를 전송하는 것이 아니다. 『주례』에서 관직을 나열한 것에는 오직 중대부만 있고 상대부는 없다. 『예기』「왕제(王制)」편에서는 "제후의 상대부인 경"[2]이라 했고, 정현은 "상대부를 경이라 부른다."라 했으니, 상대부는 곧 경에 해당하지만, 또한 상대부라는 것이 없다. 그런데도 이곳에서 '상대부(上大夫)'라고 한 것은 제후에 대한 제도에서는 3명의 경과 5명의 대부가 있다. 이 5명은 다시 상하로 나누게 된다. 성공(成公) 3년의 전문에서 "차국의 상경은 대국의 중경에 해당하고, 중경은 하경에 해당하며, 하경은 상대부에 해당한다. 소국의 상경은 대국의 하경에 해당하고, 중경은 상대부에 해당하며, 하경은 하대부에 해당한다."[3]라 했으니, 이것은 대부를 상하로 나누었음을 나타낸다.

2) 『예기』「왕제(王制)」 : 諸侯之上大夫卿, 下大夫, 上士, 中士, 下士, 凡五等.

3) 『춘추좌씨전』「성공(成公) 3년」 : 公問諸臧宣叔曰, "中行伯之於晉也, 其位在三; 孫子之於衛也, 位爲上卿, 將誰先?" 對曰, "次國之上卿, 當大國之中, 中當其下, 下當其上大夫. 小國之上卿, 當大國之下卿, 中當其上大夫, 下當其下大夫. 上下如是, 古之制也. 衛在晉, 不得爲次國. 晉爲盟主, 其將先之."

105上

姑饗婦人送者, 酬以束錦.

직역 姑는 婦人의 送者에게 饗하며, 酬는 束錦으로써 한다.

의역 시어미는 며느리 집안 자제의 처와 첩들에게 향연을 베풀어주고, 술을 권할 때에는 1속의 비단을 선물한다.

鄭注 婦人送者, 隷子弟之妻妾. 凡饗, 速之.

'부인송자(婦人送者)'는 사(士) 자제의 처와 첩을 뜻한다. 무릇 향례에서는 그들을 초대한다.

賈疏 ●"姑饗"至"束錦". ◎注"婦人"至"速之". ○釋曰: 左氏傳云: "士有隷子弟." 士卑無臣, 自以其子弟爲僕隷, 幷己之子弟之妻妾, 但尊無送卑, 故知婦人送者是隷子弟之妻妾也. 云"凡饗, 速之"者, 按聘禮饗食速賓, 則知此舅姑饗送者, 亦速之也. 凡速者, 皆就館召之, 是以下云"若異邦則贈丈夫送者以束錦", 鄭云: "就賓館." 則賓自有館. 若然, 婦人送者, 亦當有館. 男子則主人親速, 其婦送者不親速, 以其婦人迎客不出門, 當別遣人速之.

●經文: "姑饗"~"束錦". ◎鄭注: "婦人"~"速之". ○『좌씨전』에서는 "사는 자제를 복례(僕隷)로 삼는다."[1]라 했다. 사는 신분이 미천하여 신하가 없으니, 직접 자신의 자제들을 복례로 삼고, 아울러 자기 자제들의 처와 첩까지도 포함시킨다. 다만 존귀한 자는 미천한 자를 전송하는 일이 없기 때문에, '부인송자(婦人送者)'라는 것이 복례에 해당하는 사 자제들

1) 『춘추좌씨전』「환공(桓公) 2년」: 故天子建國, 諸侯立家, 卿置側室, 大夫有貳宗, 士有隷子弟, 庶人·工商, 各有分親, 皆有等衰.

의 처와 첩에 해당한다는 사실을 알 수 있다. 정현이 "무릇 향례에서는 그들을 초대한다."라고 했는데, 『의례』「빙례(聘禮)」편을 살펴보면, 향례와 사례에서 빈객을 초대한다고 했으니, 이곳에서 시부모가 전송한 자들에게 향연을 베푼다고 할 때에도 그들을 초대한 것임을 알 수 있다. 무릇 초대라는 것은 모두 그들이 머무는 숙소로 찾아가서 부르는 것이다. 이러한 까닭으로 아래문장에서 "만약 다른 나라에서 며느리를 맞은 경우라면, 며느리를 전송하러 온 남자들에게 1속의 비단을 선물한다."라 했고, 정현은 "빈객의 관사로 찾아간다."라고 했으니, 빈객에게는 그 자체로 머무는 숙소가 있는 것이다. 만약 그렇다면 '부인송자(婦人送者)'에게도 마땅히 숙소가 있는 것이다. 남자의 경우라면 주인이 직접 초대하고, 전송하러 온 여자들의 경우에는 직접 초대하지 않는데, 부인의 경우에는 빈객을 맞이하며 문밖으로 나가지 않으니, 마땅히 별도로 사람을 보내 초대해야만 한다.

참고 20-2 『춘추좌씨전』 환공(桓公) 2년 기록

전문 師服曰: "吾聞國家之立也, 本大而末小, 是以能固. 故天子建國①, 諸侯立家②, 卿置側室③,

사복이 말하길, "내가 듣기로, 국가의 존립은 근본이 크고 말단이 작아야 하니, 이러한 까닭으로 굳건히 할 수 있다고 했다. 그러므로 천자는 나라를 세우고, 제후는 가를 세우며, 경은 측실을 두고,

杜注 ① 立諸侯也.

제후를 세운다는 뜻이다.

杜注 ② 卿大夫稱家臣.

경과 대부를 가신(家臣)이라 칭한다.

杜注 ③ 側室, 衆子也, 得立此一官.

'측실(側室)'은 적장자를 제외한 나머지 아들들로, 이 하나의 관직에 세울 수 있다.

孔疏 ◎注"側室"至"一官". ○正義曰: 禮記·文王世子云"公若有出疆之政, 庶子守公宮, 正室守大廟". 鄭玄云: "正室, 適子也." 正室是適子, 故知側室是衆子, 言其在適子之旁側也. 文十二年傳曰: "趙有側室曰穿." 是卿得立此官也. 卿之家臣, 其數多矣, 獨言立此一官者, 其餘諸官, 事連於國, 臨時選用, 異姓皆得爲之. 其側室一官, 必用同族, 是卿廕所及, 唯知宗事, 故特言之. 按世族譜, 趙穿是夙之庶孫, 於趙盾爲從父昆弟, 而爲盾側室. 然選其宗之庶者而爲之, 未必立卿之親弟.

◎杜注: "側室"~"一官". ○『예기』「문왕세자(文王世子)」편에서는 "군주에게 만약 국경 밖으로 나가게 될 정무가 생기게 된다면, 서자는 공족(公族)들 중에서 특별히 담당하고 있는 임무가 없는 자들로 하여금 왕실을 지키게 하고, 공족의 적장자들로는 태묘를 지키게 한다."[2]라 했고, 정현은 "정실(正室)은 적장자이다."라 했다. 정실이 적장자에 해당하기 때문에, 측실이 중자(衆子)에 해당함을 알 수 있으니, 적자의 곁에 있다는 뜻이다. 문공(文公) 12년 전문에서 "조씨에게 측실이 있으니 천(穿)이다."[3]라 했다. 이것은 경이 이러한 관직을 세울 수 있음을 나타낸다. 경

---

2) 『예기』「문왕세자(文王世子)」: 公若有出疆之政, 庶子以公族之無事者守於公宮, 正室守太廟, 諸父守貴宮貴室, 諸子諸孫守下宮下室.

3) 『춘추좌씨전』「문공(文公) 12년」: 趙有側室曰穿, 晉君之壻也, 有寵而弱, 不在

의 가신은 그 수가 많은데, 유독 이 하나의 관직을 세운다고 말한 것은 나머지 여러 관직들은 그 사안이 나라와 연결되어 있어 직면할 때 선발해 뽑으니, 이성까지도 모두 삼을 수 있다. 측실이라는 하나의 관직은 반드시 동족에서 뽑으니, 이것은 경의 음직이 미치는 것으로, 오직 종족의 일에 대해서만 처리하기 때문에 특별히 언급한 것이다. 『세족보』를 살펴보면, 조천(趙穿)은 숙(夙)의 서손이고, 조순(趙盾)에게 있어서는 종부의 곤제가 되어, 순의 측실이 된다. 그렇다면 그 종가의 서자들 중에서 선발한 것이니, 반드시 경의 친 자제들 중에서 세웠던 것은 아니다.

전문 大夫有貳宗,

대부는 이종을 두며,

杜注 適子爲小宗, 次子爲貳宗, 以相輔貳.

적자가 소종이 되고 차자가 이종이 되어 서로 보좌하도록 한 것이다.

孔疏 ◎注"適子"至"輔貳". ○正義曰: 禮有大宗·小宗. 天子諸侯之庶子謂之別子, 及異姓受族爲後世之始祖者, 世適承嗣, 百世不遷, 謂之大宗. 爲父後者, 諸弟宗之, 五世則遷, 謂之小宗. 五世遷者, 謂高祖以下, 喪服未絶. 其繼高祖之適, 則緦服之內共宗之. 其繼曾祖之適, 則小功之內共宗之. 繼祖·繼禰所宗及亦然. 故鄭玄喪服小記注云: "小宗有四, 或繼高祖, 或繼曾祖, 或繼祖, 或繼禰, 皆至五世則遷." 以緦服旣窮, 不相宗敬, 故疏卽遞遷也. 禮記·大傳曰: "有百世不遷之宗, 有五世則遷之宗. 百世不遷者, 別子之後也, 宗其繼別子之所自出者, 百世不遷者也. 宗其繼高祖者, 五世則遷者也." 是言大宗·小宗之別也. 大夫身是適子, 爲小宗, 故其次者爲貳宗, 以相輔

軍事; 好勇而狂, 且惡臾駢之佐上軍也.

助爲副貳, 亦立之爲此官也. 杜知非大宗而云小宗者, 以其大夫不必皆是大宗, 據爲小宗者多, 故杜言之也. 若大夫身爲大宗, 亦止得立貳宗官耳. 禮記據公族爲說, 故言別子爲祖, 主說諸侯庶子耳. 其實異姓受族, 亦爲始祖, 其繼者, 亦是大宗. 但記文不及之耳. 沈云"適子爲小宗, 謂是大夫之身爲小宗. 次者爲貳宗, 謂大夫庶弟貳宗, 以側室爲例, 皆是官名, 與五宗別".

◎ 杜注: "適子"~"輔貳". ○ 예법에 따르면 대종과 소종이 있다. 천자와 제후의 서자는 별자(別子)라 부르는데, 이러한 별자와 이성 중 종족을 받아 후세의 시조가 된 자는 대대로 적자가 지위를 계승하여 영원토록 체천되지 않으니, 이들을 대종(大宗)이라 부른다. 부친의 후계자가 되어 여러 동생들이 그를 종주로 삼는데 5세대가 지나면 체천되는 자들은 소종(小宗)이라 부른다. 5세대가 지나 체천되는 자들은 같은 고조를 모신 그 이하의 자들로 상복관계가 아직 끊어지지 않은 자들을 뜻한다. 고조의 적자를 이은 경우라면 시마복(緦麻服)의 관계 안에서는 모두 그를 종주로 삼는다. 증조의 적자를 이은 경우라면 소공복(小功服)의 관계 안에서는 모두 그를 종주로 삼는다. 조부와 부친을 이어 종주로 삼는 바 또한 그러하다. 그렇기 때문에 『예기』「상복소기(喪服小記)」편에 대한 정현의 주에서는 "소종에는 4종류가 있으니, 고조를 잇는 자, 증조를 잇는 자, 조부를 잇는 자, 부친을 잇는 자들인데, 이들 모두는 5세대가 지나게 되면 체천이 된다."라고 한 것이다. 시마복의 관계가 이미 다했다면 서로 종주로 삼아 공경하지 않는다. 그렇기 때문에 관계가 소원해지면 즉시 체천시키는 것이다. 『예기』「대전(大傳)」편에서는 "100세대가 지나더라도 영원히 바뀌지 않는 대종의 종가가 생기고, 5세대가 지나면 바뀌는 소종의 종가가 생긴다. 100세대가 지나더라도 바뀌지 않는 자는 별자의 적통을 계승한 대종이다. 별자를 계승하여 그에게 제사를 지내는 집을 종가로 삼으면, 그 종가는 100세대가 지나더라도 바뀌지 않는 대종의 가문이 된다. 고조를 계승하여 그에게 제사를 지내는 집을 종가로 삼으면,

그 종가는 5세대가 지나면 바뀌는 소종의 가문이 된다."[4]라고 했다. 이것은 대종과 소종의 구별을 말한 것이다. 대부 본인이 적자의 신분으로 소종이 되었다. 그렇기 때문에 차자를 이종으로 삼아서 서로 도와 보좌하도록 한 것이며, 또한 그를 세워 이 관직으로 삼은 것이다. 대종이 아니라 소종을 말한 것임을 두예가 알 수 있었던 것은 대부는 모두 대종일 수 없고, 소종이 되는 경우가 많음에 근거했다. 그렇기 때문에 두예가 그처럼 말한 것이다. 만약 대부 본인이 대종이 된다면 또한 단지 이종이라는 관직만 세울 수 있을 따름이다. 『예기』는 공족을 기준으로 설명했다. 그렇기 때문에 별자가 시조가 된다고 말한 것이니, 제후의 서자를 위주로 말한 것일 뿐이다. 실제로 이성 중 종족을 받은 자 또한 시조가 되고, 그를 계승한 자 역시 대종이 된다. 다만 『예기』의 문장에서는 이 사실을 언급하지 않은 것일 뿐이다. 심씨는 "적자가 소종이 된다는 것은 대부 본인이 소종인 경우를 뜻한다. 차자가 이종이 된다는 것은 대부의 서제가 이종이 된다는 뜻으로, 측실의 경우와 같은 용례로 삼으면, 모두 관직명이 되니 오종[5]과는 구별된다."라 했다.

전문 士有隸子弟①, 庶人·工·商, 各有分親, 皆有等衰②. 是以民服事其上, 而下無覬覦③. 今晉, 甸侯也, 而建國. 本旣弱矣, 其能久乎④?"

---

4) 『예기』「대전(大傳)」: 別子爲祖, 繼別爲宗, 繼禰者爲小宗. 有百世不遷之宗, 有五世則遷之宗. 百世不遷者, 別子之後也. 宗其繼別子之所自出者, 百世不遷者也. 宗其繼高祖者, 五世則遷者也. 尊祖故敬宗, 敬宗, 尊祖之義也.

5) 오종(五宗)은 종법제(宗法制)와 관련된 용어이다. 시조(始祖)의 적통을 이어 받은 자는 대종(大宗)이 되며, 고조부, 증조부, 조부, 부친의 대(代)에서 각각 파생된 집안을 소종(小宗)이라고 부른다. 따라서 대종은 적통을 이은 한 사람 내지는 그 사람의 집만이 해당하며, 고조부가 같은 삼종형제, 증조부가 같은 재종형제, 조부가 같은 종형제, 그리고 부친이 같은 친형제 등은 4개의 소종 집단을 형성하게 된다. 따라서 '오종'은 대종인 1개의 집안과 소종인 4개의 집단을 포함하여 부르는 명칭이다.

사는 자제를 복례(僕隸)로 삼고, 서인 · 공인 · 상인은 각각 분별되는 친족이 있어 모두 등급에 따른 낮춤이 있다. 이러한 까닭으로 백성들은 그들의 윗사람을 복종해 섬기고, 아랫사람은 윗사람을 넘보는 일이 없게 된다. 지금 진나라는 전복[6]에 속한 제후로, 또 하나의 나라를 세웠다. 근본이 이미 약해졌으니, 오래갈 수 있겠는가?"라 했다.

杜注 ① 士卑, 自以其子弟爲僕隸.

사는 신분이 미천하여 스스로 자신의 자제들을 복례(僕隸)로 삼는다.

杜注 ② 庶人無復尊卑, 以親疏爲分別也. 衰, 殺也.

서인에게는 재차 존비에 따른 구별이 없으니, 친소 관계로 분별한다. '쇠(衰)'자는 줄인다는 뜻이다.

杜注 ③ 下不冀望上位.

아랫사람이 윗자리를 바라지 않는다.

杜注 ④ 諸侯而在甸服者.

6) 전복(甸服)은 천자의 수도 밖의 지역이다. '전복'의 '전(甸)'자는 '전(田)'자의 뜻으로, 천자가 정사를 펼치는데 필요한 조세를 거두던 지역이라는 뜻이다. '복(服)'자는 천자를 위해 복종한다는 뜻이다. 하(夏)나라 때의 제도에서는 천자의 수도와 연접한 지역이 '전복'이 되었는데, 천자의 수도로부터 사방 500리(里) 떨어진 곳까지를 '전복'이라고 불렀다. 『서』「우서(虞書) · 우공(禹貢)」편에는 "錫土姓, 祗台德先, 不距朕行, 五百里甸服."이라는 기록이 있고, 이에 대한 공안국(孔安國)의 전(傳)에서는 "規方千里之內謂之甸服, 爲天子服治田, 去王城面五百里."이라고 풀이했다. 한편 주(周)나라 때에는 '전복'의 자리에 대신 '후복(侯服)'이 위치하였으며, '전복'은 '후복' 밖의 사방 500리 떨어진 곳까지를 뜻하였다. 『주례』「하관(夏官) · 직방씨(職方氏)」편에는 "乃辨九服之邦國, 方千里曰王畿, 其外方五百里曰侯服, 又其外方五百里曰甸服."이라는 기록이 있다.

제후이면서 전복(甸服)에 속한 자이다.

孔疏 ◎注"諸侯"至"服者". ○正義曰: 周公斥大九州, 廣土萬里, 制爲九服, 邦畿方千里. 其外每五百里謂之一服. 侯·甸·男·采·衛·要六服爲中國. 夷·鎭·蕃三服爲夷狄. 大司馬謂之"九畿", 言其有期限也. 大行人謂之"九服", 言其服事王也. 如其數計, 甸服內畔, 尙去京師千里. 晉距王城不容此數, 而得在甸服者, 周禮設法耳. 土地之形, 不可方平如圖, 未必每服皆如其數也. 地理志云: "初雒邑與宗周通封畿, 東西長, 南北短, 短長相覆爲千里." 是王畿不正方也. 志又云東都方六百里, 半之爲三百里, 外有侯服五百里, 爲八百里. 計晉都在大原, 去雒邑近八百里也. 畿旣不方, 服必差改, 故晉在甸服也.

◎杜注: "諸侯"~"服者". ○주공은 구주(九州)를 크게 개척하여 광대한 땅이 만리에 이르러 이를 구복[7]으로 제편하였고, 천자의 수도는 사방 천리에 이르렀다. 그 밖으로 매 오백리마다를 하나의 복(服)으로 불렀다. 후복·전복·남복·채복·위복·유복 등 육복은 중국이 된다. 이복·진

7) 구복(九服)은 천자의 수도를 제외하고, 그 이외의 땅을 9개의 지역으로 구분한 것을 뜻한다. 천하의 정중앙에서 사방 1000리(里)의 땅을 왕기(王畿)라고 부르고, 그 밖으로 사방 500리의 땅을 후복(侯服)이라고 부르며, 그 밖으로 사방 500리의 땅을 전복(甸服)이라고 부르고, 그 밖으로 사방 500리의 땅을 남복(男服)이라고 부르며, 그 밖으로 사방 500리의 땅을 채복(采服)이라고 부르고, 그 밖으로 사방 500리의 땅을 위복(衛服)이라고 부르며, 그 밖으로 사방 500리의 땅을 만복(蠻服)이라고 부르고, 그 밖으로 사방 500리의 땅을 이복(夷服)이라고 부르며, 그 밖으로 사방 500리의 땅을 진복(鎭服)이라고 부르고, 그 밖으로 사방 500리의 땅을 번복(藩服)이라고 부른다. 『주례』「하관(夏官)·직방씨(職方氏)」편에는 "乃辨九服之邦國, 方千里曰王畿, 其外方五百里曰侯服, 又其外方五百里曰甸服, 又其外方五百里曰男服, 又其外方五百里曰采服, 又其外方五百里曰衛服, 又其外方五百里曰蠻服, 又其外方五百里曰夷服, 又其外方五百里曰鎭服, 又其外方五百里曰藩服."이라는 기록이 있다.

복 · 번복 등 삼복은 이적이 된다. 『주례』「대사마(大司馬)」편에서는 이것을 '구기(九畿)'라고 불렀으니,[8] 기한이 있음을 뜻한다. 『주례』「대행인(大行人)」편에서는 이것을 '구복(九服)'이라고 불렀으니,[9] 천자를 복종해 섬기는 것을 뜻한다. 만약 그 수치로 계산을 해보면 전복 안의 경계는 오히려 수도 천리를 제하게 된다. 진나라는 왕성과의 거리가 이 수치를 수용하지 못하는데도 전복에 속할 수 있는 것은 『주례』에서 설치했다고 하는 법이기 때문이다. 토지의 형세는 네모 반듯하고 평평하여 그림과 같을 수 없으니 반드시 매 복마다 모두 그 수치대로 일 수는 없다. 『한서』「지리지(地理志)」에서는 "최초 낙읍과 종주를 통괄해 수도로 봉했을 때, 동서 방향으로는 길었으나 남북 방향으로는 짧았는데, 짧고 긴 것을 서로 붙여서 천리가 되었다."[10]라 했다. 이것은 천자의 수도가 정사각형이 아니었다는 사실을 나타낸다. 「지리지」에서는 또 동도는 사방 육백리이며, 그것을 반절하여 삼백리가 되었고, 그 밖으로 후복 오백리가 있어 팔백리가 된다고 했다. 진나라 도읍이 대원에 있었던 것을 헤아려보면 낙읍과의 거리는 팔백리에 가깝다. 수도가 이미 사각형이 아니므로, 복도 분명 차이가 있었을 것이다. 그렇기 때문에 진나라가 전복에 속하는 것이다.

---

8) 『주례』「하관(夏官) · 대사마(大司馬)」: 乃以九畿之籍, 施邦國之政職. 方千里曰國畿, 其外方五百里曰侯畿, 又其外方五百里曰甸畿, 又其外方五百里曰男畿, 又其外方五百里曰采畿, 又其外方五百里曰衛畿, 又其外方五百里曰蠻畿, 又其外方五百里曰夷畿, 又其外方五百里曰鎭畿, 又其外方五百里曰蕃畿.

9) 『주례』「추관(秋官) · 대행인(大行人)」: 邦畿方千里, 其外方五百里謂之侯服, 歲壹見, 其貢祀物, 又其外方五百里謂之甸服, 二歲壹見, 其貢嬪物, 又其外方五百里謂之男服, 三歲壹見, 其貢器物, 又其外方五百里謂之采服, 四歲壹見, 其貢服物, 又其外方五百里謂之衛服, 五歲壹見, 其貢材物, 又其外方五百里謂之要服, 六歲壹見, 其貢貨物.

10) 『한서』「지리지(地理志)」: 初雒邑與宗周通封畿, 東西長而南北短, 短長相覆爲千里. 至襄王以河內賜晉文公, 又爲諸侯所侵, 故其分墜小.

그림 20-1 ▣ 소공복(小功服)

※ 출처: 『삼재도회(三才圖會)』「의복(衣服)」 3권

105上

若異邦, 則贈丈夫送者以束錦.

직역 若히 異邦이라면 丈夫送者에게 贈하길 束錦으로써 한다.

의역 만약 다른 나라에서 며느리를 맞은 경우라면, 며느리를 전송하러 온 남자들에게 1속의 비단을 선물한다.

鄭注 贈, 送也. 就賓館.

'증(贈)'자는 보낸다는 뜻이다. 빈관[1]에 찾아가는 것이다.

賈疏 ●"若異"至"束錦". ◎注"贈送也就賓館". ○釋曰: 按莊二十七年冬, 莒慶來迎叔姬, 公羊傳曰: "大夫越竟逆女, 非禮也." 鄭注喪服亦云: "古者大夫不外娶." 今言異邦得外娶者, 以大夫尊, 外娶則外交, 故不許. 士卑不嫌, 容有外娶法, 故有異邦送客也. 鄭知就館者, 贈賄之等皆就館, 故知此亦就館也.

●經文: "若異"~"束錦". ◎鄭注: "贈送也就賓館". ○장공(莊公) 27년 겨울 기록을 살펴보면, 거경이 와서 숙희를 아내로 맞이해갔다고 했고,[2] 『공양전』에서는 "대부가 국경을 넘어가 여자를 맞이하는 것은 비례이

---

1) 빈관(賓館)은 빈객을 접대하거나 또는 빈객이 머물게 되는 장소를 뜻한다. 『예기』「잡기하(雜記下)」편에는 "夫大饗既饗, 卷三牲之俎, 歸于賓館."이라는 기록이 있다. 공식적인 임무 때문에 찾아온 빈객에게는 공관(公館)에서 머물도록 해주는데, '공관'이 곧 '빈관'의 한 종류에 해당한다. '공관'은 군주가 빈객(賓客)들을 머물게 하기 위해 만든 숙소이다. 한편 군주의 신하들이 가지고 있는 건물은 사관(私館)에 해당하는데, 빈객이 사관에 머물 때, 군주가 명령을 내리게 되면, 그 장소는 '공관'이 되어, 빈객이 필요로 하는 것들을 지급하게 된다.

2) 『춘추』「장공(莊公) 27년」: 莒慶來逆叔姬.

다."[3]라 했다. 『의례』「상복(喪服)」편에 대한 정현의 주에서도 "고대에 대부는 외국에서 아내를 맞이하지 않았다."[4]라 했다. 지금 '이방(異邦)'이라고 말하여 외국에서 아내를 맞이할 수 있다고 한 것은 대부는 존귀하여 외국에서 아내를 맞이한다면 외국과 사적으로 교류를 하게 되므로 허락하지 않는 것이다. 사는 신분이 미천하니 혐의로 삼지 않으므로, 외국에서 아내를 맞이하는 법도 허용하는 것이다. 그러므로 다른 나라에서 전송하기 위해 찾아온 빈객이 있는 것이다. 정현이 숙소로 찾아간다는 사실을 알 수 있었던 것은 선물을 주는 경우에는 모두 숙소로 찾아가기 때문이다. 그래서 이곳의 경우도 숙소로 찾아가는 것임을 알 수 있다.

참고 20-3 『춘추공양전』 장공(莊公) 27년 기록

경문 莒慶來逆叔姬.

거경이 와서 숙희를 아내로 맞이해갔다.

전문 莒慶者何? 莒大夫也. 莒無大夫, 此何以書? 譏. 何譏爾? 大夫越竟逆女, 非禮也.

'거경(莒慶)'은 누구인가? 거나라의 대부이다. 거나라에 대부가 없는데 이곳에서는 어찌하여 기록했는가? 기롱했기 때문이다. 무엇을 기롱했는가? 대부가 국경을 넘어가 여자를 맞이하는 것은 비례이다.

---

3) 『춘추공양전』「장공(莊公) 27년」 : 莒慶者何? 莒大夫也, 莒無大夫, 此何以書, 譏, 何譏爾, 大夫越竟逆女, 非禮也.

4) 이 문장은 『의례』「상복(喪服)」편의 "傳曰: 何以服齊衰三月也? 妻, 言與民同也. 長子, 言未去也."라는 기록에 대한 정현의 주이다.

何注 禮, 大夫任重, 爲越竟逆女, 於政事有所損曠, 故竟內乃得親迎, 所以屈私赴公也. 言叔姬者, 婦人以字通. 言叔姬, 賤, 故略與歸同文, 重乖離也.

예법에 따르면 대부는 중책을 맡으니, 국경을 넘어가 여자를 맞이하는 것은 정사에 있어 손실과 공백을 발생시킨다. 그렇기 때문에 국경 안이라야 친영을 할 수 있으니, 사적인 것을 굽혀 공적인 것을 따르는 것이다. '숙희(叔姬)'라 말한 것은 부인들은 자로 통칭되기 때문이다. '숙희(叔姬)'라 말한 것은 천시한 것이다. 그렇기 때문에 간략히 하여 시집을 갔다는 것과 같은 문장에 표현했으니, 어긋나 동떨어짐을 중요하게 여긴 것이다.

徐疏 ●"莒慶者何". ○解云: 欲言莒君, 經不稱子; 欲言大夫, 莒無大夫, 故執不知問.

● 傳文: "莒慶者何". ○ 거나라 군주라 말하고자 한 것으로 본다면 경문에서는 자(子)라 지칭하지 않았고, 대부라 말하고자 한 것으로 본다면 거나라에는 대부가 없다. 그렇기 때문에 모르는 점을 들어 질문한 것이다.

徐疏 ●"大夫"至"非禮也". ○ 解云: 大夫所以不得越竟逆女者, 正以大夫任重, 於政事有所損曠故也. 若士則得越竟娶妻, 正以其任輕故也. 是以士昏禮云"若異邦則贈, 丈夫逆者以束錦", 是也.

● 傳文: "大夫"~"非禮也". ○ 대부가 국경을 넘어가 여자를 맞이할 수 없는 것은 대부는 중책을 맡고 있어서, 정사에 손실과 공백이 발생하기 때문이다. 만약 사의 경우라면 국경을 넘어가 아내를 맞이할 수 있으니, 임무가 가볍기 때문이다. 이러한 까닭으로 『의례』「사혼례」편에서는 "만약 다른 나라에서 며느리를 맞은 경우라면, 며느리를 전송하러 온 남자들에게 1속의 비단을 선물한다."라고 한 것이다.

徐疏 ◎注"言叔"至"乖離也". ○解云: 若不與歸同文, 宜言莒慶來逆女, 叔姬歸于莒矣. 然則言叔姬者, 是其歸文也. 又云重乖離者, 謂書其逆女與歸文同也, 何者? 嫁于大夫, 賤不合錄, 而書其逆叔姬者, 重其乖離矣.

◎何注: "言叔"~"乖離也". ○만약 시집을 간 것과 같은 문장에 표현하지 않았다면, 마땅히 거경이 와서 아내를 맞이하였고, 숙희가 귀나라로 시집을 갔다고 말해야 한다. 그렇다면 '숙희(叔姬)'라 말한 것은 시집갔다는 문장에 해당한다. 또 "어긋나 동떨어짐을 중요하게 여긴 것이다."라고 했는데, 아내를 맞이했다고 기록한 것이 시집을 갔다는 것과 같은 문장으로 표현했음을 뜻한다. 어째서인가? 대부에게 시집을 가서 천시하여 맞게 기록하지 않고 숙희를 맞이했다고 기록한 것은 어긋나 동떨어짐을 중요하게 여긴 것이다.

제 21 절

변례(變禮)-구고기몰(舅姑旣沒)의 경우

106上

若舅姑旣沒, 則婦入三月, 乃奠菜.

직역 若히 舅姑가 旣히 沒이면 婦가 入하여 三月이면 奠菜한다.

의역 만약 시부모가 이미 돌아가신 경우라면, 며느리는 시집을 와서 3개월이 지나면 곧 묘(廟)에서 채소로 제사를 지낸다.

鄭注 沒, 終也. 奠菜者, 以篚祭菜也, 蓋用菫.

'몰(沒)'자는 마쳤다는 뜻이다. '전채(奠菜)'는 광주리를 이용해 채소를 담아 제사지내는 것을 뜻하니, 아마도 근(菫)을 사용했을 것이다.

賈疏 ●"若舅"至"奠菜". ○釋曰: 自此至"饗禮", 論舅姑沒三月廟見之事. 必三月者, 三月一時天氣變, 婦道可以成之故也. 此言"舅姑旣沒"者, 若舅沒姑存, 則當時見姑, 三月亦廟見舅. 若舅存姑沒, 婦人無廟可見, 或更有繼姑, 自然如常禮也. 按曾子問云: "三月而廟見, 稱來婦也. 擇日而祭於禰, 成婦之義也." 鄭云: "謂舅姑沒者也, 必祭, 成婦義者, 婦有供養之禮, 猶舅姑存時盥饋特豚於室." 此言奠菜, 卽彼祭於禰一也. 奠菜亦得稱祭者, 若學記云"皮弁祭菜"之類也.

●經文: "若舅"~"奠菜". ○이곳 문장으로부터 '향례(饗禮)'[1]라고 한 문

1) 『의례』「사혼례」: 婿饗婦送者丈夫·婦人, 如舅姑饗禮.

장까지는 시부모가 돌아가셔서 3개월이 지난 뒤에 묘에서 알현하는 사안을 논의하고 있다. 반드시 3개월로 하는 것은 3개월은 하나의 계절이 되어 천기가 변화하니, 부인의 도도 이를 통해 완성할 수 있기 때문이다. 이곳에서 "시부모가 이미 돌아가셨다."라고 했는데, 만약 시아비가 돌아가시고 시어미가 생존해 계신다면 시집을 온 당시에 시어미를 찾아뵙고, 3개월이 지난 뒤에 또한 묘에서 시아비를 알현하게 된다. 만약 시아비가 생존해 계시고 시어미가 돌아가신 경우라면 며느리는 묘에서 알현할 수 없고, 혹은 새시어미가 있을 수도 있는데, 이러한 경우에는 자연히 일상적인 예법대로 한다. 『예기』「증자문(曾子問)」편을 살펴보면, "3개월이 지나고 난 뒤에 부인을 묘(廟)에 데려가서 조상에게 알현시키는 것은 아무개의 딸이 우리집에 와서 며느리가 되었음을 고하는 의식이다. 길일을 택하고서 녜묘(禰廟)에 제사를 지내는 것은 그 집안의 정식 부인이 되는 의식이다."[2]라 했고, 정현은 "시부모가 이미 돌아가신 경우에 해당한다. 반드시 제사를 지내서 며느리가 되는 도리를 완성하는 것은 며느리에게는 봉양해야 할 예법이 있기 때문이니, 시부모가 생존해 계실 때 손을 씻고서 시부모의 실에서 음식을 바치며 한 마리의 새끼돼지를 사용하는 것과 같다."라고 했다. 이곳에서는 '전채(奠菜)'라고 했는데, 곧 「증자문」편에서 녜묘에서 제사를 지낸다는 것과 동일하다. 전채를 또한 '제(祭)'라고 지칭할 수 있는 것은 『예기』「학기(學記)」편에서 "피변복[3]을 착용하고 채소로 제사를 지낸다."[4]라고 한 부류와 같다.

---

2) 『예기』「증자문(曾子問)」: 孔子曰: 嫁女之家, 三夜不息燭, 思相離也. 取婦之家, 三日不擧樂, 思嗣親也. 三月而廟見, 稱來婦也. 擇日而祭於禰, 成婦之義也.

3) 피변복(皮弁服)은 호의(縞衣)라고도 부르며, 주로 군주가 조회를 하거나 고삭(告朔)을 할 때 착용하는 복장이다. 흰색 비단으로 만들었으며, 옷에 착용하는 관(冠) 또한 백색 사슴 가죽으로 만들었다. 『의례』「기석례(旣夕禮)」편에는 "薦乘車, 鹿淺幦, 干笮革靾, 載旝載皮弁服, 纓轡貝勒, 縣于衡."이라는 기록이 있고, 이에 대한 정현의 주에서는 "皮弁服者, 視朔之服."이라고 풀이했다.

賈疏 ◎注"沒終"至"用菫". ○釋曰: 此注云"奠菜者, 以篚", 按下云"婦執笲菜", 篚卽笲, 一也. 鄭知菜"蓋用菫"者, 舅姑存時用棗·栗·腶脩, 義取早起肅栗, 治腶自脩, 則此亦取謹敬. 因內則有菫·荁·枌·榆供養, 是以疑用菫, 故云"蓋"也.

◎鄭注: "沒終"~"用菫". ○이곳 주석에서 "전채(奠菜)는 광주리를 이용한다."라고 했는데, 아래문장을 살펴보면 "며느리가 채소가 든 변(笲)을 든다."[5]라 했으니, 비(篚)는 변(笲)에 해당하여 동일한 것이다. 정현이 채소에 대해 "아마도 근(菫)을 사용했을 것이다."라고 했는데, 이러한 사실을 알 수 있는 이유는 시부모가 생존해 계실 때에는 대추와 밤과 조미육포를 사용했는데, 그 의미는 일찍 일어나고 엄숙하게 하며 다스리고 끊어 스스로를 수양한다는 뜻을 취한 것이니, 이곳의 경우에도 삼가고 공경한다는 뜻을 취한 것이다. 따라서 『예기』「내칙(內則)」편에는 근(菫)·환(荁)·분(枌)·유(榆)로 봉양하는 것이 나오니,[6] 이러한 까닭으로 근(菫)을 사용했을 것이라고 의심한 것이다. 그래서 '아마도[蓋]'라고 말했다.

참고 21-1 『예기』「증자문(曾子問)」 기록

경문 孔子曰: 嫁女之家, 三夜不息燭, 思相離也. 取婦之家, 三日不擧樂, 思嗣親也. 三月而廟見, 稱來婦也. 擇日而祭於禰, 成婦之義也.

공자가 말하길, "딸을 시집보낸 집안에서 시집보내고 나서 3일 밤 동안

---

4) 『예기』「학기(學記)」: 大學始教, 皮弁祭菜, 示敬道也.

5) 『의례』「사혼례」: 祝盥, 婦盥于門外. 婦執笲菜, 祝帥婦以入. 祝告, 稱婦之姓, 曰: "某氏來婦, 敢奠嘉菜于皇舅某子."

6) 『예기』「내칙(內則)」: 棗·栗飴蜜以甘之, 菫·荁·枌·榆免薨, 滫瀡以滑之, 脂膏以膏之. 父母舅姑必嘗之而後退.

촛불을 끄지 않는 이유는 서로 이별함을 그리워하기 때문이다. 며느리를 맞이하는 집안에서 3일 동안 음악을 연주하지 않은 이유는 자식이 결혼한다는 행위는 부친의 자리를 이어받는 것을 뜻하므로, 부친의 마음을 상하게 하지 않을까를 염려해서이다. 3개월이 지나고 난 뒤에 부인을 묘에 데려가서 조상에게 알현시키는 것은 아무개의 딸이 우리집에 와서 며느리가 되었음을 고하는 의식이다. 길일을 택하고서 녜묘(禰廟)에 제사를 지내는 것은 그 집안의 정식 부인이 되는 의식이다."라고 했다.

鄭注 親骨肉也. 重世變也. 謂舅姑沒者也. 必祭, 成婦義者, 婦有供養之禮, 猶舅姑存時, 盥饋特豚於室.

촛불을 끄지 못하는 이유는 혈육을 아끼기 마음 때문이다. 음악을 연주하지 않는 이유는 혼례를 치른 일보다 부친의 지위를 계승하며 세대가 변하게 된다는 사실을 중시하기 때문이다. 며느리가 묘에 찾아뵙고 녜묘(禰廟)에 제사지내는 경우는 시부모가 이미 돌아가신 경우에 해당한다. 반드시 제사를 지내서 며느리가 되는 도리를 완성하는 것은 며느리에게는 봉양해야 할 예법이 있기 때문이니, 시부모가 생존해 계실 때 손을 씻고서 시부모의 실에서 음식을 바치며 한 마리의 새끼돼지를 사용하는 것과 같다.

孔疏 ●"三月"至"義也". ○正義曰: 此謂舅姑亡者, 婦入三月之後, 而於廟中以禮見於舅姑, 其祝辭告神, 稱來婦也. 謂選擇吉日, 婦親自執饌, 以祭於禰廟, 以成就婦人盥饋之義.

●經文: "三月"~"義也". ○이 문장은 시부모가 이미 돌아가신 경우를 뜻한다. 이러한 경우에는 며느리가 시집을 온 후 3개월이 지나게 되면, 예법에 따라서 묘에서 돌아가신 시부모를 알현하게 되니, 축문을 지어서 신에게 고하며, 며느리를 '내부(來婦)'라고 부르게 된다. 이 말은 곧 길일

을 택하여 며느리가 직접 음식을 장만해서 녜묘(禰廟)에 제사를 지내게 된다는 뜻으로, 이러한 의식을 통하여 며느리가 손을 씻고 음식을 바치는 도리를 완성하는 것이다.

참고 21-2 『예기』「학기(學記)」 기록

경문 大學始敎, 皮弁祭菜, 示敬道也.

대학에 학생들이 처음으로 입학하여 가르칠 때에는 유사(有司)가 피변복(皮弁服)을 착용하고, 선사[7]들에게 나물 등으로 제사를 지내서, 도예(道藝)를 공경한다는 사실을 나타낸다.

鄭注 皮弁, 天子之朝朝服也. 祭菜, 禮先聖先師. 菜, 謂芹藻之屬.

'피변(皮弁)'은 천자가 조회를 할 때 조복(朝服)으로 착용하는 것이다. '제채(祭菜)'는 선성[8]과 선사에게 예를 다한다는 뜻이다. '채(菜)'는 근조

7) 선사(先師)는 전 세대에 태학(太學)에서 교육을 담당하였던 자들로, 도덕(道德)을 갖춘 자들을 뜻한다. 이들이 죽게 되면 뛰어난 자들을 각 학문의 시조로 삼아 제사를 지내게 되므로, 또한 이전 세대에 태학에서 교육을 담당했던 자들을 가리키기도 한다. 『예기』「문왕세자(文王世子)」편에는 "凡學, 春官釋奠于其先師, 秋冬亦如之."라는 기록이 있고, 이에 대한 정현의 주에서는 "周禮曰: '凡有道者有德者, 使敎焉. 死則以爲樂祖, 祭於瞽宗.' 此之謂先師之類也."라고 풀이했다. 즉 『주례』에는 "무릇 도(道)를 가지고 있고 덕(德)을 가지고 있는 자들로 하여금 교육을 담당하게 한다. 그들이 죽게 되면, 그들을 악(樂)의 시조로 삼아서, 고종(瞽宗)에서 제사를 지낸다."라고 하였는데, 이러한 자들이 바로 '선사'들이다.

8) 선성(先聖)은 전 세대에 생존했던 성인(聖人)들을 뜻한다. 주공(周公)이나 공자(孔子)와 같은 인물들이 '선성'에 해당한다. 후대에는 공자를 가리키는 용어로 사용되었다. 『예기』「문왕세자(文王世子)」편에는 "凡始立學者, 必釋奠于先聖先師, 及行事, 必以幣."라는 기록이 있고, 이에 대한 정현의 주에서는 "先聖, 周公若孔子."라고 풀이했다. 한편 손희단(孫希旦)의 『집해(集解)』에서는 "制作禮樂

(芹藻) 등의 나물을 뜻한다.

孔疏 ●"皮弁祭菜"者, 謂天子使有司服皮弁, 祭先聖先師以蘋藻之菜也.

●經文: "皮弁祭菜". ○천자가 유사(有司)로 하여금 피변(皮弁)을 착용하게 하고, 선성과 선사에게 빈조(蘋藻) 등의 나물을 이용해서 제사를 지내게 한다는 뜻이다.

孔疏 ◎注"祭菜"至"先師". ○正義曰: 熊氏云: "以注'禮先聖先師'之義解經. '始教'謂始立學也. 若學士春始入學, 唯得祭先師, 故文王世子云: '春官釋奠于其先師, 秋冬唯祭先師.' 已不祭先聖, 故大胥'春釋菜合舞', 鄭云: '釋菜, 禮先師.' 是春始入學, 不祭先聖也." 皇氏云: "以爲'始教, 謂春時學士始入學也', 其義恐非."

◎鄭注: "祭菜"~"先師". ○웅씨[9]는 "정현의 주에 나오는 '선성과 선사를 예우한다.'라는 문장의 뜻은 경문을 풀이한 것이다. '시교(始敎)'는 처음 학교를 세웠다는 뜻이다. 만약 학사들이 봄에 처음으로 학교에 입학한다면, 오직 선사에게만 제사를 지낼 수 있다. 그렇기 때문에 『예기』「문왕세자(文王世子)」편에서는 '봄마다 교육을 담당하는 관리들이 태학에서 위

以教後世者, 先聖也, 若堯·舜·禹·湯·文·武·周公, 是也."라고 풀이했다. 즉 예악(禮樂)을 제작하여, 후세까지도 교육시키도록 만든 자를 '선성(先聖)'이라고 부르니, 요(堯)·순(舜)·우(禹)·탕(湯)·문왕(文王)·무왕(武王)·주공(周公)과 같은 인물들이 바로 여기에 해당한다.

9) 웅안생(熊安生, ? ~ A.D.578) : =웅씨(熊氏). 북조(北朝) 때의 경학자이다. 자(字)는 식지(植之)이다. 『주례(周禮)』, 『예기(禮記)』, 『효경(孝經)』 등 많은 전적에 의소(義疏)를 남겼지만, 모두 산일되어 남아 있지 않다. 현재 마국한(馬國翰)의 『옥함산방집일서(玉函山房輯佚書)』에 『예기웅씨의소(禮記熊氏義疏)』 4권이 남아 있다.

패를 모시고 있는 선사들에게 석전[10]을 올리며, 가을과 겨울에도 또한 봄과 같이 석전을 올린다.'[11]라고 한 것이니, 이미 선성에게 제사를 지내지 않기 때문에, 『주례』「대서(大胥)」편에서는 '봄에는 석채(釋菜)를 하며 대규모로 춤을 추게 한다.'[12]라 했고, 정현의 주에서는 '석채(釋菜)는 선사를 예우하는 것이다.'라고 한 것이니, 이것은 봄에 처음 입학하게 되면, 선성에게 제사를 지내지 않는다는 뜻을 나타낸다."라고 했다. 황씨[13]는 "이 내용에 대해서, '시교(始敎)는 봄에 학사들이 처음 학교에 입학한다는 뜻이다.'라고 한다면, 그 주장은 아마도 잘못된 것 같다."라고 했다.

참고 21-3 『예기』「내칙(內則)」 기록

경문 棗·栗飴蜜以甘之, 堇·荁·枌·榆免薧, 滫瀡以滑之, 脂膏以膏之. 父母舅姑必嘗之而後退.

대추·밤 등은 엿이나 꿀 등으로 달게 만들며, 근(堇)·환(荁)·분(枌)·유(榆)의 신선한 것이나 말린 것들은 쌀뜨물로 매끄럽게 하거나 기름을 통해서 기름지게 만든다. 부모 및 시부모가 반드시 그것을 맛보는 것을 본 이후에야 물러난다.

---

10) 석전(釋奠)은 국학(國學)에서 거행되었던 전례(典禮) 중 하나이다. 성찬과 술을 진설하고, 폐백 등을 바쳐서, 선성(先聖)과 선사(先師)에게 지내는 제사이다.

11) 『예기』「문왕세자(文王世子)」: 凡學, 春官釋奠于其先師, 秋冬亦如之.

12) 『주례』「춘관(春官)·대서(大胥)」: 春入學, 舍采, 合舞.

13) 황간(皇侃, A.D.488 ~ A.D.545): =황씨(皇氏). 남조(南朝) 때 양(梁)나라의 경학자이다. 『주례(周禮)』, 『의례(儀禮)』, 『예기(禮記)』 등에 해박하여, 『상복문구의소(喪服文句義疏)』, 『예기의소(禮記義疏)』, 『예기강소(禮記講疏)』 등을 지었지만, 현재는 전해지지 않는다. 그 일부가 마국한(馬國翰)의 『옥함산방집일서(玉函山房輯佚書)』에 수록되어 있다.

鄭注 謂用調和飮食也. 荁, 堇類也. 冬用堇, 夏用荁. 楡白曰枌. 免, 新生者. 薨, 乾也. 秦人溲曰滫, 齊人滑曰瀡也. 敬也.

조미를 가미하여 음식을 맛있게 만든다는 뜻이다. '환(荁)'은 근(堇)의 종류이다. 겨울에는 근(堇)을 사용하고, 여름에는 환(荁)을 사용한다. 느릅[楡] 중 흰 것을 '분(枌)'이라고 부른다. '면(免)'은 새로 생겨난 것을 뜻한다. '고(薨)'는 말린 것을 뜻한다. 진(秦)나라 사람들은 적시는 것을 '수(滫)'라 불렀고, 제(齊)나라 사람들은 매끄럽게 하는 것을 '수(瀡)'라 불렀다. 부모 및 시부모가 맛을 본 이후에 물러나는 것은 공경하기 때문이다.

孔疏 ◎注"冬用"至"瀡之". ○正義曰: 按士虞禮記"夏用葵, 冬用荁", 鄭玄云: "荁, 堇類也, 乾則滑, 夏秋用生葵, 冬春用乾荁." 與此不同者, 此經"堇"·"荁"相對, 故"冬用堇, 夏用荁". 士虞禮"葵"與"荁"相對, 故"夏用葵, 冬用荁"也. 所對不同, 故注有異. 云"楡白曰枌"者, 釋木云: "楡白, 枌." 孫炎云: "楡白者名枌." 郭景純曰: "枌, 楡, 先生葉, 却著莢皮, 色白." 云"免, 新生者. 薨, 乾也"者. 按庖人云: "共鮮·薨之物." 鮮·薨相對, 此經以"免"對"薨", 薨旣是乾, 故知免爲新生. 凡免·薨於周禮後因爲言, 熊氏·皇氏皆失云"文承堇·荁·枌·楡之下, 據堇·荁等爲免·薨". 義或爲然.

◎鄭注: "冬用"~"瀡之". ○『의례』「사우례(士虞禮)」편의 기문을 살펴보면, "여름에는 규(葵)를 사용하고, 겨울에는 환(荁)을 사용한다."[14]라 했고, 정현은 "환(荁)은 근(堇)의 부류이니, 말리게 되면 매끄럽게 되고, 여름과 가을에는 새로 생겨난 규(葵)를 사용하는 것이며, 겨울과 봄에는 말린 환(荁)을 사용하는 것이다."라 하여, 이곳의 주석과 내용이 동일하지 않은데, 이곳 경문에서는 '근(堇)'과 '환(荁)'이 서로 대비가 되도록 기

14) 『의례』「사우례(士虞禮)」: 鉶芼用苦若薇. 有滑, 夏用葵, 冬用荁. 有柶. 豆實葵菹, 菹以西贏醢. 籩棗烝栗擇.

록했기 때문에, "겨울에는 근(菫)을 사용하고, 여름에는 환(荁)을 사용한다."라고 한 것이다. 또 「사우례」편에서는 '규(葵)'와 '환(荁)'을 서로 대비가 되도록 기록했기 때문에, "여름에는 규(葵)를 사용하고, 겨울에는 환(荁)을 사용한다."라고 한 것이다. 그러므로 대비시킨 점이 다르기 때문에, 주석에 있어서도 차이가 생긴 것이다. 정현이 "느릅[楡] 중 흰 것을 '분(枌)'이라고 부른다."라고 했는데, 『이아』「석목(釋木)」편에서는 "느릅[楡] 중 흰 것은 분(枌)이다."[15]라 했고, 손염은 "느릅[楡] 중 흰 것의 이름은 분(枌)이다."라 했으며, 곽경순[16]은 "분(枌)과 유(楡)는 먼저 잎사귀가 나는데, 꼬투리와 껍질을 제거하면, 백색을 띈다."라고 했다. 정현이 "'면(免)'은 새로 생겨난 것을 뜻한다. '고(薨)'는 말린 것을 뜻한다."라고 했는데, 『주례』「포인(庖人)」편을 살펴보면, "선(鮮)하고 고(薨)한 재료를 공급한다."[17]라고 하여, 선(鮮)과 고(薨)를 서로 대비가 되도록 했고, 이곳 기록에서는 면(免)을 고(薨)와 대비시켰는데, 고(薨)는 이미 말린 재료가 되므로, 면(免)이 새롭게 생겨난 재료가 됨을 알 수 있다. 무릇 면(免)과 고(薨)는 『주례』의 기록에 따르면, 뒤의 재료로 인하여 말을 한 것이 되는데, 웅안생과 황간은 모두 그것을 부인하며, "문장이 근(菫)·환(荁)·분(枌)·유(楡) 뒤에 이어져 있으니, 이것은 근(菫)이나 환(荁) 등의 재료가 신선하거나 말린 것이라는 뜻에 기준을 둔 기록이다."라고 했다. 그 의미가 혹여 그러하기도 할 것 같다.

15) 『이아』「석목(釋木)」: 楡白, 枌.

16) 곽박(郭璞, A.D.276 ~ A.D.324) : =곽경순(郭景純). 진(晉)나라 때의 학자이다. 자(字)는 경순(景純)이다. 저서로는 『이아주(爾雅注)』, 『방언주(方言注)』, 『산해경주(山海經注)』 등이 있다.

17) 『주례』「천관(天官)·포인(庖人)」: 凡其死生鱻薨之物, 以共王之膳與其薦羞之物及后·世子之膳羞.

그림 21-1 ▣ 구고몰삼월내전채도(舅姑沒三月乃奠菜圖)

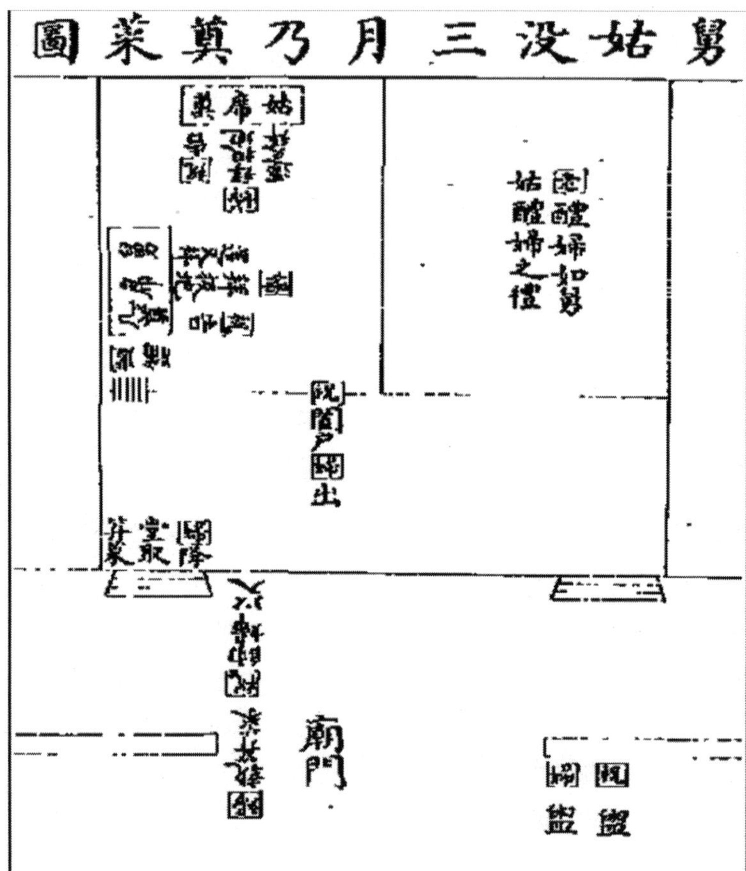

※ 출처: 『의례도(儀禮圖)』 2권

106上

席于廟奧, 東面, 右几. 席于北方, 南面.

직역 廟의 奧에 席하되 東面하고 右几한다. 北方에 席하되 南面한다.

의역 묘실의 아랫목에 돌아가신 시아비의 자리를 펴되 동쪽을 바라보도록 하고 우측에는 안석을 둔다. 북쪽의 벽 아래에 돌아가신 시어미의 자리를 펴되 남쪽을 바라보도록 한다.

鄭注 廟, 考妣之廟. 北方, 墉下.

'묘(廟)'는 돌아가신 시부모의 묘를 뜻한다. '북방(北方)'은 벽 아래를 뜻한다.

賈疏 ◎注"廟考"至"墉下". ○釋曰: 按周禮·司几筵云"每敦一几", 鄭注云: "周禮雖合葬及時同在殯, 皆異几, 體實不同, 祭於廟, 同几, 精氣合." 又祭統云"設同几", 同几卽同席, 此卽祭於廟中而別席者, 此旣廟見, 若生時見舅姑, 舅姑別席異面, 是以今亦異席別面, 象生, 不與常祭同也. 鄭知"廟, 考妣廟"者, 曾子問云"擇日而見於禰", 又象生時見舅姑, 故知考妣廟也.

◎鄭注: "廟考"~"墉下". ○『주례』「사궤연(司几筵)」편을 살펴보면, "매 돈(敦)마다 하나의 안석을 둔다."[1]라 했고, 정현의 주에서는 "주나라의 예법에서는 비록 합장을 했거나 그 때 함께 빈소에 있더라도 모두 안석을 달리하니, 몸이 실제로 같지 않기 때문이며, 묘에서 제사를 지낼 때 안석을 함께 사용하는 것은 정기가 합쳐졌기 때문이다."라 했다. 또『예기』「

1) 『주례』「춘관(春官)·사궤연(司几筵)」: 凡喪事, 設葦席, 右素几. 其柏席用萑黼純, 諸侯則紛純, <u>每敦一几</u>.

제통(祭統)」 편에서는 "공동으로 사용하는 1개의 안석을 설치한다."[2]라 했으니, 공동으로 사용하는 1개의 안석은 곧 함께 사용하는 자리가 된다. 그런데 이곳의 경우는 묘 안에서 제사를 지내는 것임에도 자리를 달리하는 이유는 이곳의 경우는 이미 묘에서 알현하는 것인데, 만약 살아계셨을 때 시부모를 뵙게 되면 시부모는 자리를 달리하고 바라보는 방향도 달랐다. 이러한 까닭으로 지금도 자리를 달리하고 바라보는 방향도 달리하여 생전의 모습을 형상화한 것이니, 일상적인 제사에서 자리를 함께 쓰는 것에는 관여되지 않는다. 정현이 "묘(廟)는 돌아가신 시부모의 묘를 뜻한다."라고 했는데, 이 사실을 알 수 있는 이유는 『예기』「증자문(曾子問)」 편에서 "길일을 택하고서 녜묘[3]에서 알현한다."[4]라 했는데, 이 또한 살아계셨을 때 시부모를 뵙는 것을 형상화 한 것이다. 그렇기 때문에 돌아가신 시부모의 묘에 해당한다는 사실을 알 수 있다.

---

2) 『예기』「제통(祭統)」 : 鋪筵設同几, 爲依神也. 詔祝於室而出于祊, 此交神明之道也.

3) 녜묘(禰廟)는 부친의 묘(廟)를 뜻한다. 따라서 부묘(父廟)라고도 부른다. 한편 죽은 부친을 뜻하는 고(考)자를 붙여서 '고묘(考廟)'라고도 부른다. 『춘추좌씨전』「양공(襄公) 12년」 편에는 "凡諸侯之喪, 異姓臨於外, 同姓臨於宗朝。同宗於祖廟, 同族於禰廟."라는 기록이 있는데, 이에 대한 두예(杜預)의 주에서는 "父廟也."라고 풀이했다. 또한 『춘추좌씨전』「양공(襄公) 13년」 편에는 "所以從先君於禰廟者."라는 기록이 있는데, 이에 대한 공영달(孔穎達)의 소(疏)에서는 "祭法云, 諸侯立五廟, 曰考廟·王考廟·皇考廟·顯考廟·祖考廟. 此云禰廟, 卽彼考廟也. …… 禰, 近也. 於諸廟, 父最爲近也."라고 풀이했다. 즉 『예기』「제법(祭法)」 편의 기록에 따르면, 제후(諸侯)의 경우 5개의 묘(廟)를 세우게 되는데, 고묘(考廟)·왕고묘(王考廟: 조부의 묘)·황고묘(皇考廟: 증조부의 묘)·현고묘(顯考廟: 고조부의 묘)·조고묘(祖考廟: 시조의 묘)이다. '녜묘'라는 것은 곧 '고묘'에 해당한다. '녜(禰)'자는 "가깝다[近]."는 뜻으로, 제후에게 있어서, 조상들 중 부친이 가장 가까운 존재이기 때문에, 부친의 묘를 '녜묘'라고 부르는 것이다.

4) 『예기』「증자문(曾子問)」 : 孔子曰: 嫁女之家, 三夜不息燭, 思相離也. 取婦之家, 三日不擧樂, 思嗣親也. 三月而廟見, 稱來婦也. 擇日而祭於禰, 成婦之義也. / 「증자문」 편에서는 녜묘에서 제사를 지낸다고 기록하였다.

참고 21-4 『주례』「춘관(春官) · 사궤연(司几筵)」 기록

경문 凡喪事, 設葦席, 右素几. 其柏席用萑黼純, 諸侯則紛純, 每敦一几.

무릇 상사에서는 위석(葦席)를 설치하고 소궤(素几)를 우측으로 둔다. 백석(柏席)은 환(萑)를 이용해 만드는데 가장자리를 보순(黼純)으로 하고, 제후의 경우라면 분순(紛純)으로 하며, 매 돈(敦)마다 하나의 안석을 둔다.

鄭注 喪事, 謂凡奠也. 萑, 如葦而細者. 鄭司農云: "柏席, 迫地之席, 葦居其上. 或曰柏席, 載黍稷之席." 玄謂柏, 椁字磨滅之餘. 椁席, 藏中神坐之席也. 敦讀曰燾. 燾, 覆也. 棺在殯則椁燾, 既窆則加見, 皆謂覆之. 周禮, 雖合葬及同時在殯, 皆異几, 體實不同. 祭於廟, 同几, 精氣合.

'상사(喪事)'는 모든 전제사를 뜻한다. 환(萑)은 위(葦)와 같으면서도 가는 것이다. 정사농은 "백석(柏席)은 땅에 닿는 자리로 위석(葦席)이 그 위를 덮는다. 혹자는 백석(柏席)이 서직을 싣는 자리라고도 한다."라 했다. 내가 생각하기에, '백(柏)'자는 곽(椁)자가 마멸되고 난 나머지 자형이다. '곽석(椁席)'은 무덤 속 신이 앉는 자리이다. '돈(敦)'자는 도(燾)자로 읽는다. '도(燾)'자는 덮는다는 뜻이다. 관이 빈소에 있게 되면 곽이 가리고, 하관을 하게 되면 관장식을 더하게 되니, 모두 덮는다는 뜻이다. 주나라의 예법에서는 비록 합장을 했거나 동시에 빈소에 있더라도 모두 안석을 달리하니, 몸이 실제로 같지 않기 때문이다. 묘에서 제사를 지낼 때 안석을 함께 사용하는 것은 정기가 합쳐졌기 때문이다.

賈疏 ◎注"喪事"至"氣合". ○釋曰: 云"喪事, 謂凡奠也"者, 以其言"凡", 非一之義. 士喪禮始死之奠, 乃至小斂之奠, 亦設於地, 未有席.

至大斂奠乃有席. 殯後則有朝夕奠, 朔月奠, 大夫已上兼有月半奠, 幷有薦新奠. 葬時又有遷奠·祖奠·大遣奠. 葬乃廢奠而虞祭也. 故鄭云謂凡奠也. 云"萑如葦而細"者, 詩云"萑葦淠淠", 同類之物, 但麤細爲異耳. 先鄭以柏席爲迫地, 或爲載黍稷, 其言無所依據, 故後鄭不從也. "玄謂柏, 椁字磨滅之餘. 椁席, 藏中神坐之席也"者, 謂於下帳中坐設之. 云"敦讀曰燾. 燾, 覆也"者, 謂若覆燾持載者也. 云"棺在殯則椁燾"者, 檀弓云"天子菆塗龍輴以椁", 是也. 云"既窆則加見"者, 既夕: 下棺訖, 則加見. 見, 謂道上帳帷荒將入藏以覆棺. 言見者, 以其棺不復見, 唯見帷荒, 故謂之見也. 云"皆謂覆之"者, 此解經敦字, 以其二處皆當覆, 故云敦也. 云"周禮, 雖合葬"者, 檀弓云: 古者不合葬, 周公蓋附. 附, 謂合葬, 是周禮合葬也. 云"及同時在殯"者, 禮記·曾子問云"父母之喪偕", 鄭云: "同月死." 是同時在殯也. 云"皆異几, 體實不同"者, 解經每敦一几之義. 云"祭於廟, 同几, 精氣合"者, 按禮記·祭統云: "敷筵, 設同几." 鄭云: "同之言詷", 謂言語相詷之詷, 卽共詷也. 故破從詷, 則以某妃配某氏, 以其精氣合故也. 言祭於廟者, 謂言祭時. 以其禫月吉祭猶未配, 故知至二十八月乃設同几也.

◎鄭注: "喪事"~"氣合". ○ 정현이 "'상사(喪事)'는 모든 전제사를 뜻한다."라고 했는데, '범(凡)'이라고 말한 것은 하나가 아니라는 뜻이다. 『의례』「사상례(士喪禮)」편에서는 이제 막 죽었을 때의 전제사로부터 소렴(小斂)의 전제사에 이르기까지 또한 땅에 진설하며 아직까지 자리가 없게 된다. 대렴(大斂)의 전제사에 이르러서야 자리가 있게 된다. 빈소를 차린 이후라면 조석으로 지내는 전제사가 있게 되고 매월 삭일에 지내는 전제사가 있는데, 대부 이상의 계층에서는 매월 보름에 지내는 전제사도 포함하게 되며, 아울러 새로운 것이 나서 바치는 전제사도 있게 된다. 장례를 치를 때에도 천전(遷奠), 조전(祖奠)[5], 성대한 견전(遣奠)이 있게 된다. 장례를 치르게 되면 전제사를 폐하고 우제(虞祭)[6]를 지내게

된다. 그렇기 때문에 정현이 "모든 전제사를 뜻한다."라고 한 것이다. 정현이 "환(萑)은 위(葦)와 같으면서도 가는 것이다."라고 했는데, 『시』에서는 "추위(萑葦)가 많고도 많구나."[7]라 했으니, 같은 부류의 사물이다. 다만 거칠거나 가늘다는 차이가 있을 따름이다. 정사농은 백석(柏席)을 땅에 닿는 것이라 여겼고 혹은 서직을 싣는 것이라고 했는데, 그 말은 근거로 삼은 것이 없다. 그렇기 때문에 정현이 따르지 않은 것이다. 정현이 "내가 생각하기에, '백(柏)'자는 곽(椁)자가 마멸되고 난 나머지 자형이다. '곽석(椁席)'은 무덤 속 신이 앉는 자리이다."라고 했는데, 무덤 속 장막 안의 앉는 곳에 설치한다는 뜻이다. 정현이 "'돈(敦)'자는 도(燾)자로 읽는다. '도(燾)'자는 덮는다는 뜻이다."라고 했는데, 마치 지지하고 싣고 있는 것을 덮어 가린다는 것을 말한다. 정현이 "관이 빈소에 있게 되면 곽이 가린다."라고 했는데, 『예기』「단궁(檀弓)」편에서는 "천자는 끌채에 용의 무늬가 들어간 순거(輴車)[8]를 사용해서 영구를 싣고 빈소를 만드는 장소로 이동시킨다. 그런 뒤 수레 주변에 나무를 쌓고 진흙을 발라서 마치 곽(椁)의 형태로 만든다."[9]라고 했다. 정현이 "하관을 하게 되면 관장식을 더한다."라고 했는데, 『의례』「기석례(旣夕禮)」편에서는 하관을 마치면 관장식을 더한다고 했다.[10] '현(見)'은 도로 위에 있을 때에는 휘장으로 쓰다가 무덤으로 들이고자 할 때 관을 덮는 것을 말한다. '현(見)'이라 말한 것은 관이 다시 드러나지 않고 오직 휘장만 드러나게 된다. 그렇기 때문에 '현(見)'이라 말한 것이다. 정현이 "모두 덮는다는

5) 조전(祖奠)은 발인 하루 전에 올리는 전제(奠祭)를 가리킨다.

6) 우제(虞祭)는 장례(葬禮)를 치르고 난 뒤에 지내는 제사를 뜻한다.

7) 『시』「소아(小雅)·소변(小弁)」: 菀彼柳斯, 鳴蜩嘒嘒. 有漼者淵, 萑葦淠淠. 譬彼舟流, 不知所屆. 心之憂矣, 不遑假寐.

8) 순거(輴車)는 빈소를 설치할 때 영구를 싣는 수레를 뜻한다.

9) 『예기』「단궁상(檀弓上)」: 天子之殯也, 菆塗龍輴以椁, 加斧于椁上, 畢塗屋, 天子之禮也.

10) 『의례』「기석례(旣夕禮)」: 藏器于旁, 加見.

뜻이다."라고 했는데, 이것은 경문에 나온 돈(敦)자를 풀이한 것이니, 두 곳 모두 가려야 한다. 그렇기 때문에 돈(敦)이라 말한 것이다. 정현이 "주나라의 예법에서는 비록 합장을 했다."라고 했는데, 「단궁」편에서는 고대에는 합장을 하지 않았는데, 주공이 아마도 부(附)를 했을 것이라고 했다.[11] '부(附)'는 합장을 뜻하니, 이것은 주나라 예법에서 합장을 했음을 나타낸다. 정현이 "동시에 빈소에 있다."라고 했는데, 『예기』「증자문(曾子問)」편에서는 "부모의 상이 동시에 발생했다."[12]라 했고, 정현은 "같은 달에 돌아가신 경우이다."라 했으니, 이것은 동시에 빈소에 있는 경우에 해당한다. 정현이 "모두 안석을 달리하니, 몸이 실제로 같지 않기 때문이다."라고 했는데, 경문에서 매 돈(敦)마다 하나의 안석을 둔다는 뜻을 풀이한 것이다. 정현이 "묘에서 제사를 지낼 때 안석을 함께 사용하는 것은 정기가 합쳐졌기 때문이다."라고 했는데, 『예기』「제통(祭統)」편을 살펴보면, "자리를 깔고 공동으로 사용하는 한 개의 안석을 설치한다."[13]라 했고, 정현은 "동(同)자는 공동[詷]이라는 뜻이다."라 했으니, 언어가 서로 같다고 했을 때의 동(詷)자를 뜻하므로, 공동이라는 의미이다. 그렇기 때문에 파자하여 동(詷)자에 따른 것이니, 아무개 비를 아무개 씨에게 배향하는 것은 정기가 합쳐졌기 때문이다. 묘에서 제사를 지낸다고 말했는데, 제사를 지내는 때를 말하는 것이다. 담제[14]를 지내는 달의 길제에서도 오히려 아직 배향을 하지 않는다. 그렇기 때문에 28개월이 되어야만 공동으로 사용하는 안석을 설치하게 됨을 알 수 있다.

---

11) 『예기』「단궁상(檀弓上)」: 舜葬於蒼梧之野, 蓋三妃未之從也. 季武子曰: "周公蓋祔."

12) 『예기』「상복소기(喪服小記)」: 父母之喪偕, 先葬者不虞祔, 待後事. 其葬服斬衰. / 이 문장은 『예기』「상복소기」의 기록이다.

13) 『예기』「제통(祭統)」: 鋪筵設同几, 爲依神也. 詔祝於室而出于祊, 此交神明之道也.

14) 담제(禫祭)는 상복(喪服)을 벗을 때 지내는 제사이다.

참고 21-5 『예기』「제통(祭統)」 기록

경문 鋪筵設同几, 爲依神也. 詔祝於室而出于祊, 此交神明之道也.

십륜(十倫) 중 첫 번째는 다음과 같다. 자리를 깔고 공동으로 사용하는 한 개의 안석을 설치하는데, 이것은 신이 기대어 편안히 있도록 하기 위함이다. 묘실에서 축관이 시동에게 제사를 지낸다고 아뢰고, 다음날 묘문 밖 측면에서 역제[15]를 지내니, 이것은 신명과 교감하는 도이다.

鄭注 同之言詷也. 祭者以其妃配, 亦不特几也. 詔祝, 告事於尸也. 出於祊, 謂索祭也.

'동(同)'자는 공동[詷]이라는 뜻이다. 제사에서 그 대상의 부인을 배향하게 되면, 또한 그녀만 사용할 수 있는 안석은 설치하지 않는다. '조축(詔祝)'은 시동에게 제사를 지낸다고 아뢴다는 뜻이다. '출어팽(出於祊)'은 신령을 찾으며 지내는 제사이다.

孔疏 ●"鋪筵設同几"者, 設之曰筵, 坐之曰席. 同之言詷, 詷, 共也. 言人生時形體異, 故夫婦別几, 死則魂氣同歸于此, 故夫婦共几. 鋪席設几, 使神依之. 設此夫婦所共之几, 席亦共之. 必云"同几"者, 筵席旣長, 几則短小, 恐其各設, 故特云"同几".

●經文: "鋪筵設同几". ○자리를 설치하게 되면 '연(筵)'이라 부르고, 자리에 앉게 되면 '석(席)'이라 부른다. '동(同)'자는 동(詷)자를 뜻하는데, '동(詷)'자는 공동[共]이라는 의미이다. 즉 사람이 태어났을 때에는 형체가 다르기 때문에 부부는 별도의 안석을 사용하게 되지만, 죽게 되면 혼기는 모두 이곳으로 귀의하게 된다. 그렇기 때문에 부부가 공동으로 하나

15) 역제(繹祭)는 일종의 제례 의식 중 하나이다. 정규 제사를 지낸 다음날 지내는 제사이다.

의 안석을 사용한다. 자리를 깔고 안석을 설치하는 것은 귀신으로 하여금 그곳에 의지하도록 하는 것이다. 이곳에서 부부가 함께 사용하는 안석을 설치한다고 했다면, 자리 또한 함께 사용하는 것이다. 경문에서 기어코 '동궤(同几)'라고 했는데, 자리 자체는 이미 길이가 길고, 안석의 경우에는 길이가 짧으니, 아마도 각각의 안석을 설치한다고 오해할 것을 염려했기 때문에 특별히 '동궤(同几)'라고 말한 것이다.

참고 21-6 『예기』「증자문(曾子問)」 기록

* 참고: 21-1 참조

그림 21-2 ▣ 용순(龍輴)

龍輴

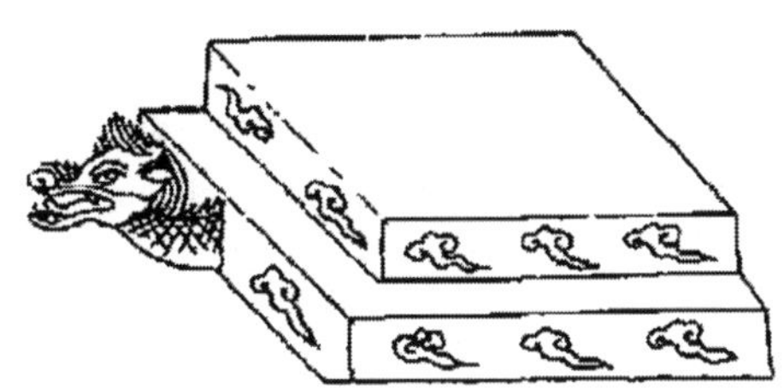

※ 출처: 『삼례도집주(三禮圖集注)』 18권

106下

祝盥, 婦盥于門外. 婦執笲菜, 祝帥婦以入. 祝告, 稱婦之姓, 曰: "某氏來婦, 敢奠嘉菜于皇舅某子."

직역 祝이 盥하면 婦는 門外에서 盥한다. 婦가 笲菜를 執하면 祝은 婦를 帥하여 入한다. 祝은 告하며 婦의 姓을 稱하고, 曰 "某氏가 來하여 婦하니 敢히 皇舅某子께 嘉菜를 奠합니다."

의역 축관이 손을 씻으면 며느리는 문밖에서 손을 씻는다. 며느리가 채소가 든 변을 들면 축관은 며느리를 인도하여 묘실로 들어간다. 축관이 고하며 며느리의 성을 일컫고, "아무개 씨가 와서 며느리가 되었으니, 감히 황구[1] 아무개님께 맛있는 채소를 차려 올립니다."라고 말한다.

鄭注 帥, 道也. 入, 入室也. 某氏者, 齊女則曰姜氏, 魯女則曰姬氏. 來婦, 言來爲婦. 嘉, 美也. 皇, 君也.

'솔(帥)'자는 인도한다는 뜻이다. '입(入)'은 묘실로 들어간다는 뜻이다. '모씨(某氏)'의 경우 제나라의 여자라면 강씨(姜氏)라 부르고, 노나라의 여자라면 희씨(姬氏)라 부른다. '내부(來婦)'는 우리집에 와서 며느리가 되었다는 말이다. '가(嘉)'자는 맛있다는 뜻이다. '황(皇)'자는 군(君)자의 뜻이다.

賈疏 ○釋曰: 洗在門外, 祝與婦就而盥之者, 此亦異於常祭, 象生見舅姑, 在外沐浴, 乃入舅姑之寢, 故洗在門外也. 云"祝帥婦以入"者, 象特牲陰厭, 祝先主人入室也. 云"某子"者, 言若張子·李子也.

○물대야는 문밖에 있으니, 축관과 며느리가 그곳으로 나아가서 손을 씻는데, 이 또한 일상적인 제사와 달리하는 것으로, 살아계셨을 때 시부모

1) 황구(皇舅) : 고대에 며느리가 남편의 돌아가신 부친을 존대하여 지칭하는 말이다.

를 뵈며 밖에서 목욕하고,[2] 그런 뒤에 시부모의 침으로 들어가는 것을 형상한다. 그렇기 때문에 물대야를 문밖에 두는 것이다. "축관은 며느리를 인도하여 묘실로 들어간다."라고 했는데, 한 마리의 희생물로 음염[3]을 할 때 축관이 주인보다 먼저 묘실로 들어가는 것을 형상한다. '모자(某子)'라는 것은 장자(張子)나 이자(李子)와 같이 부르는 것을 말한다.

2) 『의례』「사혼례」 : 夙興, 婦沐浴. 纚笄·宵衣以俟見.

3) 음염(陰厭)은 본래 염제(厭祭)의 절차 중 하나이다. '염제'는 정규 제사를 진행하는 절차인데, 정규 제사의 본격적인 의식은 시동을 통해 진행된다. '염제'는 시동을 이용하지 않고, 본식 이전과 이후에 간략히 지내는 제사를 뜻한다. '염(厭)'자는 신을 흠향시킨다는 뜻이다. '염제'에는 '음염'과 양염(陽厭)이 있다. '음염'은 시동을 맞이하기 이전에 축관이 술을 따라서 바치고, 그 술잔을 올려서 신을 흠향하게 만드는 것이다. 또한 적장자가 아직 성년이 되지 않은 상태에서 죽었을 때, 그에 대한 제사는 종묘(宗廟)의 그윽하고 음(陰)한 장소에서 간략하게 치르게 되는데, 이것을 '음염'이라고 부른다.

107上

婦拜, 扱地, 坐奠菜于几東席上, 還, 又拜如初.

직역 婦가 拜하며 地에 扱하고 坐하여 几東의 席上에 菜를 奠하고, 還하여 又히 拜하길 初와 如한다.

의역 부인이 절을 하며 손을 땅에 대고 다시 앉아서 안석의 동쪽에 있는 자리 위에 채소를 놓아두고, 자리로 돌아와서 재차 절을 하며 처음과 같이 한다.

鄭注 扱地, 手至地也. 婦人扱地, 猶男子稽首.

'급지(扱地)'는 손이 땅에 닿는다는 뜻이다. 부인이 손을 땅에 대는 것은 남자가 이마를 땅에 대는 것과 같다.

賈疏 ◎注"扱地"至"稽首". ○釋曰: 云"扱地, 手至地"者, 以手之至地謂之扱地, 則首不至手, 又與男子空首不同. 云"婦人扱地, 猶男子稽首"者, 婦人肅拜爲正, 今云扱地, 則婦人之重拜也, 猶男子之稽首, 亦拜中之重, 故以相況也. 按周禮·大祝: "辨九拜, 一曰稽首, 二曰頓首, 三曰空首, 四曰振動, 五曰吉拜, 六曰凶拜, 七曰奇拜, 八曰褒拜, 九曰肅拜." 鄭云: "稽首, 拜頭至地也. 頓首, 拜頭叩地也. 空首, 拜頭至手, 所謂拜手也. 吉拜, 拜而後稽顙, 謂齊衰不杖以下者. 言吉者, 此殷之凶拜, 周以其與頓首相近, 故謂之吉拜云. 凶拜, 稽顙而後拜, 謂三年服者. 振動, 謂戰栗變動之拜." 鄭大夫云: "奇拜, 謂一拜也. 褒讀爲報, 報拜, 再拜是也." 鄭玄謂"一拜, 答臣下拜. 再拜, 拜神與尸." 鄭司農云: "肅拜, 但俯下手, 今時撎是也." 但九拜之中, 四者是正拜, 卽稽首·頓首·空首·肅拜是也. 稽首, 拜中之重, 是臣拜君之拜也. 頓首, 平敵相與之拜, 故左氏傳齊侯拜魯侯爲稽首, 魯君答以頓首. 齊於魯責稽首, 答曰: "天子在, 無所稽首." 是臣於君以稽首, 故燕禮臣與君皆云稽首也. 空首者, 君答臣下拜也. 肅拜者, 婦人以肅拜爲正, 若以男子於軍中亦肅拜, 故左氏傳晉郤至云"敢肅使者", 是也. 餘五者皆依於正拜. 振拜, 鄭云書曰王動色變者, 是武王觀兵, 白魚入王舟, 王動色變, 武王於時拜天神, 爲此拜當稽首也. 奇拜旣爲一拜, 是君答臣下之拜, 當以附空首也. 褒拜爲尸及神, 亦當附稽首也. 其吉拜, 先吉拜爲頓首, 後稽顙, 則吉拜當附頓首也. 凶拜爲先稽顙, 後吉拜之, 此周之三年之喪拜, 後爲吉拜, 當附稽首也. 左氏傳穆嬴抱太子適趙氏, 頓首於宣子者, 私求法, 故不爲肅拜. 喪小記云"婦人爲夫與長子稽顙"者, 爲重喪, 故亦不肅拜也.

◎鄭注: "扱地"~"稽首". ○ 정현이 "급지(扱地)는 손이 땅에 닿는다는 뜻이다."라고 했는데, 손을 땅에 대는 것을 '급지(扱地)'라고 부른다면, 머리는 손 위에 대지 않는 것이니, 또한 남자가 공수[1]를 하는 것과는 다르다. 정현이 "부인이 손을 땅에 대는 것은 남자가 이마를 땅에 대는 것과 같다."라고 했는데, 부인은 숙배[2]를 정규 예법으로 삼는데 지금은 손을 땅에 댄다고 했으니, 부인이 따르는 중요한 배례가 되며, 남자가 이마를 땅에 대는 것과 같다고 했으니, 이 또한 절 중에서도 중요한 배례가 된다. 그렇기 때문에 이를 통해 서로 대조한 것이다. 『주례』「대축(大祝)」편을 살펴보면, "구배(九拜)를 변별하니, 첫 번째는 계수(稽首)이고, 두 번째는 돈수(頓首)이며, 세 번째는 공수(空首)이고, 네 번째는 진동(振動)이며, 다섯 번째는 길배(吉拜)이고, 여섯 번째는 흉배(凶拜)이며, 일곱 번째는 기배(奇拜)이고, 여덟 번째는 포배(褒拜)이며, 아홉 번째는 숙배(肅拜)이다."[3]라 했고, 정현은 "계수는 절을 하며 머리가 지면에 닿도록

1) 공수(空首)는 구배(九拜) 중 하나이다. 절을 하며 머리가 손을 포갠 곳에 닿도록 하는 것이니, '배수(拜手)'라고도 부른다.

2) 숙배(肅拜)는 구배(九拜) 중의 하나이다. 절을 하는 방법 중 하나로, 무릎을 가지런히 모으고, 단지 손을 아래로만 내리며, 머리는 숙이지 않는 방법이다.

3) 『주례』「춘관(春官)·대축(大祝)」: 辨九拜, 一曰稽首, 二曰頓首, 三曰空首,

하는 것이다. 돈수는 절을 하며 머리가 땅을 두드리듯이 꾸벅거리는 것이다. 공수는 절을 하며 머리가 손을 포갠 곳에 닿도록 하는 것이니, 이른바 배수(拜手)라는 것이다. 길배는 절을 한 이후에 이마를 땅에 닿게 하는 것이니, 자최복[4]을 입고 지팡이를 잡지 않는 상으로부터 그 이하의 경우에 절하는 것을 뜻한다. 길(吉)자를 붙여서 말한 것은 이것은 은나라 때의 흉배에 해당하는데, 주나라에서는 그것이 돈수와 서로 비슷하기 때문에 이것을 길배라고 부른 것이다. 흉배는 이마를 땅에 닿게 한 이후에 절을 하는 것으로, 삼년복에 절하는 것을 뜻한다. 진동은 애통하게 울면서 절하는 것을 뜻한다."라고 했다. 정대부[5]는 "기배는 한 차례 절하는 것을 뜻한다. 포(褒)자는 보(報)자로 풀이하니, 보배(報拜)는 재배에 해당한다."라 했다. 정현은 "일배(一拜)는 신하의 절에 답배하는 것이다. 재배(再拜)는 신과 시동에게 절하는 것이다."라 했다. 정사농은 "숙배는 단지 몸을 구부려 손을 아래로 내리는 것이니, 지금의 읍하는 것이 이것에 해당한다."라 했다. 다만 구배 가운데 4가지는 정배(正拜)에 해당하니, 계수 · 돈수 · 공수 · 숙배가 여기에 해당한다. 계수(稽首)는 절 중에서도 중대한 것이니, 신하가 군주에게 절할 때의 배례에 해당한다. 돈수는 신분이 서로 대등할 때 상호 절하는 배례에 해당한다. 그렇기 때문에

四曰振動, 五曰吉拜, 六曰凶拜, 七曰奇拜, 八曰褒拜, 九曰肅拜, 以享右祭祀.

4) 자최복(齊衰服)은 상복(喪服) 중 하나로, 오복(五服)에 속한다. 거친 삼베를 사용해서 만들며, 자른 부위를 꿰매어 가지런하게 정리하기 때문에, '자최복'이라고 부른다. 이 복장을 입게 되는 기간에도 여러 종류가 있는데, 3년 동안 입는 경우는 죽은 계모(繼母)나 자모(慈母)를 위한 경우이고, 1년 동안 입는 경우는 손자가 죽은 조부모를 위해 입는 경우와 남편이 죽은 아내를 입는 경우 등이다. 그리고 1년 동안 '자최복'을 입는 경우, 그 기간을 자최기(齊衰期)라고도 부른다. 또 5개월 동안 입는 경우는 죽은 증조부나 증조모를 위한 경우이며, 3개월 동안 입는 경우는 죽은 고조부나 고조모를 위한 경우 등이다.

5) 정흥(鄭興, ?~?) : 정대부(鄭大夫) · 정소공(鄭少贛)이라고도 부른다. 후한(後漢) 때의 학자이다. 자(字)는 소공(少贛)이다. 『춘추좌씨전』과 『주관(周官)』에 뛰어났다. 태중대부(太中大夫) 등에 올랐다. 정중(鄭衆)의 부친이다.

『좌씨전』에서 제나라 후작이 노나라 후작에게 절을 하며 계수를 했고, 노나라 군주는 돈수로 답배를 했다. 제나라에서 노나라에 계수를 하라고 힐책을 하자 대답하길, "계수는 천자가 계신 곳에서 하는 것이니, 계수를 할 대상이 없다."라고 했다.[6] 이것은 신하가 군주에 대해 계수를 한다는 것을 나타낸다. 그렇기 때문에 『의례』「연례(燕禮)」편에서 신하가 군주에 대해 절을 할 때 모두 '계수(稽首)'라고 말한 것이다. 공수(空首)는 군주가 신하의 절에 답배하는 것이다. 숙배(肅拜)의 경우 부인들은 숙배를 정규 예법으로 삼는데, 만약 남자가 군대 안에 있을 때라면 또한 숙배를 한다. 그렇기 때문에 『좌씨전』에서 진나라 극지는 "감히 사신에게 숙배를 할 따름이다."[7]라고 한 것이다. 나머지 다섯 가지도 모두 정배에 의거한다. 진배(振拜)에 대해 정현은 『서』에서 "왕이 놀라 움직여 낯색이 변했다."라고 한 것에 해당한다고 했는데, 이것은 무왕이 관병식을 할 때 흰 물고기가 무왕의 배에 뛰어 올라오자 왕이 놀라 움직여 낯색이 변했고, 무왕이 이때에 천신에게 절을 하였는데, 이 절을 하였으니 마땅히 계수를 해야 한다. 기배(奇拜)에 대해서는 이미 일배(一拜)라 했는데, 이것은 군주가 신하에게 답배하는 배례이니, 마땅히 공수(空首)에 붙어야 한다. 포배(褒拜)라는 것은 시동과 신을 위한 것이니, 마땅히 계수(稽首)에 붙어야 한다. 길배(吉拜)라는 것은 길배에 앞서 돈수를 하고 이후에 계상을 하니, 길배는 마땅히 돈수(頓首)에 붙어야 한다. 흉배(凶拜)는 먼저 계상을 하고 이후 길배에 따라 절을 하는데, 이것은 주나라 때 삼년상에서 절하는 것으로, 이후에 길배가 되었으니, 마땅히 계수에 붙어야 한다. 『좌씨전』에서 목영이 태자를 안고 조씨에게 가서 선자에게 돈수를

6) 『춘추좌씨전』「애공(哀公) 17년」: 公會齊侯盟于蒙, 孟武伯相. 齊侯稽首, 公拜. 齊人怒. 武伯曰, "非天子, 寡君無所稽首."

7) 『춘추좌씨전』「성공(成公) 16년」: 郤至見客, 免胄承命, 曰, "君之外臣至從寡君之戎事, 以君之靈, 間蒙甲胄, 不敢拜命. 敢告不寧, 君命之辱. 爲事之故, 敢肅使者."

했던 것[8]은 사사로이 요구하는 방법에 해당한다. 그렇기 때문에 숙배를 하지 않았던 것이다. 『예기』「상복소기(喪服小記)」편에서는 "부인은 남편과 장자를 위해서는 계상(稽顙)을 한다."[9]라고 했는데, 수위가 높은 상이기 때문에 또한 숙배를 하지 않은 것이다.

참고 21-7 『주례』「춘관(春官) · 대축(大祝)」 기록

경문 辨九拜, 一曰稽首, 二曰頓首, 三曰空首, 四曰振動, 五曰吉拜, 六曰凶拜, 七曰奇拜, 八曰褒拜, 九曰肅拜, 以享右祭祀.

구배(九拜)를 변별하니, 첫 번째는 계수(稽首)이고, 두 번째는 돈수(頓首)이며, 세 번째는 공수(空首)이고, 네 번째는 진동(振動)이며, 다섯 번째는 길배(吉拜)이고, 여섯 번째는 흉배(凶拜)이며, 일곱 번째는 기배(奇拜)이고, 여덟 번째는 포배(褒拜)이며, 아홉 번째는 숙배(肅拜)이다. 이로써 바치고 권유하여 제사를 지낸다.

鄭注 稽首, 拜頭至地也. 頓首, 拜頭叩地也. 空首, 拜頭至手, 所謂拜手也. 吉拜, 拜而后稽顙, 謂齊衰不杖以下者. 言吉者, 此殷之凶拜, 周以其拜與頓首相通, 故謂之吉拜云. 凶拜, 稽顙而后拜, 謂三年服者. 杜子春云: "振讀爲振鐸之振, 動讀爲哀慟之慟, 奇讀爲奇偶之奇, 謂先屈一膝, 今雅拜是也. 或云: 奇讀曰倚, 倚拜謂持節 · 持戟拜, 身倚之以拜." 鄭大夫云: "動讀爲董, 書亦或爲董. 振董, 以兩手

---

8) 『춘추좌씨전』「문공(文公) 7년」: 穆嬴日抱大子以啼于朝, 曰, "先君何罪? 其嗣亦何罪? 舍嫡嗣不立, 而外求君, 將焉寘此?" 出朝, 則抱以適趙氏, 頓首於宣子, 曰, "先君奉此子也, 而屬諸子, 曰, '此子也才, 吾受子之賜; 不才, 吾唯子之怨.' 今君雖終, 言猶在耳, 而棄之, 若何?"

9) 『예기』「상복소기(喪服小記)」: 婦人爲夫與長子稽顙, 其餘則否.

相擊也. 奇拜, 謂一拜也. 褎讀爲報, 報拜, 再拜是也." 鄭司農云: "褎拜, 今時持節拜是也. 肅拜, 但俯下手, 今時撎是也. 介者不拜, 故曰'爲事故, 敢肅使者'." 玄謂振動戰栗變動之拜. 書曰"王動色變". 一拜, 答臣下拜. 再拜, 拜神與尸. 享, 獻也, 謂朝獻饋獻也. 右讀爲侑. 侑勸尸食而拜.

계수(稽首)는 절을 하며 머리가 지면에 닿도록 하는 것이다. 돈수(頓首)는 절을 하며 머리가 땅을 두드리듯이 꾸벅거리는 것이다. 공수(空首)는 절을 하며 머리가 손을 포갠 곳에 닿도록 하는 것이니, 이른바 배수(拜手)라는 것이다. 길배(吉拜)는 절을 한 이후에 이마를 땅에 닿게 하는 것이니, 자최복(齊衰服)을 입고 지팡이를 잡지 않는 상으로부터 그 이하의 경우에 절하는 것을 뜻한다. 길(吉)자를 붙여서 말한 것은 이것은 은나라 때의 흉배에 해당하는데, 주나라에서는 그것이 돈수와 서로 비슷하기 때문에 이것을 길배라고 부른 것이다. 흉배(凶拜)는 이마를 땅에 닿게 한 이후에 절을 하는 것으로, 삼년복(三年服)에 절하는 것을 뜻한다. 두자춘은 "진(振)자는 방울을 흔든다고 할 때의 진(振)자로 풀이하고, 동(動)자는 애통해한다고 할 때의 통(慟)자로 풀이하며, 기(奇)자는 홀수와 짝수라고 할 때의 기(奇)자로 풀이하니, 먼저 한쪽 무릎을 굽히는 것을 말하며, 오늘날의 아배(雅拜)에 해당한다. 혹자는 기(奇)자는 의(倚)자로 풀이하니, 의배(倚拜)는 부절(符節)을 잡고 있거나 창을 잡고 있을 때 절하는 것으로, 몸을 기울여서 절하는 것이라고 했다."라 했다. 정대부는 "동(動)자는 동(董)자로 풀이하니, 서적에서는 간혹 동(董)자로 기록하기도 한다. 진동(振董)은 두 손을 서로 부딪히는 것이다. 기배(奇拜)는 한 차례 절하는 것을 뜻한다. 포(褎)자는 보(報)자로 풀이하니, 보배(報拜)는 재배에 해당한다."라 했다. 정사농은 "포배(褎拜)는 지금의 부절을 잡고서 절하는 것에 해당한다. 숙배(肅拜)는 단지 몸을 구부려 손을 아래로 내리는 것이니, 지금의 읍하는 것이 이것에 해당한다. 갑옷을 입고 있는 자는 절을 하지 않는다. 그렇기 때문에 '전쟁을 치르고 있기 때문에 감히 사신에게 숙배를 할 따름입니다.'[10]라고 말한 것이다."라 했다. 내가 생각하기에, 진동(振動)은 애통하게 울면서 절하는 것을 뜻한다. 『서』에서는 "왕이 놀라 움직여 낯색이 변했다."라 했다. 일배(一拜)는 신하의 절에 답배하는 것이다. 재배(再拜)는 신과 시동에게 절하는 것이다. '향(享)'자는 바친다는 뜻이니, 조헌[11]과 궤헌[12]을 뜻한다. '우(右)'자는 유(侑)자로 풀이한다. 시동에게 음식을 드시라고 권유하고 절하는 것이다.

賈疏 ●"辨九"至"祭祀". ○釋曰: 此九拜之中, 四種是正拜, 五者逐事生名, 還依四種正拜而爲之也. 一曰稽首, 二曰頓首, 三曰空首, 此三者相因而爲之. 空首者, 先以兩手拱至地, 乃頭至手, 是爲空首也. 以其頭不至地, 故名空首. 頓首者, 爲空首之時引頭至地, 首頓地卽擧, 故名頓首. 一曰稽首, 其稽, 稽留之字, 頭至地多時, 則爲稽首也. 此三者, 正拜也. 稽首, 拜中最重, 臣拜君之拜. 二曰頓首者, 平敵自相拜之拜. 三曰空首拜者, 君答臣下拜. 知義然者, 按哀十七年, 公會齊侯盟於蒙, 孟武伯相. 齊侯稽首, 公則拜. 齊人怒. 武伯曰: "非天子, 寡君無所稽首." 公如晉, 孟獻子相. 公稽首. 知武子曰: "天子在,

10) 『춘추좌씨전』「성공(成公) 16년」: 郤至見客, 免胄承命, 曰, "君之外臣至從寡君之戎事, 以君之靈, 間蒙甲胄, 不敢拜命. 敢告不寧, 君命之辱. 爲事之故, 敢肅使者." 三肅使者而退.

11) 조헌(朝獻)은 제례(祭禮) 의식 중 하나이다. 시동(尸童)에게 술잔을 바치는 의식을 가리킨다. 『주례』「춘관(春官) · 사준이(司尊彝)」편에는 "其朝獻用兩著尊."이라는 기록이 있고, 이에 대한 정현의 주에는 "朝獻, 謂尸卒食, 王酳之."라고 풀이했다.

12) 궤헌(饋獻)은 제례(祭禮) 절차 중 하나이다. 익힌 고기를 바치는 의식을 뜻한다. 이때 주부(主婦)는 음식을 바치는데 필요한 변두(籩豆) 등을 올리게 된다. 『주례』「춘관(春官) · 사준이(司尊彝)」편에는 "其饋獻用兩壺尊, 皆有罍."라는 기록이 있는데, 이에 대한 정현의 주에서는 "饋獻, 謂薦孰時, 后於是薦饋食之豆籩."이라고 풀이했다.

而君辱稽首, 寡君懼矣." 孟獻子曰: "以敝邑介在東表, 密邇仇讎, 寡君將君是望, 敢不稽首." 郊特牲曰: "大夫之臣不稽首, 非尊家臣, 以避君也." 如是相禮, 諸侯于天子, 臣于君, 稽首, 禮之正. 然諸相於大夫之臣, 及凡自敵者, 皆當從頓首之拜也. 如是差之, 君拜臣下, 當從空首, 拜其有敬事亦稽首, 故大誓云: "周公曰: 都懋哉, 子聞古先哲王之格言以下, 大子發拜手稽首." 是其君于臣稽首事. 洛誥云"周公拜手稽首, 朕復子明辟. 成王拜手稽首, 不敢不敬天之休"者, 此卽兩相尊敬, 故皆稽首. 九曰肅拜者, 拜中最輕, 惟軍中有此肅拜, 婦人亦以肅拜爲正. 其餘五者, 附此四種正拜者, 四曰振動附稽首, 五曰吉拜附頓首, 六曰凶拜亦附稽首, 七曰奇拜附空首, 八曰褒拜亦附稽首. 以享侑祭祀者, 享, 獻也. 謂朝踐獻尸時拜. 侑, 侑食, 侑勸尸食時而拜. 此九拜不專爲祭祀, 而以祭祀結之者, 祭祀事重, 故擧以言之.

● 經文: "辨九"~"祭祀". ○ 이러한 구배(九拜) 가운데 4종류는 정배(正拜)에 해당하고, 나머지 5가지는 일에 따라 명칭을 정한 것인데, 다시금 4종류의 정배에 의거해 하게 된다. 첫 번째는 계수(稽首)이고, 두 번째는 돈수(頓首)이며, 세 번째는 공수(空首)라고 했는데, 이 3가지는 서로 말미암아서 하게 된다. 공수(空首)는 먼저 두 손을 포개서 땅에 대고, 그런 뒤에 머리가 손을 포갠 곳 위에 닿는 것이니, 이것은 공수(空首)가 된다. 머리가 땅에 닿지 않기 때문에 '공수(空首)'라고 부른 것이다. 돈수(頓首)는 공수를 할 때 머리를 당겨서 땅에 닿도록 하는 것이니, 머리를 땅에 조아리고서 즉시 든다. 그렇기 때문에 '돈수(頓首)'라고 부른 것이다. 첫 번째는 계수(稽首)라고 했는데, '계(稽)'자는 머문다는 뜻의 글자로, 머리를 땅에 댄 것이 오래 지속된다면 계수(稽首)가 된다. 이 세 가지는 정배에 해당한다. 계수(稽首)는 절 중에서도 가장 무거운 것으로, 신하가 군주에게 절할 때의 배례이다. 두 번째는 돈수(頓首)라고 했는데, 신분이 대등한 자들이 상호 절할 때의 배례이다. 세 번째는 공수(空首)라고 했는데, 군주가 신하의 절에 답배하는 것이다. 의미가 그러함을 알 수 있는

이유는 애공(哀公) 17년을 살펴보면, 애공이 제나라 후작과 몽(蒙)에서 맹약을 맺을 때, 맹무백이 상이 되었다. 제나라 후작이 계수(稽首)를 하자 애공은 절만 했다. 제나라 사람들이 노하였다. 무백은 "천자가 아니면, 저희 군주께서는 계수할 곳이 없기 때문이다."라 했다.[13] 또 양공(襄公)이 진나라에 갔을 때 맹헌자가 상이 되었다. 양공이 계수(稽首)를 하자 지무자는 "천자가 계시는데 군께서 욕되이 계수를 하시니 저희 군주께서 두려워하십니다."라 했고, 맹헌자는 "저희나라는 동쪽 변방에 위치하여 원수와 매우 가까운데, 저희 군주께서는 군주의 도움만을 바라고 있으니, 감히 계수를 하지 않겠습니까?"라 했다.[14] 『예기』「교특생(郊特牲)」편에서는 "대부에게 소속된 가신(家臣)들은 대부에게 계수(稽首)를 하지 않는데, 이것은 가신들을 존귀하게 대우하는 규정이 아니라 군주에 대한 예법을 피하기 위해서이다."[15]라 했다. 이와 같은 상(相)의 예법에서, 제후는 천자에 대해 또 신하는 군주에 대해 계수(稽首)를 하는 것이 예의 정규 규범이다. 그러나 여러 상들이 대부의 신하를 대하거나 무릇 자신과 신분이 대등한 자를 대하는 경우에는 모두 돈수(頓首)의 배례에 따라야 한다. 이와 같이 차등을 둔다면 군주는 신하에게 절을 할 때 마땅히 공수(空首)에 따라야 하고, 절을 함에 공경스러운 사안이 포함되었을 때에는 또한 계수(稽首)를 한다. 그렇기 때문에 『서』「태서(大誓)」에서는 "주공이 아아 빼어납니다. 그대는 옛 선대 철왕의 격언을 들었을 것이라 하자 태자 발이 배수(拜手)하고 계수(稽首)했다."라 했다. 이것은 군주가 신하에게 계수(稽首)를 한 사안에 해당한다. 『서』「낙고」편에서 "주공이 배

13) 『춘추좌씨전』「애공(哀公) 17년」 : 公會齊侯盟于蒙, 孟武伯相. 齊侯稽首, 公拜. 齊人怒. 武伯曰, "非天子, 寡君無所稽首."

14) 『춘추좌씨전』「양공(襄公) 3년」 : 公如晉, 始朝也. 夏, 盟於長樗. 孟獻子相. 公稽首. 知武子曰, "天子在, 而君欲稽首, 寡君懼矣." 孟獻子曰, "以敝邑介在東表, 密邇仇讎, 寡君將君是望, 敢不稽首?"

15) 『예기』「교특생(郊特牲)」 : 大夫之臣不稽首, 非尊家臣, 以辟君也.

수(拜手)하고 계수(稽首)하고서, 나는 그대 밝은 군주에게 복명하노이다 라고 하자 성왕이 배수(拜手)하고 계수(稽首)하고서 감히 하늘의 아름다움을 공경하지 않을 수 없으셨다."[16]라 했는데, 이것은 둘이 상호 존경하였기 때문에, 모두 계수(稽首)를 한 것이다. 아홉 번째는 숙배(肅拜)라고 했는데, 절 중에서도 가장 가벼운 것으로, 오직 군대 안에서만 이러한 숙배(肅拜)를 하고, 부인들은 또한 숙배(肅拜)를 정규 예법으로 삼는다. 나머지 5가지는 이러한 4종류의 정배에 붙어야 하니, 네 번째 진동(振動)이라 한 것은 계수(稽首)에 붙어야 하고, 다섯 번째 길배(吉拜)라 한 것은 돈수(頓首)에 붙어야 하며, 여섯 번째 흉배(凶拜)라 한 것은 계수(稽首)에 붙어야 하고, 일곱 번째 기배(奇拜)라 한 것은 공수(空首)에 붙어야 하며, 여덟 번째 포배(褒拜)라 한 것은 또한 계수(稽首)에 붙어야 한다. 이로써 바치고 권유하여 제사를 지낸다고 했는데, '향(享)'자는 바친다는 뜻이다. 조천[17]을 할 때 시동에게 바치며 하는 절을 뜻한다. '유(侑)'자는 음식을 권한다는 뜻이니, 시동에게 음식을 권유할 때 절하는 것이다. 이러한 구배(九拜)는 오로지 제사만을 위해서 하는 것이 아닌데도 제사에 대한 것으로 결론을 맺은 것은 제사라는 사안이 중대하기 때문에

---

16) 『서』「주서(周書) · 낙고(洛誥)」 : 周公拜手稽首曰, 朕復子明辟. 王如弗敢及天基命定命, 予乃胤保, 大相東土, 其基作民明辟. 予惟乙卯, 朝至于洛師, 我卜河朔黎水, 我乃卜澗水東瀍水西, 惟洛食, 我又卜瀍水東, 亦惟洛食, 伻來, 以圖及獻卜. 王拜手稽首, 曰, 公不敢不敬天之休, 來相宅, 其作周匹休. 公旣定宅, 伻來, 來. 視予卜休恒吉, 我二人共貞. 公其以予萬億年, 敬天之休, 拜手稽首誨言.

17) 조천(朝踐)은 제례(祭禮) 의식 중 하나이다. 희생물의 피와 기름 등을 바치고, 단술을 따르게 되면, 비로소 제사를 본격적으로 시행하게 된다. 제주(祭主)의 부인이 되는 주부(主婦)는 이때 제사 때 진설해두는 제기(祭器)인 두변(豆籩) 등을 바치게 된다. '조천'은 바로 이러한 의식 절차를 가리킨다. 『주례』「춘관(春官) · 사준이(司尊彝)」에는 "其朝踐用兩獻尊."이라는 기록이 있고, 이 기록에 대한 정현의 주에서는 "朝踐, 謂薦血腥, 酌醴, 始行祭事, 后於是薦朝事之豆籩."이라고 풀이하였다.

이것을 제시해 말한 것이다.

賈疏 ◎注"稽首"至"而拜". ○釋曰: "稽首, 拜頭至地. 頓首, 拜頭叩地也"者, 二種拜俱頭至地, 但稽首至地多時, 頓首至地則擧, 故以叩地言之, 謂若以首叩物然. 云"空首, 拜頭至手所, 謂拜手也"者, 卽尙書拜手稽首. 云"吉拜, 拜而後稽顙, 謂齊衰不杖以下"者, 此謂齊衰已下喪拜, 而云吉者, 對凶拜爲輕. 此拜先作稽首, 後作稽顙. 稽顙還是頓首, 但觸地無容, 則謂之稽顙. 云"齊衰不杖已下"者, 以其杖齊衰入凶拜中, 故雜記云: "父在爲妻, 不杖不稽顙." 明知父沒, 爲妻杖而稽顙, 是以知此吉拜謂齊衰不杖已下. 云"言吉者, 此殷之凶拜"者, 按檀弓云: "拜而后稽顙, 頹乎其順也. 稽顙而后拜, 頎乎其至也. 三年之喪, 吾從其至者." 鄭注云: "自期如殷可", 言自期, 則是齊衰不杖已下, 用殷之喪拜, 故云此殷之凶拜也. 云"周以其拜與頓首相近, 故謂之吉拜"者, 言相近者, 非謂文相近, 是拜體相近. 以其先作頓首, 后作稽顙, 稽顙還依頓首而爲之, 是其拜體相近, 以其約義, 故言"云", 以疑之. 云"凶拜, 稽顙而后拜, 謂三年服"者, 此雜記云: "三年之喪, 卽以喪拜. 非三年喪, 以其吉拜." 又檀弓云: "稽顙而后拜, 頎乎其至, 孔子云: '三年之喪, 吾從其至者.'" 若然, 上吉拜, 齊衰不杖已下, 則齊衰入此凶拜中. 鄭不言之者, 以雜記云"父在爲妻, 不杖不稽顙", 父卒, 乃稽顙, 則是適子爲妻有不得稽顙時, 故略而不言. 但適子妻, 父爲主, 故適子父在不稽顙, 則衆子爲妻, 父在亦稽顙. 不據衆子常稽顙者, 據雜記成文. 杜子春云"振讀爲振鐸之振"者, 讀從小宰職"振木鐸于朝"之振. 云"動讀爲哀慟之慟"者, 謂從孔子哭顔回哀慟之慟. 云"奇讀爲奇耦之奇"者, 謂從郊特牲"鼎俎奇, 籩豆耦"之奇. 已上讀字, 後鄭皆從之. 云"先屈一膝, 今雅拜是也. 或云: 奇讀曰倚, 倚拜謂持節・持戟拜, 身倚之以拜", 此二者後鄭皆不從之. 鄭大夫云"動讀爲董, 書亦或爲董振之董"者, 此讀從左氏"董之以威", 是"董振"之董. 云"以兩手相擊", 此后鄭皆不從. 云"奇拜, 謂一拜也", 一拜者, 謂君拜臣下. 按燕禮·大射有一拜之時, 君答一拜, 后鄭從之. 云"褒讀爲報, 報拜謂再拜是也", 後鄭亦從. 鄭司農云"褒拜, 今之持節拜是也"者, 后鄭不從. 云"肅拜, 但俯下手, 今時撎是也", 按儀禮·鄉飮酒, 賓客入門, 有撎入門之法. 推手曰揖, 引手曰撎. 云"介者不拜, 故曰爲事故, 敢肅使者", 按成十六年, 晉楚戰於鄢陵, 楚子使工尹襄問郤至以弓. 郤至見客, 免胄承命. 又云"不敢拜命", 注云: "介者不拜." 又云"君命之辱, 爲事故, 敢肅使者, 三肅使者而退", 是軍中有肅拜法. 按成二年鞌之戰, 獲齊侯, 晉郤至投戟, 逡巡, 再拜稽首. 軍中得拜者, 公羊之義. 將軍不介胄, 故得有拜法. "玄謂振動戰栗變動之拜, 書曰王動色變", 按中候·我膺云: "季秋七月甲子, 赤雀銜丹書入酆, 至昌戶, 再拜稽首受." 按今文大誓, 得火烏之瑞, "使上附以周公書, 報誥於王, 王動色變". 雖不見拜文, 與文王受赤雀之命, 同爲稽首拜也. 云"一拜, 答臣下拜. 再拜, 拜神與尸", 此二者, 增鄭大夫之義. 知再拜拜神與尸者, 按特牲禮, 祝酌奠於鉶南, 主人再拜, 祝在左也. 再拜於尸, 謂獻尸, 尸拜受, 主人拜送是也. 天子諸侯亦當然. 或解一拜答臣下, 亦據祭祀時, 以其宴禮君答拜臣, 或再拜時故也. 云"享, 獻也, 謂朝獻饋獻也"者, 以祭祀二灌之後, 惟有朝踐饋獻稱獻, 故知享獻據朝踐饋獻時也. 云"右讀爲侑. 侑勸尸食而拜"者, 按特牲"尸食, 祝侑, 主人拜", 少牢"主人不言拜侑", 故知侑尸時有拜.

◎鄭注: "稽首"~"而拜". ○ 정현이 "계수(稽首)는 절을 하며 머리가 지면에 닿도록 하는 것이다."라고 했는데, 2종류의 절은 모두 머리를 땅에 닿게 하지만 계수(稽首)는 머리가 땅에 닿는 것이 오래되고, 돈수(頓首)는 머리가 땅에 닿으면 바로 든다. 그렇기 때문에 '고지(叩地)'라고 말한 것이니, 마치 머리로 사물을 두드리는 것처럼 한다는 뜻이다. 정현이 "공수(空首)는 절을 하며 머리가 손을 포갠 곳에 닿도록 하는 것이니, 이른바 배수(拜手)라는 것이다."라고 했는데, 『상서』에서 배수(拜手)하고 계

수(稽首)한다고 한 말에 해당한다. 정현이 “길배(吉拜)는 절을 한 이후에 이마를 땅에 닿게 하는 것이니, 자최복(齊衰服)을 입고 지팡이를 잡지 않는 상으로부터 그 이하의 경우에 절하는 것을 뜻한다.”라고 했는데, 이것은 자최복으로부터 그 이하의 상복을 착용하여 상례에서 절하는 것을 뜻하는데도 길(吉)자를 붙여서 부르는 것은 흉배(凶拜)와 대비하면 상대적으로 가벼운 것이기 때문이다. 이곳에서 절에 대해서는 먼저 계수(稽首)를 기록했고, 이후에 계상(稽顙)이라 기록했다. 계상(稽顙)는 다시 돈수(頓首)에 해당하는 것이지만 땅에 닿게 하되 용모를 꾸밈이 없다면 계상(稽顙)이라 부른다. 정현이 “자최복(齊衰服)을 입고 지팡이를 잡지 않는 상으로부터 그 이하”라고 했는데, 지팡이를 잡고 자최복을 착용하는 경우에는 흉배(凶拜)에 포함되기 때문에, 『예기』「잡기(雜記)」편에서는 “부친이 생존해 계실 때 처를 위해서는 지팡이를 잡지 않고 계상(稽顙)을 하지 않는다.”[18]라고 했으니, 부친이 돌아가셨을 경우 처를 위해서는 지팡이를 잡고 계상(稽顙)을 한다는 사실을 나타낸다. 이러한 까닭으로 이곳의 길배(吉拜)가 자최복(齊衰服)을 입고 지팡이를 잡지 않는 상으로부터 그 이하의 경우에 절함을 뜻한다는 사실을 알 수 있다. 정현이 “길(吉)자를 붙여서 말한 것은 이것은 은나라 때의 흉배에 해당한다.”라고 했는데, 『예기』「단궁(檀弓)」편을 살펴보면, “절을 한 이후에 계상(稽顙)을 하는 것은 예법의 순서에 따르는 것이다. 계상(稽顙)을 한 이후에 절을 하는 것은 자신의 애달픈 감정을 지극히 나타내는 것이다. 삼년상을 치르는 경우라면, 나는 자신의 애달픈 감정을 지극히 나타내는 방법을 따르겠다.”[19]라 했고, 정현의 주에서는 “기년상(期年喪)으로부터는 은나라 때의 예법처럼 하는 것이 옳다.”라고 했다. ‘자기(自期)’라고 말했다면 이것은 자최복을 입고 지팡이를 잡지 않는 경우로부터 그 이하에서는 은

18) 『예기』「잡기상(雜記上)」: 爲妻, 父母在, 不杖, 不稽顙.

19) 『예기』「단궁상(檀弓上)」: 孔子曰: “拜而后稽顙, 頹乎其順也; 稽顙而后拜, 頎乎其至也. 三年之喪, 吾從其至者.”

나라 때의 상배(喪拜)에 따른다는 것을 나타낸다. 그렇기 때문에 "은나라 때의 흉배에 해당한다."라고 했다. 정현이 "주나라에서는 그것이 돈수와 서로 비슷하기 때문에 이것을 길배라고 부른 것이다."라고 했는데, '상근(相近)'이라 말한 것은 그 문장이 서로 가까이 있다는 것이 아니라, 절하는 모양이 서로 비슷하다는 뜻이다. 먼저 돈수(頓首)를 기록했고, 이후에 계상(稽顙)이라 기록했으니, 계상(稽顙)은 다시 돈수(頓首)에 따라서 하는 것으로, 이것이 그 절하는 모양이 서로 비슷하다는 뜻이고, 그 의미를 요약해서 추측한 것이기 때문에 '운(云)'이라 언급하여 의문시한 것이다. 정현이 "흉배(凶拜)는 이마를 땅에 닿게 한 이후에 절을 하는 것으로, 삼년복(三年服)에 절하는 것을 뜻한다."라고 했는데, 이것은 「잡기」편에서 "삼년상에서는 상배(喪拜)에 따라 절을 하고, 삼년상이 아닌 경우라면 길배(吉拜)에 따라 절을 한다."[20]라 하고, 또 「단궁」편에서 "계상(稽顙)을 한 이후에 절을 하는 것은 자신의 애달픈 감정을 지극히 나타내는 것인데, 공자가 '삼년상을 치르는 경우라면, 나는 자신의 애달픈 감정을 지극히 나타내는 방법을 따르겠다.'라고 했다."라고 한 경우에 해당한다. 만약 그렇다면 앞의 길배(吉拜)가 자최복을 입고 지팡이를 잡지 않는 상으로부터 그 이하의 경우라면, 자최복을 입고 치르는 상은 이러한 흉배 안에 포함된다. 정현이 이러한 사실을 언급하지 않은 것은 「잡기」편에서 "부친이 생존해 계실 때 처를 위해서는 지팡이를 잡지 않고 계상(稽顙)을 하지 않는다."고 했으니, 부친이 돌아가신 경우에는 계상(稽顙)을 하게 되므로, 이것은 적자가 처를 위해 상을 치를 때 계상(稽顙)을 할 수 없는 때가 있음을 나타낸다. 그렇기 때문에 간략히 해서 언급하지 않은 것이다. 다만 적자의 처에 대해서는 부친이 상을 주관하게 된다. 그렇기 때문에 적자는 부친이 생존해 계실 때 계상(稽顙)을 하지 않는 것이니, 나머지 아들들은 처를 위해서 부친이 생존해 계실 때에도 계상(稽顙)을 한다.

20) 『예기』「잡기하(雜記下)」: 三年之喪以其喪拜, 非三年之喪以吉拜.

나머지 아들들이 일반적으로 계상(稽顙)을 한다는 것에 기준을 두지 않고, 「잡기」편의 기록에 기준을 둔 것이다. 두자춘은 "진(振)자는 방울을 흔든다고 할 때의 진(振)자로 풀이한다."라고 했는데, 『주례』「소재(小宰)」편의 직무기록에서 "조정에서 목탁을 울린다."[21]고 할 때의 진(振)자로 풀이한 것이다. 두자춘이 "동(動)자는 애통해한다고 할 때의 통(慟)자로 풀이한다."라고 했는데, 공자가 안회에 대해 곡을 할 때 애통해 했다고 할 때의 통(慟)[22]자로 풀이한 것이다. 두자춘이 "기(奇)자는 홀수와 짝수라고 할 때의 기(奇)자로 풀이한다."라고 했는데, 『예기』「교특생(郊特牲)」편에서 "정(鼎)과 조(俎)는 홀수로 진설하고, 변(籩)과 두(豆)는 짝수로 진설한다."라고 할 때의 기(奇)자로 풀이한 것이다. 이상의 글자를 풀이한 것에 대해서는 정현이 모두 그에 따랐다. 두자춘이 "먼저 한쪽 무릎을 굽히는 것을 말하며, 오늘날의 아배(雅拜)에 해당한다. 혹자는 기(奇)자는 의(倚)자로 풀이하니, 의배(倚拜)는 부절(符節)을 잡고 있거나 창을 잡고 있을 때 절하는 것으로, 몸을 기울여서 절하는 것이라고 했다."라고 했는데, 이 두 주장에 대해서 정현은 모두 따르지 않았다. 정대부는 "동(動)자는 동(董)자로 풀이하니, 서적에서는 간혹 동진(董振)의 동(董)자로 기록하기도 한다."라고 했는데, 이것은 『좌씨전』에서 "위력으로써 동(董)하게 한다."[23]는 뜻으로 풀이한 것이니, 이것이 동진(董振)의 동(董)이다. 정대부가 "두 손을 서로 부딪히는 것이다."라고 했는데, 이 주장들에 대해 정현은 모두 따르지 않았다. 정대부가 "기배(奇拜)는 한 차례 절하는 것을 뜻한다."라고 했는데, 일배(一拜)는 군주가 신하에게 절하는 것을 뜻한다. 『의례』「연례(燕禮)」편과 「대사(大射)」편에

21) 『주례』「천관(天官)·소재(小宰)」: 正歲, 則帥其屬而觀敎法之象, 徇以木鐸曰: "不用法者, 國有常刑." 令群吏憲禁令, 脩法糾職以待邦治.

22) 『논어』「선진(先進)」: 顔淵死, 子哭之慟. 從者曰, "子慟矣!" 曰, "有慟乎? 非夫人之爲慟而誰爲?"

23) 『춘추좌씨전』「소공(昭公) 13년」: 若憚之以威, 懼之以怒, 民疾而叛, 爲之聚也.

는 일배(一拜)를 하는 시기가 있는데, 군주는 답배로 일배(一拜)를 하는 것이며, 정현이 이 주장에 따랐다. 정대부가 "포(褒)자는 보(報)자로 풀이하니, 보배(報拜)는 재배에 해당한다."라고 했는데, 정현 또한 이 주장에 따랐다. 정사농은 "포배(褒拜)는 지금의 부절을 잡고서 절하는 것에 해당한다."라고 했는데, 정현은 이 주장에 따르지 않았다. 정사농은 "숙배(肅拜)는 단지 몸을 구부려 손을 아래로 내리는 것이니, 지금의 읍하는 것이 이것에 해당한다."라고 했는데, 『의례』「향음주례(鄕飮酒禮)」편을 살펴보면, 빈객이 문으로 들어왔을 때 읍을 하며 문으로 들어가는 예법이 있다. 두 손을 포개고 밀어내어 앞에 두는 것을 '읍(揖)'이라 부르고, 두 손을 포개고 당기는 것을 '의(撎)'라고 부른다. 정사농이 "갑옷을 입고 있는 자는 절을 하지 않는다. 그렇기 때문에 전쟁을 치르고 있기 때문에 감히 사신에게 숙배를 할 따름이라고 말한 것이다."라고 했는데, 성공(成公) 16년을 살펴보면, 진나라와 초나라가 언릉에서 전쟁을 했고, 초나라 자작이 공윤양을 사자로 보내서 극지에게 활을 선물로 주었다. 극지는 빈객을 접견할 때 투구를 벗고 명을 받았다. 또 "감히 명에 절하며 받을 수 없다."라 했고, 주에서는 "갑옷을 입고 있는 자는 절을 하지 않는다."라고 했다. 또 "군주의 명을 욕되게 하여, 전쟁을 치르고 있기 때문에 감히 사신에게 숙배를 할 따름이라고 하고서 세 차례 사신에게 숙배를 하고서 물러갔다."라 했다. 이것은 군대 안에서 숙배를 하는 예법이 있음을 나타낸다. 성공 2년 안의 전투에서 제나라 후작을 포획함에 진나라 극지가 창을 내려놓고, 우물쭈물하며 재배하고 계수(稽首)했다. 군대 안에서 절을 할 수 있다는 것은 『공양전』의 뜻이다.[24] 군대의 장수가 갑옷과 투구를 착용하지 않았기 때문에 절하는 예법이 있을 수 있다. 정현이 "내가 생각하기에, 진동(振動)은 애통하게 울면서 절을 하는 것을 뜻한

24) 『춘추공양전』「성공(成公) 2년」 : 秋, 七月, 齊侯使國佐如師, 已酉, 及國佐盟于袁婁, 君不, 使乎大夫, 此其行使乎大夫何? 佚獲也. 其佚獲奈何? 師還齊侯. 晉郤克投戟逡巡再拜稽首馬前, 逢丑父者, 頃公之車右也.

다. 『서』에서는 왕이 놀라 움직여 낯색이 변했다고 했다."라 했는데, 『상서중후』「아응(我膺)」편을 살펴보면, "계추 7월 갑자일에 붉은 새가 단서를 물고서 풍에 들어와서 창의 문에 이르니, 재배(再拜)하고 계수(稽首)하여 받았다."라 했다. 금문본 「대서(大誓)」편을 살펴보면, 화오의 단서를 얻어서 "주공의 서신을 붙여서 위로 천자에게 보고토록 하니, 왕이 놀라 움직여 낯색이 변했다."고 했다. 비록 절을 한다는 문장은 보이지 않지만, 문왕이 적작의 명을 받은 것과 동일하게 계수(稽首)하여 절을 한 것이다. 정현이 "일배(一拜)는 신하의 절에 답배하는 것이다. 재배(再拜)는 신과 시동에게 절하는 것이다."라고 했는데, 이 두 말은 정대부가 풀이한 뜻을 보충하는 것이다. 재배가 신과 시동에게 절하는 것임을 알 수 있는 것은 『의례』「특생궤식례(特牲饋食禮)」편을 살펴보면, 축이 형(鉶)의 남쪽에서 술동이에서 술을 따르고, 주인이 재배를 하며, 축이 좌측에 있다고 했다. 시동에게 재배를 한다는 것은 시동에게 술을 바치고 시동이 절을 하며 받고 주인이 절을 하며 전한다는 것에 해당한다. 천자와 제후의 경우에도 마땅히 그러하다. 혹자는 일배(一拜)는 신하에게 답배하는 것이라 풀이하고, 또 제사를 지낼 때를 기준으로 들었는데, 연례에서 군주가 신하에게 답배를 할 때에는 간혹 재배를 하는 때가 있기 때문이다. 정현이 "향(享)자는 바친다는 뜻이니, 조헌과 궤헌을 뜻한다."라고 했는데, 제사를 지내며 두 차례 관(灌)을 한 이후에는 오직 조천과 궤식에서 헌(獻)이라 칭한다. 그렇기 때문에 향(享)이 헌(獻)을 뜻하며, 조천과 궤식을 할 때를 기준으로 한 것임을 알 수 있다. 정현이 "우(右)자는 유(侑)자로 풀이한다. 시동에게 음식을 드시라고 권유하고 절하는 것이다."라고 했는데, 「특생궤식례」편을 살펴보면, "시동이 식사를 하면 축관이 권유를 하고, 주인이 절을 한다."[25]라 했고, 『의례』「소뢰궤식례(少

25) 『의례』「특생궤식례(特牲饋食禮)」: 尸受, 振祭, 嚌之, 左執之, 乃食, 食擧. 主人羞肵俎于腊北. 尸三飯, 告飽. 祝侑. 主人拜.

牢饋食禮)」편에서는 "주인은 말을 하지 않고, 절을 하며 권유한다."[26]라 했다. 그렇기 때문에 시동에게 권유를 할 때 절을 하게 됨을 알 수 있다.

참고 21-8 『춘추좌씨전』 애공(哀公) 17년 기록

전문 公會齊侯, 盟于蒙, 孟武伯相. 齊侯稽首, 公拜. 齊人怒, 武伯曰: "非天子, 寡君無所稽首."

애공이 제나라 후작과 회합하여 몽에서 결맹을 맺을 때, 맹무백이 상이 되었다. 제나라 후작이 계수(稽首)를 하였으나 애공은 절만 했다. 제나라 사람이 노하자 무백은 "천자가 아니면 저희 군주께서는 계수(稽首)할 대상이 없기 때문입니다."라 했다.

杜注 齊侯, 簡公弟平公敖也. 蒙在東莞蒙陰縣西, 故蒙陰城也.

'제후(齊侯)'는 간공의 동생인 평공 오이다. 몽은 동완 몽음현 서쪽에 옛 몽음성이 있다.

참고 21-9 『춘추좌씨전』 성공(成公) 16년 기록

전문 癸巳, 潘尫之黨與養由基蹲甲而射之, 徹七札焉.

계사일에 반왕의 아들 당이 양유기와 함께 갑옷을 포개두고서 활쏘기를 하여 7겹을 꿰뚫었다.

杜注 黨, 潘尫之子. 蹲, 聚也. 一發達七札, 言其能陷堅.

---

26) 『의례』「소뢰궤식례(少牢饋食禮)」: 告飽. 祝西面于主人之南. 主人不言, 拜侑.

'당(黨)'은 반왕의 아들이다. '준(蹲)'자는 모은다는 뜻이다. 1발의 화살을 쏘아서 7겹을 뚫은 것이니, 견고함을 뚫어낼 수 있음을 말한 것이다.

孔疏 ●"潘尪之黨". ○正義曰: 潘尪之子, 其名爲黨. 襄二十三年"申鮮虞之傅摯", 辭與此同, 古人爲文略言耳.

● 傳文: "潘尪之黨". ○반왕의 아들은 그 이름이 당(黨)이다. 양공(襄公) 23년에 "신선우의 아들 부지(傅摯)"[27]라고 했는데, 그 말이 이곳과 동일하니, 옛 사람들은 문장을 생략해서 말했기 때문이다.

전문 以示王, 曰: "君有二臣如此, 何憂於戰①?" 王怒曰: "大辱國②! 詰朝爾射, 死藝③!" 呂錡夢射月, 中之, 退入於泥④. 占之, 曰: "姬姓, 日也⑤; 異姓, 月也⑥, 必楚王也. 射而中之, 退入於泥, 亦必死矣⑦!" 及戰, 射共王, 中目. 王召養由基, 與之兩矢, 使射呂錡. 中項, 伏弢⑧. 以一矢復命⑨. 郤至三遇楚子之卒, 見楚子, 必下, 免胄而趨風⑩. 楚子使工尹襄問之以弓⑪,

이것을 초왕에게 보이며 말하길 "군주께는 이와 같은 두 신하가 있는데, 전쟁에 대해 근심할 것이 뭐가 있겠습니까?"라 했다. 초왕이 노하여 말하길, "크게 나라를 욕되게 하는 것이다! 다음날 아침 너희가 활을 쏜다면, 그 솜씨로 인해 죽을 것이다!"라 했다. 여기가 꿈에 달을 활로 쏘아 맞히고 물러나 진흙에 빠졌다. 이를 점치니 말하길, "희성은 태양에 해당하고, 이성은 달에 해당하니, 달은 초왕이 분명합니다. 쏘아서 맞혔고 물러나 진흙에 빠졌으니, 또한 분명히 죽을 것입니다!"라 했다. 전투를 하게 되자 여기가 공왕을 쏘아서 눈을 맞췄다. 초왕이 양유기를 불러다가 그에게 2발의 화살을 주고 여기를 쏘게 했다. 목을 맞추어 활집에 엎어져 죽었

27) 『춘추좌씨전』「양공(襄公) 23년」: 先驅, 穀榮御王孫揮, 召揚爲右; 申驅, 成秩御莒恒, 申鮮虞之傅摯爲右.

다. 양유기가 남은 1발의 화살을 가지고 와서 복명하였다. 극지가 3차례나 초나라 자작이 거느린 병졸들을 만났는데, 초나라 자작을 보게 되면 반드시 수레에서 내려 투구를 벗고 바람처럼 빨리 지나갔다. 초나라 자작이 공윤양을 사자로 보내서 활을 선물로 주었고,

杜注 ① 二子以射夸王.

두 사람이 활솜씨를 초왕에게 과시한 것이다.

杜注 ② 賤其不尙知謀.

그들이 지모를 숭상하지 않음을 천시한 것이다.

杜注 ③ 言女以射自多, 必當以藝死也. 詰朝, 猶明朝, 是戰日.

너희가 활솜씨를 과시하게 되면 반드시 그 솜씨로 인해 죽게 될 것이라는 뜻이다. '힐조(詰朝)'는 명조(明朝)와 같은 말이니, 전투를 치르는 날을 뜻한다.

杜注 ④ 呂錡, 魏錡.

'여기(呂錡)'는 위기(魏錡)이다.

杜注 ⑤ 周世姬姓尊.

주나라 때에는 대대로 왕실의 성인 희성이 존귀하였다.

杜注 ⑥ 異姓卑.

다른 성은 상대적으로 미천하였다.

杜注 ⑦ 錡自入泥, 亦死象.

여기 스스로가 진흙에 빠졌으니, 또한 죽을 상이다.

杜注 ⑧ 弢, 弓衣.

'도(弢)'는 활집이다.

杜注 ⑨ 言一發而中.

1발을 쏘아서 맞췄다는 뜻이다.

杜注 ⑩ 疾如風.

빠르기가 바람과 같다는 뜻이다.

杜注 ⑪ 問, 遺也.

'문(問)'자는 보냈다는 뜻이다.

孔疏 ◎注"問, 遺也". ○正義曰: 遺人以物, 謂之爲問. 問弦多以琴, 問子貢以弓, 論語云: "問人於他邦", 皆是也.

◎杜注: "問, 遺也". ○남에게 물건을 주는 것을 문(問)을 한다고 말한다. 현다에게 금을 보냈고,[28] 자공에게 활을 주었으며,[29] 『논어』에서 "사람을 다른 나라에 보냈다."[30]라고 했는데, 모두 이러한 뜻을 나타낸다.

---

28) 『춘추좌씨전』「애공(哀公) 11년」 : 使問弦多以琴, 曰, "吾不復見子矣."

29) 『춘추좌씨전』「애공(哀公) 26년」 : 衛出公自城鉏使以弓問子贛, 且曰, "吾其入乎?"

30) 『논어』「향당(鄕黨)」 : 問人於他邦, 再拜而送之.

전문 曰: “方事之殷也①, 有韎韋之跗注, 君子也②.

말하게 하길 “전투가 극렬한 가운데 붉은 다룸가죽으로 만든 군복을 입은 자가 있었으니, 그는 군자였다.

杜注 ① 殷, 盛也.

‘은(殷)’자는 성대하다는 뜻이다.

杜注 ② 韎, 赤色. 跗注, 戎服, 若袴而屬於跗, 與袴連.

‘매(韎)’자는 적색을 뜻한다. ‘부주(跗注)’는 군복으로 바지와 같은데 발등에 붙여서 바지와 연결한 것이다.

孔疏 ◎注“韎赤”至“袴連”. ○正義曰: 鄭玄詩箋云: “韎, 茅蒐染也. 韎聲也.” 韋昭云: “茅蒐, 今絳草也. 急疾呼茅蒐成韎也.” 茅蒐卽今之蒨也. 賈逵云: “一染曰韎.” 釋器云“一染謂之縓”, 謂一入赤爲淺赤色也. 跗注, 兵戎之服, 自要以下而注於脚. 跗謂屬袴於下與跗相連. 周禮·司服: “凡兵事, 韋弁服.” 鄭玄云: “韋弁, 以韎韋爲弁, 又以爲衣·裳. 晉郤至衣韎韋之跗注是也.” 鄭志以跗當爲幅, 謂裁韋若布帛之幅相縫屬. 鄭言“以爲衣·裳”, 則衣·裳不連. 聘禮: “君使卿韋弁, 歸饔餼.” 鄭玄云: “其服蓋韎布以爲衣而素裳.” 鄭以彼非戎事, 當爲素裳, 明衣·裳不連. 跗, 杜言連者, 謂要脚連耳. 若然, 在軍之服, 其色皆同耳. 謂均服振振, 上下同色. 郤至與衆同服, 所以獨見識者, 禮法雖有此服, 軍士未必盡然, 郤至服必鮮華, 故楚王偏識之.

◎杜注: “韎赤”~“袴連”. ○『시』에 대한 정현의 전문에서는 “매(韎)는 모수(茅蒐)로 염색한 것이다. 그 풀을 발음할 때 매(韎) 소리로 들린다.”라 했다. 위소[31]는 “모수(茅蒐)는 지금의 강초(絳草)에 해당한다. 급히 모수(茅蒐)를 불러 매(韎)가 된 것이다.”라 했다. 모수(茅蒐)는 지금의 천

(蒨)에 해당한다. 가규[32]는 "한 차례 염색하면 매(韎)라 부른다."라 했다. 『이아』「석기(釋器)」에서는 "한 차례 물들인 것을 '전(縓)'이라 부른다."[33]라 했으니, 한 차례 적색 염료에 넣어서 옅은 적색이 된 것을 말한다. '부주(跗注)'는 군인들이 착용하는 복장이니, 허리로부터 그 아래에 해당하는 것으로 다리에 붙인다. '부(跗)'는 바지를 아래에서 연결시켜 발등과 서로 연결되는 것을 말한다. 『주례』「사복(司服)」편에서는 "군사와 관련해서는 위변복(韋弁服)을 착용한다."[34]라 했고, 정현은 "위변(韋弁)은 붉은 가죽으로 변을 만들고, 또 이것으로 상의와 하의를 만든다. 진나라 극지가 매위(韎韋)로 만든 부주(跗注)를 착용했다는 것이 바로 이것이다."라 했다. 『정지』에서는 부(跗)자는 마땅히 폭(幅)자가 된다고 했으니, 다룸가죽을 자를 때 마치 포나 백의 폭처럼 해서 서로 꿰매 붙이는 것을 말한다. 정현이 "이것으로 상의와 하의를 만든다."라고 했으니, 상의와 하의는 연결되지 않은 것이다. 『의례』「빙례(聘禮)」편에서는 "군주는 경을 시켜 위변복(韋弁服)을 입고 옹희(饔餼)를 보낸다."라 했고, 정현은 "그에 해당하는 복장은 아마도 부드럽게 가공한 옅은 적색의 포로 상의를 만들고 흰색으로 하의를 만들었을 것이다."라 했다. 정현은 이러한 기록에서는 군복이 아니라고 여겨서 흰색 하의가 된다고 했으니, 상의와 하의가 연결되지 않았음을 나타낸다. '부(跗)'자에 대해 두예는 연(連)이라 말

31) 위소(韋昭, A.D.204 ~ A.D.273) : 삼국시대(三國時代) 때 오(吳)나라의 학자이다. 자(字)는 홍사(弘嗣)이다. 사마소(司馬昭)의 이름을 피휘하여, 요(曜)로 고쳤다. 저서로는 『국어주(國語注)』 등이 있다.

32) 가규(賈逵, A.D.30 ~ A.D.101) : 후한(後漢) 때의 경학자이다. 자(字)는 경백(景伯)이다. 『춘추좌씨전해고(春秋左氏傳解詁)』를 지었지만, 현재 일실되어 존재하지 않는다. 청대(淸代) 마국한(馬國翰)의 『옥함산방집일서(玉函山房輯佚書)』와 황석(黃奭)의 『한학당총서(漢學堂叢書)』에 일집본(佚輯本)이 남아 있다.

33) 『이아』「석기(釋器)」 : 一染謂之縓, 再染謂之赬, 三染謂之纁. 靑謂之葱. 黑謂之黝. 斧謂之黼.

34) 『주례』「춘관(春官) · 사복(司服)」 : 凡兵事, 韋弁服.

했는데, 허리와 다리가 연결된 것을 말한 것일 뿐이다. 만약 그렇다면 군대에 있을 때 착용하는 복장은 그 색깔이 모두 동일할 따름이다. 균일하게 하여 씩씩하게 차려입어서, 상하 계층이 같은 색깔의 복장을 착용했음을 말한다. 극지는 무리들과 복장의 색깔이 같았는데, 유독 그를 보고 알아볼 수 있었던 것은 예법에 따르면 비록 이러한 복장이 있다 하더라도 군사들이 반드시 모두 그러한 것은 아니고, 극지의 복장은 분명 선명하고 화려했었기 때문에 초왕이 그것을 알아볼 수 있었던 것이다.

전문 識見不穀而趨, 無乃傷乎①?" 郤至見客, 免胄承命, 曰: "君之外臣至, 從寡君之戎事, 以君之靈, 間蒙甲胄②, 不敢拜命③.

나를 보자마자 빨리 피했는데 다치지는 않았는가?"라 했다. 극지가 객을 접견하며 투구를 벗고 명을 받들며 말하길, "군주의 외신 지가 저희 군주의 전쟁에 따라와서 군주의 위세로 인해 갑옷과 투구를 입는 일에 참여하게 되었으니, 감히 군주의 명을 절하며 받을 수 없습니다.

杜注 ① 恐其傷.

다쳤을까 염려한 것이다.

杜注 ② 間, 猶近也.

'간(間)'자는 근(近)자와 같다.

杜注 ③ 介者不拜.

갑옷을 입고 있는 자는 절을 하지 않는다.

孔疏 ◎注"介者不拜". ○正義曰: 曲禮云: "介者不拜, 爲其拜而蓌拜." 鄭玄云: "蓌則失容節, 蓌猶詐也." 慮其詐甲折.

◎ 杜注: "介者不拜". ○『예기』「곡례(曲禮)」편에서는 "갑옷을 입은 자는 절을 하지 않으니, 갑옷을 입은 자가 절을 하게 되면, 절을 할 때 몸을 굽히기 힘들기 때문이다."[35]라 했고, 정현은 "몸을 굽혀서 절을 한다면, 위엄스러운 용모와 행동거지를 잃어버리게 되니, 좌(蓌)는 착(笮)과 같다."라 했다. 숙여서 갑옷이 꺾이는 것을 염려한 것이다.

전문 敢告不寧君命之辱.

감히 고하니, 군주의 명을 욕되이 하는 것이 편안치 못합니다.

杜注 以君辱賜命, 故不敢自安.

군주가 욕되이 명을 내려주었기 때문에 감히 스스로 편안히 여길 수 없다는 뜻이다.

孔疏 ◎ 注"以君"至"自安". ○ 正義曰: 劉炫以爲: "楚王云'無乃傷乎', 恐其傷也; 答云'敢告不寧', 告其身不傷耳. 魏犫云'不有寧也', 以傷爲寧, 此與魏犫相似." 今知不然者, 按僖二十八年魏犫云: "以君之靈不有寧也." 謂不有被傷以自寧也. 知不與彼同者, 以彼云"不有寧", 謂不有損傷, 此直云"不寧", 旣無"有"字, 又先無被傷之狀, 與魏犫不同也. 按檢杜注, "敢告不寧君命之辱", 宜連讀之, 若"敢告不寧", 別自爲句, 則"君命之辱"一句零行無所依附, 故知與彼不同. 劉君不尋此意, 以爲與魏犫相似, 而規杜, 非也.

◎ 杜注: "以君"~"自安". ○ 유현[36]은 "초왕이 '다치지는 않았는가?'라고

---

35) 『예기』「곡례상(曲禮上)」: 介者不拜, 爲其拜而蓌拜.

36) 유현(劉炫, ? ~ ?) : 수(隋)나라 때의 학자이다. 자는 광백(光伯)이며, 경성(景城) 출신이다. 태학박사(太學博士) 등을 지냈다. 『논어술의(論語述義)』, 『춘추술의(春秋述義)』, 『효경술의(孝經述義)』 등을 저술하였다.

한 말은 그가 다쳤을까 염려한 것이다. 답하길, '감히 녕(寧)하지 않다고 고합니다.'라고 한 말은 본인이 다치지 않았다고 아뢴 것일 뿐이다. 위주가 '녕(寧)이 있지 않다.'[37]라고 했는데, 이것은 다친 것을 녕(寧)으로 여긴 것으로, 이 문장은 위주가 한 말과 유사하다."라 했다. 현재 그렇지 않다는 사실을 알 수 있는 것은 희공(僖公) 28년 기록을 살펴보면, 위주는 "군주의 위세로 내가 편안하지 않아 보이는가?"라 했는데, 이것은 상처를 입지 않아서 스스로 편안하다고 말한 것이다. 이곳의 기록이 위주의 기록과 같지 않다는 사실을 알 수 있는 것은 위주의 기록에서는 '불유녕(不有寧)'이라고 했는데, 상처가 있지 않다는 뜻이며, 이곳에서는 단지 '불녕(不寧)'이라고 하여 이미 '유(有)'자가 없다. 또 먼저 상처를 입었다는 상황이 없으니, 위주의 경우와는 다르다. 두예의 주를 살펴보면, '감고불녕군명지욕(敢告不寧君命之辱)'이라는 말은 마땅히 연결해서 풀이해야 한다. 만약 '감고불녕(敢告不寧)'을 별도로 하나의 구문이 된다고 여기면, '군명지욕(君命之辱)'이라는 하나의 구문은 떨어져나가 붙을 곳이 없게 된다. 그렇기 때문에 위주의 경우와 다르다는 사실을 알 수 있다. 유현은 이러한 뜻을 자세히 살피지 않고, 위주의 경우와 유사하다고 여기고서 두예의 주를 바로잡으려 했는데, 잘못된 주장이다.

전문 爲事之故, 敢肅使者."

전쟁을 치르고 있기 때문에 감히 사신에게 숙배를 할 따름입니다."라 했다.

杜注 言君辱命來問, 以有軍事不得答, 故肅使者, 肅, 手至地, 若今撎.

군주가 욕되이 명령을 내려 찾아와서 선물을 하였는데, 군대의 일이 있어 답배를 할 수 없기 때문에 사신에게 숙배를 했다는 뜻이다. '숙(肅)'은 손이 땅에 이르는 것으로, 오늘날의 읍과 같다.

---

37) 『춘추좌씨전』「희공(僖公) 28년」: 魏犨束胸見使者, 曰, "以君之靈, 不有寧也!"

孔疏 ◎注"言君"至"今揖". ○正義曰: 周禮·大祝: "辨九拜, 九曰肅拜." 鄭司農云: "肅拜, 但俯下手, 今時揖是也." 說文云: "揖, 擧首下手也." 其勢如今揖之小別. 晉宋儀注: "貴人待賤人, 賤人拜, 貴人揖."

◎杜注: "言君"~"今揖". ○『주례』「대축(大祝)」편에서는 "구배(九拜)를 변별하니, 아홉 번째는 숙배(肅拜)이다."라 했고, 정사농은 "숙배(肅拜)는 단지 몸을 구부려 손을 아래로 내리는 것이니, 지금의 읍하는 것이 이것에 해당한다."라 했다. 『설문』에서는 "의(揖)는 머리를 들고 손을 내리는 것이다."라 했다. 그 형세가 지금의 읍과는 조금 구별된다. 진송의의 주에서는 "존귀한 자가 미천한 자를 대할 때 미천한 자는 절을 하고 존귀한 자는 읍을 한다."라 했다.

전문 三肅使者而退.

세 차례 사신에게 숙배를 하고서 물러갔다.

참고 21-10 『춘추좌씨전』 문공(文公) 7년 기록

전문 秦康公送公子雍于晉, 曰: "文公之入也無衛, 故有呂·郤之難①." 乃多與之徒衛. 穆嬴日抱大子以啼于朝, 曰: "先君何罪? 其嗣亦何罪? 舍適嗣不立, 而外求君, 將焉寘此②?" 出朝, 則抱以適趙氏, 頓首於宣子, 曰: "先君奉此子也, 而屬諸子, 曰: '此子也才, 吾受子之賜; 不才, 吾唯子之怨③.' 今君雖終, 言猶在耳④, 而棄之, 若何?" 宣子與諸大夫皆患穆嬴, 且畏偪⑤, 乃背先蔑而立靈公, 以禦秦師. 箕鄭居守. 趙盾將中軍, 先克佐之⑥; 荀林父佐上軍⑦; 先蔑將下軍, 先都佐之. 步招御戎, 戎津爲右. 及堇陰⑧,

진(秦)나라 강공이 공자 옹을 진(晉)나라로 보내며 말하길, "문공이 진나라로 들어갈 때에는 호위가 없었기 때문에 하생과 극예의 난리[38]가 발생한 것이다."라 하고 호위하는 자들을 많이 주었다. 목영은 날마다 태자를 안고 조정에서 우부짖으며 "선군에게는 무슨 죄가 있는가? 그 사자(嗣子)에게는 또 무슨 죄가 있는가? 적장자를 내버려 군주로 세우지 않고 밖에서 군주를 구하니, 장차 이 아이를 어떻게 처리하려고 하는가?"라 하고, 조정을 나와서 태자를 안고 조씨에게 가 선자에게 돈수(頓首)를 하며, "선군께서 이 아이를 안고서 그대에게 부탁하며, '이 아이를 군주의 재목으로 키워준다면 나는 그대의 은혜를 받은 것으로 여기겠지만, 군주의 재목으로 키워주지 못한다면 나는 그대를 원망하겠다.'라 했다. 지금 선군께서 비록 돌아가셨지만 그 말은 여전히 귓가에 남아있을 것인데도 이 아이를 버리려고 하니, 어찌하려는 것이오?"라 했다. 선자와 여러 대부들은 모두 목영을 걱정하고 또 나라사람들에게 핍박을 당하게 될까 두려워하여, 마침내 선멸을 배신하고 영공을 세우고 진나라 군대를 막았다. 기정이 나라에 남아 지켰다. 조순은 중군을 지휘했고, 선극은 그의 좌(佐)가 되었다. 순림보가 상군의 좌가 되었고, 선멸이 하군을 지휘했고, 선도가 그의 좌가 되었다. 보초가 융거(戎車)를 몰았고 융진이 거우[39]가 되었다. 근음에 이르러,

杜注 ① 僖二十四年文公入.

희공(僖公) 24년에 문공이 진(晉)나라로 들어갔다.

杜注 ② 穆嬴, 襄公夫人, 靈公母也.

'목영(穆嬴)'은 양공(襄公)의 부인이자 영공(靈公)의 모친이다.

38) 『춘추좌씨전』「희공(僖公) 24년」: 瑕甥·郤芮不獲公, 乃如河上, 秦伯誘而殺之.

39) 거우(車右)는 수레에 함께 타는 호위무사를 뜻한다. 수레의 우측에 위치하였기 때문에 '거우'라고 부르는 것이다.

杜注 ③ 欲使宣子教訓之.

선자로 하여금 그를 가르치게 하고자 한 것이다.

杜注 ④ 在宣子之耳.

선자의 귀에 남아있다는 뜻이다.

杜注 ⑤ 畏國人以大義來偪己.

나라사람들이 대의를 이유로 찾아와 자신을 핍박할 것을 두려워한다는 뜻이다.

杜注 ⑥ 克, 先且居子. 代狐射姑.

'극(克)'은 선차거의 아들이다. 호사고(狐射姑)를 대신한 것이다.

杜注 ⑦ 箕鄭將上軍居守, 故佐獨行.

기정이 상군을 지휘하여 나라에 남아 지켰기 때문에 좌 홀로 간 것이다.

杜注 ⑧ 先蔑・士會逆公子雍前還晉, 晉人始以逆雍出軍. 卒然變計, 立靈公, 故車右戎御猶在職. 堇陰, 晉地.

선멸과 사회가 공자 옹을 맞이하기 위해 갔다가 먼저 진나라로 되돌아왔는데, 진나라 사람들은 애초에 옹을 맞이하기 위해 군대를 일으켰다. 갑작스럽게 계획을 바꿔서 영공을 세웠다. 그렇기 때문에 거우와 융어는 여전히 그 직에 있게 된 것이다. '근음(堇陰)'은 진나라 땅이다.

孔疏 ◎注"先蔑"至"晉地". ○正義曰: 諸言御戎爲右, 皆是君之御右, 知此步招·戎津始以逆雍出軍, 此擬爲雍之御右也. 改立靈公, 故御右猶在職也. 十二年河曲之戰, 傳稱"范無恤御戎", 注云: "代步招." 晉君不行有御戎者, 成二年"楚令尹子重爲楊橋之役. 王卒盡行, 彭名御戎", 注云"王卒盡行, 故王戎車亦行". 然則河曲之戰亦公卒盡行, 公之戎車亦行, 故御戎在職也. 此時未至令狐, 令狐猶是晉地, 知堇陰亦是晉地也.

◎杜注: "先蔑"~"晉地". ○ 여러 곳에서 어융(御戎)이나 위우(爲右)라 말했는데, 이 모두는 군주의 수레를 모는 자와 거우가 되었다는 것이니, 이곳의 보초와 융진은 처음에는 옹을 맞이하기 위해 군대를 출정했으므로, 이들은 아마도 옹의 어와 우였을 것이다. 그런데 계획을 고쳐서 영공을 세웠기 때문에 어와 우가 여전히 그 직에 머물러 있었음을 알 수 있다. 12년 하곡의 전투에서 전문에서는 "범무휼이 융거의 어가 되었다."[40]라 했고, 주에서는 "보초를 대신한 것이다."라 했다. 진나라 군주가 출정하지 않았는데도 융거의 어가 있었던 것은 성공(成公) 2년에 "초나라 영윤자중이 양교의 전쟁을 일으켰다. 왕이 통솔하던 부대도 모두 출정했고, 팽명이 융거의 어가 되었다."[41]고 했으며, 주에서는 "초왕이 통솔하던 부대가 모두 출정했기 때문에 초왕의 융거 또한 출정한 것이다."라 했다. 그렇다면 하곡의 전투에서도 공이 통솔하던 부대가 모두 출정하여 공의 융거

40) 『춘추좌씨전』「문공(文公) 12년」: 秦爲令狐之役故, 冬, 秦伯伐晉, 取羈馬. 晉人禦之. 趙盾將中軍, 荀林父佐之. 郤缺將上軍, 臾駢佐之. 欒盾將下軍, 胥甲佐之. <u>范無恤御戎</u>, 以從秦師于河曲.

41) 『춘추좌씨전』「성공(成公) 2년」: 故<u>楚令尹子重爲陽橋之役</u>以救齊. 將起師, 子重曰, "君弱, 群臣不如先大夫, 師衆而後可. 詩曰, '濟濟多士, 文王以寧.' 夫文王猶用衆, 況吾儕乎? 且先君莊王屬之曰, '無德以及遠方, 莫如惠恤其民, 而善用之.' " 乃大戶, 已責, 逮鰥, 救乏, 赦罪. 悉師, <u>王卒盡行. 彭名御戎</u>, 蔡景公爲左, 許靈公爲右.

또한 출정한 것이다. 그래서 어읍이 그 직에 있게 되었다. 이 시기에 아직 영호에 이르지 않았는데, 영호가 여전히 진나라의 땅이었으므로, 근음이 또한 진나라의 땅임을 알 수 있다.

참고 21-11 『예기』「상복소기(喪服小記)」 기록

경문 婦人爲夫與長子稽顙, 其餘則否.

부인은 남편과 장자를 위한 상에서만 계상(稽顙)을 하며, 나머지 경우에는 이처럼 하지 않는다.

鄭注 恩殺於父母.

은정을 부모에 대해서 낮추기 때문이다.

孔疏 ●"婦人爲夫與長子稽顙, 其餘則否", 亦先稽顙而後拜, "其餘否"者, 謂父母也. 以受重他族, 其恩減殺於父母也.

●經文: "婦人爲夫與長子稽顙, 其餘則否". ○이 또한 먼저 이마를 땅에 닿게 한 이후에 절을 하는 경우이다. 경문의 "其餘否"에 대하여. 자신의 부모에 대한 경우를 뜻한다. 중책을 받아 다른 족인이 되었으니, 그 은정에 있어서도 자신의 부모에 대해 줄이기 때문이다.

그림 21-3 ▣ 자최복(齊衰服)

※ 출처: 『삼재도회(三才圖會)』「의복(衣服)」 3권

107下

婦降堂, 取笲菜入. 祝曰: "某氏來婦, 敢告于皇姑某氏." 奠菜于席, 如初禮.

직역 婦는 堂에서 降하여 笲菜를 取하여 入한다. 祝은 曰 "某氏가 來하여 婦하니 敢히 皇姑某氏께 告합니다." 席에 菜를 奠하길 初禮와 如한다.

의역 며느리는 당에서 내려와 계단 위에서 채소가 든 변을 들고 들어간다. 축관은 "아무개 씨가 와서 며느리가 되었으니, 감히 황고[1] 아무개님께 고합니다."라고 말한다. 자리에 채소를 놓아두길 처음의 예처럼 따른다.

鄭注 降堂, 階上也. 室事交乎戶, 今降堂者, 敬也. 於姑言敢告, 舅尊於姑.

당에서 내려왔다는 것을 계단 위를 뜻한다. 실에서 일을 처리할 때에는 방문에서 주고받는데, 지금 당에서 내려온 것은 공경에 해당한다. 시어미에 대해 '감고(敢告)'라고 말한 것은 시아비가 시어미보다 존귀하기 때문이다.

賈疏 ●"婦降"至"初禮". ○釋曰: 此爲來婦奠於姑, 設於北坐之前以見姑也.

●經文: "婦降"~"初禮". ○이것은 시집을 와서 며느리가 된 자가 돌아가신 시어미에게 음식을 차려내는 것인데, 북쪽 앉는 자리 앞에 진설하여 시어미를 알현하는 것이다.

賈疏 ◎注"降堂"至"於姑". ○釋曰: 不直云降而云降堂者, 則在階

1) 황고(皇姑)는 고대에 며느리가 남편의 돌아가신 모친을 존대하여 지칭하는 말이다.

上, 故云"降堂, 階上"也. 云"室事交乎戶, 今降堂者, 敬也"者, 室事交乎戶, 禮器文. 彼子路與季氏之祭, 云: "室事交乎戶, 堂事交乎階". 今此旣是室之事, 當交於戶, 今乃交於階, 故言敬也. 云"於姑言敢告, 舅尊於姑"者, 上文於舅言"敢奠嘉菜", 不言告, 是舅尊於姑, 言告, 是姑卑也.

◎ 鄭注: "降堂"~"於姑". ○ 단지 내려간다고만 말하지 않고 당에서 내려간다고 말했다면, 계단 위에 있는 것이다. 그렇기 때문에 "당에서 내려왔다는 것을 계단 위를 뜻한다."라고 했다. 정현이 "실에서 일을 처리할 때에는 방문에서 주고받는데, 지금 당에서 내려온 것은 공경에 해당한다."라고 했는데, 실에서 일을 처리할 때 방문에서 주고받는다는 것은 『예기』「예기(禮器)」편의 문장이다.[2] 정현이 "시어미에 대해 감고(敢告)라고 말한 것은 시아비가 시어미보다 존귀하기 때문이다."라고 했는데, 앞 문장에서 시아비에 대해서는 "감히 맛있는 채소를 차려 올립니다."[3]라고 말하여 고(告)라고 하지 않았으니, 이것은 시아비가 시어미보다 존귀하기 때문이며, 고(告)라고 말했다면 이것은 시어미가 상대적으로 미천하기 때문이다.

참고 21-12 『예기』「예기(禮器)」 기록

경문 他日祭, 子路與, 室事交乎戶, 堂事交乎階, 質明而始行事, 晏朝而退. 孔子聞之曰, "誰謂由也, 而不知禮乎!"

---

2) 『예기』「예기(禮器)」: 他日祭, 子路與, 室事交乎戶, 堂事交乎階, 質明而始行事, 晏朝而退. 孔子聞之曰, "誰謂由也, 而不知禮乎!"

3) 『의례』「사혼례」: 祝盥, 婦盥于門外. 婦執笲菜, 祝帥婦以入. 祝告, 稱婦之姓, 曰: "某氏來婦, 敢奠嘉菜于皇舅某子."

다른 시일에 동일한 제사를 지내게 되었는데, 자로 또한 그 제사에 참여하였다. 자로는 번잡한 절차들을 간소화하였으니, 시동을 섬기며 묘실에 음식을 들일 때에는 방문에서 주고받도록 하였고, 당에서 시동을 대접할 때에는 계단에서 음식을 주고받도록 하였으며, 정확히 동틀 무렵이 되어서 비로소 제사를 시행했는데, 저녁 무렵이 되자 제사가 모두 끝나서 사람들이 물러가게 되었다. 공자는 이러한 이야기를 듣고, "누가 자로더러 예를 모른다고 했단 말인가!"라고 했다.

鄭注 室事, 祭時. 堂事, 儐尸. 多其知禮.

'실사(室事)'는 본격적으로 제사를 지내는 시기를 뜻한다. '당사(堂事)'는 시동을 인도하여 대접하는 일을 뜻한다. 공자의 말은 자로가 예를 알고 있음을 칭찬한다는 뜻이다.

孔疏 ●"室事交乎戶"者, 室事謂正祭之時, 事尸在室, 故云"室事交乎戶". 外人將饌至戶, 內人於戶受饌, 設於尸前, 相交承接在於戶也.

●經文: "室事交乎戶". ○'실사(室事)'는 정규 제사 절차를 시행하는 때를 뜻하니, 묘실(廟室)에서 시동을 섬기는 시기이다. 그렇기 때문에 "실사(室事)를 시행할 때에는 방문[戶]에서 물건을 주고받는다."고 한 것이다. 묘실 밖에 있는 사람이 음식을 가지고 호(戶)에 도달하게 되면, 묘실 안에 있던 사람은 호(戶)에 와서 음식을 받게 되고, 그것을 시동 앞에 진설하게 되니, 서로 만나서 주고받는 장소가 호(戶)인 것이다.

108上

婦出, 祝闔牖戶.

직역 婦가 出하면 祝은 牖戶를 闔한다.

의역 며느리가 밖으로 나가면 들창과 방문을 닫는다.

鄭注 凡廟無事則閉之.

무릇 묘에서 시행할 일이 없게 된다면 문을 닫는다.

賈疏 ◎注"凡廟無事則閉之". ○釋曰: 先言牖後言戶者, 先闔牖, 後閉戶, 故爲文然也. 以其祭訖則闔牖戶, 明是無事則閉之, 以其鬼神尙幽闇故也.

◎鄭注: "凡廟無事則閉之". ○ 먼저 들창을 말하고 이후에 방문을 말한 것은 먼저 들창을 닫고 이후에 방문을 닫는다. 그렇기 때문에 문장을 이처럼 기록한 것이다. 제사가 끝나면 들창과 방문을 닫으니, 이것은 시행할 일이 없으면 문을 닫는다는 것을 나타낸다. 귀신은 그윽하고 어두운 것을 숭상하기 때문이다.

108上

老醴婦于房中, 南面, 如舅姑醴婦之禮.

직역 老가 房中에서 婦에게 醴하면, 南面하며 舅姑가 婦에게 醴하는 禮와 如한다.

의역 노가 방안에서 며느리에게 예(醴)를 하면, 며느리는 남쪽을 바라보며 시부모가 며느리에게 예(醴)를 할 때의 예법처럼 한다.

鄭注 因於廟見禮之.

묘에서 알현한 것으로 인해 며느리를 예우하는 것이다.

賈疏 ○釋曰: 舅姑生時, 見訖, 舅姑使贊醴婦於寢之戶牖之間. 今舅姑沒者, 使老醴婦於廟之房中, 其禮則同, 使老及處所則別也.

○ 시부모가 생존해 계실 때 찾아뵙는 것이 끝나면, 시부모는 혼례의 진행을 돕는 자로 하여금 침의 방문과 들창 사이에서 며느리에게 예(醴)를 한다.[1] 현재 시부모가 돌아가신 상황이니 노를 시켜서 묘에 있는 방안에서 며느리에게 예(醴)를 하는데, 그 예법은 동일하니, 노를 시킨다는 점과 위치가 차이날 따름이다.

賈疏 ◎注"因於廟見禮之". ○釋曰: 象舅姑生時, 因見禮之, 故此亦因廟見禮之也.

◎鄭注: "因於廟見禮之". ○ 시부모가 생존해 계실 때 찾아뵙는 것에 따라 예우하는 것을 형상한 것이다. 그렇기 때문에 이곳에서도 묘에서 알현한 것에 따라 예우한 것이다.

---

1) 『의례』「사혼례」 : 贊醴婦. 席于戶牖間.

108上

婿饗婦送者丈夫·婦人, 如舅姑饗禮.

직역 婿가 婦送者의 丈夫와 婦人에게 饗하길 舅姑의 饗禮와 如한다

의역 신랑은 신부를 전송하기 위해 함께 온 신부 집안의 남자와 여자들에게 향연을 베풀어주는데, 시부모가 베풀었던 향례처럼 한다.

賈疏 ○釋曰: 舅姑存, 舅姑自饗送者, 如上文. 今舅姑沒, 故婿兼饗丈夫·婦人, 如舅姑饗禮, 幷有贈錦之等.

○ 시부모가 생존해 계실 때, 시부모는 직접 전송하러 찾아온 자들에게 향연을 베풀며 앞의 문장처럼 한다.[1] 현재는 시부모가 돌아가신 상황이기 때문에 신랑이 겸하여 남자들과 여자들에게 향연을 베풀며, 시부모가 시행했던 향례처럼 하고, 아울러 비단을 선물로 주는 절차 등도 포함된다.

---

1) 『의례』「사혼례」: 舅饗送者以一獻之禮, 酬以束錦. 姑饗婦人送者, 酬以束錦.

제 22 절
기문(記文)-혼례의 시간 · 예물 · 물품

108下

記. 士昏禮, 凡行事, 必用昏昕, 受諸禰廟. 辭無不腆, 無辱.

직역 記이다. 士의 昏禮에서 凡히 事를 行함에는 必히 昏昕을 用하고 禰廟에서 受한다. 辭에는 不腆이 無하고, 辱이 無하다.

의역 기문. 사의 혼례에서 무릇 일을 시행할 때에는 반드시 해질 무렵이나 해뜰 무렵을 이용하고, 녜묘에서 명을 받는다. 전하는 말에 있어서, 신랑측의 빈객은 예물에 대해 "변변치 못하다."라는 말을 하지 않고, 신부의 부친은 신랑측의 빈객에게 "욕보았다."라는 말을 하지 않는다.

鄭注 用昕, 使者. 用昏, 壻也. 腆, 善也. 賓不稱幣不善, 主人不謝來辱.

해뜰 무렵을 이용한다는 것은 심부름꾼에 대한 것이다. 해질 무렵을 이용한다는 것은 신랑에 대한 것이다. '전(腆)'자는 좋다는 뜻이다. 빈객은 예물에 대해 좋지 않다고 지칭하지 않고, 신부의 부친은 찾아오느라 욕보았다고 사례하지 않는다.

賈疏 ●"記士昏"至"無辱". ○釋曰: 凡言"記"者, 皆經不備者也.

●記文: "記士昏"~"無辱". ○무릇 '기(記)'라고 말한 것들은 모두 경문에서 기록하지 않은 것에 해당한다.

賈疏 ◎注"用昕"至"來辱". ○釋曰: 云"用昕, 使者", 謂男氏使向女家納采·問名·納吉·納徵·請期五者, 皆用昕. 昕卽明之始, 君子擧事尙早, 故用朝旦也. 云"用昏, 壻也"者, 謂親迎時也. 知"辭無不腆"者, 郊特牲云: "告之以直·信. 信, 事人也. 信, 婦德也." 注云: "此二者所以敎婦正直信也." 是賓納徵之時, 不得謙虛爲辭也. 云"主人不謝來辱"者, 此亦是不爲謙虛, 敎女正直之義也.

◎鄭注: "用昕"~"來辱". ○ 정현이 "해뜰 무렵을 이용한다는 것은 심부름꾼에 대한 것이다."라고 했는데, 신랑 집안에서 신부 집안으로 납채(納采)·문명(問名)·납길(納吉)·납징(納徵)·청기(請期) 등 다섯 절차를 시행할 때에는 모두 해뜰 무렵을 이용한다는 뜻이다. '흔(昕)'은 밝아지기 시작할 때이고, 군자는 일을 시행함에 일찍하는 것을 높인다. 그렇기 때문에 아침 해뜰 무렵을 이용하는 것이다. 정현이 "해질 무렵을 이용한다는 것은 신랑에 대한 것이다."라고 했는데, 친영(親迎)하는 때를 뜻한다. "예물을 전달하는 말에 변변치 못하다는 말을 하지 않는다."라고 했는데, 이러한 사실을 알 수 있는 것은 『예기』「교특생(郊特牲)」편에서는 "강직함과 신의를 경계지침으로 알려준다. 신의는 다른 사람을 섬기는 것에 해당하고, 신의는 또한 아녀자가 갖춰야 하는 덕에 해당한다."[1]라 했고, 주에서는 "이 두 가지 것들은 아녀자에게 정직함과 신의를 가르치는 것이다."라 했다. 이것은 빈객이 납징을 할 때에 겸손하게 말을 할 수 없음을 나타낸다. 정현이 "신부의 부친은 찾아오느라 욕보았다고 사례하지 않는다."라고 했는데, 이 또한 겸손하게 할 수 없음을 뜻하니, 여식에게 정직을 가르치는 뜻에 해당한다.

---

1) 『예기』「교특생(郊特牲)」: 天地合而后萬物興焉. 夫昏禮, 萬世之始也. 取於異姓, 所以附遠厚別也. 幣必誠, 辭無不腆, 告之以直信. 信事人也, 信婦德也. 壹與之齊, 終身不改, 故夫死不嫁.

참고 22-1 『예기』「교특생(郊特牲)」 기록

경문 天地合而后萬物興焉. 夫昏禮, 萬世之始也. 取於異姓, 所以附遠厚別也. 幣必誠, 辭無不腆, 告之以直信. 信事人也, 信婦德也. 壹與之齊, 終身不改, 故夫死不嫁.

하늘과 땅이 합치된 이후에야 만물이 흥성해진다. 무릇 혼례라는 것은 인류의 시작이 된다. 혼례를 치르며 이성(異姓)에게서 상대방을 찾음은 혐의를 멀리한다는 것과 남녀 사이의 구별을 두텁게 하기 위함이다. 폐물을 보낼 때에는 반드시 성심을 다하며, 전하는 말에 있어서도 좋지 않다고 하는 말이 없고, 강직함과 신의를 경계지침으로 알려준다. 신의는 다른 사람을 섬기는 것에 해당하고, 또한 아녀자가 갖춰야 하는 덕에 해당한다. 한결같이 남편과 더불어서 동일한 희생물을 먹고, 종신토록 고치지 않는다. 그렇기 때문에 남편이 죽게 되더라도 다른 집으로 시집을 가지 않는 것이다.

鄭注 目禮之義. 同姓或取, 多相褻也. 誠, 信也. 腆猶善也. 直猶正也, 此二者所以教婦正直信也. 事猶立也. 齊, 謂共牢而食, 同尊卑也. 齊或爲"醮".

예(禮)의 의(義)를 지칭한다. 동성(同姓) 관계에서 간혹 상대방을 취하게 된다면, 대부분 서로 문란하게 된다. '성(誠)'자는 신의를 뜻한다. '전(腆)'자는 좋다는 뜻이다. '직(直)'자는 정직을 뜻한다. 이 두 가지 것들은 아녀자에게 정직함과 신의를 가르치는 것이다. '사(事)'자는 세우다는 뜻이다. '제(齊)'자는 같은 희생물을 함께 먹는 것으로, 신분의 차이를 동일하게 한다는 의미이다. '제(齊)'자를 다른 판본에서는 '초(醮)'자로도 기록한다.

孔疏 ●"辭無不腆"者, 腆, 善也. 謂之傳辭, 無自謙退. 云幣不善, 不詐飾也.

●經文: "辭無不腆". ○'전(腆)'자는 좋다는 뜻이다. 즉 전달하는 말에 있어서는 제 스스로 겸손하게 낮추는 일이 없음을 뜻한다. 폐백에 대해서 좋게 꾸미지 않는 것은 허황된 수식을 가미하지 않는다는 뜻이다.

孔疏 ●"告之以直信"者, 所以幣必信, 辭必直, 欲告戒婦人以正直誠信也.

●經文: "告之以直信". ○폐백에 있어서 반드시 성심과 신의를 다하고 전하는 말에 있어서 반드시 정직함을 다하는 것은 아녀자에게 정직함과 성심 및 신의로써 경계지침을 내리고자 하는 것이다.

孔疏 ●"信, 事人也"者, 事, 立也. 言婦人立身之道, 非信不立.

●經文: "信, 事人也". ○'사(事)'자는 세우다는 뜻이다. 부인이 자신을 세우는 도는 신의가 아니라면 설 수 없다는 뜻이다.

孔疏 ●"信, 婦德也"者, 言貞信是婦人之德.

●經文: "信, 婦德也". ○곧음과 신의는 아녀자의 덕에 해당한다는 뜻이다.

108下

摯不用死, 皮帛必可制.

직역 摯는 死를 不用하고, 皮帛은 必히 可制한다.

의역 예물로 사용하는 기러기는 죽은 것을 사용하지 않고, 가죽과 비단은 반드시 의복으로 만들 수 있는 것을 사용한다.

鄭注 摯, 鴈也. 皮帛, 儷皮·束帛也.

'지(摯)'는 기러기를 뜻한다. 한 쌍의 사슴 가죽과 속백을 뜻한다.

賈疏 ○釋曰: 云"摯不用死"者, 凡摯亦有用死者, 是以尙書(元缺起卷首止此)云"三帛二生[1]一死摯", 卽士摯雉. 今此亦是士禮, 恐用死鴈, 故云不用死也. 云"皮帛必可制"者, 可制爲衣物, 此亦是敎婦以誠信之義也.

○"기러기는 죽은 것을 사용하지 않는다."라고 했는데, 무릇 지(摯)에는 또한 죽은 것을 사용할 때도 있다. 이러한 까닭으로 『상서』에서는 (본래 권수에서 여기까지 누락) "3개의 백(帛), 2개의 생(生), 1개의 사지(死摯)"[2]라고 했으니, 사가 예물로 사용하는 꿩을 뜻한다. 지금 이곳의 경우 또한 사 계층의 예법에 해당하니, 아마도 죽은 기러기를 사용할 것이 염려되었기 때문에 죽을 것을 사용하지 않는다고 말한 것이다. "가죽과 비

1) 생(生) : 『십삼경주소』 북경대 출판본에서는 "생(生)자는 본래 생(牲)자로 기록되어 있었는데, 완원의 『교감기』에서는 '『모본』에는 생(牲)자가 생(生)자로 기록되어 있는데, 이것이 옳다.'"라고 했다.

2) 『서』「우서(虞書)·순전(舜典)」: 歲二月, 東巡守至于岱宗, 柴, 望秩于山川, 肆覲東后, 協時月正日, 同律度量衡, 修五禮, 五玉, 三帛, 二生, 一死贄, 如五器, 卒乃復.

단은 반드시 의복으로 만들 수 있는 것을 사용한다."라고 했는데, 제작해 의복류로 만들 수 있다는 것이니, 이 또한 아녀자에게 성심과 신의를 가르치는 뜻에 해당한다.

참고 22-2 『서』「우서(虞書) · 순전(舜典)」 기록

경문 歲二月, 東巡守, 至于岱宗, 柴①, 望秩于山川②, 肆覲東后③. 協時月正日, 同律度量衡④. 修五禮 · 五玉⑤ · 三帛二生 · 一死贄⑥, 如五器, 卒乃復⑦.

순수(巡守)를 하는 해 2월에는 동쪽으로 순수하시어 대종[3]에 이르러서 시제[4]를 지내셨고, 산천에게 망질[5]을 지내셨으며, 마침내 동쪽의 제후들을 접견하셨다. 사계절과 달을 협치시키고 날을 바로잡으셨으며, 도 ·

---

3) 대종(岱宗)은 오악(五嶽) 중 동악(東嶽)에 해당하는 태산(泰山)을 가리킨다. 대(岱)자는 태산을 뜻하고, 종(宗)자는 존귀하다는 의미에서 붙여진 것으로 풀이하기도 한다.

4) 시제(柴祭)는 일종의 하늘에 대한 제사이다. 초목을 태워서 그 연기를 하늘로 올려 보내며 아뢰는 의식이다. 『서』「우서(虞書) · 순전(舜典)」편에는 "歲二月, 東巡守, 至于岱宗, <u>柴</u>."라는 기록이 있고, 이에 대한 공안국(孔安國)의 전(傳)에서는 "燔柴祭天告至."라고 풀이했다.

5) 망질(望秩)은 해당 대상의 등급을 살펴서, 산천(山川) 등에 망제(望祭)를 지낸다는 뜻이다. '망질'의 '망(望)'자는 망제를 뜻하고, '질(秩)'자는 계급에 따른 등차를 뜻한다. 고대인의 관념에서는 산천의 중요성에 따라 각각 등급이 있었다. 예를 들어 오악(五嶽)에 대한 제사에서는 삼공(三公)에 대한 예법에 견주어서 희생물을 사용하였고, 사독(四瀆)에 대한 제사에서는 제후에 대한 예법에 견주어서 희생물을 사용하였으며, 나머지 산천 등에 대해서도 차례대로 백작 · 자작 · 남작 등의 예법에 견주어서 희생물을 사용하였다. 『서』「우서(虞書) · 순전(舜典)」편에는 "歲二月, 東巡守, 至于岱宗, 柴, <u>望秩</u>于山川."이라는 기록이 있고, 이에 대한 공안국(孔安國)의 전(傳)에서는 "謂五嶽牲禮視三公, 四瀆視諸侯, 其餘視伯子男."이라고 풀이했다.

량 · 형을 통일하여 일률화하셨다. 오례 · 오옥 · 삼백 · 삼생 · 일사의 예물을 다듬으셨고, 오기와 같은 것은 예가 끝나면 돌려주셨다.

孔傳 ① 諸侯爲天子守土, 故稱守, 巡行之. 旣班瑞之明月, 乃順春東巡. 岱宗, 泰山, 爲四岳所宗. 燔柴祭天告至.

제후는 천자를 위해 땅을 지킨다. 그렇기 때문에 '수(守)'라 지칭하고, 그곳을 순행하는 것이다. 서옥(瑞玉)을 돌려주고 난 다음 달이 되면 봄에 따라 동쪽을 순수한다. '대종(岱宗)'은 태산으로, 사악이 종주로 삼는 대상이다. 나무를 태워서 하늘에 제사지내며 이르렀음을 아뢰는 것이다.

孔傳 ② 東岳諸侯竟內名山大川如其秩次望祭之. 謂五岳牲禮視三公, 四瀆視諸侯, 其餘視伯子男.

동악 제후의 경내에 있는 명산과 대천에 대해 그 순차에 따라서 바라보며 제사를 지내는 것이다. 오악[6]에 사용하는 희생물의 예법은 삼공에 견주

6) 오악(五岳)은 오악(五嶽)이라고도 부르며, 다섯 방위에 따른 대표적인 산들을 뜻한다. 그러나 각 기록에 따라서 해당하는 산의 명칭에는 다소 차이가 있다. 첫 번째 주장은 동쪽의 태산(泰山), 남쪽의 형산(衡山), 서쪽의 화산(華山), 북쪽의 항산(恒山), 중앙의 숭산(嵩山:= 嵩高山)을 '오악'으로 부른다. 『주례』「춘관(春官) · 대종백(大宗伯)」편에는 "以血祭祭社稷 · 五祀 · 五嶽."이라는 기록이 있는데, 이에 대한 정현의 주에서는 "五嶽, 東曰岱宗, 南曰衡山, 西曰華山, 北曰恒山, 中曰嵩高山."이라고 풀이했다. 두 번째 주장은 동쪽의 태산(泰山), 남쪽의 곽산(霍山), 서쪽의 화산(華山), 북쪽의 항산(恒山), 중앙의 숭산(嵩山)을 '오악'으로 부른다. 『이아』「석산(釋山)」편에는 "泰山爲東嶽, 華山爲西嶽, 霍山爲南嶽, 恒山爲北嶽, 嵩高爲中嶽."이라는 기록이 있다. 세 번째 주장은 동쪽의 대산(岱山), 남쪽의 형산(衡山), 서쪽의 화산(華山), 북쪽의 항산(恒山), 중앙의 악산(嶽山: =吳嶽)을 '오악'으로 부른다. 『주례』「춘관(春官) · 대사악(大司樂)」편에는 "凡日月食, 四鎭 · 五嶽崩."이라는 기록이 있는데, 이에 대한 정현의 주에서는 "五嶽, 岱在兗州, 衡在荊州, 華在豫州, 嶽在雍州, 恒在幷州."라고 풀이했고, 『이아』「석산(釋山)」편에는 "河南, 華; 河西, 嶽; 河東, 岱; 河北, 恒; 江南, 衡."

고, 사독[7]에 대한 것은 후작에 견주며, 그 나머지에 대한 것은 백작 · 자작 · 남작에 견준다.

孔傳 ③ 遂見東方之國君.

마침내 동방에 속한 제후국의 군주를 만나보는 것이다.

孔傳 ④ 合四時之氣節, 月之大小, 日之甲乙, 使齊一也. 律法制及尺丈 · 斛斗 · 斤兩, 皆均同.

사계절의 기후와 절기, 달의 크고 작음, 날의 갑일과 을일 등을 합쳐서 가지런히 통일시킨다. 법제와 길이 · 용적 · 무게를 일률화시켜 모두 균등하게 통일시킨다.

孔傳 ⑤ 修吉 · 凶 · 賓 · 軍 · 嘉之禮. 五等諸侯執其玉.

길례 · 흉례 · 빈례 · 군례 · 가례를 다듬는다. 다섯 등급의 제후가 그 옥을 잡는다.

孔傳 ⑥ 三帛, 諸侯世子執纁, 公之孤執玄, 附庸之君執黃. 二生, 卿執羔, 大夫執鴈. 一死, 士執雉. 玉 · 帛 · 生 · 死, 所以爲贄以見之.

'삼백(三帛)'은 제후의 세자가 훈색의 비단을 잡고, 공작에 속한 고가 현색의 비단을 잡으며, 부용국의 군주가 황색의 비단을 잡는 것을 뜻한다. '이생(二生)'은 경이 새끼 양을 잡고, 대부가 기러기를 잡는 것을 뜻한다. '일사(一死)'는 사가 꿩을 잡는 것을 뜻한다. 옥 · 백 · 생 · 사는 예물로

이라고 풀이했다.

7) 사독(四瀆)은 네 개의 주요 하천을 가리킨다. 장강(長江), 황하(黃河), 회하(淮河), 제수(濟水)가 여기에 해당한다.

삼아 만나보기 위한 것이다.

孔傳⑦ 卒, 終. 復, 還也. 器謂圭璧. 如五器, 禮終則還之. 三帛·生·死則否.

'졸(卒)'자는 마친다는 뜻이다. '부(復)'자는 돌려준다는 뜻이다. '기(器)'는 규(圭)나 벽(璧)을 뜻한다. 오기와 같은 것들은 해당 예법이 끝나면 돌려준다. 삼백·생·사와 같은 경우는 그렇지 않다.

孔疏 ◎傳"諸侯"至"執黃". ○正義曰: 周禮·典命云: "凡諸侯之適子, 誓於天子, 攝其君, 則下其君之禮一等. 未誓, 則以皮帛繼子男之下. 公之孤四命, 以皮帛視小國之君." 是諸侯世子·公之孤執帛也. 附庸雖則無文, 而爲南面之君, 是一國之主, 春秋時附庸之君適魯皆稱"來朝", 未有爵命, 不得執玉, 則亦繼小國之君同執帛也. 經言"三帛", 必有三色, 所云纁·玄·黃者, 孔時或有所據, 未知出何書也. 王肅云: "三帛, 纁·玄·黃也. 附庸與諸侯之適子·公之孤執皮帛, 其執之色未詳聞. 或曰孤執玄, 諸侯之適子執纁, 附庸執黃." 王肅之注尙書, 其言多同孔傳. 周禮孤與世子皆執皮帛, 鄭玄云: "皮帛者, 束帛而表之以皮爲之飾. 皮, 虎豹皮也." 此三帛不言皮, 蓋于時未以皮爲飾.

◎孔傳: "諸侯"~"執黃". ○『주례』「전명(典命)」편에서는 "무릇 제후의 적자가 천자에게 지위를 계승한다는 맹세를 했다면, 그가 군주를 대신하여 조회를 왔을 때 그 군주의 의례보다 1등급을 낮춘다. 아직 맹세를 하지 않았다면 가죽과 비단을 들고서 자작과 남작의 뒤에 이어서 선다. 공작에게 속한 고는 4명(命)의 등급으로, 가죽과 비단을 들고 소국의 군주에 견준다."[8]라 했다. 이것은 제후의 세자와 공작의 고가 비단을 잡는다

8) 『주례』「춘관(春官)·전명(典命)」: 凡諸侯之適子誓於天子, 攝其君, 則下其

는 것을 나타낸다. 부용국에 대해서는 비록 해당 경문이 없지만, 남면하게 되는 군주의 신분이 되니, 한 나라의 주인이다. 춘추시대에는 부용국의 군주가 노나라에 갔을 때 모두 '내조(來朝)'라 지칭했고, 아직 작위의 명 등급을 갖지 않으면 옥을 잡을 수 없으니, 또한 소국 군주의 뒤를 이어서 서며 동일하게 비단을 잡았을 것이다. 경문에서 '삼백(三帛)'이라고 했다면, 분명 3가지 색깔이 있었을 것이며, 이른바 훈색 · 현색 · 황색이라는 것은 공안국 당시에 아마도 근거로 삼았던 바가 있었을 것이나 어느 서적에서 도출한 것인지는 모르겠다. 왕숙은 "삼백(三帛)은 훈색 · 현색 · 황색의 비단이다. 부용국은 제후의 적자와 공작의 고와 함께 가죽과 비단을 잡는데, 그들이 잡는 비단의 색깔에 대해서는 들어보지 못했다. 혹자는 고는 현색을 잡고 제후의 적자는 훈색을 잡으며 부용국의 군주는 황색을 잡는다고도 말한다."라 했다. 『상서』에 대한 왕숙의 주는 그 말이 대부분 공안국의 전문과 같다. 『주례』에서 고와 세자는 모두 가죽과 비단을 잡는데, 정현은 "피백(皮帛)이란 것은 속백을 마련하고 그 겉을 가죽으로 감싸서 장식으로 삼는 것이다. 가죽은 호랑이와 표범의 가죽이다."라 했다. 이곳의 삼백(三帛)에 대해서는 가죽을 언급하지 않았는데, 아마도 그 당시에는 아직까지 가죽으로 장식을 하지 않았기 때문일 것이다.

孔疏 ◎ 傳"卿執"至"執雉". ○ 正義曰: 此皆大宗伯文也. 鄭玄曰: "羔, 小羊, 取其群而不失其類也. 鴈, 取其候時而行也. 雉, 取其守介, 死不失節也. 曲禮云'飾羔鴈者以繢', 謂衣之以布而又畫之. 雉執之無飾. 士相見之禮, 卿大夫飾贄以布, 不言繢. 此諸侯之臣與天子之臣異也." 鄭之此言, 論周之禮耳, 虞時每事猶質, 羔鴈不必有飾.

君之禮一等; 未誓, 則以皮帛繼子男. 公之孤四命, 以皮帛視小國之君, 其卿三命, 其大夫再命, 其士一命, 其宮室 · 車旗 · 衣服 · 禮儀, 各視其命之數. 侯伯之卿大夫士亦如之. 子男之卿再命, 其大夫一命, 其士不命, 其宮室 · 車旗 · 衣服 · 禮儀, 各視其命之數.

◎孔傳: "卿執"~"執雉". ○이것은 모두 『주례』「대종백(大宗伯)」편의 기록이다.[9] 정현은 "고(羔)는 새끼 양으로, 그것들이 무리를 이루어 같은 부류를 잃지 않는다는 것에서 뜻을 취했다. 기러기는 기후와 계절에 따라 이동하는 것에서 뜻을 취했다. 꿩은 절개를 지켜 목숨을 바쳐 그 절의를 잃지 않는 것에서 뜻을 취했다. 『예기』「곡례(曲禮)」편에서는 '새끼 양과 기러기를 바칠 때에는 구름무늬가 들어간 천으로 덮어서 바친다.'[10]라 했는데, 포로 옷을 입히고 또 그곳에 그림을 그린 것을 뜻한다. 꿩을 가지고 갈 때 장식은 없다. 『의례』「사상견례(士相見禮)」편에서는 경·대부가 예물에 대해 포로 장식을 할 때 궤(繢)를 언급하지 않았다. 이것은 제후에게 소속된 신하와 천자에게 소속된 신하 사이에 나타나는 차이점이다."라 했다. 정현의 이러한 말은 주나라의 예법을 논한 것일 뿐이니, 우 때에는 매사가 오히려 질박하였으므로, 새끼 양이나 기러기에도 반드시 장식이 있을 필요는 없다.

孔疏 ◎傳"玉帛"至"見之". ○正義曰: 曲禮云: "贄, 諸侯圭, 卿羔, 大夫鴈, 士雉." 雉不可生, 知"一死"是雉, "二生"是羔·鴈也. 鄭玄云: "贄之言至, 所執以自至也." 自"五玉"以下, 蒙上"修"文者, 執之使有常也. 若不言"贄", 則不知所用, 故言"贄"以結上, 又見玉·帛·生·死皆所以爲贄, 以見君與自相見, 其贄同也.

◎孔傳: "玉帛"~"見之". ○『예기』「곡례(曲禮)」편에서는 "예물에 있어서 제후는 규를 사용하고, 경은 새끼 양을 사용하며, 대부는 기러기를 사용하고, 사는 꿩을 사용한다."[11]라 했다. 꿩은 살아있는 것을 사용할

9) 『주례』「춘관(春官)·대종백(大宗伯)」: 以禽作六摯, 以等諸臣. 孤執皮帛, 卿執羔, 大夫執鴈, 士執雉, 庶人執鶩, 工商執雞.

10) 『예기』「곡례상(曲禮上)」: 飾羔鴈者, 以繢.

11) 『예기』「곡례하(曲禮下)」: 凡摯, 天子鬯, 諸侯圭, 卿羔, 大夫鴈, 士雉, 庶人之摯匹. 童子委摯而退. 野外軍中無摯, 以纓·拾·矢, 可也.

수 없으니, '일사(一死)'라는 것이 꿩에 해당함과 '이생(二生)'이 새끼 양과 기러기에 해당함을 알 수 있다. 정현은 "지(贄)자는 이른다는 뜻이니, 잡고 있는 것을 가지고 스스로 찾아오는 것이다."라 했다. '오옥(五玉)'으로부터 그 이하의 것들은 앞에 나온 '수(修)'자에 걸리는데, 예물을 들 때 일정한 법칙을 갖게끔 한 것이다. 만약 지(贄)자를 언급하지 않았다면 사용되는 바를 알 수 없다. 그렇기 때문에 '지(贄)'자를 언급하여 앞 문장을 매듭지은 것이고, 또 옥·백·생·사가 모두 예물이 됨을 드러냈으니, 군주를 찾아뵙거나 스스로 서로 만나보는 경우 그 예물은 동일하다.

그림 22-1 ▣ 순수대종도(巡守岱宗圖)

※ 출처: 『흠정서경도설(欽定書經圖說)』 2권 「순수대종도(巡守岱宗圖)」

그림 22-2 ▣ 망사산천도(望祀山川圖)

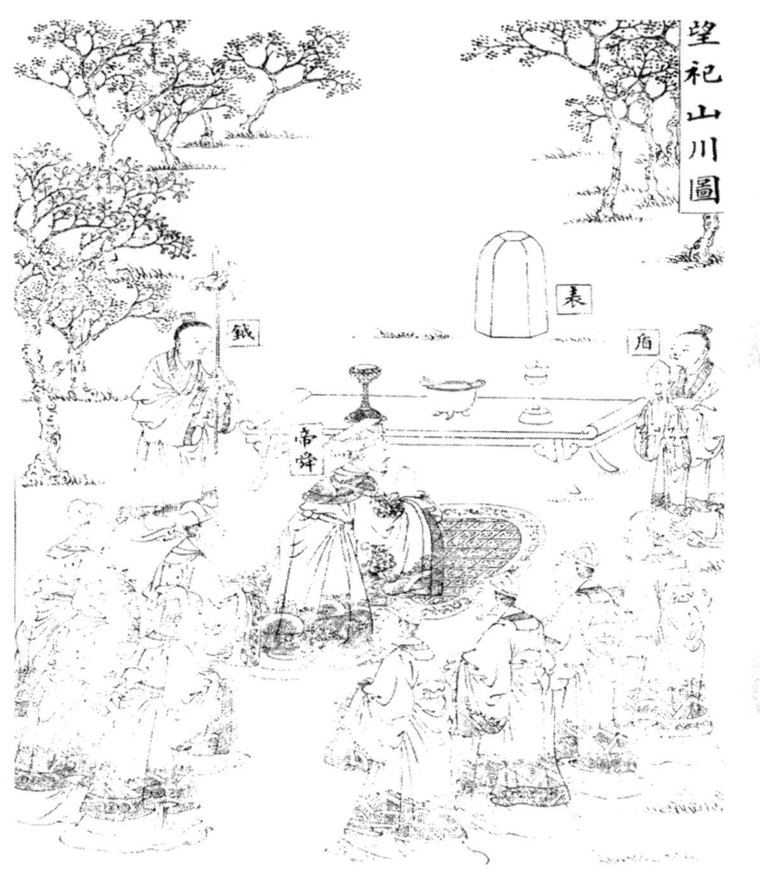

※ 출처: 『흠정서경도설(欽定書經圖說)』 2권 「망사산천도(望祀山川圖)」

그림 22-3 ▣ 구주(九州)와 오악(五岳)

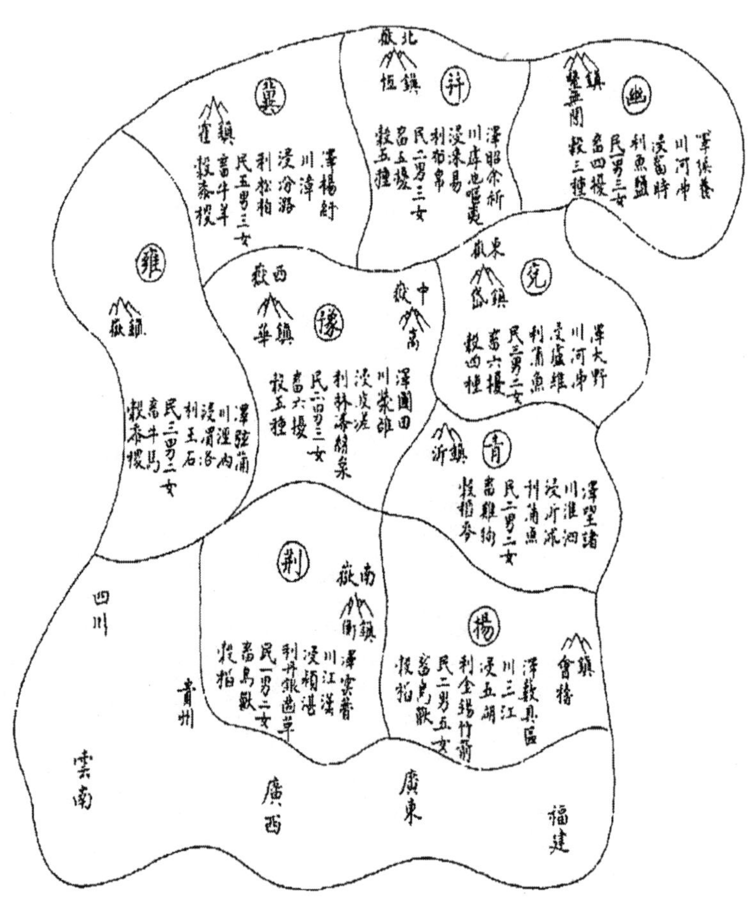

※ 출처: 『주례도설(周禮圖說)』 상권

그림 22-4 ▣ 태산(泰山)

※ 출처: 『삼재도회(三才圖會)』「지리(地理)」 8권

109上

腊必用鮮, 魚用鮒, 必殽全[1].

직역 腊은 必히 鮮을 用하고, 魚는 鮒를 用하며, 殽는 必히 全한다.

의역 토끼 포는 반드시 신선한 것을 사용하고, 물고기는 붕어를 사용하며, 새끼돼지 고기의 뼈에 살점이 붙은 고기는 반드시 온전한 것을 사용한다.

鄭注 殽全者, 不餒敗, 不剝傷.

'효전(殽全)'이라는 것은 마르거나 부패한 것을 사용하지 않고, 벗겨지거나 손상된 것을 사용하지 않는 것이다.

賈疏 ●"腊必"至"殽全". ◎注"殽全"至"剝傷". ○釋曰: 腊用鮮者, 義取夫婦日新之義. 云"魚用鮒"者, 義取夫婦相依附者也. 云"殽必全"者, 義取夫婦全節無虧之理. 此並據同牢時也.

●記文: "腊必"~"殽全". ◎鄭注: "殽全"~"剝傷". ○토끼 포를 신선한 것으로 사용하는 것은 그 의미를 부부가 날로 새로워진다는 뜻에서 취했기 때문이다. "물고기는 붕어를 사용한다."라고 했는데, 그 의미를 부부가 서로 의지하고 따르는 것에서 취했기 때문이다. "뼈에 살점이 붙은 고기는 반드시 온전한 것을 사용한다."라고 했는데, 그 의미를 부부가 절개를 온전히 보존하며 이지러짐이 없는 도리에서 취했기 때문이다. 이것은 모두 동뢰(同牢) 때를 기준으로 든 것이다.[2]

---

1) 필효전(必殽全) : 『십삼경주소』 북경대 출판본에서는 "완원의 『교감기』에서는 '소를 살펴보니 효필전(殽必全)으로 기록되어 있다.'"라고 했다.

2) 『의례』「사혼례」: 期, 初昏, 陳三鼎于寢門外東方, 北面, 北上. 其實特豚, 合升, 去蹄. 擧肺脊二, 祭肺二, 魚十有四, 腊一肫, 髀不升. 皆飪. 設扃鼏.

제 23 절
기문(記文)-허가(許嫁) 후 계(笄)와 교(敎)

109上

女子許嫁, 笄而醴之, 稱字.

직역 女子는 許嫁하면 笄하고 醴하며 字를 稱한다.

의역 여자는 혼인이 결정되면 비녀를 꽂고 단술로 예우를 해주며, 그 이후로는 그녀를 자로 부른다.

鄭注 許嫁, 已受納徵禮也. 笄女之禮, 猶冠男也, 使主婦女賓執其禮.

'허가(許嫁)'는 이미 납징(納徵)의 의례를 받아들였다는 뜻이다. 여자에게 비녀를 꽂아주는 예는 남자에게 관을 씌워주는 것과 같으니, 주부와 여자 빈객으로 하여금 그 의례를 맡아서 치르게 한다.

賈疏 ●"女子"至"稱字". ○釋曰: 女子許嫁, 謂年十五已上至十九已下. 按曲禮: "女子許嫁, 纓." 有笄兼有纓, 示有繫屬. 此不言纓, 文不具也. 云"醴之, 稱字"者, 猶男子冠醴之稱字, 同. 是以禮記·喪服小記云: "丈夫冠而不爲殤, 婦人笄而不爲殤." 是其義同也.

● 記文: "女子"~"稱字". ○"여자는 혼인이 결정된다."라고 했는데, 그 나이가 15세 이상으로부터 19세 이하까지를 뜻한다. 『예기』「곡례(曲禮)」편을 살펴보면, "여자는 혼인이 결정되면 영(纓)을 찬다."[1]라 했다. 비녀

---

1) 『예기』「곡례상(曲禮上)」: 女子許嫁, 纓, 非有大故, 不入其門.

를 꼽게 되고 아울러 영을 차게 되니, 누군가에게 매여 있음을 보이는 것이다. 이곳에서 영을 언급하지 않은 것은 문장을 자세히 기록하지 않았기 때문이다. "단술로 예우를 해주며, 그 이후로는 그녀를 자로 부른다."라고 했는데, 남자가 관례를 치러 단술로 예우를 해주고 그를 자로 지칭하는 것과 같다. 이러한 까닭으로 『예기』「상복소기(喪服小記)」편에서는 "남자가 관례를 치르면 성인으로 간주하니 요절한 자의 상례에 따르지 않는다. 여자가 계례를 치르면 성인으로 간주하니 요절한 자의 상례에 따르지 않는다."[2)]라고 한 것이니, 그 의미가 동일하다.

賈疏 ◎注"許嫁"至"其禮". ○釋曰: 知"許嫁, 已受納徵禮也"者, 以納采·問名·納吉三禮雖使者往來, 未成交親, 故曲禮云: "非受幣, 不交不親." 鄭據納徵, 唯未行請期·親迎也, 二者要待女二十爲之. 云"笄女之禮, 猶冠男也, 使主婦女賓執其禮"者, 按雜記云: "女雖未許嫁, 年二十而笄, 禮之, 婦人執其禮." 鄭注云: "言婦人執其禮, 明非許嫁之笄." 彼以非許嫁笄輕, 故無主婦女賓, 使婦人而已. 明許嫁笄, 當使主婦對女賓執其禮, 其儀如冠男也. 又許嫁者, 用醴禮之; 不許嫁者, 當用酒醮之, 敬其早得禮也.

◎鄭注: "許嫁"~"其禮". ○ 정현이 "허가(許嫁)는 이미 납징(納徵)의 의례를 받아들였다는 뜻이다."라고 했는데, 이 말이 사실임을 알 수 있는 이유는 납채·문명·납길이라는 세 가지 의례 절차에서는 비록 심부름꾼이 왕래하지만 아직까지 상호 교제하는 친근한 관계를 완성한 것은 아니다. 그렇기 때문에 『예기』「곡례(曲禮)」편에서는 "예물을 받은 관계가 아니라면, 교제를 하지 않고, 친하게 지내지도 않는다."[3)]라고 한 것이다.

2) 『예기』「상복소기(喪服小記)」: 丈夫冠而不爲殤, 婦人笄而不爲殤. 爲殤後者, 以其服服之.

3) 『예기』「곡례상(曲禮上)」: 男女非有行媒, 不相知名, 非受幣, 不交不親.

정현이 납징에 기준을 둔 것은 다만 청기와 친영을 아직 시행하지 않았고, 이 두 절차는 여자가 20세가 될 때까지 기다렸다가 시행해야 하기 때문이다. 정현이 "여자에게 비녀를 꼽아주는 예는 남자에게 관을 씌워주는 것과 같으니, 주부와 여자 빈객으로 하여금 그 의례를 맡아서 치르게 한다."라고 했는데, 『예기』「잡기(雜記)」편을 살펴보면 "여자의 경우 아직 혼인이 허락되지 않았더라도, 나이가 20세가 되면 계례를 치르고, 그녀를 예우하게 되는데, 부인이 그 의례를 맡아서 치른다."[4]라 했고, 정현의 주에서는 "부인이 그 의례를 맡아서 치른다고 한 말은 혼인이 약속되어 계례를 시행한 경우가 아님을 나타낸다."라 했다. 「잡기」편의 내용은 혼인이 결정되어 계례를 치르는 것이 아니라 상대적으로 덜 중요하다. 그렇기 때문에 주부와 여자 빈객이 없고, 부인을 시킬 따름이다. 이것은 혼인이 결정되어 계례를 치르는 경우에는 마땅히 주부로 하여금 여자 빈객과 맞춰 그 의례를 맡아서 치르게 함을 나타내니, 그 의례는 남자에게 관례를 치러주는 것과 같다. 또 혼인이 결정된 경우에는 단술을 이용해서 예우를 하지만, 혼인이 결정되지 않은 경우에는 마땅히 삼주를 이용해서 초(醮)를 해야 하니, 일찍 해당 의례를 갖추게 된 것을 공경하기 때문이다.

참고 23-1 『예기』「곡례상(曲禮上)」 기록

* 참고: 12-3 참조

참고 23-2 『예기』「상복소기(喪服小記)」 기록

4) 『예기』「잡기하(雜記下)」 : 女雖未許嫁, 年二十而笄, 禮之, 婦人執其禮. 燕則鬈首.

경문 丈夫冠而不爲殤, 婦人笄而不爲殤. 爲殤後者, 以其服服之.

남자가 관례를 치르면 성인으로 간주하니 요절한 자의 상례에 따르지 않는다. 여자가 계례를 치르면 성인으로 간주하니 요절한 자의 상례에 따르지 않는다. 친족 중 요절한 자의 후계자가 된 자는 자신의 부친이나 모친에 대한 상복 규정에 따라 복상한다.

鄭注 言成人也, 婦人許嫁而笄, 未許嫁, 與丈夫同. 言"爲後"者, 據承之也. 殤無爲人父之道, 以本親之服服之.

성인이 되었다는 뜻으로, 여자는 혼인이 허락되어서 비녀를 꼽게 되니, 아직 혼인이 허락되지 않았을 때에는 장부에 대한 경우와 동일하다. "후손이 되다."라고 말한 것은 그의 제사를 받드는 자를 기준으로 한 말이다. 요절을 한 자에게는 부친으로서의 도리가 없으니, 본래의 친족 관계에 따른 상복으로 복상한다.

참고 23-3 『예기』「곡례상(曲禮上)」 기록

경문 男女非有行媒, 不相知名, 非受幣, 不交不親.

남자와 여자 집안 사이에 중매가 오고가는 일이 없다면 서로 이름을 알지 못하며, 혼인이 약속되어 예물을 받은 관계가 아니라면 교제를 하지 않고 친하게 지내지도 않는다.

鄭注 見媒往來傳昏姻之言, 乃相知姓名. 重別, 有禮乃相纏固.

이 문장은 중매를 주선하는 사람이 양측 집안을 왕래하며 혼인과 관련된 언약을 전달해야만 곧 서로의 성명을 알 수 있게 된다는 사실을 나타낸다. 예물이 교환되어야만 교제를 할 수 있다고 한 이유는 남녀 사이의 유별함을 중시하기 때문이니, 예물이 교환되면 곧 서로가 혼인관계로 결속된다.

孔疏 ●"非受幣, 不交不親"者, 幣謂聘之玄纁束帛也. 先須禮幣, 然後可交親也.

●經文: "非受幣, 不交不親". ○'폐(幣)'라는 것은 방문을 할 때 가져가는 현훈의 속백을 뜻한다. 먼저 예물인 폐백이 전달되어야 하고, 그런 뒤에야 서로 교제할 수 있다.

참고 23-4 『예기』「잡기하(雜記下)」 기록

경문 女雖未許嫁, 年二十而笄, 禮之, 婦人執其禮. 燕則鬈首.

여자의 경우 아직 혼인이 허락되지 않았더라도, 나이가 20세가 되면 계례를 치르고, 그녀를 예우하게 되는데, 계례의 의례는 부인이 맡아서 치른다. 아직 혼인이 약속되지 않았는데 계례를 치른 경우, 집에서 한가롭게 거처할 때라면, 비녀를 빼고 머리를 묶을 수 있다.

鄭注 雖未許嫁, 年二十亦爲成人矣. 禮之, 酌以成之. 言婦人執其禮, 明非許嫁之笄. 旣笄之後去之, 猶若女有鬌紒也.

비록 혼인이 약속되지 않았지만, 나이가 20세가 되면 또한 성인이 된 것이다. '예지(禮之)'라는 말은 술을 따라주어서 성인으로 대접한다는 뜻이다. "부인이 그 의례를 담당한다."라고 한 말은 혼인이 약속되어 계례를 시행한 경우가 아님을 나타낸다. 이미 계례를 치른 뒤라도 집에서 비녀를 제거하는 것은 마치 어린 딸처럼 머리를 묶게 된다는 뜻이다.

孔疏 ●"女雖未許嫁, 年二十而笄, 禮之"者, 女子十五許嫁而笄, 若未許嫁, 至二十而笄, 以成人禮言之.

●經文: "女雖未許嫁, 年二十而笄, 禮之". ○ 여자의 나이가 15세가 되어 혼인이 약속되면 계례를 시행하는데, 만약 혼인이 아직 약속되지 않았더라도, 20세가 되면 계례를 시행하여 성인이 지켜야 하는 예법을 말해준다.

孔疏 ●"婦人執其禮"者, 賀瑒云: "十五許嫁而笄者, 則主婦及女賓爲笄禮. 主婦爲之著笄, 女賓以醴禮之. 未許嫁而笄者, 則婦人禮之, 無主婦・女賓, 不備儀也."

●經文: "婦人執其禮". ○ 하창[5]은 "15세 때 혼인이 약속되어 계례를 시행했다면, 주부와 여자 빈객이 계례를 시행한다. 주부는 그녀를 위해 비녀를 꼽아주고, 여자 빈객은 단술을 따라주어 그녀를 예우한다. 아직 혼인이 약속되지 않았는데 계례를 시행한 경우라면, 부인이 그 의례를 담당하며, 주부 및 여자 빈객이 없게 되니, 의례 절차를 모두 갖추지 않기 때문이다."라고 했다.

5) 하창(賀瑒, A.D.452 ~ A.D.510) : 남조(南朝) 때의 학자이다. 남조의 제(齊)나라와 양(梁)나라에서 각각 활동하였다. 자(字)는 덕연(德璉)이다. 『예기신의소(禮記新義疏)』 등을 찬술하였다.

109下

祖廟未毁, 敎于公宮, 三月. 若祖廟已毁, 則敎于宗室.

직역 祖廟가 未毁라면 公宮에서 敎하길 三月한다. 若히 祖廟가 已毁라면 宗室에서 敎한다.

의역 조묘가 아직 훼철되지 않았다면 공궁에서 3개월 동안 딸을 교육시킨다. 만약 조묘가 이미 훼철된 상태라면 종실에서 교육시킨다.

鄭注 祖廟, 女高祖爲君者之廟也. 以有緦麻之親, 就尊者之宮, 敎以婦德·婦言·婦容·婦功. 宗室, 大宗之家.

'조묘(祖廟)'는 딸의 고조부로 군주의 신분이었던 자의 묘를 뜻한다. 시마복[1])을 착용해야 하는 친족관계가 있기 때문에 존귀한 자의 궁으로 나아가니, 부덕(婦德)·부언(婦言)·부용(婦容)·부공(婦功)을 가르친다. '종실(宗室)'은 대종의 집을 뜻한다.

賈疏 ●"祖廟"至"宗室". ◎注"祖廟"至"之家". ○釋曰: 此謂諸侯同族之女將嫁之前敎成之法. 經直云"祖廟", 鄭知"女高祖爲君者之廟也, 以有緦麻之親"者, 以其諸侯立五廟, 大祖之廟不毁, 親廟四, 以次毁之. 經云"未毁" 與"已毁", 是據高祖之廟而言, 故云"祖廟, 女高祖爲君者之廟也". 共承高祖, 是四世緦麻之親. 若三世共曾祖曾祖, 小功之親. 若共祖, 大功之親. 若共禰廟, 是齊衰之親, 則皆敎於公宮. 今直言"緦麻"者, 擧最疏而言親者, 自然敎於公宮可知也. 云"敎

1) 시마복(緦麻服)은 상복(喪服) 중 하나로, 오복(五服)에 속한다. 가장 조밀한 삼베를 사용해서 만든다. 이 복장을 입게 되는 기간은 상황에 따라서 차이가 있지만, 일반적으로 3개월이 된다. 친족의 백숙부모(伯叔父母)나 친족의 형제(兄弟)들 및 혼인하지 않은 친족의 자매(姊妹) 등을 위해서 입는다.

以婦德・婦言・婦容・婦功"者, 昏義文, 鄭彼注云: "婦德, 貞順也. 婦言, 辭令也. 婦容, 婉娩也. 婦功, 絲麻也." 云"宗室, 大宗之家"者, 按喪服小記"繼別爲宗", 謂別子之世適長子族人來宗事之者, 謂之宗者, 收族者也. 高祖之廟旣毁, 與君絶服者, 則皆於大宗之家敎之. 又小宗有四, 或繼祖, 或繼禰, 或繼曾祖, 或繼高祖, 此等至五代皆遷不就之敎者, 小宗卑故也.

● 記文: "祖廟"~"宗室". ◎ 鄭注: "祖廟"~"之家". ○ 이것은 제후와 동족인 여자가 시집을 가기 이전에 가르침을 받아 도리를 완성하는 법도를 뜻한다. 경문에서는 단지 '조묘(祖廟)'라고만 했는데, 정현은 "딸의 고조부로 군주의 신분이었던 자의 묘를 뜻한다. 시마복(緦麻服)을 착용해야 하는 친족관계가 있기 때문이다."라고 했다. 정현이 이러한 사실을 알 수 있었던 것은 제후는 5개의 묘를 세우며 태조의 묘는 훼철시키지 않으니, 대수가 가까운 묘는 4개이며 차례대로 훼철시키게 된다. 경문에서 "아직 훼철되지 않았다."라 말하고, "이미 훼철되었다."라 말한 것은 고조부의 묘를 기준으로 말한 것이다. 그렇기 때문에 "조묘(祖廟)는 딸의 고조부로 군주의 신분이었던 자의 묘를 뜻한다."라고 말한 것이다. 딸과 그 나라의 군주가 같은 고조부를 섬긴다면 이것은 4세대가 지나 시마복을 입는 친족이 된다. 만약 3세대가 지나 같은 증조부를 섬긴다면 이것은 소공복[2]을 착용해야 하는 친족이 된다. 만약 같은 조부를 섬긴다면 이것은 대공복[3]을 착용해야 하는 친족이 된다. 만약 같은 부친을 섬긴다면

---

2) 소공복(小功服)은 상복(喪服) 중 하나로, 오복(五服)에 속한다. 조밀한 삼베를 사용해서 만들며, 대공복(大功服)에 비해서 삼베의 재질이 조밀하기 때문에, '소공복'이라고 부른다. 이 복장을 입게 되는 기간은 상황에 따라 차이가 생기지만, 일반적으로 5개월이 된다. 백숙(伯叔)의 조부모나 당백숙(堂伯叔)의 조부모, 혼인하지 않은 당(堂)의 자매(姊妹), 형제(兄弟)의 처 등을 위해서 입는다.

3) 대공복(大功服)은 상복(喪服) 중 하나로, 오복(五服)에 속한다. 조밀한 삼베를 사용해서 만들지만, 소공복(小功服)에 비해서는 삼베의 재질이 거칠기 때문에,

이것은 자최복(齊衰服)을 착용해야 하는 친족이 된다. 이러한 자들에 대해서는 모두 공궁에서 가르친다. 이곳에서는 단지 '시마(緦麻)'라고만 말했는데, 가장 관계가 소원한 자를 제시하여 친밀한 관계에 있는 자의 경우도 드러낸 것이니, 그 안에 포함되는 자들에 대해서는 자연히 공궁에서 가르친다는 사실을 알 수 있다. 정현이 "부덕(婦德) · 부언(婦言) · 부용(婦容) · 부공(婦功)을 가르친다."라고 했는데, 이것은 『예기』「혼의(昏義)」편의 기록이며,[4] 「혼의」편에 대한 정현의 주에서는 "부덕(婦德)은 지조가 굳고 순종함을 뜻한다. 부언(婦言)은 대답하는 말 등을 뜻한다. 부용(婦容)은 유순한 모습을 뜻한다. 부공(婦功)은 견직물 만드는 일을 뜻한다."라고 했다. 정현이 "종실(宗室)은 대종의 집을 뜻한다."라고 했는데, 『예기』「상복소기(喪服小記)」편을 살펴보면 "별자를 계승하는 적장자는 대종(大宗)이 된다."[5]라 했다. 즉 별자의 집에서 대대로 적장자의 지위를 계승하여 족인들이 찾아와 그를 종주로 섬긴다는 뜻이니, 이들을 '종(宗)'이라 부르는 것은 족인들을 거두기 때문이다. 고조부의 묘가 이미 훼철되었다면 군주와 상복관계가 끊어진 것이니, 이러한 경우에는 모두 대종의 집에서 가르친다. 또 소종[6]에는 네 부류가 있으니, 조부를

'대공복'이라고 부른다. 이 복장을 입게 되는 기간은 상황에 따라 차이가 생기지만, 일반적으로 9개월이다. 당형제(堂兄弟) 및 미혼인 당자매(堂姊妹), 또는 혼인을 한 자매(姊妹) 등을 위해서 입는다.

4) 『예기』「혼의(昏義)」: 是以古者婦人先嫁三月, 祖廟未毁, 教于公宮. 祖廟既毁, 教于宗室. 教以婦德 · 婦言 · 婦容 · 婦功. 教成祭之, 牲用魚, 芼之以蘋藻, 所以成婦順也.

5) 『예기』「상복소기(喪服小記)」: 別子爲祖, 繼別爲宗. 繼禰者爲小宗. 有五世而遷之宗, 其繼高祖者也. 是故祖遷於上, 宗易於下. 尊祖故敬宗, 敬宗所以尊祖禰也.

6) 소종(小宗)과 대종(大宗)은 고대 종법제(宗法制)에 따른 구분이다. 적장자(嫡長子)의 한 계통만이 대종이 되고, 나머지 아들들은 '소종'이 된다. 예를 들어 천자의 적장자는 대종이 되고, 나머지 아들들은 '소종'이 된다. 만약 '소종'인 천자의 나머지 아들들이 제후가 되었다면, 본인의 나라에서는 대종이 되지만, 천자에 대해서

잇는 자, 부친을 잇는 자, 증조부를 잇는 자, 고조부를 잇는 자들이다. 이러한 소종들은 5세대에 이르면 모두 체천되므로 그들의 집으로 찾아가 가르침을 받지 않는다. 그 이유는 소종은 대종에 비해 상대적으로 미천하기 때문이다.

참고 23-5 『예기』「혼의(昏義)」 기록

경문 是以古者婦人先嫁三月, 祖廟未毁, 教于公宫. 祖廟既毁, 教于宗室. 教以婦德·婦言·婦容·婦功. 教成祭之, 牲用魚, 芼之以蘋藻, 所以成婦順也.

이러한 까닭으로 고대에는 딸아이가 시집가기 3개월 전에 조묘(祖廟)가 아직 훼철되지 않아서 군주와 사이가 가까운 친족이라면 공궁(公宮)에서 그녀에 대한 교육을 실시한다. 조묘가 이미 훼철되어서 군주와 사이가 소원해진 친족이라면 종실(宗室)에서 그녀에 대한 교육을 실시한다. 그녀에게 교육을 할 때에는 아내이자 며느리로서 갖춰야 하는 덕, 해야 할 말, 갖춰야 하는 행동거지, 해야 할 일 등을 가르친다. 가르침이 완성되면 자신이 파생하게 된 조상에 대해서 제사를 지내는데, 희생물은 물고기를 사용하고, 빈조라는 풀로 국을 끓이니, 아내이자 며느리로서 갖춰야 하는 순종의 덕목을 이루었기 때문이다.

鄭注 謂與天子·諸侯同姓者也. 嫁女者, 必就尊者教成之. 教成之者, 女師也. 祖廟, 女所出之祖也. 公, 君也. 宗室, 宗子之家也. 婦德, 貞順也. 婦言, 辭令也. 婦容, 婉娩也. 婦功, 絲麻也. 祭之, 祭其

는 역시 '소종'이 된다. 제후가 된 자의 적장자는 본인의 나라에서 대종이 되고, 나머지 아들들은 '소종'이 된다.

所出之祖也. 魚·蘋藻, 皆水物, 陰類也. 魚爲俎實, 蘋藻爲羹菜. 祭無牲牢, 告事耳, 非正祭也, 其齊盛用黍云. 君使有司告之. 宗子之家, 若其祖廟已毁, 則爲壇而告焉.

천자 및 제후와 동성인 자들을 뜻한다. 시집을 가는 여자는 반드시 존귀한 자에게 나아가서 가르침을 받아 완성되어야 한다. 가르쳐서 완성을 시키는 자는 여사(女師)이다. 여기에서 말하는 '조묘(祖廟)'는 그녀가 파생하게 된 조상을 뜻한다. '공(公)'은 군주를 뜻한다. '종실(宗室)'은 종자의 집을 뜻한다. '부덕(婦德)'은 지조가 굳고 순종함을 뜻한다. '부언(婦言)'은 대답하는 말 등을 뜻한다. '부용(婦容)'은 유순한 모습을 뜻한다. '부공(婦功)'은 견직물 만드는 일을 뜻한다. '제지(祭之)'는 그녀가 파생하게 된 조상에 대해 제사를 지낸다는 뜻이다. 물고기와 빈조(蘋藻)라는 식물은 모두 물에서 나오는 산물이니, 음(陰)의 부류에 해당한다. 물고기로는 도마를 채우고, 빈조로는 풀국을 만든다. 제사를 지낼 때 정식 희생물이 없는 것은 단지 그 사안을 아뢰는 제사이며 정식 제사가 아니기 때문이니, 곡식을 담을 때에는 서(黍)를 사용했다고 전해진다. 군주는 유사(有司)를 시켜서 아뢰게 된다. 종자의 집에 그녀가 파생하게 된 조상의 묘가 이미 훼철되었다면 제단을 쌓아서 아뢰게 된다.

참고 23-6 『예기』「상복소기(喪服小記)」 기록

경문 別子爲祖, 繼別爲宗. 繼禰者爲小宗. 有五世而遷之宗, 其繼高祖者也. 是故祖遷於上, 宗易於下. 尊祖故敬宗, 敬宗所以尊祖禰也.

제후의 적장자 이외의 나머지 아들은 별자로 자기 가문의 시조가 되며, 별자를 계승하는 적장자는 대종(大宗)이 된다. 별자의 적장자 이외의 나머지 아들은 부친의 제사를 섬기니 그는 별도로 자기 가문의 소종(小宗)이 된다. 5세대가 지나서 소종의 지위를 잃는 것은 고조까지 섬기는 것을

소종의 한도로 삼기 때문이다. 이러한 까닭으로 조상은 위로 체천되어 고조 이상이 되면 관계가 끊어지고, 종자는 밑으로 바뀌어 5세대가 지나면 지위를 잃는다. 선조를 존숭하기 때문에 종자를 공경하는 것이며, 종자를 공경함은 선조를 존숭하는 방법이다.

鄭注 諸侯之庶子, 別爲後世爲始祖也. 謂之別子者, 公子不得禰先君. 別子之世長子, 爲其族人爲宗, 所謂百世不遷之宗. 別子, 庶子之長子, 爲其昆弟爲宗也. 謂之小宗者, 以其將遷也. 謂小宗也. 小宗有四, 或繼高祖, 或繼曾祖, 或繼祖, 或繼禰, 皆至五世則遷. 宗者, 祖·禰之正體.

제후의 서자는 갈라져 나와서 후세의 자기 가문 시조가 된다. '별자(別子)'라고 부른 이유는 공자(公子)는 선군을 부친으로 삼아 제사를 지낼 수 없기 때문이다. 별자의 다음 세대 장자는 그의 족인들에 대해 대종(大宗)이 되니, 이른바 영원토록 체천되지 않는 종가가 된다. 별자는 서자의 장자이며, 곤제들의 종주가 된다. '소종(小宗)'이라고 부른 이유는 시간이 지나면 체천되기 때문이다. 5세대에 대한 내용은 소종을 뜻한다. 소종에는 4종류가 있으니, 고조를 잇는 자, 증조를 잇는 자, 조부를 잇는 자, 부친을 잇는 자들인데, 이들 모두는 5세대가 지나게 되면 체천이 된다. 종주는 조부와 부친의 정통을 이은 자이다.

孔疏 ●"繼別爲宗". ○謂別子之世世長子, 恒繼別子, 與族人爲百世不遷之大宗.

●經文: "繼別爲宗". ○별자의 후대에는 장자가 항상 별자의 지위를 계승하여, 족인들에 대해서 영원토록 체천되지 않은 대종(大宗)이 된다는 뜻이다.

孔疏 ●"繼禰者爲小宗". ○禰謂別子之庶子, 以庶子所生長子, 繼此庶子, 與兄弟爲小宗. 謂之"小宗"者, 以其五世則遷, 比大宗爲小, 故云"小宗"也.

●經文: "繼禰者爲小宗". ○'녜(禰)'는 별자의 서자를 뜻하니, 서자에게서 출생한 장자는 서자의 지위를 계승하여, 그의 형제들에 대해서 소종(小宗)이 된다. '소종(小宗)'이라고 부른 이유는 그들은 5세대가 지나면 체천이 되니, 대종에 비해서 작기 때문에 '소종(小宗)'이라고 부른 것이다.

그림 23-1 ▣ 제후오묘도(諸侯五廟圖)

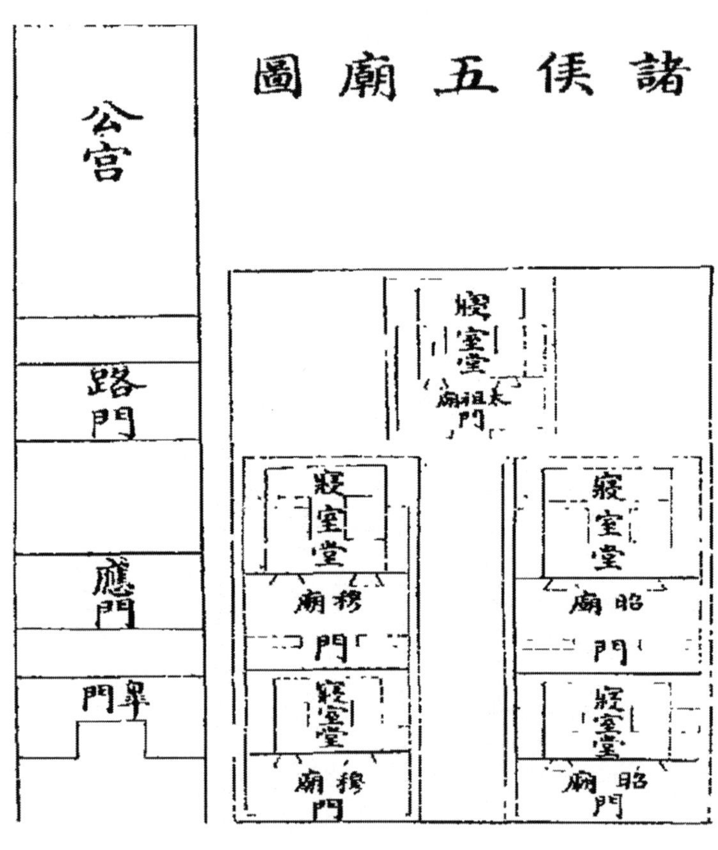

※ 출처: 『의례도(儀禮圖)』「의례방통도(儀禮旁通圖)」

그림 23-2 ▣ 대공복(大功服)

※ 출처: 『삼재도회(三才圖會)』「의복(衣服)」 3권

그림 23-3 ▣ 대종자(大宗子)

大宗子

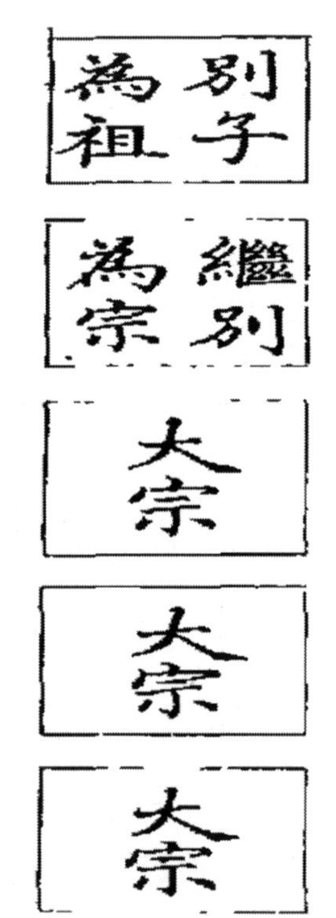

※ 출처: 『삼례도집주(三禮圖集注)』 4권

그림 23-4 ▣ 소종자(小宗子)

小宗子

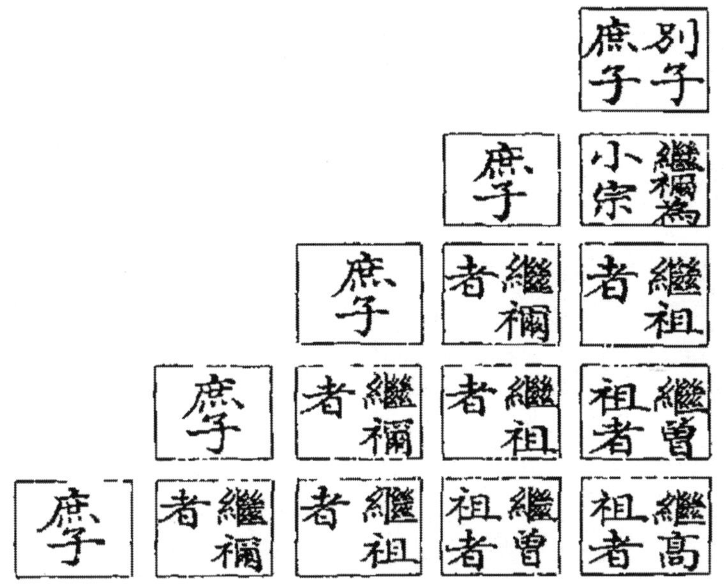

※ 출처: 『삼례도집주(三禮圖集注)』 4권

제 24 절
기문(記文)-문명(問名)의 절차

110上

問名, 主人受鴈, 還, 西面對. 賓受命乃降.

직역 問名에 主人은 鴈을 受하고 還하여 西面하고 對한다. 賓은 命을 受하고 降한다.

의역 문명(問名)을 함에, 신부의 부친은 양쪽 기둥 사이에서 남쪽을 바라보며 기러기를 받고, 동쪽 계단 위의 자리로 되돌아와서 서쪽을 바라보며 빈객에게 딸의 이름을 대답해준다. 빈객은 그 이름을 듣고서 당하로 내려간다.

鄭注 受鴈于兩楹間, 南面, 還于阼階上, 對賓以女名.

양쪽 기둥 사이에서 기러기를 받으며 남쪽을 바라보고, 동쪽 계단 위의 자리로 되돌아오고, 빈객에게 딸의 이름을 대답해준다.

賈疏 ●"問名"至"乃降". ◎注"受鴈"至"女名". ○釋曰: 此亦記經不具者. 按經直云"問名, 如納采之禮", 納采禮中無主人西面對事, 故記之也. 知"受鴈於兩楹間, 南面"者, 納采時賓"當阿東面致命, 主人阼階上北面再拜", 又云"授于楹間南面", 問名如納采之禮, 故亦楹間南面授鴈, 於彼唯不云"西面", 故記之也. 云"還于阼階上, 對賓以女名"者, 此卽西面對, 與拜時北面異處也.

●記文: "問名"~"乃降". ◎鄭注: "受鴈"~"女名". ○이 또한 경문에서 기록하지 않은 부분을 기록한 것이다. 살펴보면 경문에서는 단지 "문명을 하며 납채(納采)를 할 때의 예처럼 한다."[1]라고만 했는데, 납채의 의례

기록 중에는 주인이 서쪽을 바라보며 대답하는 사안이 나타나지 않는다. 그렇기 때문에 기록한 것이다. 정현이 "양쪽 기둥 사이에서 기러기를 받고, 남쪽을 바라본다."라 했는데, 이 말이 사실임을 알 수 있는 이유는 납채를 할 때 빈객에 대해서 "마룻대에 당도하면 동쪽을 바라보며 명령을 전한다. 주인은 동쪽 계단 위에서 북쪽을 바라보며 재배한다."[2]라 했고, 또 "빈객이 기둥 사이에서 예물인 기러기를 건네며 남쪽을 바라본다."[3]라 했다. 문명은 납채의 예와 동일하게 한다. 그렇기 때문에 또한 양쪽 기둥 사이에서 남쪽을 바라보며 기러기를 건네게 되는데, 납채를 할 때의 기록에서는 다만 "서쪽을 바라본다."라고 말하지 않았다. 그렇기 때문에 기록한 것이다. 정현이 "동쪽 계단 위의 자리로 되돌아오고, 빈객에게 딸의 이름을 대답해준다."라고 했는데, 이것은 곧 서쪽을 바라보며 대답하는 것으로, 절을 할 때 북쪽을 바라보는 곳과는 다른 장소이다.

---

1) 『의례』「사혼례」 : 賓執鴈, 請問名, 主人許. 賓入, 授, 如初禮.
2) 『의례』「사혼례」 : 主人以賓升, 西面. 賓升西階, 當阿, 東面致命. 主人阼階上北面再拜.
3) 『의례』「사혼례」 : 授于楹間, 南面.

제 25 절

기문(記文) - 제례(祭醴)와 반명(反命)

110下

祭醴, 始扱壹祭, 又扱再祭. 賓右取脯, 左奉之, 乃歸, 執以反命.

직역 醴를 祭함에 始히 扱하여 壹祭하고 又히 扱하여 再祭한다. 賓은 右로 脯를 取하고 左로 奉하며, 歸하여 執하고서 反命한다.

의역 관단술로 제사를 지냄에 처음에는 술을 떠서 한 차례 제사를 지내고, 또 술을 떠서 두 차례 제사를 지낸다. 빈객은 우측 손으로 포를 잡고 좌측 손으로 이것을 함께 받들고 이에 되돌아간다. 되돌아가서는 이것을 들고서 복명(復命)을 한다.

鄭注 反命, 謂使者問名・納吉・納徵・請期, 還報於婿父.

'반명(反命)'은 심부름꾼이 문명(問名)・납길(納吉)・납징(納徵)・청기(請期)를 하고서 되돌아가 신랑의 부친에게 보고함을 뜻한다.

賈疏 ●"祭醴"至"反命". ○釋曰: 云"祭醴"者, 謂贊醴婦之時, 禮成於三, 其爲三祭之時. 始祭醴云"初", 故始扱壹祭, 後祭醴又扱爲再祭也. 云"賓右取脯, 左奉之, 乃歸"者, 經直云"降筵北面坐取脯", 不言用左右手, 故記之也. 云"右取脯, 左奉之"者, 謂先用右手取得脯, 乃用左手兼奉之, 以降授從者於西階下, 乃歸, 執以反命.

● 記文: "祭醴"~"反命". ○"단술로 제사를 지낸다."라고 했는데, 혼례의

진행을 돕는 자가 며느리에게 예(醴)를 할 때,[1] 그 예는 세 차례 하는 데에서 완성하니, 세 차례 제사를 지내는 때에 해당한다. 처음 단술로 제사를 지낼 때에는 '초(初)'라고 한다. 그렇기 때문에 처음에는 술을 떠서 한 차례 제사를 지내고, 이후 단술로 제사를 지내며 재차 술을 뜨는 것이 두 차례 제사가 된다. "빈객은 우측 손으로 포를 잡고 좌측 손으로 이를 받들고 이에 되돌아간다."라고 했는데, 경문에서는 단지 "자리에서 내려와 북쪽을 바라보며 앉아서 포를 취한다."[2]라 하여, 좌우측 손을 사용한다고 말하지 않았다. 그렇기 때문에 기록한 것이다. "우측 손으로 포를 잡고 좌측 손으로 이를 받든다."라고 했는데, 먼저 우측 손을 이용해서 포를 취해 얻고, 그런 뒤에 좌측 손을 이용해서 함께 그것을 받들고, 내려가서 서쪽 계단 아래에서 종자에게 건내고, 그런 뒤에 되돌아가 이것을 가지고서 반명을 한다.

賈疏 ◎注"反命"至"婿父". ○釋曰: 知反命是此問名·納吉·納徵·請期者, 以下云: "凡使者歸, 反命曰'某旣得將事矣, 敢以禮告'." 言"凡", 非一, 則知四者皆有反命也. 以納采與問名同使, 親迎又無使者, 故據此四者而言也.

◎鄭注: "反命"~"婿父". ○반명(反命)이라는 것이 문명(問名)·납길(納吉)·납징(納徵)·청기(請期)에 해당한다는 사실을 알 수 있는 이유는 아래문장에서 "무릇 심부름꾼이 되돌아가 신랑의 부친에게 보고하기를 '아무개는 이미 혼례의 일을 완수하였으니, 감히 예물을 가지고 고합니다.'"[3]라고 했다. '범(凡)'이라 말한 것은 한 가지 경우가 아니니, 네 가지 절차에 모두 반명이 있음을 알 수 있다. 납채와 문명은 같은 신부름

1) 『의례』「사혼례」 : 贊醴婦.
2) 『의례』「사혼례」 : 賓卽筵, 奠于薦左, 降筵, 北面坐取脯, 主人辭.
3) 『의례』「사혼례」 : 凡使者歸, 反命, 曰: "某旣得將事矣, 敢以禮告."

꾼이 담당하고, 친영을 할 때에는 또한 심부름꾼이 없다. 그렇기 때문에 이 네 가지를 들어서 언급한 것이다.

제 26 절

기문(記文)-납징(納徵)의 절차

111上

納徵, 執皮, 攝之, 內文, 兼執足, 左首. 隨入, 西上, 參分庭一在南.

직역 納徵에 皮를 執하되 攝하여 文을 內하고 兼히 足을 執하여 首를 左한다. 隨히 入하여 西上하고 庭을 參分하여 一하여 南에 在한다.

의역 납징(納徵)을 할 때에는 한 쌍의 사슴 가죽을 잡는데 무늬가 안쪽을 향하도록 피해 잡고 두 손으로 네 발을 잡고서 머리가 좌측을 향하도록 한다. 뒤따라 들어가며 서쪽 끝에서부터 차례대로 정렬하는데, 중정을 3등분하여 그 중 남쪽에 있는 1만큼의 지점에 있는다.

鄭注 攝猶辟也. 兼執足者, 左手執前兩足, 右手執後兩足. 左首, 象生. 曲禮曰: "執禽者左首." 隨入, 爲門中阨狹. 西上, 中庭位併.

'섭(攝)'자는 피한다는 뜻이다. 함께 다리를 잡는다는 것은 좌측 손으로 앞의 두 다리를 잡고, 우측 손으로 뒤의 두 다리를 잡는 것이다. 머리를 좌측으로 두는 것은 살아있는 것을 형상한다. 『예기』「곡례(曲禮)」편에서는 "새를 바칠 때에는 새를 잡고서 머리를 좌측 방향으로 해서 바친다."[1]라 했다. 뒤따라서 들어간다는 것은 문 가운데가 협소하기 때문이다. 서쪽 끝에서부터 차례대로 정렬하는 것은 중정의 자리와 나란히 하기 위해서이다.

---

1) 『예기』「곡례상(曲禮上)」 : 執禽者, 左首.

賈疏 ●"納徵"至"在南". ○釋曰: 按經直云"納徵, 玄纁束帛·儷皮, 如納吉禮", 則授幣得如授鴈之禮, 至於庭實之皮, 無可相如, 故記之.

●記文: "納徵"~"在南". ○살펴보면 경문에서는 단지 "납징을 하며 현색과 훈색의 속백과 한 쌍의 사슴 가죽을 예물로 사용하는데 납길의 의례와 동일하게 한다."[2)]라 했으니, 예물을 건넬 때에는 기러기를 건넬 때의 예법과 동일하게 할 수 있는데, 마당에 놓아두는 사슴 가죽에 있어서는 유추해볼 수 있는 기록이 없다. 그렇기 때문에 기록한 것이다.

賈疏 ◎注"攝猶"至"位併". ○釋曰: 執皮者相隨而入, 至庭北面, 皆以西爲左, 一手執兩足, 毛在內, 故云"內文". 云"左首, 象生"者, 按聘禮, 執皮者, 皆右[3)]首, 此亦執皮而左首, 故云象生. 與執禽者同, 故引曲禮"執禽者左首"爲證. 必象生者, 取婦人生息之義. 云"隨入爲門中阨狹"者, 皮皆橫執之. 按匠人云"廟門容大扃七个", 注云: "大扃, 牛鼎之扃, 長三尺, 每扃爲一个, 七个二丈一尺." 彼天子廟門. 此士之廟門降殺, 甚小, 故云門中阨狹, 故隨入得並也. 云"西上, 中庭位併"者, 俱北面西上也.

◎鄭注: "攝猶"~"位併". ○사슴 가죽을 잡고 있는 자가 서로 뒤따라서 들어가 마당에 이르게 되면 북쪽을 바라보니 모두 서쪽을 좌측으로 두게 되고, 한쪽 손으로 양쪽 발을 잡고 털이 안쪽으로 오게 된다. 그렇기 때문에 "무늬를 안쪽으로 한다."라고 말한 것이다. 정현이 "머리를 좌측으로 두는 것은 살아있는 것을 형상한다."라고 했는데, 『의례』「빙례(聘禮)」편을 살펴보면 사슴 가죽을 잡고 있는 자는 모두 머리를 우측으로 둔다고

2) 『의례』「사혼례」 : 納徵, 玄纁束帛·儷皮, 如納吉禮.

3) 우(右) : 십삼경주소 북경대 출판본에서는 "우(右)자는 본래 좌(左)자로 기록되어 있었는데, 완원의 『교감기』를 살펴보면 '포당은 우(右)자를 좌(左)자로 잘못 기록한 것이라 했는데 이 말이 옳다.'"라고 했다.

했다.[4] 이곳에서도 사슴 가죽을 잡고 있는 것인데 머리를 좌측으로 두고 있다. 그렇기 때문에 "살아있는 것을 형상한다."고 말한 것으로, 새를 잡는 경우와 동일하다. 그렇기 때문에 「곡례(曲禮)」편에서 "새를 바칠 때에는 새를 잡고서 머리를 좌측 방향으로 해서 바친다."라고 한 말을 인용해서 증명한 것이다. 기어코 살아있는 것을 형상하는 것은 부인이 낳고 기르는 뜻을 취했기 때문이다. 정현이 "뒤따라서 들어간다는 것은 문 가운데가 협소하기 때문이다."라고 했는데, 사슴 가죽은 횡으로 들게 된다. 『주례』「장인(匠人)」편을 살펴보면 "묘문(廟門)은 대경(大扃) 7개를 수용할 길이로 만든다."[5]라 했고, 주에서는 "대경(大扃)은 소를 삶는 솥에 거는 경(扃)으로 그 길이는 3척이다. 매 경(扃)마다 1개가 되니, 7개라면 2장 1척이 된다."라 했다. 「장인」편의 기록은 천자의 묘문에 해당한다. 이곳의 기록은 사의 묘문이므로 낮추게 되어 그 너비가 매우 좁다. 그렇기 때문에 "문 가운데가 협소하기 때문이다."라 말한 것이다. 그래서 뒤딸아 들어가 나란히 설 수 있다. 정현이 "서쪽 끝에서부터 차례대로 정렬하는 것은 중정의 자리와 나란히 하기 위해서이다."라고 했는데, 모두 북쪽을 바라보며 서쪽 끝에서부터 차례대로 정렬한다.

참고 26-1 『예기』「곡례상(曲禮上)」 기록

경문 執禽者, 左首.

새를 바칠 때에는 새를 잡고서 머리를 좌측 방향으로 해서 바친다.

鄭注 左首, 尊.

머리를 좌측 방향으로 해서 주는 것은 머리가 존귀한 부위이기 때문이다.

---

4) 『의례』「빙례(聘禮)」: 公側授宰幣, 皮如入, 右首而東.

5) 『주례』「동관고공기(冬官考工記)·장인(匠人)」: 廟門容大扃七个.

孔疏 ●"執禽者左首"者, 禽, 鳥也. 左, 陽也, 首亦陽也. "左首", 謂橫捧之也, 凡鳥皆然. 若並授, 則主人在左, 故客以鳥首授之也. 不牽, 故執之也.

●經文: "執禽者左首". ○'금(禽)'자는 조류를 뜻한다. 좌측은 음양으로 따지면 양(陽)에 해당하며, 신체 중 머리 또한 양에 해당한다. '좌수(左首)'라는 말은 옆으로 눕혀서 든다는 뜻으로, 무릇 조류에 대해서는 모두 이러한 방식으로 든다. 만약 주인과 빈객이 나란히 서서 주고받는 경우라면, 주인은 좌측에 있게 된다. 그렇기 때문에 빈객이 새의 머리 부분을 주인에게 건네는 것이다. 새는 끌고 갈 수 없기 때문에 손으로 잡고 간다.

참고 26-2 『주례』「동관고공기(冬官考工記) · 장인(匠人)」 기록

경문 廟門容大扃七个.

묘문(廟門)은 대경(大扃) 7개를 수용할 길이로 만든다.

鄭注 大扃, 牛鼎之扃, 長三尺. 每扃爲一个, 七个二丈一尺.

대경(大扃)은 소를 삶는 솥에 거는 경(扃)으로 그 길이는 3척이다. 매 경(扃)마다 1개가 되니, 7개라면 2장 1척이 된다.

賈疏 ◎注"大扃"至"一尺". ○釋曰: 知"大扃, 牛鼎之扃, 長三尺"者, 此約漢禮器制度.

◎鄭注: "大扃"~"一尺". ○정현이 "대경(大扃)은 소를 삶는 솥에 거는 경(扃)으로 그 길이는 3척이다."라 했는데, 이 말이 사실임을 알 수 있는 이유는 이것은 『한예기제도』를 요약한 것이기 때문이다.

112上

賓致命, 釋外足見文. 主人受幣. 士受皮者自東出于後, 自左受, 遂坐攝皮, 逆退, 適東壁.

직역 賓이 致命하면 外足을 釋하여 文을 見한다. 主人은 幣를 受한다. 士의 皮를 受하는 者는 東을 自하여 後로 出하고 左로 自하여 受하며, 遂히 坐하여 皮를 攝하고, 逆退하여 東壁으로 適한다.

의역 빈객이 신랑 부친의 명령을 전달하면, 사슴 가죽의 바깥쪽 다리를 풀어서 가려졌던 무늬를 보인다. 신부의 부친이 예물을 받는다. 신부의 부친에게 속한 사들 중 사슴 가죽을 받는 자는 동쪽으로부터 뒤로 나와서 좌측으로부터 사슴 가죽을 받고, 마침내 앉아서 사슴 가죽을 접고, 역순으로 물러나 동쪽 벽으로 간다.

鄭注 賓致命, 主人受幣, 庭實所用爲節. 士, 謂若中士·下士不命者, 以主人爲官長. 自, 由也.

빈객이 신랑 부친의 명령을 전달하고 신부의 부친이 예물을 받는 것은 마당에 진열할 때 사용되는 것들을 하나의 절차로 삼은 것이다. '사(士)'는 중사나 명의 등급을 받지 못한 하사로 신부의 부친을 관부의 수장으로 삼는 자들을 뜻한다. '자(自)'자는 말미암는다는 뜻이다.

賈疏 ●"賓致"至"東壁". ○釋曰: 此亦爲經不見主人之士受皮之事, 故記之也. 云"釋外足"者, 據人北面以足向上執之, 足遠身爲外, 釋之則文見, 故釋外足見文也. 云"士受皮"者, 取皮自東方, 出于後者, 謂自東方出於執皮者之後, 至於左北面受之, 故云也. 云"逆退"者, 二人相隨, 自東而西, 今以後者先向東行, 故云逆退也.

● 記文: "賓致"~"東壁". ○ 이 또한 경문에서 주인에게 속한 사가 사슴 가죽을 받는 사안이 나타나지 않기 때문에 기록한 것이다. "바깥쪽 다리를 푼다."라고 했는데, 사람이 북쪽을 바라보며 다리를 위로 향하게 해서

잡는 것에 기준을 두면 다리는 몸과 멀어져서 바깥쪽이 되며, 이것을 풀게 되면 무늬가 드러난다. 그렇기 때문에 바깥쪽 다리를 풀어서 무늬를 드러내는 것이다. "사가 사슴 가죽을 받는다."라고 했는데, 사슴 가죽을 받을 때 동쪽으로부터 받는 것으로, 뒤로 나간다고 한 것은 동쪽으로부터 사슴 가죽을 들고 있는 자의 뒤쪽으로 나가는 것을 뜻하니, 좌측에서 북쪽을 바라보는 지점에 이르러 그것을 받는다. 그렇기 때문에 말한 것이다. "역순으로 물러난다."라고 했는데, 두 사람이 서로 뒤따라 동쪽으로부터 서쪽으로 갔고, 지금은 뒤에 선 자가 먼저 동쪽을 향해 움직인다. 그렇기 때문에 "역순으로 물러난다."라 말했다.

賈疏 ◎注"賓致"至"由也". ○釋曰: 云"賓致命, 主人受幣, 庭實所用爲節"者, 以其上經納徵·授幣如納吉之禮, 其目已具. 今言之者, 爲執皮者釋外足見文, 及士受皮時節不見, 故云賓堂上致命時, 庭中執皮者釋外足見文; 主人堂上受幣時, 主人之士於堂下受取皮, 是其庭實所用爲節也. 云"士, 謂若中士·下士不命者", 但諸侯之士, 國皆二十七人. 依周禮·典命: 侯伯之士一命, 子男之士不命. 命與不命, 國皆分爲三等: 上九, 中九, 下九. 按周禮三百六十官, 皆有官長, 其下皆有屬官. 但天子之士, 上士三命, 中士再命, 下士一命, 與諸侯之士異. 若諸侯上·中·下士同命, 今言士, 謂若中士·下士不命者, 據上士爲官長者. 若主人是中士, 則士是下士; 若主人是下士, 則士是不命之士·府史之等. 此不命與子男之士不命者別, 彼雖不得君簡策之命, 仍得人君口命爲士. 此則不得君命, 是官長自辟除者也. 按旣夕宰擧幣是士之府史, 則庭實胥徒爲之. 云"自, 由也"者, 謂由執皮者之左受之也.

◎鄭注: "賓致"~"由也". ○ 정현이 "빈객이 신랑 부친의 명령을 전달하고 신부의 부친이 예물을 받는 것은 마당에 진열할 때 사용되는 것들을 하나의 절차로 삼은 것이다."라고 했는데, 앞의 경문에서 납징(納徵)과 수폐

(授幣)를 할 때 납길(納吉)의 예와 같게 한다고 하여, 그 목록이 이미 갖춰져 있다. 지금 이곳에서 언급을 한 것은 사슴 가죽을 잡고 있는 자가 바깥쪽 다리를 풀어 무늬를 드러내는 것과 사가 사슴 가죽을 받을 때의 절차가 드러나지 않았기 때문이다. 그렇기 때문에 빈객이 당상에서 신랑 부친의 명령을 전달할 때, 마당 가운데에서 사슴 가죽을 들고 있는 자가 바깥쪽 다리를 풀어 무늬를 드러내고, 신부의 부친이 당상에서 예물을 받을 때 신부의 부친에게 속한 사가 당하에서 이를 받아 사슴 가죽을 드는데, 이것은 마당에 진열할 때 사용되는 것들을 하나의 절차로 삼은 것을 나타낸다고 말한 것이다. 정현이 "사(士)는 중사나 명의 등급을 받지 못한 하사이다."라고 했는데, 다만 제후에게 속한 사는 그 나라에 모두 27명이 있게 된다. 『주례』「전명(典命)」편에 따르면, 후작과 백작에게 소속된 사는 1명의 등급이고, 자작과 남작의 사는 명의 등급을 받지 못한다.[1] 명의 등급을 받았거나 받지 못했거나 제후국에서는 모두 3등급으로 나누게 되니, 상사가 9명, 중사가 9명, 하사가 9명이다. 『주례』를 살펴보면 360개의 관부가 있고 모두 관부의 수장이 있게 되며, 그 휘하에는 모두 소속된 관리들이 있게 된다. 다만 천자에게 속한 사는 상사가 3명의 등급이고, 중사가 2명의 등급이며, 하사가 1명의 등급으로,[2] 제후국에 속한 사와는 다르다. 만약 제후국에 속한 상사·중사·하사가 명의 등급이 같다면, 지금 '사(士)'라고 말했고, 이것이 중사나 명의 등급을 받지 못한 하사를 뜻한다고 말했다면, 이것은 상사가 관부의 수장으로 있는

1) 『주례』「춘관(春官)·전명(典命)」 : 公之孤四命, 以皮帛視小國之君, 其卿三命, 其大夫再命, <u>其士一命</u>, 其宮室·車旗·衣服·禮儀, 各視其命之數. <u>侯伯之卿大夫士亦如之</u>. <u>子男</u>之卿再命, 其大夫一命, <u>其士不命</u>, 其宮室·車旗·衣服·禮儀, 各視其命之數.

2) 『주례』「춘관(春官)·전명(典命)」편의 "王之三公八命, 其卿六命, 其大夫四命. 及其出封, 皆加一等. 其國家·宮室·車旗·衣服·禮儀亦如之."라는 기록에 대한 정현의 주 : 王之<u>上士三命, 中士再命, 下士一命</u>.

경우에 기준을 둔 것이다. 만약 신부의 부친이 중사의 신분이라면 사는 하사가 되고, 만약 신부의 부친이 하사의 신분이라면 사는 명의 등급을 받지 못한 사이거나 부사[3]와 같은 속리 등에 해당한다. 그런데 이곳에서 명의 등급을 받지 못했다는 것은 자작과 남작에게 소속된 사가 명의 등급을 받지 못했다는 것과는 구별되니, 자작과 남작에게 소속된 사들은 비록 군주로부터 서류로 작성된 명의 등급 문서를 받지 못했지만 군주로부터 구두로 명을 받아 사가 된 자들이다. 이곳에서 말하는 자들은 군주의 명을 받지 못했고, 관부의 수장이 직접 추천한 자들이다. 『의례』「기석례(旣夕禮)」편을 살펴보면 재(宰)가 예물을 든다고 했을 때,[4] 이들은 사중의 부사에 해당하니, 마당에 진열하는 것은 서(胥)나 도(徒)가 하는 것이다. 정현이 "자(自)자는 말미암는다는 뜻이다."라고 했는데, 사슴 가죽을 들고 있는 자의 좌측으로부터 받는다는 뜻이다.

참고 26-3 『주례』「춘관(春官) · 전명(典命)」 기록

경문 公之孤四命, 以皮帛視小國之君, 其卿三命, 其大夫再命, 其士一命, 其宮室 · 車旗 · 衣服 · 禮儀, 各視其命之數. 侯伯之卿大夫士亦如之. 子男之卿再命, 其大夫一命, 其士不命, 其宮室 · 車旗 · 衣服 · 禮儀, 各視其命之數.

공작의 고(孤)는 4명(命)의 등급으로, 피백으로 찾아뵐 때에는 소국의

3) 부사(府史)는 재화와 문서를 관리하는 말단직 관리를 말한다. 부(府)는 본래 창고를 관리하는 자이고, 사(史)는 문서 기록을 담당했던 자이다. 이 둘을 합쳐서 하급 관리들을 범칭하는 용어로도 사용한다. 『주례(周禮)』「천관(天官) · 서관(序官)」편에는 "府六人, 史十有二人."라는 기록이 있는데, 이에 대한 정현 주에서는 "府, 治藏, 史, 掌書者. 凡府 · 史, 皆其官長所自闢除."라고 풀이했다.

4) 『의례』「기석례(旣夕禮)」: 宰由主人之北, 擧幣以東.

군주에 견주고, 그에게 소속된 경은 3명의 등급이며, 그에게 소속된 대부는 2명의 등급이고, 그에게 소속된 사는 1명의 등급으로, 그들의 궁실(宮室)·거기(車旗)·의복(衣服)·예의(禮儀)는 각각 그들 명의 수에 견준다. 후작과 백작의 경·대부·사 또한 이와 같다. 자작과 남작의 경은 2명의 등급이고, 그에게 소속된 대부는 1명의 등급이며, 그에게 소속된 사는 명의 등급을 받지 못하며, 그들의 궁실·거기·의복·예의는 각각 그들 명의 수에 견준다.

鄭注 視小國之君者, 列於卿大夫之位而禮如子男也. 鄭司農云: "九命上公, 得置孤卿一人. 春秋傳曰: '列國之卿, 當小國之君, 固周制也.'" 玄謂王制曰: "大國三卿, 皆命於天子, 下大夫五人, 上士二十七人. 次國三卿, 二卿命於天子, 一卿命於其君, 下大夫五人, 上士二十七人. 小國二卿, 皆命於其君, 下大夫五人, 上士二十七人."

"소국의 군주에 견준다."는 것은 경·대부의 자리를 나열하며 그 예를 자작·남작과 동일하게 한다는 뜻이다. 정사농은 "9명에 해당하는 상공은 고경(孤卿) 1명을 둘 수 있다. 『춘추전』에서는 '열국의 경 지위가 소국의 군주에 해당한다는 것은 본래 주나라 때의 예제이다.'[5]"라 했다. 내가 생각하기에, 『예기』「왕제(王制)」편에서는 "대국에 속한 3명의 경은 모두 천자에게서 명을 받고, 하대부는 5명이며 상사는 27명이다. 차국에 속한 3명의 경 중 2명의 경은 천자에게서 명을 받고, 1명의 경은 그 나라의 군주에게서 명을 받으며, 하대부는 5명이고, 상사는 27명이다. 소국에 속한 2명의 경은 모두 그 나라의 군주에게서 명을 받고, 하대부는 5명이고, 상사는 27명이다."[6]라 했다.

---

5) 『춘추좌씨전』「소공(昭公) 23년」: 叔孫婼如晉, 晉人執之. 書曰, "晉人執我行人叔孫婼", 言使人也. 晉人使與邾大夫坐, 叔孫曰, "列國之卿當小國之君, 固周制也. 邾又夷也. 寡君之命介子服回在, 請使當之, 不敢廢周制故也."

6) 『예기』「왕제(王制)」: 大國三卿皆命於天子, 下大夫五人, 上士二十七人. 次

賈疏 ◎注"視小"至"七人". ○釋曰: 云"視小國之君者, 列於卿大夫之位而禮如子男也", 知義然者, 按大行人云: "大國之孤, 執皮帛以繼小國之君, 出入三積, 不問壹勞, 朝位當車前, 不交擯, 廟中無相, 以酒禮之, 其佗皆視小國之君." 鄭注云: "此以君命來聘者也. 孤尊, 旣聘享, 更自以其贄見, 執束帛而已, 豹皮表之爲飾. 繼小國之君, 言次之也. 其佗, 謂貳車及介·牢禮·賓主之間擯·將幣·祼酢饗食之數." 以此而言, 則以皮帛者, 亦是更以贄見, 若正聘當執圭璋也. 若然, 彼云繼小國之君, 謂執皮帛次小國君後, 則與此注列於卿大夫位一也. 此言視小國之君, 注云而禮如子男, 則彼其佗視小國君, 幷彼注貳車及介以下是也. 司農云"九命上公, 得置孤卿一人. 春秋傳曰'列國之卿, 當小國之君, 固周制也'"者, 按昭二十三年左傳云: "叔孫婼爲晉所執, 晉人使與邾大夫坐訟. 叔孫曰: 列國之卿當小國之君, 固周制也. 寡君命介子服回在." 是其事也. 若然, 先鄭引魯之卿以證孤者, 孤亦得名卿, 故匠人云"外有九室, 九卿朝焉", 是幷六卿與三孤爲九卿. 亦得名卿者, 以其命數同也. 魯是侯爵, 非上公亦得置孤者, 魯爲州牧, 立孤與公同. 若然, 其孤則以卿爲之, 故叔孫婼自比於孤也. "玄謂王制曰, 大國三卿皆命於天子"以下者, 按: 王制之文多據夏殷, 此命卿亦是夏殷法. 故彼下文"大國之卿不過三命, 下卿再命, 小國之卿與下大夫一命", 鄭注云: "不著次國之卿者, 以大國之下互明之. 此卿命則異, 大夫皆同." 以此言之, 則大國卿三命, 次國卿與大國下卿同再命, 小國卿與大夫同一命, 彼注卽引此周禮命卿大夫之法, 以證與古不同之義. 若然, 此引彼夏殷命臣法. 周禮諸侯卿大夫命, 雖與古不同, 五等諸侯同國皆有三卿, 得天子命者, 與夏殷同, 故引之. 若然, 云大國三卿, 皆命於天子者, 上卿則命數足矣; 中卿天

國三卿, 二卿命於天子, 一卿命於其君. 下大夫五人, 上士二十七人. 小國二卿皆命於其君, 下大夫五人, 上士二十七人.

子再命, 己君加一命, 亦爲三命; 下卿天子一命, 若夏殷, 己君加一命, 二命足矣, 周則己君加二命, 爲三命命足矣. 云“下大夫五人”, 不言命數者, 並不得天子命, 夏殷並己君加一命, 周則大國之大夫再命也. 云“上士二十七人”者, 夏殷之士不命. 其二十七士, 亦應有上九·中九·下九, 而皆云上士者, 亦是勉人爲高行, 故總以上士言之也. 云“次國三卿, 二卿命於天子”者, 上卿, 天子二命; 己君不加; 中卿, 天子一命, 己君加一命; 下卿, 天子不命, 己君亦加二命爲再命, 故云一卿命於其君, 是次國之卿皆再命也. 若周禮, 次國卿並三命, 亦下大夫五人, 上士二十七人, 義與大國同也. 云“小國二卿, 皆命於其君”者, 按: 彼鄭注云“此文似誤脫”者, 類上文大國次國, 則此小國亦當有三卿, 宜云小國三卿, 一卿命於天子, 二卿命於其君, 則是脫“亦三卿, 一卿命於天子”九字矣. 云“誤”者, 次國云“二卿命於天子”, 不言“皆”, 此小國云“二卿皆命於其君”, 而言“皆”, 是誤, 故云蓋誤也. 若依此三卿解之, 則三卿之內, 一卿命於天子爲一命, 二卿命於其君亦各一命, 亦下大夫五人, 上士二十七人, 義與上同也. 若周禮, 小國三卿皆再命, 亦一卿命於天子一命, 己君加一命爲再命; 二卿命於其君, 不得天子命, 並己君再命矣. 又周法, 次國五大夫亦與大國五大夫同再命, 小國下大夫五人各一命, 其士, 公侯伯之士同一命, 子男之士不命, 與夏殷同, 此文是也. 大司馬云“大國三軍, 次國二軍, 小國一軍, 軍將皆命卿”者, 謂得天子之命者得爲軍將也. 若然, 諸侯之臣有四命·三命·再命·一命·不命, 而經云“各視其命數”者, 謂宮室之等, 四命者四百步, 貳車四乘, 旗四斿, 冕服四章, 三命者以三爲節, 再命·一命者亦以命數爲降殺也. 但大夫玄冕, 一命者一章, 裳上刺黻而已, 衣無章, 故得玄名也, 則冕亦象衣無旒. 其上服爵弁, 並無章飾, 是以變冕言爵弁也. 諸侯之大夫, 一命已上卽有貳車, 士雖一命, 亦無貳車; 天子之士, 再命已上可有貳車也.

◎鄭注: “視小”~“七人”. ○ 정현이 “소국의 군주에 견준다는 것은 경·대

부의 자리를 나열하며 그 예를 자작 · 남작과 동일하게 한다는 뜻이다." 라고 했는데, 그 의미가 그러함을 알 수 있는 것은 『주례』 「대행인(大行人)」 편을 살펴보면, "대국에 속한 고(孤)는 가죽과 비단을 잡고 소국의 군주 뒤에 이어서 하며, 찾아오고 떠날 때에는 3개의 적(積)을 마련하여 보내며, 문(問)을 하지 않고, 1번의 노(勞)를 하며, 조위(朝位)는 수레 앞에 해당하고, 교빈(交擯)을 하지 않으며, 묘 안에서는 상(相)이 없고, 술로 예우한다. 기타 나머지는 모두 소국의 군주에 견주어서 한다."[7]라 했고, 정현의 주에서는 "이것은 군주의 명으로 찾아와 빙문하는 경우를 뜻한다. 고(孤)는 존귀하니, 이미 빙(聘)과 향(享)을 하고서 재차 직접 예물을 가지고 찾아와 만나보는데, 이때에는 속백을 들게 될 따름이며, 표범의 가죽으로 겉을 싸서 장식하게 된다. '계소국지군(繼小國之君)'이라는 것은 그 다음에 한다는 뜻이다. '기타(其他)'는 이거(貳車) 및 개(介), 뇌례(牢禮), 빈객과 주인의 간격, 빈자(擯者), 장폐(將幣), 관초(祼酢), 향사(饗食)의 수치들을 뜻한다."라 했다. 이를 통해 말해보자면, 피백(皮帛)으로써 한다는 것은 또한 재차 예물을 가지고 찾아뵙는다는 것으로 마치 정식 빙례에서 규장(圭璋)을 잡아야 하는 것과 같다. 만약 그렇다면 「대행인」 편에서 '계소국지군(繼小國之君)'이라 한 것은 피백을 들고서 소국의 군주 뒤에 한다는 뜻이니, 이곳의 주에서 경과 대부의 자리를 나열한다고 한 것과 같다. 이곳에서는 소국의 군주에 견준다고 했고, 주에서는 그 예를 자작 · 남작과 동일하게 한다고 했으니, 「대행인」 편에서 기타 나머지는 모두 소국의 군주에 견주어서 한다고 한 것과 그 주에서 이거 및 개로부터 그 이하를 언급한 것들이 여기에 해당한다. 정사농은 "9명에 해당하는 상공은 고경(孤卿) 1명을 둘 수 있다. 『춘추전』에서는 '열국의 경 지위가 소국의 군주에 해당한다는 것은 본래 주나라

7) 『주례』 「추관(秋官) · 대행인(大行人)」 : 凡大國之孤, 執皮帛以繼小國之君, 出入三積, 不問, 壹勞, 朝位當車前, 不交擯, 廟中無相, 以酒禮之. 其他皆視小國之君.

때의 예제이다.'"라고 했는데, 소공(昭公) 23년에 대한 『좌전』의 기록을 살펴보면 "숙손야가 진나라에 가니, 진나라 사람이 그로 하여금 주나라 대부와 앉아 시비를 쟁송하게 했다. 숙손이 '열국의 경 지위가 소국의 군주에 해당한다는 것은 본래 주나라 때의 예제이다. 저희 군주께서 명한 개자인 자복이 진나라에 와 있다.'"라 했는데, 이것이 그 사안이다. 만약 그렇다면 정사농이 노나라 경의 경우를 인용해서 고에 대해 증명했던 것은 고 또한 경이라 부를 수 있기 때문이다. 그래서 『주례』「장인(匠人)」편에서는 "노문(路門)의 바깥쪽으로는 9개의 방을 두니 구경(九卿)이 조회를 하는 곳이다."[8]라 했던 것으로, 이것은 육경(六卿)과 삼고(三孤)를 아울러 구경(九卿)이라 한 것이다. 또 그들에 대해 경이라 부를 수 있는 것은 그들의 명 등급이 같기 때문이다. 노나라는 후작의 나라이니 상공이 또한 고를 둘 수 있는 경우가 아니다. 그러나 노나라는 주목[9]이 되어, 그 지위가 고나 공과 동일하다. 만약 그렇다면 그에게 속한 고의 경우, 경으로 삼았기 때문에 숙손야가 스스로를 고에 견준 것이다. 정현이 "내가 생각하기에, 『예기』「왕제(王制)」편에서는 대국에 속한 3명의 경은 모두 천자에게서 명을 받는다."라고 한 말로부터 그 이하의 것은 「왕제」편의 문장을 살펴보면 대부분 하나라와 은나라에 예법에 근거한 것이니, 여기에서 경에게 명한다는 것 또한 하나라와 은나라 때의 예법에 해당한다. 그렇기 때문에 「왕제」편의 뒷 문장에서는 "대국의 경은 3명의 등급을 넘을 수 없고, 하경은 2명이며, 소국의 경과 하대부는 1명이다."[10]라 했

---

8) 『주례』「동관고공기(冬官考工記) · 장인(匠人)」: 內有九室, 九嬪居之. 外有九室, 九卿朝焉.

9) 주목(州牧)은 1주(州)를 대표하는 수장을 뜻한다. 고대 중국에서는 천하를 9개의 주로 구획하였고, 각 주에 소속된 제후들 중에서 수장이 되는 자를 '주목'이라고 불렀다. 『서』「주서(周書) · 주관(周官)」편에는 "唐虞稽古, 建官惟百, 內有百揆四岳, 外有州牧侯伯."이라는 기록이 있고, 이에 대한 채침(蔡沈)의 『집전(集傳)』에서는 "州牧, 各總其州者."라고 풀이했다.

10) 『예기』「왕제(王制)」: 次國之君, 不過七命. 小國之君, 不過五命. 大國之卿,

고, 정현의 주에서는 “차국의 경을 언급하지 않은 것은 대국 이하의 기록을 통해 상호 드러낼 수 있기 때문이다. 이곳에 나온 경의 경우 명의 등급은 각 나라마다 다르지만, 대부의 경우에는 모두 동일하다.”라 했다. 이를 통해 말해보자면, 대국의 경은 3명의 등급이고, 차국의 경과 대국의 하경은 동일하게 2명의 등급이며, 소국의 경과 대부는 동일하게 1명의 등급이다. 「왕제」편의 주에서 이곳 『주례』의 경과 대부의 명 등급을 정한 예법을 인용한 것은 고대의 예법과 동일하지 않다는 뜻을 증명하기 위해서이다. 만약 그렇다면 이것은 「왕제」편에 나온 하나라와 은나라 때 신하의 명 등급을 정한 예법을 인용한 것이다. 『주례』에 나온 제후국의 경과 대부의 명 등급은 비록 고대의 예법과 동일하지 않지만, 다섯 등급의 제후국은 동일하게 국가에 모두 3명의 경을 두고 있었는데, 천자의 명을 받을 수 있는 것이 하나라나 은나라의 경우와 같다. 그렇기 때문에 인용한 것이다. 만약 그렇다면 대국에는 3명의 경이 있고, 모두 천자에게서 명을 받는 것이라 했는데, 상경의 경우 그 명의 등급은 3명으로 충족되고, 중경의 경우 천자가 2명의 등급을 내리고 자신의 군주가 1명의 등급을 더하여 또한 3명의 등급이 되며, 하경의 경우 천자가 1명의 등급을 내리는데, 하나라나 은나라의 경우 자신의 군주가 1명의 등급을 더하여 2명의 등급이 충족되지만, 주나라의 경우에는 자신의 군주가 2명의 등급을 더하여 3명의 되어 명의 등급이 충족된다. “하대부는 5명이다.”라고 하여 명의 등급을 언급하지 않은 것은 모두 천자로부터 명을 받을 수 없고, 하나라나 은나라의 경우에는 모두 자신의 군주가 1명의 등급을 더하고, 주나라의 경우에는 대국에 속한 대부는 2명의 등급이다. “상사는 27명이다.”라고 했는데, 하나라나 은나라의 경우에는 사는 명의 등급을 받지 못한다. 그들 27명의 사는 또한 상사 9명, 중사 9명, 하사 9명으로 나뉘게 되는데, 모두에 대해 ‘상사(上士)’라고 말한 것은 또한 그들에게

不過三命, 下卿再命. 小國之卿, 與下大夫, 一命.

숭고한 품행을 실천하도록 독려한 것이다. 그렇기 때문에 총괄적으로 상사로 언급한 것이다. "차국에 속한 3명의 경 중 2명의 경은 천자에게서 명을 받는다."라고 했는데, 상경의 경우 천자는 2명의 등급을 내리고, 자신의 군주가 명의 등급을 더해주지 않는다. 중경의 경우 천자는 1명의 등급을 내리고, 자신의 군주가 1명의 등급을 더해준다. 하경의 경우 천자는 명의 등급을 내리지 않고, 자신의 군주가 또한 2명의 등급을 더해주어 2명이 된다. 그렇기 때문에 "1명의 경은 그 나라의 군주에게서 명을 받는다."라 했으니, 이것은 차국에 속한 경이 모두 2명의 등급임을 나타낸다. 만약 주나라의 예법이라면 차국의 경은 모두 3명의 등급이고, 또 하대부는 5명이며, 상사는 27명이고, 그 뜻은 대국의 경우와 같다. "소국에 속한 2명의 경은 모두 그 나라의 군주에게서 명을 받는다."라고 했는데, 「왕제」편에 대한 정현의 주를 살펴보면, "이 문장은 아마도 잘못되거나 누락된 글이 있는 것 같다."라 했다. 그 이유는 앞에 나온 대국이나 차국의 경우와 같은 부류가 된다면, 이곳에 나온 소국 또한 마땅히 3명의 경을 두어야 하니, "소국에 속한 3명의 경 중 1명의 경은 천자에게서 명을 받고, 2명의 경은 그 나라의 군주에게서 명을 받는다."라고 해야만 하므로, 여기에는 "또한 3명의 경으로, 1명의 경은 천자에게서 명을 받는다."라는 9글자가 누락된 것이다. '오(誤)'라고 말한 것은 차국에 대해 "2명의 경은 천자에게서 명을 받는다."라고 하여 '개(皆)'자를 언급하지 않았는데, 이곳에서 소국에 대해서 "2명의 경은 모두 그 나라의 군주에게서 명을 받는다."라고 하여, '개(皆)'자를 언급했으니, 이것은 잘못 기록된 것이다. 그래서 "아마도 잘못된 것 같다."라 했다. 만약 이러한 3명의 경을 두는 것에 따라 풀이해보자면, 3명의 경 중에 1명의 경은 천자에게 명을 받아 1명의 등급이 되고, 2명의 경은 그 나라의 군주에게서 명을 받아 각각 1명의 등급이 되며, 또한 하대부는 5명이고, 상사는 27명이 되는데, 그 뜻은 앞의 경우와 같다. 『주례』의 경우 소국에 속한 3명의 경은 모두 2명의 등급이고, 또한 1명의 경은 천자에게서 명을 받아 1명의 등급이 되고 자신의 군주가 1명의 등급을 더해주어 2명의 등급이 된다. 2명의 경은 그 나라의 군주에게 명을 받는데, 천자에게서는 명을 받지 못하니, 모두 자신의 군주에게서 2명의 등급을 받은 것이다. 또 주나라의 예법에 따르면, 차국에 속한 5명의 대부는 또한 대국에 속한 5명의 대부와 동일하게 2명의 등급이고, 소국에 속한 하대부 5명은 각각 1명의 등급이 되며, 사의 경우 공작·후작·백작에게 속한 사는 동일하게 1명의 등급이고, 자작과 남작에게 속한 사는 명의 등급을 받지 못하니, 하나라나 은나라의 경우와 동일하고, 이 문장의 경우가 이것에 해당한다. 『주례』「대사마(大司馬)」편에서 "대국은 3군을 두고 차국은 2군을 두며 소국은 1군을 두는데, 군의 장수는 모두 천자에게서 명의 등급을 받은 경이다."[11]라 했다. 이것은 천자의 명을 받은 자만이 군의 장수가 될 수 있음을 뜻한다. 만약 그렇다면 제후에게 속한 신하는 4명·3명·2명·1명의 등급과 명의 등급을 받지 못한 자가 있게 되는데, 경문에서 "각각 그 명의 등급에 견준다."라 했으니, 이것은 궁실 등의 것을 4명의 등급을 가진 자는 400척, 이거는 4승, 기는 4유, 면복에는 4장의 무늬를 새기는 것이고, 3명의 등급을 가진 자는 3으로 제한하며, 2명과 1명의 경우에도 또한 명의 등급에 따라 낮추게 되는 것을 뜻한다. 다만 대부의 현면에 있어서 1명의 등급은 1장의 무늬를 새기는데 하의에 불(黻)무늬를 새길 뿐이며, 상의에는 무늬가 없다. 그렇기 때문에 현(玄)자를 붙여서 부를 수 있으니, 면류관의 경우에도 상의를 본떠서 유가 없게 된다. 그 상위의 복장인 작변의 경우 모두 무늬와 장식이 없다. 이러한 까닭으로 면(冕)을 바꿔서 작변(爵弁)이라 말한 것이다. 제후에게 속한 대부의 경우 1명의 등급 이상은 이거가 있고, 사는 비록 1명의 등급이지만 이거가 없다. 천자에게 속한

11) 『주례』「하관(夏官)·대사마(大司馬)」: 凡制軍, 萬有二千五百人爲軍, 王六軍, 大國三軍, 次國二軍, 小國一軍, 軍將皆命卿; 二千有五百人爲師, 師帥皆中大夫; 五百人爲旅, 旅帥皆下大夫; 百人爲卒, 卒長皆上士; 二十五人爲兩, 兩司馬皆中士; 五人爲伍, 伍皆有長.

사의 경우 2명 이상은 이거를 둘 수 있다.

참고 26-4 『주례』「춘관(春官)·전명(典命)」 기록

경문 王之三公八命, 其卿六命, 其大夫四命. 及其出封, 皆加一等. 其國家·宮室·車旗·衣服·禮儀亦如之.

천자의 삼공(三公)은 8명(命)의 등급이고, 그에게 소속된 경은 6명의 등급이며, 그에게 소속된 대부는 4명의 등급이다. 봉지로 나가 분봉을 받게 되면 모두 1등급을 올린다. 그들의 국가(國家)·궁실(宮室)·거기(車旗)·의복(衣服)·예의(禮儀) 또한 명(命)의 등급과 같다.

鄭注 四命, 中下大夫也. 出封, 出畿內封於八州之中. 加一等, 褒有德也. 大夫爲子男, 卿爲侯伯, 其在朝廷則亦如命數耳. 王之上士三命, 中士再命, 下士一命.

4명(命)의 등급은 중대부와 하대부에 해당한다. '출봉(出封)'은 천자의 수도를 나가서 8개 주 중에서 분봉을 받았다는 뜻이다. 1등급을 올리는 것은 덕이 있음을 기리기 때문이다. 대부는 자작이나 남작이 되고, 경은 후작이나 백작이 되는데, 그들이 조정에 있게 된다면 또한 명의 등급대로 할 따름이다. 천자에게 소속된 상사는 3명의 등급이고 중사는 2명의 등급이며 하사는 1명의 등급이다.

賈疏 ●"王之"至"如之". ○釋曰: 云"王之三公八命, 其卿六命, 其大夫四命", 皆是在朝者. 云"及其出封, 皆加一等"者, 三公八命者爲九命上公, 六命卿爲七命侯伯, 四命大夫爲五命子男. 云"其國家·宮室·車旗·衣服·禮儀亦如之"者, 亦如上經以命數爲差也.

● 經文: "王之"~"如之". ○ "천자의 삼공(三公)은 8명(命)의 등급이고, 그에게 소속된 경은 6명의 등급이며, 그에게 소속된 대부는 4명의 등급이다."라 했는데, 이 모두는 조정에 속해 있는 자들을 가리킨다. "봉지로 나가 분봉을 받게 되면 모두 1등급을 올린다."라 했는데, 삼공은 8명의 등급인데 9명인 상공(上公)이 되는 것이고, 6명의 경은 7명의 후작이나 백작이 되는 것이며, 4명의 대부는 5명의 자작이나 남작이 되는 것이다. "그들의 국가(國家) · 궁실(宮室) · 거기(車旗) · 의복(衣服) · 예의(禮儀) 또한 명(命)의 등급과 같다."라 했는데, 앞의 경문과 같이 명의 등급에 따라 차등을 두는 것이다.

賈疏 ◎ 注"四命中"至"一命". ○ 釋曰: 云"四命, 中下大夫也"者, 見序官有中下大夫, 於此唯見四命大夫, 是知中下大夫同四命也. 云"出封, 出畿內封於八州之中"者, 其王朝公卿大夫, 亦有舊在畿內, 有采地之封, 是封畿內者也. 今乃封於畿外, 在八州之中諸侯也. 云"加一等, 褒有德也"者, 王朝公卿大夫, 無功可進 · 無過可退者, 不得出封, 以知加一等爲南面之君者, 是褒有德也. 卿爲侯伯, 大夫爲子男也. 鄭不言三公者, 雖出封加命爵, 仍是公, 不異故不言也. 云"其在朝廷則亦如命數耳"者, 若先鄭出加入亦加, 若毛君則出加入減, 若鄭君出加入則不加不減, 其義已備宗伯職也. 云"王之上士三命, 中士再命, 下士一命"者, 經旣不言, 而鄭言之者, 此典命所以主命數. 序官有三等之士, 此文不見, 故以意推之. 必知士有三命以下者, 見經大夫四命, 四命以下, 唯有三等之命. 序官有上士 · 中士 · 下士, 故以三等之命而說之也. 然公卿大夫以八命 · 六命 · 四命爲陰爵者, 一則擬出封加爲陽爵, 二則在王下爲臣是陰官, 不可爲陽爵故也. 士下旣無出封之理, 又極卑賤, 故有三命 · 一命爲陽爵無嫌也.

◎ 鄭注: "四命中"~"一命". ○ 정현이 "4명(命)의 등급은 중대부와 하대부에 해당한다."라 했는데, 「서관」에는 중대부와 하대부가 포함되어 있

는데, 이곳에서는 오직 4명의 대부만 나타나니, 이를 통해서 중대부와 하대부가 동일하게 4명의 등급임을 알 수 있다. 정현이 "'출봉(出封)'은 천자의 수도를 나가서 8개 주 중에서 분봉을 받았다는 뜻이다."라 했는데, 천자의 조정에 속한 공·경·대부는 또한 오래전부터 천자의 수도 안에 포함되어 있었고 그곳에 분봉받은 채지를 소유하고 있었으니, 이들은 천자의 수도 안에서 분봉을 받은 자들에 해당한다. 지금은 천자의 수도 밖에 분봉을 받아 8개 주에 속한 제후가 되는 것이다. 정현이 "1등급을 올리는 것은 덕이 있음을 기리기 때문이다."라 했는데, 천자의 수도에 속한 공·경·대부는 올려줄 만한 공적이 없거나 물리칠만한 과실이 없는 경우에는 밖으로 나가 분봉을 받을 수 없으니, 1등급을 올려서 남면을 하는 군주로 만들어 준다는 것이 덕이 있음을 기리는 것에 해당함을 알 수 있다. 경은 후작이나 백작이 되고, 대부는 자작이나 남작이 된다. 정현이 삼공에 대해 언급하지 않은 것은 비록 밖으로 나가 분봉을 받아 명과 작위가 더해지지만 이들은 여전히 공에 해당하며 차이가 없기 때문에 언급하지 않은 것이다. 정현이 "그들이 조정에 있게 된다면 또한 명의 등급대로 할 따름이다."라 했는데, 정사농과 같은 경우 출(出)에는 가(加)라 했고 입(入)에도 가(加)라 했으며, 모군의 경우에는 출(出)에는 가(加)라 했고 입(入)에는 감(減)이라 했으며, 정군의 경우에는 출(出)에는 가(加)라 했고 입(入)의 경우에는 가(加)하지도 않고 감(減)하지도 않는다고 했는데, 그 의미에 대해서는 이미 『주례』「종백(宗伯)」편의 직무기록에서 자세히 설명하였다. 정현이 "천자에게 소속된 상사는 3명의 등급이고 중사는 2명의 등급이며 하사는 1명의 등급이다."라 했는데, 경문에서 이미 언급을 하지 않은 부분인데 정현이 이러한 사실을 언급한 이유는 이러한 전명(典命)이라는 관부에서는 명의 등급을 주관하기 때문이다. 「서관」에서는 3등급의 사가 나오는데, 이곳 문장에는 나타나지 않는다. 그렇기 때문에 의미에 따라 추론을 한 것이다. 사 계급에 3명으로부터 그 이하의 등급에 해당하는 자가 있음을 분명히 알 수 있는 이유는 경문에서 대부는 4명의 등급이라고 했으니, 3명의 등급 밑으로는 오직 3등급의 명수가 있게 된다. 「서관」에는 상사 · 중사 · 하사가 나온다. 그렇기 때문에 3등급의 명수로 설명을 한 것이다. 그렇다면 공 · 경 · 대부는 8명 · 6명 · 4명으로 음작(陰爵)이 되는데, 그 이유는 첫 번째 출봉하여 1등급이 더해지면 양작(陽爵)이 되는 것을 헤아린 것이고, 두 번째는 천자의 휘하에 있어 신하가 된 경우에는 음관(陰官)이 되니 양작(陽爵)으로 할 수 없기 때문이다. 사 밑으로는 이미 출봉하는 도리가 없고 또 지극히 미천하기 때문에 3명이나 1명처럼 양작(陽爵)이 되더라도 혐의로 삼을 것이 없다.

제 27 절

기문(記文)-송녀(送女)의 절차

113上

父醴女而俟迎者, 母南面于房外.

직역 父는 女에게 醴하고 迎者를 俟하고, 母는 房外에서 南面한다.

의역 신부의 부친은 딸에게 예(醴)를 하고 신부는 신랑이 친영하기를 기다리며, 모친은 방밖에서 남쪽을 바라본다.

鄭注 女旣次純衣, 父醴之于房中, 南面, 蓋母薦焉, 重昏禮也. 女奠爵于薦東, 立于位而俟婿. 婿至, 父出, 使擯者請事. 母出南面房外, 示親授婿, 且當戒女也.

신부는 이미 머리장식인 차(次)를 하고 순의(純衣)를 착용한 상태이며, 신부의 부친은 방안에서 예(醴)를 하며 남쪽을 바라보는데, 모친이 음식을 올리기 때문으로, 혼례를 중시해서이다. 신부는 음식이 차려진 곳 동쪽에 술잔을 내려놓고 자신의 자리에 서서 신랑이 오기를 기다린다. 신랑이 도착하면 신부의 부친이 밖으로 나와서 빈으로 하여금 어떤 일로 찾아왔는가를 청해 묻게 한다. 모친은 방밖으로 나와서 남쪽을 바라보니 직접 신랑에게 딸을 건네준다는 뜻을 보이고, 또 딸을 훈계해야 하기 때문이다.

賈疏 ●"公醴"至"房外". ◎注"女旣"至"女也". ○釋曰: 此亦前經不具, 故記之. 云"女旣次純衣, 父醴之于房中, 南面"者, 見於上文. 云"蓋母薦焉"者, 舅姑共饗, 婦姑薦脯醢, 故知父母醴女亦母薦脯醢, 重昏禮, 故母薦也. 云"女奠爵于薦東, 立于位而俟婿"者, 按士冠禮子與醮子及此篇禮賓·禮婦皆奠爵于薦東, 明此亦奠薦東也. 云"婿至, 父出, 使擯者請事"者, 見于上文. 云"母出南面房外, 示親授婿, 且當戒女也"者, 並參下文而言也.

● 記文: "公醴"~"房外". ◎ 鄭注: "女旣"~"女也". ○ 이곳 기록 또한 앞의 경문에서 기술하지 않았기 때문에 기록한 것이다. 정현이 "신부는 이미 머리장식인 차(次)를 하고 순의(純衣)를 착용한 상태이며, 신부의 부친은 방안에서 예(醴)를 하며 남쪽을 바라본다."라고 했는데, 앞 문장을 통해 확인할 수 있다. 정현이 "모친이 음식을 올리기 때문이다."라고 했는데, 시부모가 함께 며느리에게 연회를 베풀어줄 때 시어미가 포와 젓갈을 올리게 된다. 그렇기 때문에 신부의 부모가 딸에게 예(醴)를 할 때에도 신부의 모친이 포와 젓갈을 올리게 됨을 알 수 있다. 이것은 혼례를 중시하기 때문이다. 그래서 모친이 직접 음식을 올리는 것이다. 정현이 "신부는 음식이 차려진 곳 동쪽에 술잔을 내려놓고 자신의 자리에 서서 신랑이 오기를 기다린다."라고 했는데, 『의례』「사관례(士冠禮)」편을 살펴보면, 자식을 예우하거나 자식에게 초(醮)를 할 때, 또 이곳에서 빈객을 예우하고 신부를 예우할 때에는 모두 음식이 차려진 곳 동쪽에 술잔을 내려둔다고 했다. 이것은 여기에서 말한 상황에서도 음식이 차려진 곳 동쪽에 술잔을 내려놓게 됨을 나타낸다. 정현이 "신랑이 도착하면 신부의 부친이 밖으로 나와서 빈으로 하여금 어떤 일로 찾아왔는가를 청해 묻게 한다."라고 했는데, 앞 문장을 통해 확인할 수 있다. 정현이 "모친은 방밖으로 나와서 남쪽을 바라보니 직접 신랑에게 딸을 건네준다는 뜻을 보이고, 또 딸을 훈계해야 하기 때문이다."라고 했는데, 모두 아래 문장을 참고해서 말한 것이다.

113上

女出于母左, 父西面戒之, 必有正焉, 若衣·若笄. 母戒諸西階上, 不降.

직역 女는 母左로 出하고 父는 西面하여 戒하되 必히 正이 有하니 衣나 笄다. 母는 西階의 上에서 戒하되 不降한다.

의역 신부는 모친의 좌측으로 나오고 신부의 부친은 서쪽을 바라보며 훈계를 하는데, 반드시 잊지 않도록 하는 물건을 주면서 하니, 의복이나 비녀와 같은 것들이다. 모친은 서쪽 계단 위에서 훈계를 하되 당하로 내려가지 않는다.

鄭注 必有正焉者, 以託戒使不忘.

'필유정언(必有正焉)'이라는 말은 의탁할 것을 통해 훈계하여 잊지 않도록 만드는 것이다.

賈疏 ●"女出"至"不降". ○釋曰: 此記亦經不具. 以母出房戶之西南面, 女出房西行, 故云"出于母左". 父在阼階上西面, 故因而戒之. 云"母戒諸西階上"者, 母初立房西, 女出房, 母行至西階上, 乃戒之也.

●記文: "女出"~"不降". ○이곳 기문 또한 경문에서 기술하지 않은 것을 기록한 것이다. 모친은 방밖으로 나와 방문의 서쪽에서 남쪽을 바라보고, 신부는 방밖으로 나오며 서쪽으로 움직인다. 그렇기 때문에 "모친의 좌측으로 나온다."라고 했다. 신부의 부친은 동쪽 계단 위에서 서쪽을 바라본다. 그렇기 때문에 이를 통해 훈계하는 것이다. "모친은 서쪽 계단 위에서 훈계를 한다."라고 했는데, 모친은 최초 방밖의 서쪽에 위치하였다가 신부가 방밖으로 나오면 모친은 이동하여 서쪽 계단 위에 있고, 그곳에 도착하면 훈계를 한다.

賈疏 ◎注"必有"至"不忘". ○釋曰: 云"託戒使不忘"者, 謂託衣笄恒在身而不忘, 持戒亦然, 故戒使不忘也. 下文父母及庶母重行戒者, 並與此文相續成也. 此士禮, 父母不降送. 按桓公三年經書: "九月, 齊侯送姜氏于讙." 穀梁傳曰: "禮, 送女, 父不下堂, 母不出祭門." 祭門則廟門, 言不出廟門, 則似得下堂者, 彼諸侯禮, 與此異. 以其大夫·諸侯·天子各有昏禮, 故不同也.

◎鄭注: "必有"~"不忘". ○ 정현이 "의탁할 것을 통해 훈계하여 잊지 않도록 만드는 것이다."라고 했는데, 몸에 항상 지니게 되는 옷이나 비녀 등에 의탁해서 잊지 않도록 하는 것이니, 훈계의 말을 마음에 담아두는 것 또한 이처럼 한다. 그렇기 때문에 "훈계하여 잊지 않도록 만드는 것이다."라고 했다. 아래문장에서 부모 및 서모는 거듭 훈계를 한다고 했는데, 이곳 문장과 상호 연계되어야만 그 뜻이 완성된다. 이것은 사의 예법이므로 부모가 당하로 내려가 전송하지 않는다. 은공 3년에 대한 경문을 살펴보면, "9월 제나라 후작이 환에서 강씨를 전송하였다."[1]라 했고, 『곡량전』에서는 "예법에 따르면 딸을 전송할 때 부친은 당하로 내려가지 않고 모친은 제문(祭門) 밖으로 나가지 않는다."[2]라 했다. '제문(祭門)'이란 묘문을 뜻하니, 묘문 밖으로 나가지 않는다고 했다면, 아마도 당하로는 내려올 수 있었을 것인데, 『곡량전』의 기록은 제후의 예법에 해당하여 이곳과 차이를 보인다. 대부와 제후 및 천자에게는 각각의 계층에 맞는 혼례가 있었기 때문에 차이가 나는 것이다.

1) 『춘추』「환공(桓公) 3년」 : 九月, 齊侯送姜氏于讙. 公會齊侯于讙. 夫人姜氏至自齊.

2) 『춘추곡량전』「환공(桓公) 3년」 : 禮送女, 父不下堂, 母不出祭門, 諸母兄弟不出闕門, 父戒之曰, 謹愼從爾舅之言, 母戒之曰, 謹愼從爾姑之言, 諸母般申之曰, 謹愼從爾父母之言. 送女踰竟, 非禮也.

참고 27-1 『춘추곡량전』 환공(桓公) 3년 기록

경문 九月, 齊侯送姜氏于讙.

9월 제나라 후작이 환에서 강씨를 전송하였다.

范注 已去齊國, 故不言女, 未至于魯, 故不稱夫人. 讙, 魯地, 月者重錄之.

이미 제나라를 떠났기 때문에 딸이라 말하지 않았고, 아직 노나라에 도착하지 않았기 때문에 부인이라 칭하지 않았다. 환은 노나라 땅이고, 달을 기록한 것은 중시해서 기록한 것이다.

전문 禮: 送女, 父不下堂, 母不出祭門, 諸母兄弟不出闕門①. 父戒之曰: "謹愼從爾舅之言." 母戒之曰: "謹愼從爾姑之言." 諸母般申之曰: "謹愼從爾父母之言②."

예법에 따르면, 딸을 전송할 때 부친은 당하로 내려가지 않고, 모친은 제문(祭門) 밖으로 나가지 않으며, 제모와 형제들은 궐문[3] 밖으로 나가지 않는다. 부친은 훈계를 하며 "삼가고 조심히 네 시아비의 말씀을 따라라."라 하고, 모친은 훈계를 하며 "삼가고 조심히 네 시어미의 말씀을 따라라."라 하며, 제모[4]는 주머니를 채워주며 거듭 훈계하길 "삼가고 조심히 네 부모님의 말씀을 따라라."라 한다.

范注 ① 祭門, 廟門也. 闕, 兩觀也, 在祭門之外.

'제문(祭門)'은 묘문을 뜻한다. '궐(闕)'은 양쪽 관(觀)을 뜻하니, 제문 밖

---

3) 궐문(闕門)은 양쪽 관(觀) 사이를 뜻한다. 또한 높은 누(樓)에 있는 대문을 가리키기도 한다.

4) 제모(諸母)는 서모(庶母)를 뜻한다.

에 있다.

范注 ② 般, 囊也, 所以盛朝夕所須, 以備舅姑之用.

'반(般)'은 주머니를 뜻하니, 아침저녁으로 필요한 것들을 담는 것이니, 시부모가 사용할 것들을 갖추는 것이다.

楊疏 ◎注"般囊"至"之用". ○釋曰: 士昏禮云: "父送女, 命之曰: '戒之敬之, 夙夜無違命.' 母施衿結帨, 曰: '勉之敬之, 夙夜無違宮事.' 庶母及門內施般, 申之以父母之命, 曰: '敬恭聽宗爾父母之言, 夙夜無愆, 示諸衿般.'" 鄭玄云: "般, 囊也. 男子般革, 婦人般絲, 所以盛帨巾之屬, 爲謹敬也." 後戒辭與此不同, 此注又與鄭異者, 彼是士禮, 此卽是諸侯之禮, 故異辭也. 般盛帨巾, 亦得備舅姑之用, 則范·鄭二注不有違也. 或以爲傳幷釋禮意, 故與本文不同也. 引此戒辭及上父母不出祭門, 諸母兄弟不出闕門者, 並證送女踰竟, 非禮之事也. 凡親迎之禮, 必在廟也, 故云"不出祭門". 言"不出闕門"者, 則已出廟門之外矣.

◎范注: "般囊"~"之用". ○「사혼례」편에서는 "신부의 부친은 딸을 전송하며 명령하길, '조심하고 공경해야 하니, 이른 아침부터 밤늦게까지 시부모의 명령을 어기지 말아야 한다.'라 하고, 신부의 모친은 띠를 둘러주고 그곳에 수건을 묶어주며, '부지런히 노력하고 공경해야 하니, 이른 아침부터 밤늦게까지 집안의 일들을 어기지 말아야 한다.'라 하며, 서모는 묘문 안까지 따라와서 주머니를 채워주고 부모의 명령을 거듭 전하며 명하길, '네 부모님의 말씀을 공경스럽고 공손하게 듣고 높여야 한다. 이른 아침부터 밤늦게까지 잘못을 저지르지 말아야 하니, 띠와 주머니를 보여주노라.'라 한다."고 했으며, 정현은 "반(般)은 주머니이다. 남자는 가죽으로 만든 주머니를 차고 여자는 명주로 만든 주머니를 차니, 수건 등을

담는 용도이며, 조심하고 공경스럽게 행동하기 위해서이다."라 했다. 뒤에 훈계하는 말이 이곳과 다르며, 이곳 주 또한 정현의 설명과 차이를 보이는데, 「사혼례」편은 사 계층의 예법이고, 이곳의 내용은 제후의 예법에 해당한다. 그렇기 때문에 말에 차이가 난다. 주머니에는 수건을 담으니, 이것이 또한 시부모가 필요로 하는 것을 갖추기 위한 것이라면 범씨와 정씨의 두 주석은 어긋나지 않는다. 혹자는 전문을 작성하며 아울러 예의 의미를 풀이한 것이기 때문에 본문과 차이가 난다고 한다. 이러한 훈계하는 말을 인용하고 앞에서 부모가 제문 밖으로 나가지 않고 제모와 형제들이 궐문 밖으로 나가지 않는다고 한 것은 모두 딸을 전송하며 국경을 넘는 것이 비례의 사안임을 증명하기 위한 것이다. 무릇 친영의 예법은 반드시 묘에서 치르게 된다. 그렇기 때문에 "제문 밖으로 나가지 않는다."라 했다. "궐문 밖으로 나가지 않는다."라고 했다면 이미 묘문 밖으로 나간 것이다.

113下

婦乘以几. 從者二人坐持几, 相對.

직역 夙婦는 乘하길 几로써 한다. 從者 二人은 坐하여 几를 持하며 相對한다.

의역 신부가 수레에 탈 때에는 안석을 발받침으로 사용한다. 종자 두 사람은 무릎을 꿇고서 안석을 붙잡아주며 서로 마주본다.

鄭注 持几者, 重愼之.

안석을 붙잡아주는 것은 거듭 조심하기 때문이다.

賈疏 ●"婦乘以几". ◎注"持几者重愼之". ○釋曰: 上經雖云"婦乘以几", 不見從者二人持之, 故記之也. 此几謂將上車時而登, 若王后則履石, 大夫·諸侯亦應有物履之, 但無文以言. 今人猶用臺, 是石几之類也.

●記文: "婦乘以几". ◎鄭注: "持几者重愼之". ○앞의 경문에서 비록 "신부가 수레에 탈 때에는 안석을 발받침으로 사용한다."[1]라고 했지만 종자 두 사람이 그것을 붙잡아준다는 사실이 나타나지 않는다. 그렇기 때문에 기록한 것이다. 이곳에 나온 '궤(几)'는 수레에 오르려고 할 때 밟는 것이니, 왕후의 경우라면 돌을 밟고 오르며 대부와 제후의 처라면 또한 마땅히 어떤 사물을 두어서 밟았을 것이다. 다만 관련 경문이 남아 있지 않아서 설명할 수 없다. 오늘날의 사람들이 대(臺)를 사용하는 것은 바로 돌과 안석의 부류에 해당한다.

---

1) 『의례』「사혼례」: 婦乘以几, 姆加景, 乃驅. 御者代.

제 28 절
기문(記文)-동뢰(同牢)를 준비하는 절차

114上

婦入寢門, 贊者徹尊冪, 酌玄酒, 三屬于尊, 棄餘水于堂下階間, 加勺.

직역 婦가 寢門에 入하면 贊者는 尊冪을 徹하고 玄酒를 酌하여 尊에 三屬하고 堂下의 階間에서 餘水를 棄하고 勺을 加한다.

의역 부인이 신랑 집의 침문으로 들어가게 되면, 혼례의 진행을 돕는 자가 술동이 덮개를 치우고 현주를 따라서 술동이에 세 차례 따라 붓고, 남은 물은 당하의 양쪽 계단 사이에 버리며, 술국자를 술동이 위에 올려둔다.

鄭注 屬, 注也. 玄酒, 涗水, 貴新, 昏禮又貴新, 故事至乃取之, 三注于尊中.

'주(屬)'자는 따른다는 뜻이다. '현주(玄酒)'는 재로 거른 물로 새로운 것을 귀하게 여기기 때문이다. 혼례에서도 새로운 것을 귀하게 여긴다. 그렇기 때문에 해당 사안이 이르게 되면 곧 이것을 취하여 술동이 안에 세 차례 따르게 된다.

賈疏 ●"婦入"至"加勺". ○釋曰: 經中唯置酒尊, 不見徹冪以下事, 故記之.

●記文: "婦入"~"加勺". ○경문에서는 오직 술동이를 설치한다고만 했고,[1] 덮개를 치운다는 것으로부터 그 이하의 사안이 나타나지 않는다.

그렇기 때문에 기록한 것이다.

賈疏 ◎注"屬注"至"尊中". ○釋曰: 經云"酌玄酒三注於尊", 謂於外器中酌取. 此涚水三度注於玄酒尊中, 禮成於三, 故三注之也. 云"玄酒, 涚水貴新"者, 按郊特牲云: "明水涚齊, 貴新也." 又云: "凡涚, 新之也." 是禮有貴新也. 今昏禮, 事至乃取之, 故云貴新也. 若然, 禮有玄酒·涚水·明水三者, 各逐事物生. 名玄酒, 據色而言, 涚水據新取爲號, 其實一也. 以上古無酒, 用水爲酒, 後代雖有酒, 用之配尊, 不忘本故也. 明水者, 按周禮·秋官·司烜氏云"以陰鑒取明水於月", 郊特牲云: "其謂之明水也, 由主人之絜著此水也." 注云: "著猶成也. 言主人齊絜, 此水乃成可得也." 配尊之酒, 三酒加玄酒, 鬱鬯與五齊皆用明水配之. 郊特牲云五齊加明水, 三酒加玄酒, 不言鬱鬯者, 記人文略也. 相對, 玄酒與明水別; 通而言之, 明水亦名玄酒. 故禮運云"玄酒在室", 彼配鬱鬯, 五齊是明水, 名爲玄酒也. 以其俱是水, 故通言水也. 若天子·諸侯祭祀, 得鬱鬯與五齊·三酒並用. 卿·大夫·士祭直用三酒與玄酒, 無五齊與鬱鬯. 又明水若生人相禮不忘本, 亦得用, 以其用醴醴, 則五齊之中醴齊之類也.

◎鄭注: "屬注"~"尊中". ○ 경문에서는 "현주를 따라서 술동이에 세 차례 따라 붓는다."라 했는데, 밖에 있는 기물 안에서 따라서 가져온 것을 뜻한다. 여기에서 재에 거른 맑은 물을 현주의 술동이 안에 세 차례 따라 붓는 것은 예는 세 차례 하는 것에서 완성된다. 그렇기 때문에 세 차례 따라 붓는 것이다. 정현이 "재로 거른 물로 새로운 것을 귀하게 여기기 때문이다."라 했는데, 『예기』「교특생(郊特牲)」편을 살펴보면 "명수[2]와 걸러낸 술을 설치하는 것은 신선한 것을 존귀하게 여기기 때문이다."라

1) 『의례』「사혼례」 : 尊于室中北墉下, 有禁. 玄酒在西. 綌冪, 加勺, 皆南枋.

2) 명수(明水)는 제사 때 사용하는 깨끗한 물을 뜻한다. 현주(玄酒)를 뜻하기도 하며, '현주'와 구분해서 별도로 '명수'를 진설하기도 한다.

했고, 또 "무릇 세(涚)라는 것은 신선하게 만든다는 뜻이다."라 했다.[3] 이것은 예에 있어 새로운 것을 귀하게 여기는 것이 있음을 나타낸다. 현재 혼례에 있어 해당 사안이 이르렀을 때 이것을 가져다 사용했기 때문에 "새로운 것을 귀하게 여기기 때문이다."라 말했다. 만약 그렇다면 예에는 현주・세수・명수라는 세 가지가 있게 되는데, 각각 사물에 따라 생겨난 명칭이다. '현주(玄酒)'라 부르는 것은 그 색깔을 기준으로 말한 것이고, '세수(涚水)'는 새로운 것을 취했다는 것에 기준을 두고 명칭으로 삼은 것이니, 실제로는 동일한 대상이다. 상고시대에는 술이 없어서 물을 술로 사용했고, 후대에는 비록 술이 생겨났지만 그것을 사용해 술동이와 짝해 설치했으니, 근본을 잊지 않기 위해서이다. '명수(明水)'라는 것은 『주례』「추관(秋官)・사훤씨(司烜氏)」편을 살펴보면 "음감[4]으로 달에서 명수를 취한다."[5]라 했고, 「교특생」편에서는 "그 물을 명수(明水)라고 부르는 것은 주인이 청결하게 하며 밝게 드러내는 것이 이 물을 통해서 이루어졌기 때문이다."[6]라 했으며, 주에서는 "착(著)자는 완성한다는 뜻이니, 주인이 재계를 하고 청결하게 한다면, 이 물 또한 완성이 되어 얻을 수 있다는 의미이다."라 했다. 짝해 설치하는 술동이의 술은 삼주(三酒)에는 현주를 더하고, 울창주와 오제(五齊)에는 모두 명수를 이용해 짝해 설치하게 된다. 「교특생」편에서 오제에 명수를 더했고,[7] 삼주에 현주를

---

3) 『예기』「교특생(郊特牲)」: 血祭, 盛氣也. 祭肺肝心, 貴氣主也. 祭黍稷加肺, 祭齊加明水, 報陰也. 取膟膋燔燎升首, 報陽也. 明水涚齊, 貴新也. 凡涚, 新之也. 其謂之明水也, 由主人之潔著此水也.

4) 음감(陰鑑)은 음수(陰燧)라고도 부른다. 달밤에 이슬을 받기 위해 설치한 그릇이다.

5) 『주례』「추관(秋官)・사훤씨(司烜氏)」: 司烜氏; 掌以夫遂取明火於日, 以鑒取明水於月, 以共祭祀之明齍・明燭, 共明水.

6) 『예기』「교특생(郊特牲)」: 血祭, 盛氣也. 祭肺肝心, 貴氣主也. 祭黍稷加肺, 祭齊加明水, 報陰也. 取膟膋燔燎升首, 報陽也. 明水涚齊, 貴新也. 凡涚, 新之也. 其謂之明水也, 由主人之潔著此水也.

7) 『예기』「교특생(郊特牲)」: 血祭, 盛氣也. 祭肺肝心, 貴氣主也. 祭黍稷加肺,

더한다고 말했지만,[8] 울창주를 언급하지 않은 것은 『예기』를 기록한 자가 문장을 생략해서 기록했기 때문이다. 서로 대비해서 말한다면 현주와 명수는 구별되지만, 통괄해서 말한다면 명수 또한 현주라 부른다. 그래서 『예기』「예운(禮運)」편에서는 "현주를 제실(祭室) 안쪽에 둔다."[9]라 했는데, 그것은 울창주와 짝하게 되어, 오제에 짝하게 되는 명수에 해당하는데도 현주라 불렀던 것이다. 그리고 이것들은 모두 물에 해당하기 때문에 통괄해서 수(水)라 말한다. 만약 천자나 제후의 제사인 경우라면 울창주·오제·삼주를 모두 사용할 수 있다. 경·대부·사의 제사에서는 단지 삼주와 현주만 사용하고, 오제와 울창주는 없게 된다. 또 명수라는 것은 살아있는 사람이 예를 도우며 근본을 잊지 않기 때문에 사용할 수 있는데, 단술을 사용해서 예우를 한다면 오제 중에서도 예제(醴齊)[10]의 부류가 된다.

참고 28-1 『예기』「교특생(郊特牲)」 기록

경문 血祭, 盛氣也. 祭肺肝心, 貴氣主也. 祭黍稷加肺, 祭齊加明水, 報陰也. 取膟膋燔燎升首, 報陽也. 明水涚齊, 貴新也. 凡涚, 新

祭齊加明水, 報陰也. 取膟膋燔燎升首, 報陽也. 明水涚齊, 貴新也. 凡涚, 新之也. 其謂之明水也, 由主人之絜著此水也.

8) 『예기』「교특생(郊特牲)」편의 "血祭, 盛氣也. 祭肺肝心, 貴氣主也. 祭黍稷加肺, 祭齊加明水, 報陰也. 取膟膋燔燎升首, 報陽也. 明水涚齊, 貴新也. 凡涚, 新之也. 其謂之明水也, 由主人之絜著此水也."라는 기록에 대한 정현의 주 : 齊, 五齊也, 五齊加明水, 則三酒加玄酒也.

9) 『예기』「예운(禮運)」 : 故玄酒在室, 醴醆在戶, 粢醍在堂, 澄酒在下, 陳其犧牲, 備其鼎俎, 列其琴瑟管磬鐘鼓, 脩其祝嘏, 以降上神與其先祖, 以正君臣, 以篤父子, 以睦兄弟, 以齊上下, 夫婦有所, 是謂承天之祜.

10) 예제(醴齊)는 오제(五齊) 중 하나이다. 비교적 탁한 술에 해당한다. 술이 익고 나서 앙금을 한 차례 걸러낸 것으로 염주(恬酒)와 같은 술이다.

之也. 其謂之明水也, 由主人之潔著此水也.

희생물의 피를 가지고 제사를 지내는 것은 그 기(氣)를 더욱 융성하게 만드는 것이다. 희생물의 폐·간·심장을 가지고 제사를 지내는 것은 기운의 주체가 되는 장기를 존귀하게 여기기 때문이다. 서직(黍稷)으로 제사를 지낼 때 희생물의 폐를 첨가하고, 오제(五齊)를 가지고 제사를 지낼 때 명수(明水)를 첨가하는 것은 음(陰)에 보답하기 위해서이다. 희생물의 장 사이에 있는 기름을 가져다가 태우고, 희생물의 머리를 바치는 것은 양(陽)에 보답하기 위해서이다. 명수와 걸러낸 술을 설치하는 것은 신선한 것을 존귀하게 여기기 때문이다. 무릇 세(涚)라는 것은 신선하게 만든다는 뜻이다. 그 물을 명수(明水)라고 부르는 것은 주인이 청결하게 하며 밝게 드러내는 것이 이 물을 통해서 이루어졌기 때문이다.

鄭注 氣主, 氣之所舍也, 周祭肺, 殷祭肝, 夏祭心. 祭黍稷加肺, 謂綏祭也. 明水, 司烜所取於月之水也. 齊, 五齊也, 五齊加明水, 則三酒加玄酒也. 膟膋, 腸間脂也, 與蕭合燒之, 亦有黍稷也. 涚猶淸也, 五齊濁, 泲之使淸, 謂之涚齊. 及取明水, 皆貴新也. 周禮·幭氏以涚水漚絲. 涚齊, 或爲"汎齊". 新之者, 敬也. 著猶成也, 言主人齊絜, 此水乃成, 可得也.

'기주(氣主)'는 기(氣)가 머무는 곳을 뜻하며, 주나라 때에는 희생물의 폐로 제사를 지냈고, 은나라 때에는 간으로 제사를 지냈으며, 하나라 때에는 심장으로 제사를 지냈다. 서직(黍稷)으로 제사를 지내며 폐를 더한다는 말은 '수제(綏祭)'[11]를 가리킨다. '명수(明水)'는 사훤씨(司烜氏)가

11) 수제(綏祭)는 수제(隋祭)·타제(墮祭)라고도 부른다. 제사의 절차 중 하나이다. 음식을 흠향시키고자 할 때, 우선적으로 서직(黍稷)과 희생물의 고기를 덜어내어, 두(豆) 사이에 두고 음식에 대한 제사를 지내게 되는데, 이것을 '수제'라고 부른다. 『예기』「증자문(曾子問)」편에는 "攝主不厭祭, 不旅不假, 不綏祭, 不配."라는

달이 비친 우물에서 뜬 물을 뜻한다. '제(齊)'는 오제(五齊)를 뜻하니, 오제에 명수를 더한다면, 삼주(三酒)에는 현주(玄酒)를 더하는 것이다. '율료(膟膋)'는 창자 사이에 낀 기름으로, 쑥과 함께 태우니, 여기에도 또한 서직이 포함된다. '세(涗)'자는 맑다는 뜻이니, 오제는 탁하므로, 그것을 걸러서 맑게 만들게 되어, '세제(涗齊)'라고 부른 것이다. 명수를 사용하여 제사를 지내는 것도 모두 신선한 것을 존귀하게 여기기 때문이다. 『주례』「황씨(㡛氏)」편에서는 세수(涗水)를 실에 적신다고 했다.[12] '세제(涗齊)'를 다른 판본에서는 '범제(汎齊)'로 기록하기도 한다. 신선하게 만든다는 것은 공경한다는 뜻에 해당한다. '착(著)'자는 완성한다는 뜻이니, 주인이 재계를 하고 청결하게 한다면, 이 물 또한 완성이 되어, 얻을 수 있다는 의미이다.

孔疏 ●"祭齊加明水"者, 謂於正祭之時, 陳列五齊之尊, 上又加明水之尊, 故云"祭齊加明水"也.

●經文: "祭齊加明水". ○ 정규 제사를 지낼 때, 오제(五齊)를 담은 술동이를 진열하고, 그 위에 또한 명수(明水)를 담은 술동이를 추가하게 된다. 그렇기 때문에 "오제로 제사를 지내며 명수를 추가한다."라고 말한 것이다.

孔疏 ●"明水涗齊, 貴新也"者, 明水, 謂以陰鑑取月中之水也. 涗, 猶清也. 謂泲五齊使清, 故云涗齊. 所以設明水及涗齊者, 貴其新潔之義也.

기록이 있는데, 이에 대한 정현의 주에서는 "綏, 周禮作墮."라고 풀이했고, 공영달(孔穎達)의 소(疏)에서는 "謂欲食之時, 先減黍稷牢肉而祭之於豆間, 故曰綏祭."라고 풀이했다.

12) 『주례』「동관고공기(冬官考工記)·황씨(㡛氏)」 : 㡛氏湅絲, <u>以涗水漚其絲</u>七日, 去地尺暴之.

●經文: "明水涚齊, 貴新也". ○'명수(明水)'는 음감(陰鑑)을 통해서 달이 비친 우물에서 뜬 물이다. '세(涚)'자는 맑다는 뜻이다. 오제(五齊)를 걸러서 맑게 만들기 때문에, '세제(涚齊)'라고 부르는 것이다. 명수(明水)와 세제를 진설하는 것은 신선하고 청결한 것을 존귀하게 여기는 뜻에 해당한다.

孔疏 ●"凡涚, 新之也"者, 釋涚齊之意. 言所以涚此齊者, 以敬於鬼神, 故新潔之也.

●經文: "凡涚, 新之也". ○세제(涚齊)의 의미를 풀이한 것이다. 즉 이러한 오제(五齊)를 맑게 거르는 것은 귀신을 공경하기 때문에, 신선하고 맑게 만든다는 뜻이다.

孔疏 ●"其謂之明水也, 由主人之潔, 著此水也"者, 此釋明水之意, 所以謂之淸明之水者. 著, 成也. 由主人淸潔成就, 此水乃成, 可得而用也.

●經文: "其謂之明水也, 由主人之潔, 著此水也". ○이것은 명수(明水)의 뜻을 풀이한 것이니, 그 물을 청명(淸明)한 물이라고 부르는 것이다. '착(著)'자는 완성한다는 뜻이다. 주인이 청결하게 만들어서 이루게 된다면, 이러한 물 또한 만들어지게 되어, 그것을 얻어서 사용할 수 있는 것이다.

참고 28-2 『주례』「추관(秋官)·사훤씨(司烜氏)」 기록

경문 司烜氏; 掌以夫遂取明火於日, 以鑒取明水於月, 以共祭祀之明齍·明燭, 共明水.

사훤씨는 부수[13]를 이용해 태양에서 밝은 불을 취하고, 거울을 이용해 달에서 맑은 물을 취하여 제사의 명자[14]와 명촉[15]을 공급하고 명수(明水)를 공급하는 일을 담당했다.

鄭注 夫遂, 陽遂也. 鑒, 鏡屬, 取水者, 世謂之方諸. 取日之火, 月之水, 欲得陰陽之潔氣也. 明燭以照饌陳, 明水以爲玄酒. 鄭司農云: "夫, 發聲. 明齍, 謂以明水脩滌粢盛黍稷."

'부수(夫遂)'는 양수(陽遂)이다. '감(鑒)'은 거울의 부류로 물을 뜨는 것이니, 세간에서는 방제(方諸)라고 부른다. 햇빛을 이용한 불과 달이 비친 물을 취한 것은 음양의 청결한 기운을 얻고자 해서이다. 명촉으로는 음식을 진설하는데 비추고, 명수는 현주로 삼는다. 정사농은 "부(夫)자는 발어사이다. 명자(明齍)는 명수를 이용해 불리고 씻어서 자성인 서직을 마련한 것을 말한다."라 했다.

賈疏 ◎注"夫遂"至"黍稷". ○釋曰: 云"夫遂, 陽遂也"者, 以其日者太陽之精, 取火於日, 故名陽遂. 取火於木, 爲木遂者也. "鑒, 鏡屬"者, 詩云"我心非鑒, 不可以茹." 彼鑒是鏡, 可以照物. 此鑒形制與彼鑒同, 所以取水也. 云"取水者, 世謂之方諸"者, 漢世謂之方諸, 言取水謂之方諸, 則取火者不名方諸, 別名陽遂也. 明者, 潔也, 日月水火爲明水明火, 是取日月陰陽之潔氣也. 云"明燭以照饌陳"者, 謂祭日之旦, 饌陳於堂東, 去明, 須燭照之. 云"明水以爲玄酒"者, 鬱鬯五齊, 以明水配, 三酒, 以玄酒配. 玄酒, 井水也. 玄酒與明水別, 而云明水

13) 부수(夫遂)는 양수(陽燧) 또는 양수(陽遂)라고도 부른다. 햇빛을 이용해 불을 붙일 때 사용했던 오목한 형태의 동거울이다.

14) 명자(明齍)는 명자(明粢) 또는 명자(明齊)라고도 부른다. 제사에 사용되었던 곡물을 뜻한다.

15) 명촉(明燭)은 제사에 사용된 횃불을 뜻한다.

以爲玄酒者，對則異，散文通謂之玄酒．是以禮運云“玄酒在室”，亦謂明水爲玄酒也．先鄭云“明水滫瀡粢盛黍稷”者，滫謂滫瀡，瀡謂蕩瀡，俱謂釋米者也．

◎ 鄭注：“夫遂”~“黍稷”．○ 정현이 “부수(夫遂)는 양수(陽遂)이다.”라고 했는데, 햇빛은 태양의 정기이고 햇빛에서 불을 취하기 때문에 ‘양수(陽遂)’라고 부른다. 나무에서 불을 취하는 것은 목수(木遂)가 된다. 정현이 “감(鑒)은 거울의 부류이다.”라 했는데, 『시』에서는 “내 마음은 거울과 같지 않아서 헤아릴 수가 없구나.”[16]라 했다. 『시』에 나온 ‘감(鑒)’은 거울에 해당하니, 사물을 비출 수 있다. 이곳에 나온 감(鑒)의 형태는 『시』에 나온 감(鑒)과 동일하니, 물을 뜨기 위한 것이다. 정현이 “물을 뜨는 것이니, 세간에서는 방제(方諸)라고 부른다.”라고 했는데, 한나라 때 세간에서는 이것을 방제(方諸)라 불렀다는 것으로, 물을 뜨는 것을 방제(方諸)라 불렀다면, 불을 취하는 것은 방제(方諸)라 부를 수 없어 별도로 양수(陽遂)라 불렀다는 뜻이다. ‘명(明)’자는 청결하다는 뜻이니, 햇빛과 달빛을 통해 취한 물과 불은 명수(明水)와 명화(明火)가 되며, 이것은 해와 달인 음양의 청결한 기운을 취한 것에 해당한다. 정현이 “명촉으로는 음식을 진설하는데 비춘다.”라 했는데, 제사를 지내는 날 아침에 당의 동쪽에 음식들을 진설하는데, 어둡기 때문에 횃불로 비춰야 한다는 뜻이다. 정현이 “명수는 현주로 삼는다.”라 했는데, 울창주와 오제에는 명수를 짝하게 되고, 삼주에는 현주를 짝하게 된다. 현주(玄酒)는 우물에서 뜬 물이다. 현주와 명수는 구별되는데, “명수는 현주로 삼는다.”라고 말한 것은 대비하게 되면 구별되지만 범범하게 말한다면 통괄적으로 현주라 부른다. 이러한 까닭으로 『예기』「예운(禮運)」편에서는 “현주를 제실(祭室) 안쪽에 둔다.”[17]라 했으니, 이는 또한 명수(明水)가 현주(玄酒)가

16) 『시』「패풍(邶風)·백주(柏舟)」：我心匪鑒，不可以茹．亦有兄弟，不可以據．薄言往愬，逢彼之怒．

됨을 뜻한다. 정사농은 “명수를 이용해 불리고 씻어서 자성인 서직을 마련한다.”라 했는데, ‘수(滫)’자는 물에 불려 부드럽게 하는 것이고, ‘척(滌)’자는 씻는다는 뜻이니, 모두 알곡을 씻는다는 뜻이다.

참고 28-3 『예기』「예운(禮運)」 기록

경문 故玄酒在室, 醴醆在戶, 粢醍在堂, 澄酒在下, 陳其犧牲, 備其鼎俎, 列其琴瑟管磬鐘鼓, 脩其祝嘏, 以降上神與其先祖, 以正君臣, 以篤父子, 以睦兄弟, 以齊上下, 夫婦有所, 是謂承天之祜.

현주(玄酒)를 제실(祭室) 안쪽에서도 가장 북쪽 끝에 두고, 례(醴)와 잔(醆)이라는 술은 문 쪽에 두며, 자제(粢醍)는 당(堂) 위에 두고, 징주(澄酒)는 당 아래에 두며, 희생물을 진설하고, 솥과 도마를 갖추며, 금슬(琴瑟)·관경(管磬)·종고(鐘鼓) 등의 악기들을 진열하고, 축문과 ‘신의 가호를 비는 글[嘏]’을 마련하여, 이로써 천상의 신들과 조상신들을 강림하게 했고, 군신의 도리를 바로잡았으며, 부자관계를 돈독하게 했고, 형제들을 화목하게 했으며, 상하 계층을 가지런히 했고, 부부가 각각 자신의 자리를 얻어 유별하게 했으니, 이것을 바로 하늘의 축복을 잇는다고 말한다.

鄭注 此言今禮饌具所因於古及其事義也. 粢讀爲齊, 聲之誤也. 周禮: “五齊, 一曰泛齊, 二曰醴齊, 三曰盎齊, 四曰醍齊, 五曰沈齊.” 字雖異, 醆與盎·澄與沈, 蓋同物也. 奠之不同處, 重古略近也. 祝, 祝爲主人饗神辭也. 嘏, 祝爲尸致福於主人之辭也. 祜, 福也, 福之言備也.

17) 『예기』「예운(禮運)」: 故玄酒在室, 醴醆在戶, 粢醍在堂, 澄酒在下, 陳其犧牲, 備其鼎俎, 列其琴瑟管磬鐘鼓, 脩其祝嘏, 以降上神與其先祖, 以正君臣, 以篤父子, 以睦兄弟, 以齊上下, 夫婦有所, 是謂承天之祜.

이 문장은 오늘날 의례시행에서 진설하는 음식 등이 고례(古禮)에서 유래되었다는 것과 그 일들과 의미들에 대해서 언급하고 있다. ‘자(粢)’자는 자(齊)자로도 풀이하니, 소리가 비슷한 데에서 비롯된 오류이다. 『주례』에는 “오제(五齊)가 있으니, 첫 번째 술을 범제(泛齊)라 부르고, 두 번째 술을 례제(醴齊)라 부르며, 세 번째 술을 앙제(盎齊)라 부르고, 네 번째 술을 제제(醍齊)라 부르며, 다섯 번째 술을 침제(沈齊)라 부른다.”[18]라고 하였다. 글자들이 비록 차이가 나지만, ‘잔(醆)’과 ‘앙(盎)’, ‘징(澄)’과 ‘침(沈)’은 아마도 같은 대상일 것이다. 진설하는 장소가 다른 이유는 고례를 높이고 근래의 것들을 상대적으로 낮추기 때문이다. ‘축(祝)’은 축관[19]이 제주(祭主)를 대신하여 신에게 제수들을 흠향할 것을 기원하는 말이다. ‘하(嘏)’는 축관이 시동을 대신하여 제주에게 복을 내려주기를 기원하는 말이다. ‘호(祜)’자는 축복을 뜻하니, ‘복(福)’자는 갖추어졌다는 뜻이다.

孔疏 ●“玄酒在室”者, 玄酒, 謂水也. 以其色黑謂之玄. 而大古無酒, 此水當酒所用, 故謂之玄酒. 以今雖有五齊三酒, 貴重古物, 故陳設之時, 在於室內而近北.

●經文: “玄酒在室”. ○‘현주(玄酒)’는 물을 뜻한다. 그 색깔이 흑색이기 때문에, ‘현(玄)’자를 붙여서 부른다. 먼 옛날에는 술이 없어서 술 대신 물을 사용했다. 그렇기 때문에 ‘현주(玄酒)’라고 부른다. 현재 비록 오제(五齊)나 삼주(三酒)와 같은 술 종류들이 있지만, 고대의 예물들을 귀중하게 여기기 때문에, 제수들을 진설할 때, 현주는 제실 안에서도 북쪽 벽에 가까운 위치에 둔다.

---

18) 『주례』「천관(天官)·주정(酒正)」: 酒正, 掌酒之政令以式法授酒材. 凡爲公酒者亦如之. 辨五齊之名, 一曰泛齊, 二曰醴齊, 三曰盎齊, 四曰緹齊, 五曰沈齊.

19) 축관(祝官)은 고대에 제사의 축문이나 기도 등의 일을 담당했던 관리이다.

제 29 절
기문(記文)-부현구고(婦見舅姑)의 절차

20上

笲, 緇被纁裏, 加于橋. 舅答拜, 宰徹笲.

직역 笲은 緇로 被하고 纁으로 裏하며 橋에 加한다. 舅가 答拜하면 宰가 笲을 徹한다.

의역 변(笲)은 치색의 천으로 겉을 감싸고 훈색의 천으로 안을 감싸서 받침대 위에 올려둔다. 시아비가 답배를 하면 재는 변을 치운다.

鄭注 被, 表也. 笲有衣者, 婦見舅姑, 以飾爲敬. 橋, 所以庪笲, 其制未聞. 今文橋爲鎬.

'피(被)'는 겉을 감싼다는 뜻이다. 변에 옷을 입히는 것은 며느리가 시부모를 뵐 때 치장하는 것을 공경스러운 태도로 여기기 때문이다. '교(橋)'는 변을 받치는 것인데, 그 제도에 대해서는 들어보지 못했다. 금문에는 '교(橋)'자가 호(鎬)자로 기록되어 있다.

賈疏 ●"笲緇"至"徹笲". ○釋曰: 上經雖云笲, 不言表裏加飾之事, 故記之也.

●記文: "笲緇"~"徹笲". ○앞의 경문에서는 비록 '변(笲)'에 대해 언급했지만[1] 겉감과 속감을 덧대어 장식하는 사안은 언급하지 않았다. 그렇기 때문에 기록한 것이다.

1) 『의례』「사혼례」: 婦執笲棗栗, 自門入, 升自西階, 進拜, 奠于席.

제 30 절
기문(記文)-예부(醴婦)의 절차

115上

婦席薦饌于房.

직역 婦의 席과 薦은 房에 饌한다.

의역 며느리의 자리와 차려내는 음식은 방안에 진설한다.

鄭注 醴婦·饗婦之席薦也.

며느리에게 예(醴)를 하고 며느리에게 향례를 베풀 때의 자리와 차리는 음식이다.

賈疏 ●"婦席薦饌于房". ◎注"醴婦"至"薦也". ○釋曰: 此亦於經不見, 故記之. 但醴婦時唯席與薦, 無俎, 其饗婦非直有席薦, 幷有俎. 俎則不饌于房, 從鼎升于俎, 入設于席前. 今據醴婦時, 同有席與薦饌于房中者而言也.

● 記文: "婦席薦饌于房". ◎ 鄭注: "醴婦"~"薦也". ○ 이 또한 경문에 나오지 않는 것이기 때문에 기록하였다. 다만 며느리에게 예(醴)를 할 때에는 오직 자리와 차려내는 음식만 있고 도마는 없는데, 며느리에게 향례를 베풀 때에는 단지 자리와 차려내는 음식만 있는 것이 아니라 아울러 도마도 있게 된다. 도마의 경우에는 방에 차리지 않고, 솥을 든 자를 따라 들어와 고기를 도마에 올리고, 안으로 들어와 자리 앞에 진설하게 된다.

지금은 며느리에게 예(醴)를 할 때를 기준으로 했고 동일하게 자리와 차려내는 음식이 방안에 차려지는 경우로 말한 것이다.

제 31 절

기문(記文)-구고향부(舅姑饗婦)의 절차

115上

饗婦, 姑薦焉.

직역 婦에게 饗함에 姑가 薦한다.

의역 며느리에게 향연을 베풀어줄 때에는 시어미가 음식을 차린다.

鄭注 舅姑共饗婦, 舅獻爵, 姑薦脯醢.

시부모가 함께 며느리에게 향연을 베풀게 되면 시아비는 술을 따라 주고 시어미는 포와 젓갈을 차린다.

賈疏 ●"饗婦姑薦焉". ○釋曰: 經直言"舅姑共饗婦, 以一獻之禮", 時同自明, 不言姑薦, 故記之也.

●記文: "饗婦姑薦焉". ○경문에서는 단지 "시부모는 함께 일헌의 예법으로 며느리에게 향연을 베풀어준다."[1]라고만 했는데, 그 시기가 동일하다는 것이 자명함에도 시어미가 음식을 차린다는 말을 하지 않았기 때문에 기록한 것이다.

---

1) 『의례』「사혼례」: 舅姑共饗婦以一獻之禮. 舅洗于南洗, 姑洗于北洗, 奠酬.

115上

婦洗在北堂, 直室東隅, 篚在東, 北面盥.

직역 婦洗는 北堂에 在하니 室의 東隅에 直하고, 篚는 東에 在하며, 北面하여 盥한다.

의역 며느리의 물대야는 북쪽 당에 두니 방의 동쪽 모퉁이 쪽이고, 광주리는 동쪽에 있으며, 북쪽을 바라보면서 손을 씻는다.

鄭注 洗在北堂, 所謂北洗. 北堂, 房中半以北. 洗南北直室東隅, 東西直房戶與隅間.

물대야가 북쪽 당에 있다는 것은 '북세(北洗)'[1]를 뜻한다. 북쪽 당은 방을 절반으로 나눴을 때의 북쪽을 뜻한다. 세(洗)는 남북 방향으로는 방의 동쪽 모퉁이 쪽에 있고, 동서 방향으로는 방문과 모퉁이 사이에 있다.

賈疏 ●"婦洗"至"面盥". ○釋曰: 經唯言"北洗", 不言洗處及篚, 故記之也.

●記文: "婦洗"~"面盥". ○ 경문에서는 단지 '북세(北洗)'라고만 말하고, 물대야를 놓는 장소 및 광주리에 대해서는 언급하지 않았다. 그렇기 때문에 기록한 것이다.

賈疏 ◎注"洗在"至"隅間". ○釋曰: 房與室相連爲之房, 無北壁, 故得北堂之名, 故云"洗在北堂"也. 云"所謂北洗"者, 所謂經中北洗也. 云"北堂, 房半以北"者, 以其南堂是戶外, 半以南得堂名, 則堂是戶外之稱, 則知此房半以北得堂名也. 知房無北戶者, 見上文云尊于房戶之東, 房有南戶矣. 燕禮·大射皆云羞膳者升自北階, 立于房中. 不

1) 『의례』「사혼례」: 舅姑共饗婦以一獻之禮. 舅洗于南洗, 姑洗于北洗, 奠酬.

言入房，是無北壁而無戶，是以得設洗直室東隅也．云“洗南北直室東隅”者，是南北節也．云“東西直房戶與隅間”者，是東西節也．

◎鄭注: “洗在”~“隅間”. ○ 방과 실은 서로 연결되어 있어서 방(房)이라고 하는데, 북쪽 벽이 없기 때문에 북당(北堂)이라는 이름을 붙일 수 있다. 그렇기 때문에 “물대야는 북쪽 당에 있다.”라고 했다. “이른바 북세(北洗)이다.”라고 했는데, 이른바 경문에 나온 ‘북세(北洗)’를 가리킨다. 정현이 “북쪽 당은 방을 절반으로 나눴을 때의 북쪽을 뜻한다.”라고 했는데, 남쪽 당은 방문 밖에 해당하니, 절반 중 남쪽에 해당하는 지역을 당(堂)이라는 명칭으로 부를 수 있다면, 당(堂)은 방문 밖을 가리키는 칭호가 되니, 이곳에서 방을 절반으로 나눴을 때 그 북쪽에 해당하는 지역 또한 당(堂)이라는 명칭으로 부를 수 있음을 알 수 있다. 방의 북쪽에 방문이 없다는 사실을 알 수 있는 것은 앞의 문장을 살펴보면 “방문의 동쪽에 술동이를 둔다.”[2]라고 했는데, 방에는 남쪽에 방문이 있기 때문이다. 『의례』「연례(燕禮)」편과 「대사례(大射禮)」편에서도 모두 음식들을 가지고 올라갈 때에는 북쪽 계단을 이용하며 방안에 위치한다고 했다. 방으로 들어간다는 말을 하지 않았다면 이것은 북쪽 벽이 없고 방문도 없음을 나타낸다. 이러한 까닭으로 물대야를 설치한 곳이 방의 동쪽 모퉁이가 될 수 있다. 정현이 “물대야는 남북 방향으로는 방의 동쪽 모퉁이 쪽에 있다.”라고 했는데, 이것은 남북 방향에 대한 기준이다. 정현이 “동서 방향으로는 방문과 모퉁이 사이에 있다.”라고 했는데, 이것은 동서 방향에 대한 기준이다.

2) 『의례』「사혼례」 : 尊于房戶之東，無玄酒．篚在南，實四爵合巹．

115下

婦酢舅, 更爵, 自薦.

직역 婦가 舅에게 酢함에 爵을 更하고 自히 薦한다.

의역 며느리가 시아비에게 잔을 돌릴 때에는 잔을 바꾸며 직접 음식을 올린다.

鄭注 更爵, 男女不相因也.

잔을 바꾸는 것은 남녀 사이에서는 서로 겹쳐서 쓰지 않기 때문이다.

賈疏 ●"婦酢舅更爵自薦". ○釋曰: 謂舅姑饗婦獻時, 舅姑薦. 今婦酢舅, 婦自薦之, 嫌別人薦, 故記之也.

●記文: "婦酢舅更爵自薦". ○시부모가 며느리에게 향연을 베풀어 술을 따라줄 때에는 시부모가 음식을 차린다. 현재는 며느리가 시아비에게 잔을 돌리는 상황인데 며느리가 직접 음식을 올리니, 다른 사람이 음식을 올린다고 오해할 수 있기 때문에 그 사실을 기록한 것이다.

115下

不敢辭洗, 舅降則辟于房, 不敢拜洗.

직역 洗를 辭함을 不敢하니 舅가 降하면 房으로 辟하고 洗에 拜함을 不敢이라.

의역 시아비가 술잔을 씻는 것에 대해 며느리는 감히 사양하지 못하니, 시아비가 당하로 내려가게 되면 며느리는 방으로 몸을 피하고 술잔을 씻는 것에 대해 감히 절을 하지 않는다.

鄭注 不敢與尊者爲禮.

감히 존귀한 자와 더불어 의례절차를 시행할 수 없기 때문이다.

賈疏 ●"不敢"至"拜洗". ○釋曰: 此事當在婦酢舅之上, 退之在下者, 欲見酬酒洗時亦不辭, 故也. 此對士冠·鄉飮酒之等主與賓爲禮, 皆辭洗, 此則不敢也. 此事於經不見, 故記之也.

● 記文: "不敢"~"拜洗". ○ 이 사안은 며느리가 시아비에게 술을 따라 잔을 돌리는 것보다 앞에 해당하는데 뒤로 물려서 기술한 것은 술을 따라 권하며 술잔을 씻을 때에도 사양하지 못한다는 사실을 드러내고자 했기 때문이다. 이것은 『의례』「사관례(士冠禮)」편과 「향음주례(鄕飮酒禮)」편 등에서 주인과 빈객이 의례절차를 시행할 때 모두 술잔 씻는 것을 사양하는 것과 대비되니, 이곳의 경우에는 감히 사양하지 못한다. 이러한 사안이 경문에 드러나지 않았기 때문에 기록한 것이다.

제 32 절
기문(記文)-향송자(饗送者)의 절차

115下

凡婦人相饗, 無降.

직역 凡히 婦人이 相饗함에는 無降이라.

의역 무릇 부인들끼리 서로에게 향연을 베풀 때에는 당하로 내려가지 않는다.

鄭注 姑饗婦人送者于房, 無降者, 以北洗篚在上.

시어미가 며느리를 전송하러 온 여자들에게 방안에서 향연을 베풀 때 당하로 내려가지 않는 것은 북쪽에 설치되는 물대야와 광주리가 당상에 있기 때문이다.

賈疏 ●"凡婦人相饗無降". ◎注"姑饗"至"在上". ○釋曰: 本設北洗, 爲婦人有事不下堂. 今以北洗及篚在上, 故不降. 經不言, 故記之也. 言"凡"者, 欲見舅姑共饗婦及姑饗婦人送者皆然, 故言凡也.

●記文: "凡婦人相饗無降". ◎鄭注: "姑饗"~"在上". ○본래 북쪽에 설치하는 물대야는 부인들이 해당 절차를 시행할 때 당하로 내려가지 않게 하기 위해 마련한 것이다. 현재 북쪽에 설치된 물대야 및 광주리는 당상에 있기 때문에 내려가지 않는 것이다. 경문에서 이러한 사실을 언급하지 않았기 때문에 기록한 것이다. '범(凡)'이라고 말한 것은 시부모가 함께 며느리에게 향연을 베풀거나 며느리를 전송하기 위해 찾아온 부인들에게

시어미가 향연을 베풀 때 모두 이처럼 한다는 뜻을 드러내고자 했기 때문이다. 그래서 ‘범(凡)’이라고 기록했다.

제 33 절

기문(記文)-며느리가 제사를 돕는 시기

116上

婦入三月, 然後祭行.

직역 婦가 入하여 三月하고 然後에야 祭行한다.

의역 며느리는 시집을 와서 3개월이 지난 이후에야 제사를 시행할 때 제사를 돕는다.

鄭注 入夫之室三月之後, 於祭乃行, 謂助祭也.

남편의 집으로 들어온 후 3개월이 지난 이후에야 제사가 있을 때 곧 제사를 시행하니, 제사를 돕는다는 의미이다.

賈疏 ●"婦入"至"祭行". ◎注"入夫"至"祭也". ○釋曰: 此據舅在無姑, 或舅沒姑老者. 若舅在無姑, 三月不須廟見, 則助祭. 按內則云"舅沒則姑老"者, 謂姑六十亦傳家事, 任長婦. 婦入三月廟見, 祭菜之後亦得助夫祭, 故鄭云"謂助祭也". 此亦謂適婦, 其庶婦無此事. 亦以經不見, 故記之也.

●記文: "婦入"~"祭行". ◎鄭注: "入夫"~"祭也". ○이것은 시아비가 생존해 계시고 시어미가 돌아가신 경우이거나 시아비가 돌아가셨고 시어미가 가사를 전수한 경우를 기준으로 말한 것이다. 만약 시아비가 생존해 계시고 시어미가 돌아가신 경우라면 3개월이 지난 뒤에 묘에서 알현할 필요가 없다면, 제사를 돕는다. 『예기』「내칙(內則)」편을 살펴보면 "시아

비가 돌아가시면 시어미는 큰 며느리에게 가사를 전수한다."[1]라고 했는데, 시어미의 나이가 60세가 되었고 또 가사를 전수하여 큰 며느리에게 맡긴 것을 뜻한다. 며느리는 시집을 와서 3개월이 지나 묘에서 알현을 하며 채소를 담아 제사를 지낸 이후에는 또한 남편의 제사를 도울 수 있다. 그렇기 때문에 정현이 "제사를 돕는다는 의미이다."라 했다. 이 내용은 또한 적부에 대한 경우이다. 서부의 경우에는 이러한 일이 없다. 이 또한 경문에 나타나지 않았기 때문에 기록한 것이다.

참고 33-1 『예기』「내칙(內則)」 기록

경문 父母雖沒, 將爲善, 思貽父母令名, 必果; 將爲不善, 思貽父母羞辱, 必不果. 舅沒則姑老, 冢婦所祭祀賓客, 每事必請於姑, 介婦請於冢婦.

부모가 비록 돌아가셨더라도 장차 선한 일을 시행하려고 할 때에는 부모에게 명예가 미칠 것을 생각하여 반드시 실천하고, 장차 선하지 못한 일을 시행하려고 할 때에는 부모에게 오명이 미칠 것을 생각하여 반드시 실천하지 말아야 한다. 시아비가 돌아가시면 시어미는 큰 며느리에게 가사를 전수하지만, 큰 며느리는 제사를 지내거나 빈객을 접대해야 하는 일에 있어서, 매사에 시어미에게 자문을 구해야만 하고, 나머지 며느리들은 큰 며느리에게 자문을 구해야 한다.

鄭注 貽, 遺也. 果, 決也. 謂傳家事於長婦也. 婦雖受傳, 猶不敢專行也. 以其代姑之事. 介婦, 衆婦.

1) 『예기』「내칙(內則)」: 父母雖沒, 將爲善, 思貽父母令名, 必果; 將爲不善, 思貽父母羞辱, 必不果. 舅沒則姑老, 冢婦所祭祀賓客, 每事必請於姑, 介婦請於冢婦.

‘이(貽)’자는 끼치다는 뜻이다. ‘과(果)’자는 결단하다는 뜻이다. ‘노(老)’자는 큰 며느리에게 가사를 전수한다는 뜻이다. 며느리는 비록 가사를 전수받았더라도 여전히 자기마음대로 시행할 수 없다. 나머지 며느리들이 큰 며느리에게 자문을 구하는 것은 그녀가 시어미의 일을 대신하기 때문이다. ‘개부(介婦)’는 나머지 며느리들을 뜻한다.

孔疏 ◎ 注“謂傳”至“婦也”. ○ 正義曰: 若舅姑未沒, 年七十以上, 傳家事於長子, 其婦亦從夫知家事也. 若舅沒姑未老, 則其婦不得專知家事也, 故經云“姑老”. 若其不老, 則不得知也.

◎ 鄭注: “謂傳”~“婦也”. ○ 만약 시부모가 아직 돌아가시지 않았다면, 그 연세가 70세 이상이 되어야 가업을 장자에게 전수하게 되고, 그의 부인 또한 남편을 따라서 가사를 맡아보게 된다. 만약 시아비가 돌아가시고 시어미가 가사를 전수하지 않았다면, 그 며느리는 가사에 대해 제 마음대로 알려고 할 수 없다. 그렇기 때문에 경문에서는 ‘고로(姑老)’라고 기록한 것이다. 즉 가사를 전수하지 않았다면 가사에 대해서 알 수 없다는 뜻이다.

제 34 절

기문(記文)-서부(庶婦)에 대한 규정

116上

庶婦, 則使人醮之, 婦不饋.

직역 庶婦라면 人을 使하여 醮하고, 婦는 不饋한다.

의역 서부의 경우라면 다른 사람을 시켜서 그녀에게 초(醮)를 하고, 서부는 시부모에게 음식을 바치지 않는다.

鄭注 庶婦, 庶子之婦也. 使人醮之, 不饗也. 酒不酬酢曰醮, 亦有脯醢. 適婦酌之以醴, 尊之. 庶婦酌之以酒, 卑之. 其儀則同. 不饋者, 共養統於適也.

'서부(庶婦)'는 서자의 부인을 뜻한다. 다른 사람을 시켜서 초(醮)를 하는 것은 향례를 시행하지 않기 때문이다. 삼주를 사용하되 술을 따라 권하지 않는 것을 '초(醮)'라고 부르며, 이러한 경우에도 포와 젓갈은 포함된다. 적부에게 술을 따라줄 때에는 단술을 사용하니, 그녀를 존귀하게 높이기 때문이다. 서부에게 술을 따라줄 때에는 삼주를 사용하니, 상대적으로 낮추기 때문이다. 관련 의례절차는 동일하다. 음식을 바치지 않는 것은 부모를 공양하는 도리는 적부에게 통솔되기 때문이다.

賈疏 ●"庶婦"至"不饋". ◎注"庶婦"至"適也". ○釋曰: 不饗者, 以適婦不醮而有饗. 今使人醮之, 以醮替饗, 故使人醮之, 不饗也. 云"酒不酬酢曰醮"者, 亦如庶子醮. 然知"亦有脯醢"者, 以其饗婦及醮子皆有脯醢, 故知亦有脯醢也. 云"其儀則同"者, 適婦用醴於客位, 東面拜受醴, 贊者北面拜送. 今庶婦雖於房外之西, 亦東面拜受, 醮者亦北面拜送, 故云其儀則同也. 云"不饋者, 共養統於適也"者, 謂不盥饋特豚, 以其共養統于適婦也.

● 記文: "庶婦"~"不饋". ◎ 鄭注: "庶婦"~"適也". ○ 향(饗)을 하지 않는다고 했는데, 적부의 경우에는 초(醮)를 하지 않고 향연을 베풀어주게 된다. 현재 다른 사람을 시켜서 초를 했다면 초로 향연을 대체하는 것이다. 그렇기 때문에 다른 사람을 시켜서 초를 하고 향을 하지 않는다. 정현이 "삼주를 사용하되 술을 따라 권하지 않는 것을 초(醮)라고 부른다."라고 했는데, 이것은 또한 관례에서 서자에게 초(醮)를 하는 경우와 같다.[1] 그렇다면 "또한 포와 젓갈은 포함된다."라고 한 말이 사실임을 알 수 있는 것은 며느리에게 향연을 베풀고 자식에게 초(醮)를 할 때에는 모두 포와 젓갈이 포함되었다. 그렇기 때문에 이러한 경우에도 포와 젓갈이 포함됨을 알 수 있다. 정현이 "관련 의례절차는 동일하다."라고 했는데, 적부는 빈객의 자리에서 예(醴)를 하게 되어 동쪽을 바라보며 절을 하고 단술을 받으며, 혼례의 진행을 돕는 자는 북쪽을 바라보며 절을 하고 술잔을 건넨다. 현재 서부는 비록 방밖의 서쪽에서 의식을 치르지만, 또한 동쪽을 바라보고 절을 하며 술잔을 받고, 초를 하는 자 또한 북쪽을 바라보고 절을 하며 술잔을 건넨다. 그렇기 때문에 "관련 의례절차는 동일하다."라고 했다. 정현이 "음식을 바치지 않는 것은 부모를 공양하는 도리는 적부에게 통솔되기 때문이다."라고 했는데, 손을 씻고 한 마리의 새끼돼지로 음식을 해서 바치지 않는 것은 공양의 도리가 적부에게 통솔되기 때문이라는 의미이다.

1) 『의례』「사관례(士冠禮)」 : 若庶子, 則冠于房外, 南面, 遂醮焉.

제 35 절
기문(記文)-납채(納采)의 언사(言辭)

116下

昏辭曰: "吾子有惠, 貺室某也.

직역 昏辭에서는 曰 "吾子께서 有惠하여 某에게 室을 貺하셨습니다.

의역 납채(納采)의 절차를 시행하며 혼인의 뜻을 전하는 말에서 심부름꾼은 "그대께서 은혜를 베푸셔서 아무개에게 따님을 처로 주셨습니다.

鄭注 昏辭, 擯者請事告之辭. 吾子, 謂女父也. 稱有惠, 明下達. 貺, 賜也. 室猶妻也. 子謂公冶長可妻也. 某, 婿名.

'혼사(昏辭)'는 빈이 어떠한 일로 왔는지 청해 물었을 때 알리는 말에 해당한다. '오자(吾子)'는 신부의 부친을 뜻한다. 은혜를 베풀었다고 말한 것은 그 이전에 하달(下達)의 절차가 시행되었음을 나타낸다. '황(貺)'자는 하사한다는 뜻이다. '실(室)'은 처를 뜻한다. 공자는 공야장을 평가하며 딸을 아내로 줄 수 있다고 했다.[1] '모(某)'는 신랑의 이름에 해당한다.

賈疏 ●"昏辭"至"某也". ◎注"昏辭"至"婿名". ○釋曰: 鄭知昏辭是"擯者請事告之辭"者, 以其言"吾子有惠貺室某也", 是使告主人之辭, 明知是擯者出門請事, 使者告之辭也. 知"吾子, 謂女父"者, 請事告

1) 『논어』「공야장(公冶長)」: 子謂公冶長, "可妻也. 雖在縲絏之中, 非其罪也." 以其子妻之.

擯者, 稱前已有惠, 貺其妻於婿某, 申明是女父, 乃得以女許人, 故知吾子女父也. 云"明下達"者, 此擯者稱有惠貺室, 卽婿家舊已有辭下達女家, 見許, 今得言貺室也, 故引上文下達以釋此也. 引"子謂公冶長可妻也"者, 證以女許人稱貺室, 室猶妻也.

● 記文: "昏辭"~"某也". ◎ 鄭注: "昏辭"~"婿名". ○ 정현이 혼사(昏辭)가 "빈이 어떠한 일로 왔는지 청해 물었을 때 알리는 말"에 해당한다는 사실을 알 수 있었던 것은 그 말에서 "그대께서 은혜를 베푸셔서 아무개에게 따님을 처로 주셨습니다."라고 했기 때문이다. 이것은 심부름꾼이 신부의 부친에게 아뢰는 말이니, 빈이 대문 밖으로 나와 어떠한 일로 왔는지 청해 물었을 때, 심부름꾼이 아뢰게 되는 말에 해당함을 알 수 있다. 정현이 "오자(吾子)는 신부의 부친을 뜻한다."라고 했는데, 이 말이 사실임을 알 수 있는 이유는 어떠한 일로 왔는지 청해 물어서 심부름꾼이 빈에게 고하며, 이전에 은혜를 베풀어 그 딸을 신랑 아무개에게 처로 주었다고 했으니, 이것은 거듭 신부의 부친이 됨을 나타낸다. 즉 딸을 남에게 주도록 허락했기 때문에 '오자(吾子)'가 신부의 부친이 됨을 알 수 있다. 정현이 "하달(下達)의 절차가 시행되었음을 나타낸다."라고 했는데, 이것은 빈에게 은혜를 베풀어서 딸을 처로 주었다고 했으니, 신랑 집안에서는 이전에 이미 혼인의 여부를 묻는 말을 신부 집안에 보냈고, 허락을 받았으므로 현재 딸을 처로 주었다고 말할 수 있는 것이다. 그렇기 때문에 앞 문장에 나온 '하달(下達)'[2]이라는 말을 인용해서 이곳의 내용을 풀이한 것이다. 정현이 "공자는 공야장을 평가하며 딸을 아내로 줄 수 있다고 했다."라는 말을 인용했는데, 이것은 딸을 남의 아내로 주기로 허락할 때 '황실(貺室)'이라고 말하게 됨을 증명하기 위한 것이니, '실(室)'자는 처(妻)자와 같은 뜻이다.

---

2) 『의례』「사혼례」 : 昏禮. 下達, 納采用鴈.

참고 35-1 『논어』「공야장(公冶長)」 기록

경문 子謂公冶長: "可妻也, 雖在縲絏之中, 非其罪也." 以其子妻之.

공자께서 공야장을 평하시길, "딸을 그의 처로 줄만 하다. 비록 감옥에 갇힌 적이 있었지만 그것은 그의 죄가 아니다."라 하시고, 자신의 딸을 그의 처로 주셨다.

何注 孔曰: 公冶長, 弟子, 魯人也. 姓公冶, 名長. 縲, 黑索; 絏, 攣也, 所以拘罪人.

공씨가 말하길, '공야장(公冶長)'은 제자이니, 노나라 사람이다. 성은 공야(公冶)이고 이름은 장(長)이다. '누(縲)'는 검은색 끈이며, '설(絏)'은 묶는다는 뜻이니, 죄인을 구속하는 것이다.

邢疏 ●"子謂"至"妻之". ○正義曰: 此章明弟子公冶長之賢也. "子謂公冶長可妻也"者, 納女於人曰妻. 孔子評論弟子公冶長德行純備, 可納女與之爲妻也. "雖在縲絏之中, 非其罪也"者, 縲, 黑索; 絏, 攣也. 古獄以黑索拘攣罪人. 於時冶長以枉濫被繫, 故孔子論之曰: "雖在縲絏之中, 實非其冶長之罪也." "以其子妻之"者, 論竟, 遂以其女子妻之也.

●經文: "子謂"~"妻之". ○이 장은 제자인 공야장의 현명함을 나타낸 것이다. "공자께서 공야장을 평하시길, 딸을 그의 처로 줄만 하다."라고 했는데, 남에게 딸을 들이는 것을 '처(妻)'라 부른다. 공자는 제자인 공야장의 덕행이 순수하고 완비되었으니, 딸을 그에게 주어 처로 삼게 할만하다고 평가한 것이다. "비록 감옥에 갇힌 적이 있었지만 그것은 그의 죄가 아니다."라고 했는데, '누(縲)'는 검은색 끈이며, '설(絏)'은 묶는다는 뜻이다. 고대의 감옥에서는 검은 끈으로 죄인들을 묶어 구속했다. 당시

공야장은 억울하게 갇혔던 것이기 때문에 공자가 평가하며 “비록 감옥에 갇힌 적이 있었지만 사실 그것은 공야장의 죄가 아니다.”라 한 것이다. “자신의 딸을 그의 처로 주셨다.”라고 했는데, 평가를 끝내고 마침내 딸을 그의 처로 준 것이다.

邢疏 ◎注“孔曰”至“罪人”. ○正義曰: 云“冶長, 弟子, 魯人也”者, 按家語·弟子篇云: “公冶長, 魯人, 字子長. 爲人能忍恥, 孔子以女妻之.” 又按史記·弟子傳云: “公冶長, 齊人.” 而此云魯人, 用家語爲說也. 張華云: “公冶長墓在陽城姑幕城東南五里所, 基極高. 舊說冶長解禽語, 故繫之縲絏.” 以其不經, 今不取也.

◎何注: “孔曰”~“罪人”. ○“‘공야장(公冶長)은 제자이니, 노나라 사람이다.”라고 했는데, 『공자가어』「제자」편에서는 “공야장은 노나라 사람으로 자는 자장(子長)이다. 사람됨이 치욕을 잘 참아낼 수 있어서, 공자가 딸을 그의 처로 주었다.”[3]라 했다. 또 『사기』「제자전」편을 살펴보면 “공야장은 제나라 사람이다.”[4]라 했다. 그런데 이곳에서 노나라 사람이라고 말한 것은 『공자가어』에 따라 설명했기 때문이다. 장화[5]는 “공야장의 무덤은 양성 고막성에서 동남쪽으로 5리 떨어진 지점에 있는데, 그 터가 매우 높다. 구설에는 공야장이 새들의 말을 알아들을 수 있었기 때문에 감옥에 갇혔다.”라 했다. 그러나 그 말이 사리에 맞지 않기 때문에 여기에서는 취하지 않는다.

---

3) 『공자가어』「칠십이제자해(七十二弟子解)」: 公冶長, 魯人, 字子長, 爲人能忍恥, 孔子以女妻之.

4) 『사기』「중니제자열전(仲尼弟子列傳)」: 公冶長, 齊人, 字子長.

5) 장화(張華, A.D.232 ~ A.D.300) : 서진(西晉) 때의 학자이다. 자(字)는 무선(茂先)이다. 저서로는 『박물지(博物志)』·『장사공집(張司空集)』 등이 있다.

117上

某有先人之禮, 使某也請納采.

직역 "某에게는 先人의 禮가 有하여, 某로 使하여 納采를 請합니다."

의역 아무개에게는 조상께서 시행하시던 예법이 있어, 아무개를 시켜서 납채(納采)의 의례를 시행하고자 청합니다."라고 한다.

鄭注 某, 婿父名也. 某也, 使名也.

'모(某)'는 신랑 부친의 이름에 해당한다. '모야(某也)'에서의 '모(某)'는 심부름꾼의 이름에 해당한다.

賈疏 ●"某有"至"納采". ◎注"某婿"至"名也". ○釋曰: 此亦是使者門外, 通連上語告擯者之辭也. 以其使者稱向主人擯者, 故知上某是婿父, 下某是使者名也.

● 記文: "某有"~"納采". ◎鄭注: "某婿"~"名也". ○이 또한 심부름꾼이 대문 밖에서 하는 말로, 앞에서 한 말과 함께 연결하여 빈에게 전하는 말이다. 심부름꾼이 주인에게 속한 빈을 향해 말하기 때문에 앞에 나온 '모(某)'가 신랑 부친의 이름에 해당하고 뒤에 나온 '모(某)'가 심부름꾼의 이름에 해당한다는 사실을 알 수 있다.

117上

對曰: "某之子惷愚, 又弗能教. 吾子命之, 某不敢辭."

직역 對하여 曰 "某의 子는 惷愚하고 又히 能히 教를 弗합니다. 吾子께서 命하여 某가 辭를 不敢합니다."

의역 빈은 대답하며, "아무개의 여식은 어리석은데도 가르침을 잘 받지 못했습니다. 그러나 그대께서 명하시니, 아무개가 감히 사양하지 못하겠습니다."라고 한다.

鄭注 對曰者, 擯出納賓之辭. 某, 女父名也. 吾子, 謂使者. 今文弗爲不, 無能字.

'대왈(對曰)'은 빈이 대문 밖으로 나와 빈객을 안으로 들일 때 하는 말이다. '모(某)'는 신부의 부친 이름에 해당한다. '오자(吾子)'는 심부름꾼을 뜻한다. 금문에는 '불(弗)'자가 불(不)자로 기록되어 있고, '능(能)'자는 없다.

賈疏 ●"對曰"至"敢辭". ◎注"對曰"至"能字". ○釋曰: 鄭知"對曰者, 擯出納賓之辭"者, 以其上文賓告擯者辭, 下經致命主人, 明此是中間擯者出領賓告者辭, 下經致語入告主人擯者, 又領主人此語, 以告使者知也.

● 記文: "對曰"~"敢辭". ◎ 鄭注: "對曰"~"能字". ○ 정현이 "대왈(對曰)은 빈이 대문 밖으로 나와서 빈객을 안으로 들일 때 하는 말이다."라고 했는데, 이 말이 사실임을 알 수 있는 이유는 앞의 문장은 빈객이 빈에게 알리며 하는 말에 해당하고, 그 뒤로 주인에게 명령을 전달하는 절차를 거치니, 이것은 그 사이에 빈이 대문 밖으로 나와 빈객이 아뢴 말을 받고 그 뒤로 그 말을 받아서 안으로 들어가 주인에게 아뢰고, 빈은 재차 주인의 말을 받아 가지고 나와 심부름꾼에게 알리는 절차를 거치게 됨을 나타낸다.

117上

致命, 曰: "敢納采."

직역 致命에 曰 "敢히 納采합니다."

의역 심부름꾼은 신랑 부친의 명령을 전달하며, "감히 납채(納采)의 의례를 시행하고자 합니다."라고 한다.

賈疏 ●"致命曰敢納采". ○釋曰: 此使者升堂, 致命於主人辭. 若然, 亦當有主人對辭, 如納徵致命, 主人對辭, 不言之者, 文不具也.

●記文: "致命曰敢納采". ○이것은 심부름꾼이 당상으로 올라가 신부의 부친에게 명령을 전하면서 하는 말이다. 만약 그렇다면 이러한 과정에서도 신부의 부친이 대답하는 말이 있어야 하니, 납징(納徵)을 하며 명령을 전달할 때 신부의 부친이 대답하는 말처럼 하게 된다. 그런데 이 말을 기록하지 않은 것은 문장을 자세히 기록하지 않았기 때문이다.

제 36 절

기문(記文)-문명(問名)의 언사(言辭)

117上

問名, 曰: "某旣受命, 將加諸卜, 敢請女爲誰氏?"

직역 問名에 曰 "某는 旣히 命을 受이나 將히 卜에 加하리니, 敢히 請컨대 女는 誰氏가 됩니까?"

의역 문명(問名)의 절차를 시행할 때에 심부름꾼은 "아무개는 이미 허락의 명령을 받았으나 장차 점을 치고자 하니, 감히 청컨대 여식은 무슨 씨입니까?"라고 한다.

鄭注 某, 使者名也. 誰氏者, 謙也, 不必其主人之女.

'모(某)'는 심부름꾼의 이름에 해당한다. "무슨 씨입니까?"라고 한 말은 겸손하게 표현한 것이니, 주인의 여식이라 기필하지 않기 때문이다.

賈疏 ○問名, 賓在門外請問名, 主人許. 無辭者, 納采·問名同使, 前已相親於納采, 許昏訖, 故於問名略, 不言主人所傳辭也. 是以於此直見賓升堂, 致命主人之辭也. 自此已下有納吉·納徵·請期之等, 皆有門外賓與擯者傳辭. 及升堂致命, 主人對, 或理有不須而言, 或理須辭而文不具以情商度, 義可皆知也.

○문명(問名)을 하게 되면 빈객은 대문 밖에서 청하여 이름을 묻게 되고, 신부의 부친이 허락한다. 전달하는 말을 언급하지 않는 것은 납채(納采)와 문명은 동일한 심부름꾼이 하는 것인데, 앞에서 이미 납채를 하여 서

로 친해졌고, 혼인을 허락하는 일이 끝났기 때문에 문명에 있어서는 생략하여, 신부의 부친이 전달하는 말을 언급하지 않은 것이다. 이러한 까닭으로 이곳에는 단지 빈객이 당상으로 올라가 신부의 부친에게 명령을 전하는 말만 나온다. 이곳 구문으로부터 그 이하로 납길(納吉)·납징(納徵)·청기(請期) 등의 절차에 있어서는 모두 문밖에서 빈객과 빈이 전하는 말이 있다. 그리고 당상에 올라가서 명령을 전할 때 신부의 부친이 대답을 하게 되는데, 어떤 경우는 이치상 할 필요가 없는데도 말하고 또 어떤 경우에는 이치상 말을 해야만 하는데도 문장을 자세히 기록하지 않았는데, 정황에 따라 추론해보면 그 의미를 모두 알 수 있기 때문이다.

賈疏 ◎注"某使"至"之女". ○釋曰: 知"某, 使者名也"者, 以使者對主人稱某, 旣受命, 明是使者之名也. 云"誰氏者, 謙也"者, 以其下達乃納采, 則知女之姓矣. 今乃更問主人女爲誰氏者, 恐非主人之女, 假外人之女收養之, 是謙, 不敢必其主人之女也. 其本云問名, 而云誰氏者, 婦人不以名行, 明本不問女之三月名, 此名卽姓號之名. 若尙書孔注云: "虞氏, 舜名." 舜爲謚號, 猶爲名解之, 明氏姓亦得爲名. 若然, 本問名上氏姓, 故云誰氏也.

◎鄭注: "某使"~"之女". ○ 정현이 "모(某)는 심부름꾼의 이름에 해당한다."라고 했는데, 이러한 사실을 알 수 있는 이유는 심부름꾼이 신부의 부친에게 대답하며 '모(某)'라 지칭했고, 이미 명령을 받았으니, 이것은 심부름꾼의 이름에 해당한다는 사실을 나타낸다. 정현이 "무슨 씨냐고 말한 것은 겸손하게 표현한 것이다."라고 했는데, 하달(下達)을 하고서 납채(納采)를 했다면 여자의 성은 이미 알고 있는 상태이다. 그런데 이곳에서는 재차 신부의 부친에게 딸이 무슨 씨가 되냐고 물었으니, 신부 부친의 딸이 아니고 가령 다른 사람의 여식을 거둬들여 양육한 것이 아닐까 염려해서이다. 이것은 겸손한 표현에 해당하니, 신부 부친의 여식이라 감히 기필하지 않기 때문이다. 본래는 '문명(問名)'이라고 했는데, 무슨

씨냐고 말한 것은 여자는 이름을 밝혀 어떤 일을 시행하지 않기 때문이니, 본래부터 딸이 태어난 후 3개월 뒤에 부여받게 되는 이름을 묻는 것이 아님을 나타내다. 여기에서 말한 명(名)은 곧 성씨(姓氏)를 뜻하는 명(名)에 해당한다. 『상서』에 대한 공안국의 주에서 "우씨(虞氏)는 순임금의 명(名)이다."라고 한 경우와 같다. 순(舜)은 시호에 해당하는데, 이것을 명(名)으로 풀이했으니, 씨와 성 또한 명(名)이라 부를 수 있음을 나타낸다. 만약 그렇다면 본래부터 이름 앞에 있는 씨와 성을 묻는 것이기 때문에 무슨 씨냐고 말한 것이다.

117下

對曰: "吾子有命, 且以備數而擇之, 某不敢辭."

직역 對하여 曰 "吾子께서 命을 有하시니 且히 數를 備하여 擇이라 某는 辭를 不敢합니다."

의역 빈은 대답하며, "그대께서 명령을 내려 채택을 하시니 또한 그 수효를 채워 택하시는 것이라 아무개는 감히 사양하지 못하겠습니다."라고 한다.

鄭注 卒曰某氏, 不記之者, 明爲主人之女.

끝으로 '아무개 씨'라고 말하게 되는데 기록하지 않은 것은 신부 부친의 딸이 됨을 나타내기 위해서이다.

賈疏 ●"對曰"至"敢辭". ○釋曰: 云"吾子有命"者, 正謂行納采·問名, 使者將命來, 是已有命來擇, 卽是且以備數而擇之也.

●記文: "對曰"~"敢辭". ○"그대께서 명령을 내렸다."라고 했는데, 납채(納采)와 문명(問名)을 시행하여 심부름꾼이 명령을 받아 찾아왔는데, 이것은 이미 명령을 내려 찾아와 딸을 선택한 것이다. 이것은 곧 그 수효를 채워 선택했다는 뜻이 된다.

賈疏 ◎注"卒曰"至"之女". ○釋曰: 云"卒曰某氏"者, 主人終卒對客之辭, 當云某氏對使也. 云"不記之"者, 明爲主人之女者. 若是他女, 當稱女氏以答. 今不言之者, 明是主人之女. 容舊知之, 故不對, 是以云"明爲主人之女"也.

◎鄭注: "卒曰"~"之女". ○정현이 "끝으로 아무개 씨라고 말하게 된다."라고 했는데, 신부의 부친이 끝으로 빈객에게 대답하는 말에서는 마땅히 "아무개 씨가 심부름꾼에게 대답한다."라고 말해야 한다. 정현이 "기록하

지 않은 것은 신부 부친의 딸이 됨을 나타내기 위해서이다."라고 했는데, 만약 다른 사람의 여식이라면 마땅히 딸의 씨를 지칭해서 대답해야 한다. 그런데 여기에서는 언급하지 않았으니 신부 부친의 딸이 됨을 나타낸다. 오래전부터 알고 있는 상황까지도 포함하고자 했기 때문에 대답하지 않았으니, 이러한 까닭으로 "신부 부친의 딸이 됨을 나타내기 위해서이다." 라고 했다.

제 37 절

기문(記文)-예빈(醴賓)의 언사(言辭)

118上

醴, 曰: "子爲事故, 至於某之室. 某有先人之禮, 請醴從者."

직역 醴하며 曰 "子께서는 事故로 爲하여 某의 室에 至하셨습니다. 某에게는 先人의 禮가 有하니, 請컨대 從者에게 醴합니다."

의역 신부의 부친은 심부름꾼에게 단술을 따라 예우하며, "그대께서는 혼례의 사안으로 인하여 아무개의 묘실에 오시게 되었습니다. 아무개에게는 조상께서 시행하시던 예법이 있어, 청컨대 종자에게 예(醴)를 하고자 합니다."라고 한다.

鄭注 言從者, 謙不敢斥也. 今文於爲于.

'종자(從者)'라 말한 것은 겸손히 표현하여 감히 직접적으로 가리키지 않기 때문이다. 금문에는 '어(於)'자가 우(于)자로 기록되어 있다.

118上

對曰: "某旣得將事矣, 敢辭."

직역 對하여 曰 "某는 旣히 將事를 得했으니, 敢히 辭합니다."

의역 심부름꾼은 대답하며, "아무개는 이미 혼례의 일을 진행할 수 있었으니, 감히 사양하고자 합니다."라고 한다.

鄭注 將, 行

'장(將)'자는 행한다는 뜻이다.

118下

"先人之禮, 敢固以請."

직역 "先人의 禮이니, 敢히 固히 請합니다."

의역 신부의 부친은 "조상께서 시행하시던 예법이니, 감히 거듭 청하고자 합니다." 라고 한다.

鄭注 主人辭. 固, 如故.

신부의 부친이 하는 말이다. '고(固)'는 이전과 같이 한다는 뜻이다.

118上

"某辭不得命, 敢不從也."

직역 "某가 辭나 命을 不得하니, 敢히 不從하겠습니까."

의역 심부름꾼은 "아무개가 사양을 하였으나 허락을 받지 못했으니, 감히 따르지 않을 수 있겠습니까."라고 한다.

鄭注 賓辭也. 不得命者, 不得許己之命.

빈객이 하는 말이다. 명을 받지 못했다는 것은 자신의 의사를 허락해주는 명을 받지 못했다는 뜻이다.

제 38 절

기문(記文)-납길(納吉)의 언사(言辭)

118上

納吉, 曰: "吾子有貺命, 某加諸卜, 占曰吉, 使某也敢告."

직역 納吉에 曰 "吾子께서 貺命을 有하여 某가 卜에 加하니, 占에 吉이라 曰하여, 某를 使하여 敢히 告합니다."

의역 납길(納吉)의 절차를 시행할 때에 심부름꾼은 "그대께서 따님의 이름을 알려주셔서 아무개가 점을 쳤는데 점괘에서 길하다고 했습니다. 그래서 아무개를 시켜서 감히 아룁니다."라고 한다.

鄭注 貺, 賜也. 賜命, 謂許以女名也. 某, 婿父名.

'황(貺)'자는 하사한다는 뜻이다. 명령을 하사한다는 말은 딸의 이름을 알려주도록 허락했다는 의미이다. '모가저복(某加諸卜)'에서의 '모(某)'는 신랑의 부친 이름에 해당한다.

賈疏 ◎注"貺賜"至"父名". ○釋曰: 知某是婿父名者, 以其云"命某加諸卜" 是婿父卜, 故知某是婿父名.

◎鄭注: "貺賜"~"父名". ○'모(某)'가 신랑의 부친 이름에 해당한다는 사실을 알 수 있는 것은 "명하시어, 아무개가 점을 쳤습니다."라고 했으니, 이것은 신랑의 부친이 점을 친 것을 나타낸다. 그렇기 때문에 '모(某)'가 신랑의 부친 이름에 해당한다는 사실을 알 수 있다.

118上

對曰: “某之子不教, 唯恐弗堪. 子有吉, 我與在, 某不敢辭.”

직역 對하여 曰 “某의 子는 不教하여 唯히 弗堪이 恐합니다. 子께 吉이 有하니, 我도 與히 在하여, 某는 辭를 不敢합니다.”

의역 신부의 부친은 대답하며 “아무개의 여식은 가르침을 받지 못해서 감당치 못할까 염려됩니다. 그러나 그대께 길한 점괘가 나왔으니 우리도 그에 해당하므로, 아무개는 감히 사양하지 못하겠습니다.”라고 한다.

鄭注 與猶兼也. 古文與爲豫.

‘여(與)’자는 함께라는 뜻이다. 고문에는 ‘여(與)’자가 예(豫)자로 기록되어 있다.

賈疏 ●“對曰”至“敢辭”. ◎注“與猶兼也”. ○釋曰: 云“我與在”, 以其夫婦一體, 夫既得吉, 婦吉可知, 故云我兼在, 占吉中也.

● 記文: “對曰”~“敢辭”. ◎ 鄭注: “與猶兼也”. ○‘아여재(我與在)’라고 했는데, 남편과 부인은 한 몸이니, 남편이 이미 길한 점괘를 얻었다면 부인 또한 길하다는 사실을 알 수 있다. 그렇기 때문에 “우리도 함께 그에 해당한다.”라고 말한 것이니, 길한 점괘에 포함된다는 뜻이다.

제 39 절

기문(記文)-납징(納徵)의 언사(言辭)

118上

納徵, 曰: "吾子有嘉命, 貺室某也. 某有先人之禮, 儷皮束帛, 使某也請納徵." 致命, 曰: "某敢納徵." 對曰: "吾子順先典, 貺某重禮, 某不敢辭, 敢不承命!"

직역 納徵에 曰 "吾子께서 嘉命을 有하여 某에게 室을 貺하셨습니다. 某에게는 先人의 禮가 有하여 儷皮와 束帛으로 某로 使하여 請컨대 納徵합니다." 致命에 曰 "某는 敢히 納徵합니다." 對하여 曰 "吾子께서 先典을 順하여 某에게 重禮를 貺하시니, 某는 辭를 不敢하니, 敢히 命을 不承하겠습니까!"

의역 납징(納徵)의 절차를 시행할 때에 심부름꾼은 "그대께서는 아름다운 명령을 내리셔서 아무개에게 따님을 처로 주셨습니다. 아무개에게는 조상께서 시행하시던 예법이 있어 한 쌍의 사슴 가죽과 속백을 예물로 바쳐 아무개를 시켜서 납징의 의례를 시행하고자 청합니다."라고 한다. 심부름꾼은 신랑 부친의 명령을 전달하며, "아무개는 감히 납징의 의례를 시행하고자 합니다."라고 한다. 신부의 부친은 대답하며 "그대께서는 선조의 법도에 따라 아무개에게 중대한 예법을 내려주셨으니, 아무개는 감히 사양하지 못하겠습니다. 감히 명령을 받들지 않을 수 있겠습니까."라고 한다.

鄭注 典, 常也, 法也.

'전(典)'은 항상됨을 뜻하며 법도를 의미한다.

賈疏 ●"納徵"至"承命". ○釋曰: "吾子有命"以下至"請納徵", 是門外向擯者辭也. 云"致命曰, 某敢納徵"者, 是所升堂致命辭也. 云"對曰"者，是堂上主人對辭也.

● 記文: "納徵"~"承命". ○ "그대께서는 명령을 내렸다."라는 구문으로부터 "납징을 청합니다."라는 구문까지는 문밖에서 빈에게 전하는 말이다. "신랑 부친의 명령을 전달하며, 아무개는 감히 납징의 의례를 시행하고자 합니다."라고 했는데, 이것은 당상에 올라가서 명령을 전하며 하는 말에 해당한다. '대왈(對曰)'이라고 했는데, 이것은 당상에서 신부의 부친이 대답하는 말에 해당한다.

제 40 절
기문(記文) - 청기(請期)의 언사(言辭)

118下

請期, 曰: "吾子有賜命, 某旣申受命矣. 惟是三族之不虞, 使某也請吉日."

직역 請期에 曰 "吾子께서 賜命을 有하여, 某는 旣히 申히 命을 受하였습니다. 惟히 是는 三族의 不虞라 某로 使하여 吉日을 請합니다."

의역 청기(請期)의 절차를 시행할 때에 심부름꾼은 "그대께서 허락의 명을 내려주셔서, 아무개는 이미 거듭 그 명을 받았습니다. 삼족에게 예기치 못한 일이 없어서 아무개를 시켜 길일을 청해 묻습니다."라고 한다.

鄭注 三族, 謂父昆弟・己昆弟・子昆弟. 虞, 度也. 不億度, 謂卒有死喪, 此三族者, 己及子皆爲服期, 期服則踰年, 欲及今之吉也. 雜記曰: "大功之末, 可以冠子・嫁子."

'삼족(三族)'은 부친의 곤제, 자신의 곤제, 자식의 곤제를 뜻한다. '우(虞)'자는 헤아린다는 뜻이다. 헤아리지 못한다는 말은 갑작스럽게 상사가 발생한다는 뜻인데, 여기에서 말한 삼족은 본인 및 자식이 모두 기년복[1]을 착용해야 하는 대상들이며, 기년복을 착용하게 되면 그 해를 넘기게 되

1) 기년복(期年服)은 1년 동안 상복(喪服)을 입는다는 뜻이다. 또는 그 기간 동안 입게 되는 상복을 뜻하기도 하는데, 일반적으로 자최복(齊衰服)을 가리키는 용어로 사용된다. '기년복'이라고 할 때의 '기년(期年)'은 1년을 뜻하는데, '자최복'은 일반적으로 1년 동안 입게 되는 상복이 되기 때문이다.

니, 지금 시기의 길일을 잡아 혼례를 치르고자 하는 것이다. 『예기』「잡기(雜記)」편에서는 "본인이 대공복(大功服)의 상을 치르고 있는데 상복을 제거하려고 하는 때라면, 자식에게 관례를 치러줄 수 있고 자식을 시집보낼 수 있다."[2)]라고 했다.

賈疏 ●"請期"至"吉日". ○釋曰: 云"某旣申受命矣"者, 申, 重也. 謂前納采已後, 每度重受主人之命也. 云"惟是三族之不虞, 使某也請吉日"者, 今將成昏, 須及吉時, 但吉凶不相干, 若值凶, 不得行吉禮, 故云惟是三族. 死生不可億度之事, 若值死時, 則不得娶, 及今吉時, 使某請吉日以成昏禮也.

●記文: "請期"~"吉日". ○"아무개는 이미 거듭 그 명을 받았습니다."라고 했는데, '신(申)'자는 거듭이라는 뜻이다. 이전에 납채(納采)를 한 이후 매번 주인의 명령을 거듭 받았다는 의미이다. "삼족에게 예기치 못한 일이 없어서 아무개를 시켜 길일을 청해 묻습니다."라고 했는데, 현재 혼례를 성사시키려고 하여 길한 시기를 잡으려고 하는 것이다. 다만 길례와 흉례는 상호 간여할 수 없으니, 만약 흉례를 치르게 된다면 길례를 시행할 수 없다. 그렇기 때문에 삼족에 대해 말한 것이다. 살고 죽는 문제는 헤아릴 수 있는 사안이 아니니, 만약 어떤 자가 죽게 된다면 혼례를 치를 수 없으므로, 현재 길한 시기에 접어들어 아무개를 시켜 길일을 청해 묻고 이를 통해 혼례를 성사시키고자 하는 것이다.

賈疏 ◎注"三族"至"嫁子". ○釋曰: 鄭知三族是父·己·子三者之昆弟者, 若大功之喪服內不廢成禮, 若期, 親內則廢, 故擧合廢者而言. 以其父昆弟則伯·叔及伯·叔母, 己昆弟則己之親兄弟, 子昆弟則己之適子·庶子者, 皆己之齊衰期服之內親故, 三族據三者之昆

2) 『예기』「잡기하(雜記下)」: 大功之末可以冠子, 可以嫁子. 父小功之末, 可以

弟也. 引雜記者, 見大功小功之末, 旣葬, 則可以嫁子·娶妻, 經曰三族, 不據之矣. 今據父之昆弟期, 於子小功, 不得與子娶妻. 若於子期, 於父小功, 亦不得娶妻. 知今皆據婿之父而言. 若然, 己·父昆弟於子爲小功而言, 此三族者, 己與子皆爲服期者, 亦據大判而言耳.

◎鄭注: "三族"~"嫁子". ○ 삼족이 부친·자신·자식 세 대상의 곤제들을 뜻한다는 사실을 정현이 알 수 있었던 것은 대공복(大功服)의 상에 해당하는 대상들로 인해서는 혼례 성사시키는 것을 폐지하지 않지만, 기년복의 경우라면 친근한 대상에 포함되므로 혼례를 폐지하게 된다. 그렇기 때문에 폐지해야 하는 대상들을 망라해서 언급한 것이다. 부친의 곤제는 백부·숙부 및 백모·숙모가 되고, 자신의 곤제는 자신의 친형제들이 되며, 자식의 곤제는 자신의 적자 및 서자가 된다. 이들에 대해서는 모두 자신이 자최복(齊衰服)을 입고 기년상[3]을 치러야 하는 친근한 친족에 해당한다. 그러므로 삼족(三族)은 세 대상의 곤제들을 가리킨다. 정현이 『예기』「잡기(雜記)」편의 문장을 인용한 것은 대공복이나 소공복(小功服)의 상을 치를 때 그 말미에 이르러 장례를 마치게 되면 자식을 시집보내거나 장가를 들게 할 수 있음을 보여주기 위한 것인데, 경문에서는 '삼족(三族)'이라고 했으니 이들을 거론하지 않은 것이다. 현재 부친의 곤제에 대해 기년복을 착용하는 것에 기준을 둔다면 자식의 입장에서는 소공복이 되는데도 자식을 장가보낼 수 없다. 만약 자식이 기년복을 착용한 경우라면 부친의 입장에서는 소공복이 되는데도 또한 장가를 보낼 수 없다. 따라서 이 모두는 신랑의 부친을 기준으로 말한 것임을 알 수 있다. 그렇다면 자신과 부친의 곤제는 자식의 입장에서는 소공복이 되는데, 이러한 삼족에 대해서 자신과 자식이 모두 기년복을 착용한다고 말한 것은

3) 기년상(期年喪)은 1년 동안 치르는 상을 뜻한다. 일반적으로 자최복(齊衰服)을 입고 치르는 상을 뜻한다. '기년(期年)'은 1년을 뜻하는데, '자최복'은 일반적으로 1년 동안 입게 되는 상복이기 때문이다.

대략적인 뜻으로 말한 것일 뿐이다.

참고 40-1 『예기』「잡기하(雜記下)」 기록

경문 大功之末可以冠子, 可以嫁子. 父小功之末, 可以冠子, 可以嫁子, 可以取婦. 己雖小功旣卒哭, 可以冠取妻, 下殤之小功則不可.

본인이 대공복(大功服)의 상을 치르고 있는데 상복을 제거하려고 하는 때라면, 자식에게 관례를 치러줄 수 있고 자식을 시집보낼 수 있다. 부친이 소공복(小功服)의 상을 치르고 있는데 상복을 제거하려고 하는 때라면, 자식에게 관례를 치러줄 수 있고 자식을 시집보낼 수 있으며 며느리를 들일 수 있다. 본인이 비록 소공복의 상을 치르고 있더라도 이미 졸곡(卒哭)을 했다면, 관례를 치르거나 아내를 들일 수 있지만, 하상[4]을 당한 자에 대한 소공복의 상을 치르고 있다면 해서는 안 된다.

鄭注 此皆謂可用吉禮之時. 父大功卒哭, 而可以冠子·嫁子. 小功卒哭, 而可以取婦. 己大功卒哭, 而可以冠子, 小功卒哭, 而可以取妻, 必偕祭乃行也. 下殤小功, 齊衰之親, 除喪而後可爲昏禮. 凡冠者, 其時當冠, 則因喪而冠之.

이 내용들은 모두 길례를 치를 수 있는 때를 나타낸다. 부친이 대공복(大功服)의 상에서 졸곡을 치렀다면, 자식에게 관례를 치를 수 있고 자식을 시집보낼 수 있다. 소공복(小功服)의 상에서 졸곡을 치렀다면, 며느리를 들일 수 있다. 본인이 대공복의 상에서 졸곡을 치렀다면 자식에게 관례를 치를 수 있고, 소공복의 상에서 졸곡을 치렀다면 아내를 들일 수 있는데,

4) 하상(下殤)은 8~11세 사이에 요절한 자를 뜻한다. 『의례』「상복(喪服)」편에 "十一至八歲爲下殤."이라는 기록이 있다.

반드시 둘 모두 제사를 지낸 뒤에 시행한다. 하상(下殤)에 대해 소공복을 착용한 경우, 그 대상은 본래 자최복(齊衰服)을 착용해야 하는 친족이니, 제상(除喪)을 한 뒤에야 혼례를 치를 수 있다. 무릇 관례의 경우, 그 시기가 관례를 치러야 하는 때라면, 상을 치르는 것으로 인해 관을 씌워준다.

孔疏 ●"大功"至"不可". ○正義曰: "大功之末, 可以冠子, 可以嫁子"者, 末謂卒哭之後, 謂已有大功之喪, 旣卒哭, 可以冠子·嫁子也.

●經文: "大功"~"不可". ○"대공복(大功服)의 상을 치르고 있는데 상복을 제거하려고 하는 때라면, 자식에게 관례를 치러줄 수 있고 자식을 시집보낼 수 있다."라고 했는데, '말(末)'자는 졸곡(卒哭)을 치른 이후를 뜻하니, 본인에게 대공복을 착용해야 하는 상이 발생했는데 졸곡을 끝내면 자식에게 관례를 치러줄 수 있고 자식을 시집보낼 수 있다는 의미이다.

119上

對하여 曰: "某旣前受命矣, 唯命是聽."

직역 對曰: "某는 旣히 前에 命을 受했으니, 唯히 命을 聽합니다."

의역 신부의 부친은 대답하며, "아무개는 이미 전부터 명령하신대로 따랐으니, 이번에도 명령하시는 것에 따르겠습니다."라고 한다.

鄭注 前受命者, 申前事也.

이전에 명령을 받았다는 말은 이전의 일들처럼 거듭해서 따르겠다는 뜻이다.

119上

曰: "某命某聽命于吾子."

직역 曰: "某께서는 某에게 命하시어 吾子께 命을 聽하게 하셨습니다."

의역 심부름꾼은 "아무개께서 아무개에게 명하시여, 그대의 명령을 따르게 하셨습니다."라고 한다.

鄭注 曰某, 婿父名也.

'왈모(曰某)'에서의 '모(某)'는 신랑의 부친 이름에 해당한다.

119上

對曰: "某固唯命是聽." 使者曰: "某使某受命, 吾子不許, 某敢不告期!" 曰: "某日."

직역 對曰: "某는 固히 唯히 命을 聽하겠습니다." 使者는 曰 "某께서 某로 使하여 命을 受한데, 吾子께서 不許하시니 某는 敢히 期를 不告하겠습니까!" 曰 某日이라.

의역 신부의 부친은 대답하며, "아무개는 진실로 명하신대로 따르겠습니다."라고 한다. 심부름꾼은 "아무개께서 아무개를 시켜 명령을 받도록 하셨는데, 그대께서 허락하지 않으시니, 아무개는 감히 고하지 않을 수 있겠습니까."라고 하며, 혼사를 치르기로 정한 날은 "아무개 일입니다."라고 한다.

鄭注 某, 吉日之甲乙.

모일(某日)에서의 '모(某)'는 길일로 택한 갑일이나 을일 등을 뜻한다.

賈疏 ◎注"某吉日之甲乙". ○釋曰: 云"曰某日"者, 是使者付主人吉日之辭. 云"某, 吉日之甲乙"者, 謂以十日配十二辰, 若云甲子·乙丑·丙寅·丁卯之類, 故鄭略擧甲乙而言之也.

◎鄭注: "某吉日之甲乙". ○"혼사를 치르기로 정한 날은 아무개 일입니다."라고 했는데, 이것은 심부름꾼이 신부의 부친에게 전하는 길일에 대한 말이다. 정현이 "모(某)는 길일로 택한 갑일이나 을일 등을 뜻한다."라고 했는데, 10일을 12진에 배열한 것으로, 갑자일·을축일·병인일·정묘일 등의 부류가 된다. 그렇기 때문에 정현은 간략히 갑을(甲乙)만 제시해서 말한 것이다.

119下

對曰: "某敢不敬須!"

직역 對하여 曰 "某가 敢히 敬須를 不하겠습니까!"

의역 신부의 부친은 대답하며, "아무개가 감히 공경히 기다리지 않을 수 있겠습니까."라고 한다.

鄭注 須, 待

'수(須)'자는 기다린다는 뜻이다.

제 41 절
기문(記文)-반명(反命)의 언사(言辭)

119下

凡使者歸, 反命, 曰: "某旣得將事矣, 敢以禮告."

직역 凡히 使者가 歸하여 反命하여 曰 "某는 旣히 將事를 得하여 敢히 禮로써 告합니다."

의역 무릇 심부름꾼이 되돌아가 신랑의 부친에게 보고하기를 "아무개는 이미 혼례의 일을 완수하였으니, 감히 예물을 가지고 고합니다."라고 한다.

鄭注 告禮所執脯.

가지고 온 포를 예물로 삼아 고하는 것이다.

賈疏 ◎注"告禮所執脯". ○釋曰: 知禮是所執脯者, 上文禮賓, 賓皆北面取脯, 降授從者. 今此云歸以反命, 故知禮是所執脯也.

◎鄭注: "告禮所執脯". ○ 예물이 가지고 온 포에 해당한다는 사실을 알 수 있는 이유는 앞 문장에서 빈객을 예우할 때, 빈객은 모두 북쪽을 바라보며 포를 취하고,[1] 내려가서 종자에게 건넨다고 했다.[2] 지금 이곳에서는 되돌아가서 보고한다고 했다. 그렇기 때문에 예물이 바로 가지고 온 포에 해당한다는 사실을 알 수 있다.

1) 『의례』「사혼례」: 賓卽筵, 奠于薦左, 降筵, 北面坐取脯, 主人辭.
2) 『의례』「사혼례」: 賓降, 授人脯, 出, 主人送于門外, 再拜.

119下

主人曰: "聞命矣."

직역 主人은 曰 "聞命이라."

의역 신랑의 부친은 "잘 들었다."라고 한다.

제 42 절

기문(記文) - 초자(醮子)의 언사(言辭)

119下

父醮子,

직역 父는 子에게 醮하며,

의역 랑의 부친은 아들에게 초(醮)를 하며,

鄭注 子, 婿.

'자(子)'는 신랑을 뜻한다.

賈疏 ●"父醮子". ○釋曰: 女父禮女用醴, 又在廟. 父醮子用酒, 又在寢. 不同者, 父禮女者, 以先祖遺體許人, 以適他族, 婦人外成, 故重之而用醴, 復在廟告先祖也. 男子直取婦入室, 無不反之, 故輕之, 而用酒在寢. 知醮子亦不在廟者, 若在廟以禮, 筵於戶西, 右几布神位, 今不言, 故在寢可知也.

● 記文: "父醮子". ○ 신부의 부친은 딸을 예우하며 예(醴)를 사용하고 또한 묘(廟)에서 시행한다. 신랑의 부친은 아들에게 초(醮)를 하며 삼주(三酒)를 사용하고 또한 침(寢)에서 시행한다. 이와 같은 차이가 생기는 것은 신부의 부친이 딸을 예우하는 것은 선조가 물려주신 딸을 남에게 주어 다른 가문으로 가게 만들고 부인의 도리가 출가를 하며 완성되기 때문에, 그 사안을 중시하여 예(醴)를 사용하고 재차 종묘에서 시행하여

선조에게 그 사실을 아뢰기 때문이다. 남자의 입장에서는 단지 아내를 취해 집으로 들이는 것으로 다시 되돌아오지 않을 수 없다. 그렇기 때문에 그 사안을 상대적으로 가볍게 여기고 삼주를 사용하며 침에서 시행한다. 아들에게 초를 할 때에도 묘에서 시행하지 않는다는 사실을 알 수 있는 것은 만약 묘에서 시행하여 예우를 한다면, 묘실 방문의 서쪽에 자리를 깔고 우측에 안석을 설치하여 신령의 자리를 마련해야 한다. 그런데 지금은 이러한 사실을 언급하지 않았다. 그렇기 때문에 침에서 시행한다는 사실을 알 수 있다.

120上

命之, 曰: "往迎爾相, 承我宗事.

직역 命하여 曰: "往迎爾相, 承我宗事.

의역 신랑의 부친은 아들에게 명하며, "찾아가서 너를 도울 사람을 맞이하여 우리 가문의 종묘에 대한 일을 받들어라.

鄭注 相, 助也. 宗事, 宗廟之事.

'상(相)'자는 돕는다는 뜻이다. '종사(宗事)'는 종묘에서 시행하는 제사를 뜻한다.

120上

"勖帥以敬先妣之嗣, 若則有常."

직역 勖帥하여 先妣의 嗣를 敬해야 하니, 若은 常이 有해야 한다."

의역 아내를 이끄는데 힘써서 돌아가신 어미나 조모의 뒤를 잇는 것을 공경해야 한다. 이처럼 하려면 너의 행실에도 항상된 도리가 있어야 한다."라고 한다.

鄭注 勖, 勉也. 若猶女也. 勉帥婦道, 以敬其爲先妣之嗣. 女之行則當有常, 深戒之. 詩云: "大姒嗣徽音."

'욱(勖)'자는 힘쓴다는 뜻이다. '약(若)'자는 너라는 뜻이다. 신부가 아녀자의 도리에 따르도록 이끄는데 힘써서, 그녀가 선비(先妣)의 뒤를 잇는 것을 공경해야 한다. 이처럼 하려면 너의 행실에도 마땅히 항상된 도리가 있어야 한다고 깊이 주의를 준 것이다. 『시』에서는 "태사는 선비의 아름다운 덕음을 계승하였도다."[1]라고 했다.

賈疏 ●"勖帥"至"有常". ◎注"勖勉"至"徽音". ○釋曰: 云"以敬其爲先妣之嗣"者, 謂婦人入室, 使之代姑祭也. "詩云大姒嗣徽音"者, 大雅·文王詩. 大姒者, 文王妃. 嗣, 繼. 徽, 美也. 娶大姒, 明以繼先妣美音也. 引之者, 證敬其爲先妣之嗣也.

● 記文: "勖帥"~"有常". ◎ 鄭注: "勖勉"~"徽音". ○ 정현이 "그녀가 선비(先妣)의 뒤를 잇는 것을 공경해야 한다."라고 했는데, 신부가 들어와 아내가 되었다면 그녀로 하여금 시어미 대신 제사를 지내도록 한다는 뜻이다. 정현이 "『시』에서는 태사는 선비의 아름다운 덕음을 계승하였도

---

1) 『시』「대아(大雅)·사제(思齊)」: 思齊大任, 文王之母, 思媚周姜, 京室之婦. <u>大姒嗣徽音</u>, 則百斯男.

다."라고 했는데, 이것은 『시』「대아(大雅)·문왕(文王)」편의 시이다. '태사(大姒)'는 문왕의 처이다. '사(嗣)'자는 계승한다는 뜻이다. '휘(徽)'자는 아름답다는 뜻이다. 태사를 아내로 들였으니, 선비의 아름다운 덕음을 계승하였음을 밝힌 것이다. 이 문장을 인용해서 선비의 뒤를 잇는 것을 공경한다는 뜻을 증명하였다.

120上

子曰: "諾. 唯恐弗堪, 不敢忘命."

직역 子는 曰 "諾이라. 唯히 弗堪이 恐하며 命을 忘하길 不敢합니다."

의역 아들은 "알았습니다. 단지 감당하지 못할까 염려될 따름이며, 감히 명령을 잊지 않겠습니다."라고 한다.

참고 42-1 『시』「대아(大雅) · 사제(思齊)」

思齊大任, (사제대임) : 엄숙하신 태임을 생각하노니,
文王之母. (문왕지모) : 문왕의 어머니이시다.
思媚周姜, (사미주강) : 아름다운 주나라의 대강을 생각하노니,
京室之婦. (경실지부) : 왕실의 며느리로다.
大姒嗣徽音, (대사사휘음) : 태사가 태임의 아름다움을 이으니,
則百斯男. (즉백사남) : 그 아들이 백 명이로다.

惠于宗公, (혜우종공) : 대신들의 의견에 따르니,
神罔時怨, (신망시원) : 신이 이에 원망함이 없으며,
神罔時恫. (신망시통) : 신이 이에 애통함이 없도다.
刑于寡妻, (형우과처) : 예법으로 처를 대했고,
至于兄弟, (지우형제) : 그것이 형제에게 이르렀으며,
以御于家邦. (이어우가방) : 이로써 집과 나라를 다스릴 수 있었도다.

雝雝在宮, (옹옹재궁) : 화락하게 궁에 계시며,
肅肅在廟. (숙숙재묘) : 엄숙하게 종묘에 계시도다.
不顯亦臨, (불현역임) : 재능이 드러나지 않는 자에게도 임하시고,
無射亦保. (무역역보) : 활쏘기를 못하는 자 또한 보전하셨도다.

肆戎疾不殄, (사융질불진) : 이에 크게 해를 입히는 자는 저절로 근절되었고,
烈假不遐. (열가불하) : 사납게 해를 끼치는 자도 그만두었도다.
不聞亦式, (불문역식) : 소문이 나지 않은 자도 등용하시고,
不諫亦入. (불간역입) : 간언을 잘 못하는 자도 입조시키셨다.

肆成人有德, (사성인유덕) : 이에 대부와 사들은 덕을 지니게 되었고,
小子有造. (소자유조) : 그 제자들은 이룸이 있었도다.
古之人無斁, (고지인무두) : 옛 성왕과 명군들은 가리는 바가 없어서,
譽髦斯士. (예모사사) : 선비가 아름다운 명성을 이루게 했도다.

毛序 思齊, 文王所以聖也.

모서 「사제」편은 문왕이 성인이 된 이유를 읊은 시이다.

제 43 절

기문(記文)-친영(親迎)의 언사(言辭)

120上

賓至, 擯者請. 對曰: "吾子命某, 以茲初昏, 使某將, 請承命."

직역 賓이 至하면, 擯者가 請한다. 對하여 曰 "吾子께서 某에게 命하시어, 茲初昏으로 某로 使하여 將하셨으니, 請컨대 命을 承합니다."

의역 신랑이 신부 집에 도착하면, 빈은 무슨 일로 왔는지 청해 묻는다. 신랑은 대답하며, "그대께서 아무개에게 명하시어, 이 초저녁에 아무개로 하여금 친영을 시행토록 하셨으니, 명을 받들고자 청합니다."라고 대답한다.

鄭注 賓, 婿也. 命某, 某, 婿父名. 茲, 此也. 將, 行也. 使某行昏禮來迎.

'빈(賓)'은 신랑을 뜻한다. '명모(命某)'라고 했을 때의 '모(某)'는 신랑의 부친 이름에 해당한다. '자(茲)'자는 차(此)자의 뜻이다. '장(將)'자는 행한다는 뜻이다. 아무개로 하여금 혼례를 시행하여 찾아와 맞이하게 했다는 의미이다.

賈疏 ●"賓至"至"承命". ◎注"賓婿"至"來迎". ○釋曰: 云"命某, 某, 婿父名"者, 以其經有二某, 命某者, 是婿自稱之, 以對擯者也. 經云"使某"者, 是婿名, 故不言也.

● 記文: "賓至"~"承命". ◎ 鄭注: "賓婿"~"來迎". ○ 정현이 "명모(命某)

라고 했을 때의 모(某)는 신랑의 부친 이름에 해당한다."라고 했는데, 경문에는 2개의 모(某)자가 나온다. '명모(命某)'라고 했을 때 이것은 신랑이 스스로 이처럼 칭하여 빈에게 대답하는 말이다. 경문에서 '사모(使某)'라고 했는데, 여기에서의 '모(某)'자는 신랑의 이름에 해당한다. 그렇기 때문에 언급하지 않은 것이다.

120上

對曰: "某固敬具以須."

직역 對하여 曰 "某께서는 固히 敬具하여 須합니다."

의역 빈이 대답하길, "아무개께서는 진실로 공경스럽게 예식을 갖추고 기다리고 계십니다."라고 한다.

제 44 절

기문(記文)-계명(戒命)의 언사(言辭)

120上

父送女, 命之, 曰: "戒之敬之, 夙夜毋違命."

직역 父는 女를 送하며 命하여 曰: "戒하고 敬하니, 夙夜에 違命을 毋하라."

의역 신부의 부친은 딸을 전송하며 명령하길, "조심하고 공경해야 하니, 이른 아침부터 밤늦게까지 시부모의 명령을 어기지 말아야 한다."라고 한다.

鄭注 夙, 早也, 早起夜臥. 命, 舅姑之教命. 古文毋爲無.

'숙(夙)'자는 이른 아침을 뜻하니, 아침 일찍 일어나고 밤늦게 잔다는 뜻이다. '명(命)'은 시부모의 가르침과 명령이다. 고문에는 '무(毋)'자가 무(無)자로 기록되어 있다.

賈疏 ●"父送"至"違命". ○釋曰: 上送女之時, 父母俱戒訖, 今此記人又云此戒者, 當同是送女時, 幷有此戒, 續成前語. 庶母所戒亦然. 以前後語時不同, 故記人兩處記之. 但父戒之, 使無違舅命; 母戒之, 使無違姑命, 故父云"命", 母云"戒"也. 然若此注有云"命舅姑之教", 命有姑字者, 傳寫誤也. 云"古文毋爲無", 不從者, 以許氏說文毋爲禁辭, 故從經今文毋爲正也.

●記文: "父送"~"違命". ○앞에서 딸을 전송할 때 신부의 부친과 모친은 모두 훈계를 한다고 했고 그 설명이 끝났는데, 지금 이곳의 기문을 작성

한 자는 재차 이러한 훈계하는 말을 기록했으니, 딸을 전송할 때 이러한 훈계의 말도 하게 되는 것으로, 앞의 기록과 연결하면 그 뜻이 완성된다. 서모가 훈계를 하는 것 또한 이처럼 한다. 그런데 앞에서 말한 것과 뒤에서 말한 것은 그 시기가 동일하지 않기 때문에, 기문을 작성한 자가 두 곳에 이 내용을 기록해둔 것이다. 다만 부친이 훈계한 것은 시아비의 명령을 위배하지 말도록 하기 위한 것이고, 모친이 훈계한 것은 시어미의 명령을 위배하지 말도록 하기 위한 것이다. 그렇기 때문에 부친에 대해서는 '명(命)'이라 말하고 모친에 대해서는 '계(戒)'라고 말한 것이다. 그렇다면 이곳 주석에서는 "명(命)은 시부모의 가르침이다."라고 하여, 명(命)에 대해 고(姑)까지도 함께 기록했는데, 이것은 전수되는 과정에서 필사하며 생겨난 오류이다. 정현이 "고문에는 '무(毋)'자가 무(無)자로 기록되어 있다."라고 했는데, 정현이 그 기록에 따르지 않았던 것은 허신의 『설문』에서는 '무(毋)'자를 금지사라고 했다. 그렇기 때문에 금문의 기록에 따라 '무(毋)'자를 바른 기록으로 여긴 것이다.

121上

母施衿結帨, 曰: "勉之敬之, 夙夜無違宮事."

직역 母는 衿을 施하고 帨를 結하여 曰 "勉하고 敬하니, 夙夜에 宮事를 無違하라."

의역 신부의 모친은 띠를 둘러주고 그곳에 수건을 묶어주며, "부지런히 노력하고 공경해야 하니, 이른 아침부터 밤늦게까지 집안의 일들을 어기지 말아야 한다."라고 한다.

鄭注 帨, 佩巾.

세(帨)'는 허리에 차는 수건이다.

賈疏 ●"宮事". ○釋曰: 則姑命婦之事, 若內宰職云后教六宮, 婦人稱宮故也.

●記文: "宮事". ○시어미가 며느리에게 명령하는 일들에 해당하니, 마치 『주례』「내재(內宰)」편의 직무기록에서 "왕후에 대해 육궁[1]을 가르친다."[2]라고 한 것과 같으니, 부인을 '궁(宮)'이라 지칭하기 때문이다.

참고 44-1 『주례』「천관(天官) · 내재(內宰)」 기록

1) 육궁(六宮)은 왕후(王后)의 침궁(寢宮)을 뜻한다. 천자는 6개의 침(寢)을 세워서, 1개의 침을 정침(正寢)으로 사용하고, 나머지 5개의 침을 연침(燕寢)으로 사용하는데, 왕후(王后) 또한 6개의 침궁을 세워서, 1개의 침궁을 정침으로 사용하며, 나머지 5개의 침궁을 연침으로 사용한다. 배치상으로 보면 천자가 세우는 6개의 침이 위치한 건물군의 뒤편에 위치한다.

2) 『주례』「천관(天官) · 내재(內宰)」 : 以陰禮教六宮.

경문 以陰禮教六宮.

음례(陰禮)로 육궁(六宮)을 가르친다.

鄭注 鄭司農云: "陰禮, 婦人之禮. 六宮後五前一, 王之妃百二十人: 后一人, 夫人三人, 嬪九人, 世婦二十七人, 女御八十一人." 玄謂六宮, 謂后也. 婦人稱寢曰宮. 宮, 隱蔽之言. 后象王, 立六宮而居之, 亦正寢一, 燕寢五. 教者, 不敢斥言之, 謂之六宮, 若今稱皇后爲中宮矣. 昏禮: "母戒女曰: 夙夜毋違宮事."

정사농은 "'음례(陰禮)'는 부인의 예를 뜻한다. '육궁(六宮)'은 뒤에 5개가 있고 앞에 1개가 있으며, 천자의 비는 120명이니, 왕후가 1명이고, 부인이 3명이며, 빈이 9명이고, 세부가 27명이며, 여어가 81명이다."라 했다. 내가 생각하기에, '육궁(六宮)'은 왕후를 뜻한다. 부인에 대해서는 침(寢)을 칭해 궁(宮)이라 부른다. '궁(宮)'이라는 말은 은폐한다는 뜻이다. 왕후는 천자를 본떠서 육궁을 세우고 그곳에 거주하니 또한 정침[3]이 1개이고, 연침이 5개이다. '교(教)'라는 것은 감히 직접적으로 가리켜서 말하지 않은 것이며, '육궁(六宮)'이라 한 것은 마치 오늘날 황후를 중궁(中宮)이라 칭하는 것과 같다. 「사혼례」편에서 "모친은 딸을 훈계하며 이른 아침부터 밤늦게까지 집안의 일들을 어기지 말아야 한다."라고 했다.

賈疏 ●"以陰禮教六宮". ○釋曰: 先鄭意以陰禮婦人之禮, 教六宮之人, 自后已下至女御. 後鄭意以婦人之禮教后一人, 六宮卽后也.

---

3) 정침(正寢)은 노침(路寢)과 같은 말이다. 또한 정전(正殿)이라고도 불렀다. 군주가 정무를 처리하던 장소이다. 천자에게는 6개의 침(寢)이 있었는데, 가장 앞쪽에 있는 1개의 침이 바로 정침(正寢)이 되고, 나머지는 5개의 침은 연침(燕寢)이 된다. 또한 군주의 부인이 사용하는 정침을 뜻하기도 한다. 또한 군주 이하의 계층에게 있어서는 공적인 업무를 처리하거나 일을 할 때 사용하는 공간을 뜻하기도 한다.

● 經文: "以陰禮教六宮". ○ 정사농의 생각은 음례인 부인의 예로 육궁에 속한 사람인 왕후로부터 그 이하로 여어까지를 가르친다고 보았다. 반면 정현의 생각은 부인의 예로 왕후 1명을 가르친다고 보았다.

賈疏 ◎ 注"鄭司"至"宮事". ○ 釋曰: 先鄭知"陰禮, 婦人之禮"者, 以其將用教婦人, 故知陰禮是婦人之禮也. 云"六宮, 後五前一"者, 天子謂之六寢, 宮人所云者是也. 后亦象王, 立宮亦後五前一, 在王六寢之後爲之, 南北相當耳. 云"王之妃百二十人"至"八十一人", 此是禮記·昏義之文, 彼據周法. 引之者, 先鄭意, 欲見內宰教此六宮之人也. "玄謂六宮謂后", 不從先鄭者, 若此文兼后至女御, 應言及與凡殊之, 下別自教三夫人已下. 此文旣在於上, 明專教后一人而已. 云"若今稱皇后爲中宮矣"者, 漢舊儀有此事也. 引昏禮者, 證婦人稱宮之意也.

◎ 鄭注: "鄭司"~"宮事". ○ 정사농이 "음례(陰禮)는 부인의 예를 뜻한다."라고 했는데, 이 말이 사실임을 알 수 있었던 것은 장차 이를 이용해 부인들을 가르치기 때문에, 음례가 부인의 예에 해당함을 알 수 있다. 정사농이 "육궁(六宮)은 뒤에 5개가 있고 앞에 1개가 있다."라고 했는데, 천자에 대해서는 '육침(六寢)'이라 부르니, 『주례』「궁인(宮人)」편에서 언급한 것이 여기에 해당한다.[4] 왕후 또한 천자를 본떠서 궁을 세우는데 또한 뒤에 5개를 두고 앞에 1개를 두며, 천자의 육침 뒤에 만들어서 남북 방향으로 서로 닿게 할 따름이다. 정사농이 "천자의 비는 120명이다."라고 한 말로부터 "81명이다."라고 한 말까지는 『예기』「혼의(昏義)」편의 문장이니,[5] 「혼의」편의 기록은 주나라의 예법에 근거한 것이다. 이 문장

---

4) 『주례』「천관(天官)·궁인(宮人)」: 宮人; 掌王之六寢之脩.

5) 『예기』「혼의(昏義)」: 古者天子后立六宮·三夫人·九嬪·二十七世婦·八十一御妻, 以聽天下之內治, 以明章婦順, 故天下內和而家理. 天子立六官·三公·九卿·二十七大夫·八十一元士, 以聽天下之外治, 以明章天下之男

을 인용한 것은 정사농의 생각은 내재가 이러한 육궁에 속한 사람들을 가르친다는 것을 나타내고자 한 것이다. 정현이 "내가 생각하기에, '육궁(六宮)'은 왕후를 뜻한다."라고 했는데, 정사농의 주장에 따르지 않은 것이다. 만약 이 문장이 왕후로부터 여어에 이르기까지 모두를 겸하는 것이라면 마땅히 급(及)자나 범(凡)자를 언급해서 달리 표현해야 하는데, 아래문장에 별도로 3명의 부인으로부터 그 이하의 자들을 가르친다고 했다. 그리고 이 문장은 이미 그 앞에 기록되어 있으니, 오로지 왕후 1명만을 가르치는 것임을 나타낸다. 정현이 "마치 오늘날 황후를 중궁(中宮)이라 칭하는 것과 같다."라고 했는데, 『한구의』에는 이러한 사안이 나타난다. 「사혼례」편을 인용한 것은 부인에 대해 궁(宮)이라 칭하는 뜻을 증명하기 위해서이다.

教, 故外和而國治. 故曰, "天子聽男教, 后聽女順; 天子理陽道, 后治陰德; 天子聽外治, 后聽內職. 教順成俗, 外內和順, 國家理治", 此之謂盛德.

121上

庶母及門內, 施鞶, 申之以父母之命, 命之曰: "敬恭聽宗爾父母之言. 夙夜無愆, 視諸衿鞶."

직역 庶母는 門內에 及하여 鞶을 施하고, 申하길 父母의 命으로써 하며 命하여 曰 "敬恭히 爾의 父母의 言을 聽宗하라. 夙夜에 無愆하니 衿鞶을 視라."

의역 서모는 묘문 안까지 따라와서 주머니를 채워주고 부모의 명령을 거듭 전하며 명하길, "네 부모님의 말씀을 공경스럽고 공손하게 듣고 높여야 한다. 이른 아침부터 밤늦게까지 잘못을 저지르지 말아야 하니, 띠와 주머니를 보여주노라." 라고 한다.

鄭注 庶母, 父之妾也. 鞶, 鞶囊也. 男鞶革, 女鞶絲, 所以盛帨巾之屬, 爲謹敬. 申, 重也. 宗, 尊也. 愆, 過也. 諸, 之也. 示之以衿鞶者, 皆託戒使識之也. 不示之以衣笄者, 尊者之戒, 不嫌忘之. 視乃正字, 今文作示, 俗誤行之.

'서모(庶母)'는 부친의 첩이다. '반(鞶)'은 주머니이다. 남자는 가죽으로 만든 주머니를 차고 여자는 명주로 만든 주머니를 차니, 수건 등을 담는 용도이며, 조심하고 공경스럽게 행동하기 위해서이다. '신(申)'자는 거듭이라는 뜻이다. '종(宗)'자는 존귀하게 높인다는 뜻이다. '건(愆)'자는 과실을 뜻한다. '저(諸)'자는 지(之)자의 뜻이다. 띠와 주머니를 보여주는 것은 모두 이러한 것에 의탁해 훈계하여 명심하도록 만드는 것이다. 옷과 비녀로 보여주지 않는 것은 존귀한 자가 훈계한 것은 잊어버릴 것이란 혐의가 들지 않기 때문이다. '시(視)'자는 정자에 해당하는데 금문에는 '시(示)'자로 기록되어 있으니, 세속에서 잘못 사용한 것이다.

賈疏 ●"庶母"至"衿鞶". ◎注"庶母"至"行之". ○釋曰: 云"男鞶革, 女鞶絲"者, 內則文. 男女用物不同, 故幷引男子鞶革, 於經無所當也. 云“所以盛帨巾之屬, 爲謹敬”者, 按內則云“箴管·線·纊, 施鞶帙”, 鄭云: “鞶帙言施, 明爲箴管線纊有之.” 是鞶以盛帨巾之屬. 此物所以供事舅姑, 故云謹敬也. 云“不示之以衣笄者, 尊者之戒, 不嫌忘之”者, 前文父戒以衣笄, 此經母施衿結帨, 庶母直示之以衿鞶, 不示以衣笄, 故鄭決之也. 云“視乃正字, 今文作示, 俗誤行之”者, 按曲禮云“童子常視毋誑”, 注云: “視, 今之示字.” 彼注破視從示, 此注以視爲正字, 以示爲俗誤. 不同者, 但古文字少, 故眼日視瞻與以物示人皆作視字, 故此注云視乃正字, 今文作示, 是俗人以今示解古視, 故云誤也. 彼注云“視今之示字”者, 以今曉古, 故擧今文示而言, 兩注相兼乃具也.

● 記文: “庶母”~“衿鞶”. ◎ 鄭注: “庶母”~“行之”. ○ 정현이 “남자는 가죽으로 만든 주머니를 차고 여자는 명주로 만든 주머니를 찬다.”라고 했는데, 이것은 『예기』「내칙(內則)」편의 기록이다.[1] 남자와 여자는 사용하는 물건이 동일하지 않다. 그렇기 때문에 남자가 가죽으로 만든 주머니를 찬다는 내용까지도 인용하였으니, 경문에 없는 내용이기 때문이다. 정현이 “수건 등을 담는 용도이며, 조심하고 공경스럽게 행동하기 위해서이다.”라고 했는데, 「내칙」편을 살펴보면, “바늘을 넣은 통, 실, 솜, 이것들을 넣는 주머니를 찬다.”[2]라 했고, 정현은 “주머니에 대해서 시(施)라고 말한 것은 잠(箴)·관(管)·선(線)·광(纊)을 담기 위해 차게 됨을 나타내기 위해서이다.”라고 했다. 이것은 주머니가 차는 수건 등을 넣는 것임을 나타낸다. 이러한 사물들은 시부모를 섬길 때 필요한 것들이다. 그렇기 때문에 조심하고 공경스럽게 행동하기 위해서라고 했다. 정현이 “옷과 비녀로 보여주지 않는 것은 존귀한 자가 훈계한 것은 잊어버릴 것

1) 『예기』「내칙(內則)」: 子能食食, 教以右手; 能言, 男唯女俞. 男鞶革, 女鞶絲.

2) 『예기』「내칙(內則)」: 左佩紛·帨·刀礪·小觿·金燧, 右佩箴管·線·纊, 施縏袠, 大觿·木燧. 衿纓, 綦屨, 以適父母舅姑之所.

이란 혐의가 들지 않기 때문이다."라고 했는데, 앞의 문장에서 부친은 옷과 비녀를 통해 훈계했고,[3] 이곳에서는 모친이 띠를 두르고 수건을 채워주는 것을 거쳐, 서모에 대해서 단지 띠와 주머니를 보여준다고 했고, 옷과 비녀를 보여준다고는 하지 않았다. 그렇기 때문에 정현이 이처럼 판단한 것이다. 정현이 "시(視)자는 정자에 해당하는데 금문에는 '시(示)' 자로 기록되어 있으니, 세속에서 잘못 사용한 것이다."라고 했는데, 『예기』「곡례(曲禮)」편을 살펴보면, "어린아이에게는 항상 거짓되지 않고 속임이 없는 것만을 보여주어야 한다."[4]라 했고, 정현의 주에서는 "시(視)자는 오늘날의 시(示)자와 같다."라고 했다. 「곡례」편의 주에서는 시(視)자를 파자하여 시(示)자를 부수로 따른다고 했는데, 이곳 주석에서는 시(視)자를 정자라 했고, 시(示)자를 세속에서 잘못 사용하는 글자라 여겼다. 이처럼 차이를 보이는 것은 단지 고자는 그 수가 적기 때문이다. 따라서 눈으로 살펴보는 것과 사물을 다른 사람에게 보여주는 것을 모두 시(視)자로 기록했다. 그렇기 때문에 이곳 주석에서는 시(視)자는 정자에 해당한다고 했고, 금문에서는 시(示)자로 기록하는데, 이것은 세속의 사람들이 금문의 시(示)자로 고문의 시(視)자를 풀이한 것이기 때문에 잘못되었다고 한 것이다. 그리고 「곡례」편의 주에서 "시(視)자는 오늘날의 시(示)자와 같다."라고 했는데, 금문을 통해 고문을 깨우쳐주기 위해서이다. 그렇기 때문에 금문의 시(示)자를 들어 말한 것이니, 두 주석이 상호 그 뜻을 보완하게 되면 해설이 제대로 갖춰진다.

---

3) 『의례』「사혼례」: 女出于母左, 父西面戒之, 必有正焉, <u>若衣・若笄</u>. 母戒諸西階上, 不降.

4) 『예기』「곡례상(曲禮上)」: 幼子, 常視毋誑.

참고 44-2 『예기』「내칙(內則)」 기록

경문 子能食食, 教以右手; 能言, 男唯女兪. 男鞶革, 女鞶絲.

자식이 제 스스로 밥을 먹을 수 있게 되면 오른손으로 먹도록 가르치며, 말을 할 수 있다면 남자아이는 유(唯)라 대답하고, 여자아이는 유(兪)라 대답하도록 가르친다. 남자아이에게는 가죽으로 만든 작은 주머니를 채우고, 여자아이에게는 비단으로 만든 작은 주머니를 채운다.

鄭注 兪, 然也. 鞶, 小囊, 盛帨巾者. 男用韋; 女用繒; 有飾緣之, 則是鞶裂與. 詩云: "垂帶如厲." 紀子帛名裂繻, 字雖今異, 意實同也.

'유(兪)'자는 연(然)자이다. '반(鞶)'자는 작은 주머니를 뜻하니, 허리에 차는 수건을 담는 것이다. 남자 것은 가죽을 이용해서 만들고, 여자 것은 비단을 이용해서 만드는데, 장식을 하여 가선을 대니, 이 장식은 아마도 반렬(鞶裂)에 해당할 것이다. 『시』에서는 "치렁치렁 띠를 늘어트렸다."[5] 라고 했다. 기자백(紀子帛)의 이름은 열수(裂繻)라고 하는데, 그 글자는 비록 지금과 다르지만, 의미는 진실로 동일하다.

孔疏 ◎注"鞶小"至"同也". ○正義曰: 此鞶是小囊盛帨巾, 男用韋爲之, 女用繒帛爲之. 云"有飾緣之, 則是鞶裂與"者, 言男女鞶囊之外, 更有繒帛之物, 飾而緣之, 則是春秋桓二年所稱"鞶裂"者. 與, 疑而未定, 故稱"與". 按傳作"鞶厲", 鄭此注云"鞶裂", 厲·裂義同也. 秖謂鞶囊裂帛爲之飾, 又引詩云"垂帶如厲"者, 證厲是鞶囊裂帛之飾也. 此詩·小雅·都人士之篇也. 按彼注云: "而, 如也. 而厲, 如鞶厲也." 鞶必垂厲以爲飾, 厲字當作裂, 謂彼都之士, 垂此紳帶, 如似鞶囊之

5) 『시』「소아(小雅)·도인사(都人士)」: 彼都人士, 垂帶而厲. 彼君子女, 卷髮如蠆. 我不見兮, 言從之邁.

裂, 是以厲爲裂也. 又引"紀子帛名裂繻"者, 雖引毛詩以厲爲裂, 其義未顯, 故引紀子帛名裂繻者以證之, 言帛必分裂也. 此隱二年經稱"紀子帛莒子盟于密", 又"紀裂繻來逆女". 云"字雖今異, 意實同也"者, 言古時"厲"·"裂"通爲一字, 今時"厲"·"裂"字義俱異, 大意是同. 故云"字雖今異, 意實同", 言同爲分裂之義也. 此是鄭康成之義, 若如服虔·杜預, 則以鞶爲大帶, 厲是大帶之垂者, 故服氏云: "鞶, 大帶." 杜云: "紳, 大帶. 厲是大帶之垂者." 詩毛傳亦云: "厲, 帶之垂者." 並與鄭異.

◎ 鄭注: "鞶小"~"同也". ○ 여기에서 말한 '반(鞶)'은 허리에 차는 수건을 담는 작은 주머니로, 남자 것은 가죽을 사용해서 만들고, 여자 것은 비단을 사용해서 만든다. 정현이 "장식을 하여 가선을 대니, 이 장식은 아마도 반렬(鞶裂)에 해당할 것이다."라고 했는데, 남자와 여자가 차는 향낭 주머니 외에도 별도로 비단으로 만든 물건이 있으니, 장식을 하여 가선을 댄다면, 이것은 『춘추』 환공(桓公) 2년 기록에서 말한 '반렬(鞶裂)'이라는 것에 해당한다. '여(與)'자는 의문스러워 확정을 하지 못하는 말이다. 그렇기 때문에 '여(與)'자를 덧붙여서 기록한 것이다. 『좌전』을 살펴보면, '반려(鞶厲)'라고 기록되어 있는데,[6] 이곳 문장에 대한 정현의 주에서는 '반렬(鞶裂)'이라고 하였으니, '려(厲)'자와 '렬(裂)'자는 그 의미가 동일하다. 이것은 다만 주머니에 비단을 재단하여 장식을 한 것을 뜻하는데, 정현이 재차 『시』에서 "치렁치렁 띠를 늘어트렸다."라고 한 말을 인용한 것은 '려(厲)'자가 주머니에 비단을 재단하여 장식을 한 것이 됨을 증명하기 위해서이다. 이 시는 『시』「소아(小雅)·도인사(都人士)」편에 해당한다. 『시』에 대한 주를 살펴보면, "'이(而)'자는 여(如)자이다. '이려(而厲)'는 반려(鞶厲)와 같다."라고 했다. 반(鞶)에는 반드시 려(厲)를 늘어트려서 장식으로 삼는데, '려(厲)'자는 마땅히 렬(裂)자가 되어야 하니,

6) 『춘추좌씨전』「환공(桓公) 2년」: 藻·率·鞞·鞛, 鞶·厲·游·纓, 昭其數也.

곧 저 도시의 사(士)는 이러한 띠를 늘어트렸는데, 그것은 마치 반(鞶)이라는 주머니에 달린 '렬(裂)'과 같다는 뜻이다. 이러한 까닭으로 '려(厲)'자를 렬(裂)자로 여긴 것이다. 또한 정현은 "기자백(紀子帛)의 이름은 열수(裂繻)이다."라는 말을 인용했는데, 비록 『모시』의 내용을 인용하여, '려(厲)'자를 렬(裂)자로 풀이했지만, 그 의미가 아직 드러나지 않았기 때문에, 기자백의 이름이 열수(裂繻)라는 말을 인용하여 증명을 한 것이니, 곧 비단은 반드시 갈라서 재단을 하게 된다는 의미이다. 이 내용은 은공(隱公) 2년 경문에서, "기자백(紀子帛)과 거자(莒子)가 밀(密)에서 맹약을 맺었다."[7]라 하고, 또 "기렬수(紀裂繻)가 찾아와서 아내를 맞이했다."[8]라고 한 말을 가리킨다. 정현이 "그 글자는 비록 지금과 다르지만, 의미는 진실로 동일하다."라고 했는데, 이 말은 고대에는 려(厲)자와 렬(裂)자를 통용해서 한 글자로 사용했는데, 현재는 려(厲)자와 렬(裂)자의 의미가 모두 달라졌지만, 큰 의미로 봤을 때에는 동일하다는 뜻이다. 그렇기 때문에 "그 글자는 비록 지금과 다르지만, 의미는 진실로 동일하다."라고 말한 것이니, 이 말은 두 글자 모두 비단을 갈라서 장식을 한 것을 뜻한다는 의미이다. 이러한 내용은 정현의 주장인데, 복건[9]이나 두예[10]의 주장에 따른다면, '반(鞶)'은 큰 띠를 뜻하게 되고, '려(厲)'는 큰

7) 『춘추』「은공(隱公) 2년」: 冬, 紀子帛·莒子盟于密.

8) 『춘추』「은공(隱公) 2년」: 九月, 紀裂繻來逆女.

9) 복건(服虔, ? ~ ?) : 후한대(後漢代)의 유학자이다. 자(字)는 자신(子愼)이다. 초명은 중(重)이었으며, 기(祇)라고도 불렀다. 후에 이름을 건(虔)으로 고쳤다. 『춘추좌씨전(春秋左氏傳)』에 주석을 남겼지만, 산일되어 전해지지 않는다. 현재는 『좌전가복주집술(左傳賈服注輯述)』로 일집본이 편찬되었다.

10) 두예(杜預, A.D.222 ~ A.D.284) : =두원개(杜元凱). 서진(西晉) 때의 유학자이다. 경조(京兆) 두릉(杜陵) 출신이다. 자(字)는 원개(元凱)이다. 『춘추경전집해(春秋經典集解)』를 저술하였는데, 이 책은 현존하는 『춘추(春秋)』의 주석서 중 가장 오래된 것이며, 『십삼경주소(十三經注疏)』의 『춘추좌씨전정의(春秋左氏傳正義)』에도 채택되어 수록되었다.

띠의 늘어트린 부분이 된다. 그렇기 때문에 복건은 "'반(鞶)'은 큰 띠를 뜻한다."라고 말한 것이고, 두예는 "'신(紳)'은 큰 띠를 뜻한다. '려(厲)'는 큰 띠의 늘어트린 부분이다."라고 말한 것이다. 『시』 모전(毛傳)에서도 또한 "'려(厲)'는 띠의 늘어트린 부분이다."라고 해서, 모두 정현의 주장과는 다르다.

참고 44-3 『예기』「내칙(內則)」 기록

* 참고: 12-8 참조

참고 44-4 『예기』「곡례상(曲禮上)」 기록

경문 幼子, 常視毋誑.

어린아이에게는 항상 거짓되지 않고 속임이 없는 것만을 보여주어야 한다.

鄭注 視, 今之示字. 小未有所知, 常示以正物, 以正教之無誑欺.

'시(視)'자는 오늘날의 시(示)자와 같다. 어린아이들은 배움을 통해 깨달은 것들을 아직 갖추지 못하고 있으므로, 항상 바른 것들을 보여주어야 하며, 이러한 올바름을 통해서 거짓됨이 없도록 훈도해야 한다.

孔疏 ◎注"視, 今之示字". ○正義曰: 古者觀視於物, 及以物視人, 則皆作示傍著見, 後世已來, 觀視於物, 作示傍著見, 以物示人單作示字, 故鄭注經中視字者, 是今之以物示人之示也. 是擧今以辨古. 昏禮"視諸衿鞶", 注云: "視乃正字, 今文視作示, 俗誤行之." 言視正字也, 言古之以物示人作視字爲正, 故云"視乃正字". 今文儀禮應爲古視字, 乃作今示字, 故言俗誤也.

◎鄭注: "視, 今之示字". ○ 고대에는 사물에 대해서 관찰하거나 남에게 사물을 보여주는 경우에 모두 시(示)자 옆에 견(見)자를 붙여서 글자를 기록했다. 후대에도 그대로 전수되어 사물을 관찰할 때에는 시(示)자 옆에 견(見)자를 붙여서 시(視)자로 기록을 하였지만, 남에게 사물을 보여줄 경우에는 시(示)자만 기록하여 구분하였다. 그렇기 때문에 정현은 경문에 기록된 시(視)자를 풀이하며, 오늘날 사물을 남에게 보여줄 때 쓰는 시(示)자에 해당한다고 설명한 것이다. 이것은 금문을 들어 고문을 변별한 것이다. 「사혼례」편에는 "띠와 주머니를 보여주노라."[11]라는 기록이 있는데, 이 문장에 대한 정현의 주에서는 "'시(視)'자는 정자에 해당하는데 금문에는 '시(示)'자로 기록되어 있으니, 세속에서 잘못 사용한 것이다."라고 했다. 따라서 이 말은 시(視)자가 정자에 해당한다는 사실을 나타내며, 또한 고대에는 사물을 남에게 보여줄 때에도 시(視)자로 기록하는 것을 정자로 여겼다는 사실을 뜻한다. 그렇기 때문에 "'시(視)'자가 정자이다."라고 한 것이다. 금문 『의례』 기록의 시(示)자는 고문의 시(視)자에 해당하는 것이니, 곧 금문본에 와서야 시(示)자로 기록하게 된 것이다. 그렇기 때문에 세속에서 잘못 사용했다고 말한 것이다.

11) 『의례』「사혼례(士昏禮)」: 敬恭聽宗爾父母之言, 夙夜無愆, 視諸衿鞶.

제 45 절

기문(記文)-수수(授綏)의 언사(言辭)

121下

婿授綏, 姆辭曰: "未教, 不足與爲禮也."

직역 婿가 綏를 授하면, 姆는 辭하며 曰 "未教라 與히 禮를 爲하기가 不足합니다."

의역 신랑이 신부에게 수레에 오를 때 잡는 끈을 건네면, 유모는 사양을 하며, "아직 가르침을 받지 못해서 함께 의례를 시행하기에 부족합니다."라고 한다.

鄭注 姆, 教人者.

'모(姆)'는 딸을 가르쳤던 자이다.

제 46 절
기문(記文)-명(命)의 주체

122上

宗子無父, 母命之. 親皆沒, 己躬命之.

직역 宗子에게 父가 無라면, 母가 命한다. 親이 皆히 沒이면, 己가 躬히 命한다.

의역 종자에게 부친이 없는 경우라면 모친이 심부름꾼에게 명령한다. 부모가 모두 돌아가신 경우라면 신랑 본인이 직접 명령한다.

鄭注 宗子者, 適長子也. 命之, 命使者. 母命之, 在春秋"紀裂繻來逆女", 是也. 躬猶親也, 親命之, 則"宋公使公孫壽來納幣", 是也. 言宗子無父, 是有父者, 禮, 七十老而傳, 八十齊喪之事不及. 若是者, 子代其父爲宗子, 其取也, 父命之.

'종자(宗子)'는 적장자를 뜻한다. '명지(命之)'는 심부름꾼에게 명령하는 것이다. 모친이 명령한다는 것은 『춘추』에서 "기나라 열수가 와서 여자를 맞이했다."[1]라고 한 경우와 같다. '궁(躬)'자는 친히라는 뜻이니, 직접 명령하는 것으로, "송나라 공작이 공손수를 보내서 납폐를 하였다."[2]라고 한 경우에 해당한다. 종자에게 부친이 없다고 했는데, 여기에는 부친이 있는 경우도 있으니, 예법에 따르면 부친의 나이가 70세가 되어 늙어 가사를 전수하거나[3] 80세가 되어 재계를 하고 상을 치르는 일이 미치지

---

1) 『춘추』「은공(隱公) 2년」: 九月, 紀裂繻來逆女.

2) 『춘추』「성공(成公) 8년」: 夏, 宋公使公孫壽來納幣.

않는 경우이다.[4] 이와 같은 경우라면 자식이 부친을 대신하여 종자의 직책을 수행하지만, 그가 장가를 들 때가 되면 부친이 명령하게 된다.

賈疏 ●"宗子"至"命之". ◎注"宗子"至"命之". ○釋曰: 云"宗子者, 適長子也"者, 按喪服小記云: "繼別宗, 繼禰者爲小宗." 大宗·小宗皆是適妻所生長子也. 云"命之, 命使者"者, 謂納采已下至請期五者, 皆命使者也. 云"母命之, 在春秋'紀裂繻來逆女'是也"者, 按隱二年經書: "秋九月, 紀裂繻來逆女." 公羊傳曰: "裂繻者何? 紀大夫也. 何以不稱使? 昏禮不稱主人." 何休云: "爲養廉遠恥也." 又云: "然則曷稱? 稱諸父兄師友. 宋公使公孫壽來納幣, 則其稱主人何? 辭窮也. 辭窮者何? 無母也." 休注云: "禮, 有母, 母當命諸父兄師友, 稱諸父兄師友以行. 宋公無母, 莫使命之, 辭窮, 故自命之. 自命之, 則不得不稱使." 又云: "然則紀有母乎? 曰有. 有則何以不稱母? 母不通也." 休注云: "禮, 婦人無外事, 但得命諸父兄師友, 稱諸父兄師友以行耳. 母命不得達, 故不得稱母通使文, 所以遠別也." 服注亦云: 不稱主人, 母命不通, 故稱使. 婦人無外事, 若然, 直命使子之父兄師友, 使命使者, 不自親命使者. 此注云"命之, 命使者", 似母親命者, 鄭略言之, 其實使子父兄師友命使者也. 云"躬, 猶親也, 親命之, 則'宋公使公孫壽來納幣'是也"者, 成八年文, 義取公羊傳, 如向說擧納幣, 其餘使親命之也. 云"言宗子無父"至"不及"者, 按曲禮"七十曰老而傳", 注云: "傳家事在子孫, 是謂宗子之父." 又王制云: "八十齊喪之事弗及也." 注云: "八十不齊, 則不祭也. 子代之祭, 是謂宗子不孤." 二者皆是宗

---

3) 『예기』「곡례상(曲禮上)」: 人生十年曰幼, 學. 二十曰弱, 冠. 三十曰壯, 有室. 四十曰强, 而仕. 五十曰艾, 服官政. 六十曰耆, 指使. <u>七十曰老, 而傳</u>. 八十九十曰耄, 七年曰悼, 悼與耄, 雖有罪, 不加刑焉. 百年曰期, 頤.

4) 『예기』「왕제(王制)」: 五十不從力政, 六十不與服戎, 七十不與賓客之事, <u>八十齊喪之事, 弗及也</u>.

子有父, 雖主家事, 其昏事則父命使者也.

● 記文: "宗子"~"命之". ◎ 鄭注: "宗子"~"命之". ○ 정현이 "종자(宗子)는 적장자를 뜻한다."라고 했는데, 『예기』「상복소기(喪服小記)」편을 살펴보면, "별자를 계승하는 적장자는 대종(大宗)이 된다. 별자의 적장자 이외의 나머지 아들은 부친의 제사를 섬기니 그는 별도로 자기 가문의 소종(小宗)이 된다."[5]라고 했다. 대종과 소종은 모두 적처에게서 난 장자에 해당한다. 정현이 "명지(命之)는 심부름꾼에게 명령하는 것이다."라고 했는데, 납채(納采)로부터 그 이하로 청기(請期)에 이르는 다섯 절차에서는 모두 심부름꾼에게 명령하게 된다. 정현이 "모친이 명령한다는 것은 『춘추』에서 기나라 열수가 와서 여자를 맞이했다고 한 경우와 같다."라고 했는데, 은공(隱公) 2년의 경문 기록을 살펴보면, "가을 9월에 기나라 열수가 와서 여자를 맞이했다."라 했고, 『공양전』에서는 "열수는 누구인가? 기나라의 대부이다. 어찌하여 시켰다는 말을 지칭하지 않았는가? 혼례에서는 주인을 칭하지 않기 때문이다."[6]라 했으며, 하휴의 주에서는 "염치를 기르고 치욕을 멀리하기 위해서이다."라 했다. 또 "그렇다면 어떻게 지칭하는가? 제부·제형·사우를 지칭한다. 송나라 공작이 공손수를 보내서 납폐를 하였다고 했는데, 주인을 지칭한 것은 어째서인가? 청할 자가 없기 때문이다. 청할 자가 없다는 것은 어째서인가? 모친이 없기 때문이다."[7]라 했고, 하휴의 주에서는 "예법에 따르면 모친이 계신 경우, 모친은 마땅히 제부·제형·사우 등에게 말해서, 제부·제형·사

---

5) 『예기』「상복소기(喪服小記)」: 別子爲祖, 繼別爲宗. 繼禰者爲小宗. 有五世而遷之宗, 其繼高祖者也. 是故祖遷於上, 宗易於下. 尊祖故敬宗, 敬宗所以尊祖禰也.

6) 『춘추공양전』「은공(隱公) 2년」: 紀履緰者何? 紀大夫也. 何以不稱使? 婚禮不稱主人.

7) 『춘추공양전』「은공(隱公) 2년」: 然則曷稱? 稱諸父兄師友. 宋公使公孫壽來納幣, 則其稱主人何? 辭窮也. 辭窮者何? 無母也.

우 등을 지칭하여 시행해야 한다. 송나라 공작에게는 모친이 안 계셨으니, 시켜 명령할 수 없어, 청할 자가 없었다. 그렇기 때문에 스스로 명령한 것이다. 스스로 명령한다면 시켰다고 지칭하지 않을 수 없다."라 했다. 또 "그렇다면 기나라의 경우에는 모친이 있었는가? 답하자면 있었다. 있었다면 어찌하여 모친을 지칭하지 않았는가? 모친의 말을 전할 수 없기 때문이다."[8]라 했고, 하휴의 주에서는 "예법에 따르면 부인에게는 바깥일이 없고, 단지 제부 · 제형 · 사우에게 말하여, 제부 · 제형 · 사우를 지칭하여 시행할 수 있을 따름이다. 모친의 명령은 전달할 수 없다. 그렇기 때문에 모친을 지칭하여 전하는 말을 보낼 수 없으니, 구별을 멀리 하기 위해서이다."라 했고, 복씨의 주에서도 주인을 지칭하지 않았고, 모친의 명령을 전하지 않았다. 그렇기 때문에 시켰다고 지칭했다. 부인에게는 바깥일이 없는데, 만약 그렇다면 단지 명령하여 자식의 부형 및 사우로 하여금 심부름꾼에게 명령하도록 시키고, 본인이 직접 심부름꾼에게 명령하지 않는다고 했다. 이곳 주에서 "명지(命之)는 심부름꾼에게 명령하는 것이다."라고 했는데, 아마도 모친이 직접 명령하는 것 같지만, 정현이 간략이 언급한 것은 실제로는 자식의 부형 및 사우로 하여금 심부름꾼에게 명령하도록 하기 때문이다. 정현이 "궁(躬)자는 친히라는 뜻이니, 직접 명령하는 것으로, 송나라 공작이 공손수를 보내서 납폐를 하였다고 한 경우에 해당한다."라고 했는데, 이것은 성공(成公) 8년의 기록으로, 『공양전』에서 그 의미를 따른 것이며, 유향의 주장처럼 납폐를 들었으며 그 나머지 심부름에서도 본인이 직접 명령하게 된다. 정현이 "종자에게 부친이 없다고 했는데"라고 한 말로부터 "미치지 않는 경우이다."라는 말까지, 『예기』「곡례(曲禮)」편을 살펴보면, "70세가 되면 노(老)라고 부르며, 가사를 전수한다."라 했고, 주에서는 "가사를 전수하여 자손에게 맡기

8) 『춘추공양전』「은공(隱公) 2년」: 然則紀有母乎? 曰有. 有則何以不稱母? 母不通也.

는 것이니, 이것은 종자의 부친에 해당하는 말이다."라 했다. 또 『예기』「왕제(王制)」편에서는 "80세가 되면 재계를 하고 상을 치르는 일이 그에게 미치지 않는다."라 했고, 주에서는 "80세가 된 자가 재계를 하지 않는다면 제사를 지내지 않는 것이다. 자식이 대신하여 제사를 지내니, 이것은 종자가 고아가 아닌 경우를 뜻한다."라 했다. 두 경우 모두 종자에게 부친이 있는 경우인데, 비록 가사를 주관하지만 혼사에 대해서라면 부친이 심부름꾼에게 명령한다.

참고 46-1 『춘추공양전』「은공(隱公) 2년」 기록

* 참고: 8-30 참조

참고 46-2 『춘추공양전』「성공(成公) 8년」 기록

경문 夏, 宋公使公孫壽來納幣.

여름에 송나라 공작이 공손수를 보내서 납폐를 하였다.

전문 納幣不書, 此何以書?

납폐는 기록하지 않는데, 여기에서는 어찌하여 기록했는가?

何注 據紀履緰來逆女, 不書納幣.

기나라 이요가 와서 여자를 맞이했다는 것에 근거하면 납폐는 기록하지 않는다.

徐疏 ◎注"據紀履"至"納幣". ○解云: 隱二年"九月, 紀履緰來逆女", 是也.

◎何注: "據紀履"~"納幣". ○은공(隱公) 2년에 "9월에 기나라 이요가 와서 여자를 맞이했다."라고 한 말이 이것이다.

전문 錄伯姬也.

백희를 기록하기 위해서이다.

何注 伯姬守節, 逮火而死, 賢, 故詳錄其禮, 所以殊於衆女.

백희는 절개를 지키다가 화재에 휩싸여 죽었는데 현명했다. 그렇기 때문에 그 예를 상세히 기록하여 뭇 여자들과 차이를 둔 것이다.

徐疏 ◎注"伯姬守節逮火死". ○解云: 卽襄三十年夏, "五月, 甲午, 宋災, 伯姬卒", "秋, 七月, 叔弓如宋, 葬宋共姬", 傳云"外夫人不書葬, 此何以書? 隱之也. 何隱爾? 宋災, 伯姬卒焉. 其稱謚何? 賢也. 何賢爾? 宋災, 伯姬存焉. 有司復曰: '火至矣, 請出.' 伯姬曰: '不可. 吾聞之也, 婦人夜出, 不見傅母不下堂. 傅至矣, 母未至也.' 逮乎火而死", 是也.

◎何注: "伯姬守節逮火死". ○양공(襄公) 30년 여름에 "5월 갑오일에 송나라에 화재가 발생하였고 백희가 죽었다."[9]라 했고, "가을 7월 숙궁이 송나라에 가서 송공희의 장례를 치렀다."[10]라 했으며, 전문에서 "다른 나라의 부인에 대해서는 장례를 기록하지 않는데, 이곳에서는 어찌하여 기록했는가? 가엾게 여겼기 때문이다. 어찌하여 가엾게 여겼는가? 송나라

9) 『춘추』「양공(襄公) 30년」: 五月, 甲午, 宋災, 伯姬卒.
10) 『춘추』「양공(襄公) 30년」: 秋, 七月, 叔弓如宋, 葬宋共姬.

에 화재가 발생했고, 그로 인해 백희가 죽었기 때문이다. 시호를 칭한 것은 어째서인가? 현명했기 때문이다. 어찌하여 현명하다고 하는가? 송나라에 화재가 발생했는데 백희가 그 자리에 있었다. 유사가 아뢰며 '불길이 이곳으로 번지고 있으니 청컨대 나가서야 합니다.'라 하자 백희는 '불가하다. 내가 듣기로 부인은 밤에 출타할 때 부모(傅姆)나 보모(保姆)가 곁에 없으면 당하로 내려가지 않는다고 했다. 현재 부모는 도착했지만 보모는 아직 도착하지 않았다.'라 했다. 끝내 불에 휩싸여 죽었다."[11]라고 한 말에 해당한다.

참고 46-3 『예기』「곡례상(曲禮上)」 기록

경문 人生十年曰幼, 學. 二十曰弱, 冠. 三十曰壯, 有室. 四十曰強, 而仕. 五十曰艾, 服官政. 六十曰耆, 指使. 七十曰老, 而傳. 八十九十曰耄, 七年曰悼, 悼與耄, 雖有罪, 不加刑焉. 百年曰期, 頤.

사람이 태어나서 10세가 되면 그런 사람을 어리다는 뜻에서 유(幼)라 부르고 학문에 입문하도록 한다. 20세가 되면 아직 장성한 것이 아니기 때문에 약(弱)이라 부르고 관례를 해준다. 30세가 되면 장성하였기 때문에 장(壯)이라 부르고 혼인을 시켜서 가정을 이루게 한다. 40세가 되면 지기(志氣)가 강성해졌기 때문에 강(強)이라 부르고 하위관료에 임명한다. 50세가 되면 머리가 희끗희끗해져서 마치 쑥잎처럼 되기 때문에 애(艾)라 부르고 고위관료에 임명하여 국정에 참여하도록 한다. 60세가 되면 노인에 가까워지기 때문에 기(耆)라 부르고 제 스스로 일을 처리하기보

11) 『춘추공양전』「양공(襄公) 30년」: 外夫人不書葬, 此何以書, 隱之也. 何隱爾, 宋災, 伯姬卒焉. 其稱謚何? 賢也,何賢爾, 宋災, 伯姬存焉, 有司復曰, 火至矣, 請出, 伯姬曰, 不可, 吾聞之也, 婦人夜出. 不見傅母不下堂. 傅至矣, 母未至也, 逮乎火而死.

다는 남에게 지시를 하며 시키게 된다. 70세가 되면 나이가 들었기 때문에 노(老)라고 부르고 가사를 아들에게 전수한다. 80세나 90세가 되면 정신이 흐려지고 잘 잊어버리기 때문에 모(耄)라 부르고, 한편 7세가 된 아이들은 가엾기 때문에 도(悼)라 부르는데, 이 두 부류의 사람들은 비록 죄를 지었다 하더라도, 그것은 실수로 죄를 범한 것이지 고의로 한 것이 아니기 때문에 형벌을 내리지 않는다. 100세가 되면 기(期)라 부르고 남의 도움 없이는 아무 것도 할 수 없으니 모든 일들에 대해서 봉양을 해주어야 한다.

鄭注 名曰幼, 時始可學也. 內則曰: "十年出就外傅, 居宿於外, 學書計." 有室, 有妻也. 妻稱室. 艾, 老也. 指事使人也. 六十不與服戎, 不親學. 傳家事, 任子孫, 是謂宗子之父. 耄, 惛忘也. 春秋傳曰: "謂老將知, 耄又及之." 悼, 憐愛也. 愛幼而尊老. 期猶要也. 頤, 養也. 不知衣服食味, 孝子要盡養道而已.

10세가 된 사람을 '유(幼)'라 부르니, 이 시기에 비로소 학문을 익힐 수 있게 된다. 『예기』「내칙(內則)」편에서는 "10살이 되면 집을 벗어나서 외부에 있는 스승을 찾아가며, 집밖에 거주하면서 스승에게서 육서[12]와 구수[13]를 익혔다."[14]라 했다. '유실(有室)'은 아내를 맞아들인다는 뜻이다.

12) 육서(六書)는 한자의 구성과 형성에 대한 여섯 가지 이론으로, 상형(象形), 지사(指事: =處事), 회의(會意), 형성(形聲: =諧聲), 전주(轉注), 가차(假借)를 뜻한다. 『주례』「지관(地官) · 보씨(保氏)」편에는 "五曰六書."라는 기록이 있는데, 이에 대한 정현의 주에서는 정사농(鄭司農)의 주장을 인용하여, "六書, 象形 · 會意 · 轉注 · 處事 · 假借 · 諧聲也."라고 풀이했다.

13) 구수(九數)는 고대의 아홉 가지 계산 방법이다. 방전(方田), 속미(粟米), 차분(差分), 소광(少廣), 상공(商功), 균수(均輸), 방정(方程), 영부족(贏不足), 방요(旁要)를 뜻한다. 『주례』「지관(地官) · 보씨(保氏)」편에는 "六曰九數."라는 기록이 있는데, 이에 대한 정현의 주에서는 정중(鄭衆)의 주장을 인용하여, "九數, 方田 · 粟米 · 差分 · 少廣 · 商功 · 均輸 · 方程 · 贏不足 · 旁要."라고 풀이했다.

아내를 '실(室)'이라고 부른다. '애(艾)'자는 늙었다는 뜻이다. '지사(指使)'는 일을 지시하여 사람을 시킨다는 뜻이다. 60세가 되면 병역에 복무하지 않으며,[15] 제자의 예를 갖춰서 배움을 구하는 일을 하지 않는다.[16] '전(傳)'자는 가사를 전수하여 자손들에게 맡긴다는 뜻이니, 이 내용은 종자의 부친에게 해당하는 말이다. '모(耄)'자는 정신이 흐릿해지고 잘 잊어버린다는 뜻이다. 『춘추전』에서 말하길, "속담에서는 나이가 들어 지혜롭게 되자 곧 망령기가 든다."[17]라 했다. '도(悼)'자는 가엽게 여겨서 애착을 가진다는 뜻이다. 형벌을 내리지 않는 이유는 나이가 너무 어린 자를 가엽게 여기고, 나이가 많은 자를 존중하기 때문이다. '기(期)'자는 요구한다는 뜻이다. '이(頤)'자는 봉양한다는 뜻이다. 100세가 된 사람들은 의복을 입고 음식을 먹는 것 등에 대해서 분별할 수 없으므로, 자식은 봉양의 도리를 다할 수 있도록 기약할 따름이다.

孔疏 ●"七十曰老, 而傳"者, 六十至老境而未全老, 七十其老已至, 故言老也. 旣年已老, 則傳徙家事, 付委子孫, 不復指使也.

●經文: "七十曰老, 而傳". ○60세가 되면 노인이 되는 시점에 도달하지만 완전히 노인이 된 것은 아니고, 70세가 되어야만 노인의 경계에 완전히 들어서게 된다. 그렇기 때문에 70세를 '노(老)'라고 말한 것이다. 나이가 이미 노(老)의 단계에 접어들었다면, 가사를 전수하여 자손들에게 위임하고, 일을 지시하며 시키는 일 또한 다시는 하지 않는다.

---

14) 『예기』「내칙(內則)」: 九年, 教之數日. 十年, 出就外傅, 居宿於外, 學書計.

15) 『예기』「왕제(王制)」: 五十不從力政, 六十不與服戎, 七十不與賓客之事, 八十齊喪之事, 弗及也.

16) 『예기』「왕제(王制)」: 五十而爵, 六十不親學, 七十致政, 唯衰麻爲喪.

17) 『춘추좌씨전』「소공(昭公) 1년」: 諺所謂老將知而耄及之者, 其趙孟之謂乎!

참고 46-4 『예기』「왕제(王制)」 기록

경문 五十不從力政, 六十不與服戎, 七十不與賓客之事, 八十齊喪之事, 弗及也.

나이가 50세가 되면 힘으로 복역해야 하는 정사에는 나아가지 않고, 60세가 되면 병역의 일에는 참여하지 않으며, 70세가 되면 국가에서 시행하는 행사 중 빈객을 접대하는 일에는 참여하지 않고, 80세가 되면 재계를 하여 상을 치르는 일이 그에게는 해당하지 않게 된다.

鄭注 力稍衰也. 力政, 城道之役也. 與, 及也. 八十不齊, 則不祭也. 子代之祭, 是謂宗子不孤.

힘이 점점 쇠약해지는 것이다. 역정(力政)은 축성하고 길을 내는 등의 부역이다. 여(與)자는 미친다는 뜻이다. 80세가 된 자가 재계를 하지 않는다면 제사를 지내지 않는 것이다. 자식이 대신하여 제사를 지내니, 이것은 종자가 고아가 아닌 경우를 뜻한다.

참고 46-5 『예기』「상복소기(喪服小記)」 기록

* 참고: 23-6 참조

123上

支子, 則稱其宗.

직역 支子라면 그 宗을 稱한다.

의역 지자의 경우라면, 종자를 지칭하며 심부름꾼에게 명령한다.

鄭注 支子, 庶昆弟也. 稱其宗子命使者.

'지자(支子)'는 서곤제들을 뜻한다. 종자를 지칭하여 심부름꾼에게 명령하는 것이다.

賈疏 ●"支子則稱其宗". ○釋曰: 云"稱其宗"者, 謂命使者, 當稱宗子以命之, 以大·小宗皆然也.

●記文: "支子則稱其宗". ○"종자를 지칭한다."라고 했는데, 심부름꾼에게 명령하는 경우에는 마땅히 종자를 지칭해서 명령해야 한다는 뜻으로, 대종이나 소종 모두 이러하기 때문이다.

123上

弟, 稱其兄.

직역 弟라면 그 兄을 稱한다.

의역 종자의 동생이라면 자신의 형인 종자를 지칭하며 심부름꾼에게 명령한다.

鄭注 弟, 宗子之母弟.

'제(弟)'는 종자와 어미가 같은 동생을 뜻한다.

賈疏 ●"弟則稱其兄". ◎注"弟宗子之母弟". ○釋曰: 知此弟是宗子同母弟者, 以上支子謂庶昆弟, 稱其宗子命使者, 故知此弟宗子同母弟也.

●記文: "弟則稱其兄". ◎鄭注: "弟宗子之母弟". ○이곳에서 말한 '제(弟)'가 종자와 어미가 같은 동생에 해당한다는 사실을 알 수 있는 이유는 앞의 지자(支子)는 서곤제를 뜻하는데, 종자를 지칭하며 심부름꾼에게 명령한다고 했다. 그렇기 때문에 이곳의 제(弟)가 종자와 어미가 같은 동생에 해당한다는 사실을 알 수 있다.

제 47 절

기문(記文) - 불친영(不親迎) 때의 절차

123上

若不親迎, 則婦入三月然後壻見, 曰: "某以得爲外昏姻, 請覿."

직역 若히 親迎을 不이라면 婦가 入하여 三月하고 然後에 壻가 見하며 曰 "某는 이로써 外昏姻을 得爲하였으니, 覿를 請합니다."

의역 만약 신랑이 친영(親迎)을 하지 않았다면 신부가 신랑의 집으로 온 후 3개월 뒤에 신랑은 신부의 부모를 찾아뵈며, "아무개는 혼인을 통해 외혼인의 인척관계를 맺을 수 있었으니, 만나뵙기를 청합니다."라고 한다.

鄭注 女氏稱昏, 壻氏稱姻. 覿, 見.

신부 집안에 대해서는 '혼(昏)'이라 부르고 신랑 집안에 대해서는 '인(姻)'이라 부른다. '적(覿)'자는 뵙는다는 뜻이다.

賈疏 ●"若不"至"請覿". ○釋曰: 上已言親迎, 自此已下至篇末論壻不親迎, 過三月及壻往見婦父母事也. 必亦待三月者, 亦如三月婦廟見, 一時天氣變, 婦道成. 故見外舅姑, 自此至"敢不從", 並是壻在婦家大門外與擯者請對之辭.

● 記文: "若不"~"請覿". ○ 앞에서는 이미 친영에 대해 설명했으니, 이곳 구문으로부터 그 이하로 「사혼례」편의 마지막 구문까지는 신랑이 친영을 하지 않았을 때, 3개월이 지나 신랑이 찾아가 신부의 부모를 찾아뵙는

사안을 논의하였다. 반드시 여기에서도 3개월을 기다리는 이유는 또한 3개월이 지난 뒤 신부가 신랑 집안의 종묘에서 조상들을 알현하는 것과 같은데, 한 계절이 지나면 천기가 변화하여 부인의 도가 완성되는 것과 같다. 그렇기 때문에 신부의 부모를 찾아뵙는 것이며, 이곳 구문으로부터 "감히 따르지 않을 수 있겠습니까."[1]라고 한 구문까지는 신랑이 신부 집의 대문 밖에서 빈에게 청하고 대답하는 말들에 해당한다.

賈疏 ◎注"女氏"至"覿見". ○釋曰: "女氏稱昏, 婿氏稱姻者, 爾雅·釋親文. 所以別男女, 則男曰昏, 女曰姻者, 義取婿昏時往娶, 女則因之而來. 及其親, 則女氏稱昏, 男氏稱姻, 義取送女者昏時往男家, 因得見之故也.

◎鄭注: "女氏"~"覿見". ○ 정현이 "신부 집안에 대해서는 혼(昏)이라 부르고 신랑 집안에 대해서는 인(姻)이라 부른다."라고 했는데, 이것은 『이아』「석친(釋親)」편의 기록이다.[2] 남녀를 구별하기 위해서 남자의 입장에서 혼(昏)이라 부르고 여자의 입장에서 인(姻)이라 부르는 것은 신랑이 저녁 때 찾아와 신부를 들이고 신부는 그에 따라 신랑의 집으로 간다는 것에서 의미를 취했기 때문이다. 그들 부모의 입장에 따르면 신부 집안에 대해서는 혼(昏)이라 부르고 신랑 집안에 대해서는 인(姻)이라 부르니, 딸을 전송할 때 저녁에 신랑측 집으로 떠나고, 그에 따라 만나볼 수 있는 것에서 의미를 취했기 때문이다.

---

1) 『의례』「사혼례」 : 對曰: "某得以爲昏姻之故, 不敢固辭, 敢不從!"

2) 『이아』「석친(釋親)」 : 壻之父爲姻, 婦之父爲婚. 父之黨爲宗族, 母與妻之黨爲兄弟. 婦之父母, 壻之父母, 相謂爲婚姻. 兩壻相謂爲亞. 婦之黨爲婚兄弟, 壻之黨爲姻兄弟.

참고 47-1 『이아』「석친(釋親)」 기록

경문 婦稱夫之父曰舅, 稱夫之母曰姑. 姑舅在, 則曰君舅·君姑; 沒, 則曰先舅·先姑①. 謂夫之庶母爲少姑, 夫之兄爲兄公②, 夫之弟爲叔, 夫之姊爲女公, 夫之女弟爲女妹③. 子之妻爲婦, 長婦爲嫡婦, 衆婦爲庶婦. 女子子之夫爲壻. 壻之父爲姻, 婦之父爲婚. 父之黨爲宗族, 母與妻之黨爲兄弟. 父之父母·壻之父母相謂爲婚姻. 兩壻相謂爲亞④. 婦之黨爲婚兄弟, 壻之黨爲姻兄弟⑤. 嬪, 婦也⑥. 謂我舅者, 吾謂之甥也. 婚姻.

아내는 남편의 부친을 지칭하며 '구(舅)'라 부르고, 남편의 모친을 지칭하며 '고(姑)'라 부른다. 시어미와 시아비가 생존해 계시다면 '군구(君舅)'와 '군고(君姑)'라 부르며, 돌아가셨을 때에는 '선구(先舅)'와 '선고(先姑)'라 부른다. 남편의 서모(庶母)는 '소고(少姑)'가 되고, 남편의 형은 '형공(兄公)'이 되며, 남편의 동생은 '숙(叔)'이 되고, 남편의 누이는 '여공(女公)'이 되며, 남편의 여동생은 '여매(女妹)'가 된다. 자식의 처는 '부(婦)'가 되는데, 자식의 본처는 '적부(嫡婦)'가 되며, 자식의 나머지 처들은 '서부(庶婦)'가 된다. 딸의 남편은 '서(壻)'가 된다. 사위의 부친은 '인(姻)'이 되고, 며느리의 부친은 '혼(婚)'이 된다. 부친의 친족은 '종족(宗族)'이 되고, 모친과 처의 친족은 '형제(兄弟)'가 된다. 부친의 부모와 사위의 부모는 상호 '혼인(婚姻)'이라 한다. 두 사위는 서로에 대해서 '아(亞)'라고 한다. 며느리의 친족은 '혼형제(婚兄弟)'가 되고, 사위의 친족은 '인형제(姻兄弟)'가 된다. '빈(嬪)'은 아내가 되게 한다는 뜻이다. 아구(我舅)를 나는 생(甥)이라고 부른다. 혼인(婚姻)에 대한 것이다.

郭注 ① 國語曰: 吾聞之先姑.

『국어』에서 말하길, 내가 선고께 들었다고 했다.[3]

郭注 ② 今俗呼兄鐘, 語之轉耳.

현재 세속에서는 형종(兄鐘)이라고 부르는데, 그것은 말이 전이된 것일 뿐이다.

郭注 ③ 今謂之女妹是也.

현재 여매(女妹)라고 부르는 대상이 이에 해당한다.

郭注 ④ 詩曰: "瑣瑣姻亞." 今江東人呼同門爲僚壻.

『시』에서는 "평범하고 용렬한 인아(姻亞)여."[4]라고 했다. 현재 강동 사람들은 동문을 '요서(僚壻)'라고 부른다.

郭注 ⑤ 古者皆謂婚姻爲兄弟.

고대에는 모두 혼인(婚姻)의 관계에 있으면 형제(兄弟)라고 했다.

郭注 ⑥ 書曰: 嬪于虞.

『서』에서 말하길, 우의 아내가 되게 하였다고 했다.[5]

邢疏 ●"婦稱"至"婚姻". ○釋曰: 此別夫婦婚姻之名也. 說文云: "婦, 服也. 從女持帚灑掃也." 白虎通云: "夫婦者何謂也? 夫者扶也, 以道扶接. 婦者服也, 以禮屈服." "謂之舅姑者何? 舅者舊也. 姑者故也. 舊·故, 老人稱也. 夫之父母謂舅姑何? 尊如父而非父者舅也,

---

3) 『국어』「노어하(魯語下)」: 對曰, "吾聞之先姑曰, '君子能勞, 後世有繼.'"

4) 『시』「소아(小雅)·절남산(節南山)」: 弗躬弗親, 庶民弗信. 弗問弗仕, 勿罔君子. 式夷式已, 無小人殆. 瑣瑣姻亞, 則無膴仕.

5) 『서』「우서(虞書)·요전(堯典)」: 帝曰, 我其試哉, 女于時, 觀厥刑于二女, 釐降二女于嬀汭, 嬪于虞. 帝曰, 欽哉.

親如母而非母者姑也." 鄭注喪服傳云: "女子子者, 子女也, 別於男子也." 說文云: "壻, 女之夫也. 從士從胥." 聞一知十爲士. 胥者, 有才知之稱. 故謂女之夫爲壻. 廣雅云: "壻謂之倩." 方言云: "東齊之間, 壻謂之倩." 白虎通云: "婚姻者何謂? 昏時行禮, 故曰婚. 婦人因夫而成, 故曰姻."

●經文: "婦稱"~"婚姻". ○ 이것은 남편과 부인의 혼인(婚姻)에 대한 명칭을 구별한 것이다. 『설문』에서는 "'부(婦)'자는 복종한다는 뜻이다. 여(女)자 부수를 따르며 빗자루를 잡고 있는 형태로 청소하는 것을 뜻한다."라고 했다. 『백호통』에서는 "'부부(夫婦)'란 무엇을 말하는가? 부(夫)자는 붙들다는 뜻으로 도를 통해 붙들고 있는 것이다. 부(婦)자는 복종한다는 뜻으로 예를 통해 복종하는 것이다."라고 했다. 또한 "'구고(舅姑)'라고 부르는 것은 어째서인가? 구(舅)자는 오래되었다는 뜻이다. '고(姑)'자는 오래되었다는 뜻이다. 구(舊)와 고(故)는 노인을 지칭하는 말이다. 남편의 부모를 구고(舅姑)라고 부르는 것은 어째서인가? 존귀함은 자신의 부친과 같지만 자신의 부친이 아니므로 구(舅)라고 부르며, 친애함이 자신의 모친과 같지만 자신의 모친이 아니므로 고(姑)라고 부른다."라고 했다. 『의례』「상복(喪服)」편의 전문에 대해 정현의 주에서는 "여자자(女子子)는 자식 중 딸을 가리키니, 남자와 구별하기 위해서 이처럼 부른다."라고 했다. 『설문』에서는 "'서(壻)'는 딸의 남편이다. 사(士)자와 서(胥)자로 구성되어 있다."라고 했다. 한 가지를 들으면 열 가지를 아는 것이 사(士)이다. 서(胥)는 재주와 지혜를 갖춘 자를 부르는 명칭이다. 그렇기 때문에 딸의 남편을 서(壻)라고 부른다. 『광아』에서는 "서(壻)는 천(倩)이라고 부른다."라고 했다. 『방언』에서는 "동제(東齊)지역에서는 서(壻)를 천(倩)이라 부른다."라고 했다. 『백호통』에서는 "혼인(婚姻)이란 무엇을 말하는가? 저녁에 의례를 시행하기 때문에 '혼(婚)'이라 부른다. 아내는 남편으로 인해 완성되기 때문에 '인(姻)'이라 부른다."라고 했다.

邢疏 ◎注"國語曰: 吾聞之先姑". ○釋曰: 魯語: 季康子問於公文伯之母曰: "主亦有以語肥也." 對曰: "吾能老而已, 何以語子?" 康子曰: "雖然, 肥願有聞於主." 對曰: "吾聞諸先姑曰: '君子能勞, 後世有繼.'" 子夏聞之曰: "善哉! 商聞之曰: '古之嫁者, 不及舅·姑, 謂之不幸.' 夫婦, 學於舅姑者也."是矣.

◎郭注: "國語曰: 吾聞之先姑". ○『국어』「노어(魯語)」편에서는 계강자가 공문백의 모친에게 묻기를 "그대께서도 저에게 가르침을 주실 말씀이 있습니까."라고 하자 "난 늙었을 따름인데 무엇으로 그대를 가르치겠습니까?"라고 대답했다. 계강자가 "그렇다 하더라도 저는 그대께 말씀을 듣고자 원합니다."라고 하자 "내가 선고(先姑)께 들었는데 '군자는 자신을 낮춰 수고롭게 일을 할 수 있어야만 후세에 자손들이 이어진다.'라고 했습니다."라고 했다. 자하가 그 말을 듣고는 "좋구나! 내가 듣기로 '옛날에는 시집을 왔을 때 시부모를 뵙지 못한 것을 불행하다고 부른다.'라고 했다. 며느리란 시부모에게서 배우는 자이다."라고 했으니, 이것이 바로 그 기록에 해당한다.

邢疏 ◎注"詩曰: 瑣瑣姻亞". ○釋曰: 小雅·節南山文也. 劉熙釋名云: "'兩壻相謂爲亞'者, 言每一人取姊, 一人取妹, 相亞次也. 又並來女氏, 則姊夫在前, 妹夫在後, 亦相亞也."

◎郭注: "詩曰: 瑣瑣姻亞". ○이것은『시』「소아(小雅)·절남산(節南山)」편의 기록이다. 유희의『석명』에서는 "'두 사위는 서로에 대해서 아(亞)라고 한다.'라고 했는데, 어떤 한 사람이 언니를 아내로 들이고 또 다른 한 사람이 언니의 동생을 아내로 들였을 때에는 서로 서열을 정한다. 또한 둘이 함께 아내의 집으로 오게 되면 언니의 남편은 앞에 위치하고 여동생의 남편은 뒤에 위치하며 또한 상호 아(亞)가 된다."라고 했다.

邢疏 ◎注"古者皆謂婚姻爲兄弟". ○釋曰: 禮記, "曾子問曰: '昏禮旣納幣, 有吉日, 女之父母死, 則如之何?' 孔子曰, '壻使人弔, 如壻之父母死, 則女之家亦使人弔.'" 鄭注云, "必使人弔者, 未成兄弟." 又云, "父喪稱父, 母喪稱母, 父母不在, 則稱伯父·世母. 壻已葬, 壻之伯父致命女氏曰: '某之子有父母之喪, 不得嗣爲兄弟, 使某致命.' 女氏許諾而弗敢嫁, 禮也." 是古者謂昏姻爲兄弟, 以夫婦有兄弟之義. 或據壻於妻之父母有緦服, 故得謂之兄弟也.

◎郭注: "古者皆謂婚姻爲兄弟". ○『예기』에서는 "증자가 '혼례를 치를 때, 이미 신부 집안에 폐물을 보냈고, 혼인할 날짜도 정해져 있는데, 신부의 부모가 죽게 된다면, 어찌해야 합니까?'라고 묻자 공자는 '신랑될 사람의 집에서는 사람을 시켜서 조문을 하고, 만약 신랑될 사람의 부모가 죽게 된다면, 신부 집안에서도 또한 사람을 시켜서 조문을 한다.'"라고 했고, 정현의 주에서는 "반드시 사람을 시켜서 조문을 하는 이유는 아직 부부의 인연을 맺은 상태가 아니기 때문이다."라고 했다. 또 "상대측 부친의 상에서는 본인의 부친 이름으로 조문하고, 상대측 모친의 상에서는 본인의 모친 이름으로 조문한다. 부모가 이미 죽었거나 다른 곳에 있는 경우에는 백부나 백모의 이름으로 조문한다. 신랑될 사람이 부모에 대한 장례를 마치게 되면, 신랑 집안의 백부가 신부 집안에 사양하는 말을 전달하며, '아무개의 아들이 부모의 상중에 있어서, 부부가 되는 인연을 계속 진행할 수가 없으므로, 아무개를 시켜서 사양하는 말을 전달합니다.'라고 한다. 그러면 신부 집안에서는 허락을 하되 딸을 감히 다른 곳으로 시집보내지 않는 것이 올바른 예법이다."[6]라고 했다. 이것은 고대에 혼

6) 『예기』「증자문(曾子問)」: 曾子問曰, "昏禮, 旣納幣, 有吉日, 女之父母死, 則如之何?" 孔子曰, "壻使人弔, 如壻之父母死, 則女之家亦使人弔. 父喪, 稱父, 母喪, 稱母. 父母不在, 則稱伯父·世母. 壻已葬, 壻之伯父致命女氏曰, '某之子, 有父母之喪, 不得嗣爲兄弟, 使某致命' 女氏許諾, 而弗敢嫁, 禮也. 壻免喪, 女之父母, 使人請, 壻弗取, 而后嫁之, 禮也."

인으로 맺어진 것을 형제(兄弟)라고 부른다는 사실을 나타내니, 부부 사이에는 형제의 도의가 포함되어 있기 때문이다. 혹자는 남편은 아내의 부모에 대해서 시마복(緦麻服)을 착용하는 것에 근거하여, 이러한 이유 때문에 형제라 부를 수 있다고 주장한다.

邢疏 ◎注"書曰: 嬪于虞". ○釋曰: 按堯典, 群臣共擧舜於帝, "帝曰: '我其試哉!女于時, 觀厥刑于二女.' 釐降二女于嬀汭, 嬪于虞." 孔安國注云: "降, 下. 嬪, 婦也. 舜爲匹夫, 能以義理下帝女之心於所居嬀水之汭, 使行婦道於虞氏."是也.

◎郭注: "書曰: 嬪于虞". ○『서』「요전(堯典)」편을 살펴보면 뭇 신하들이 모두 요임금에게 순을 천거하니, "요임금은 '내가 그를 시험해보겠다! 그에게 딸을 시집보내어, 두 딸에게서 그 법을 살펴보겠다.'라고 했다. 그리고는 두 딸을 규예로 보내 순의 아내가 되게 하였다."라 했고, 공안국의 주에서 "강(降)은 낮춘다는 뜻이다. '빈(嬪)'은 아내가 되게 하였다는 뜻이다. 순임금은 필부였음에도 그가 거처하고 있는 규수의 물굽이에서 의로움에 따라 제왕 여식의 마음을 다스려 순임금 집안에서 아녀자의 도를 실천토록 할 수 있었다."라고 한 말이 이러한 사실을 나타낸다.

그림 47-1 ▣ 불친영삼월서현처지부모도(不親迎三月壻見妻之父母圖)

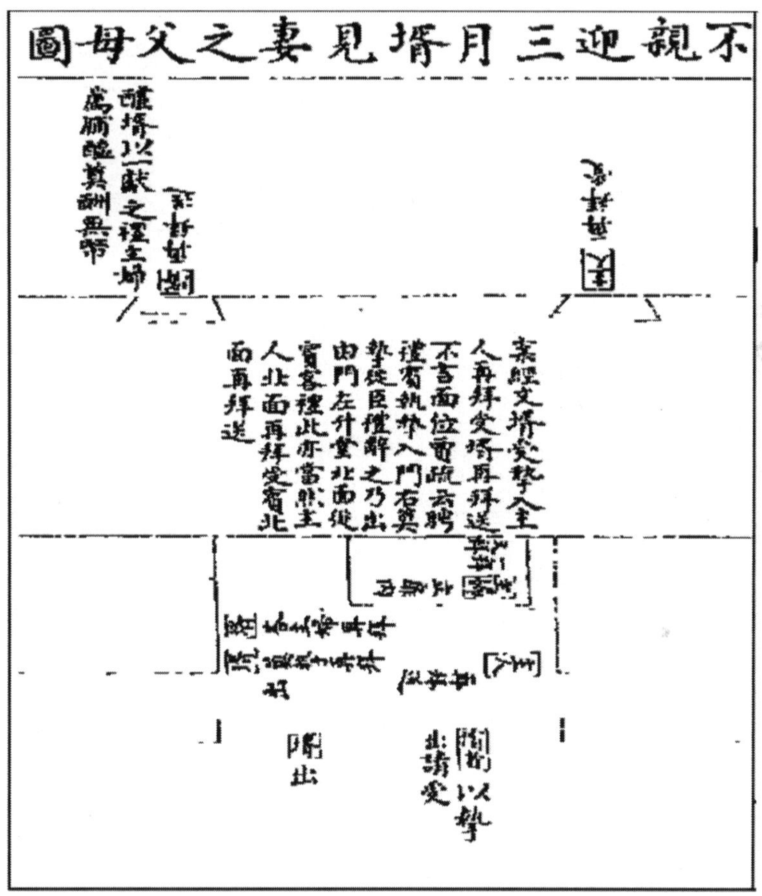

※ 출처: 『의례도(儀禮圖)』 2권

123下

主人對曰: "某以得爲外昏姻之數, 某之子未得濯漑於祭祀, 是以未敢見. 今吾子辱, 請吾子之就宮, 某將走見."

직역 主人이 對하여 日 "某는 이로써 外昏姻의 數를 得爲하였으나 某의 子는 祭祀에서 濯漑를 未得하여 是以로 未히 敢見합니다. 今에 吾子께서 辱하시니, 請컨대 吾子께서 宮에 就하시면, 某가 將히 走見하겠습니다."

의역 신부의 부친은 대답하며, "아무개는 혼인을 통해 외혼인 친족의 수를 채울 수 있게 되었으나 아무개의 여식은 제사에서 아직 제기를 씻지 못하였으니, 이러한 까닭으로 아직 감히 만나볼 수 없습니다. 지금 그대께서 욕되게도 찾아오셨으니, 청컨대 그대께서 집으로 되돌아가 계시면, 아무개가 곧 달려가 만나보도록 하겠습니다."라고 한다.

鄭注 主人, 女父也. 以白造緇曰辱.

'주인(主人)'은 신부의 부친을 뜻한다. 흰 것을 검게 만든 것을 '욕(辱)'이라 부른다.

賈疏 ●"主人"至"走見". ○釋曰: 云"某之子未得濯漑於祭祀"者, 前祭之夕濯漑祭器, 以其自此以前未廟見, 未得祭祀, 故未敢相見也. 云"請吾子之就宮"者, 使婿還就家, 是欲往就見也.

●記文: "主人"~"走見". ○"아무개의 여식은 제사에서 아직 제기를 씻지 못하였습니다."라고 했는데, 제사 전날 저녁에 제기를 씻는데, 이로부터 그 이전에는 아직 묘에서 알현을 하지 않는다. 아직 제사를 지내지 못했기 때문에 감히 서로 만나보지 못하는 것이다. "청컨대 그대께서 집으로 되돌아가시라."라고 했는데, 신랑으로 하여금 다시 집으로 가게 한 것으로, 찾아가서 만나보고자 하기 때문이다.

賈疏 ◎注"主人"至"曰辱". ○釋曰: 云"以白造緇曰辱"者, 謂以絜白之物造置於緇色器中, 是汙白色. 猶今賓至己門, 亦是屈辱, 故云以白造緇曰辱也.

◎鄭注: "主人"~"曰辱". ○ 정현이 "흰 것을 검게 만든 것을 욕(辱)이라 부른다."라고 했는데, 깨끗하고 흰 물건을 검은색의 그릇 안에 두어 흰색을 더럽혔다는 뜻이다. 이것은 현재 빈객이 자신의 문에 당도하였는데, 이 또한 자신을 굽혀 욕되게 한 것과 같다. 그렇기 때문에 "흰 것을 검게 만든 것을 욕(辱)이라 부른다."라고 했다.

124上

對曰: "某以非他故, 不足以辱命, 請終賜見."

직역 對하여 曰 "某는 非他故이니, 足히 命을 辱함을 不하니, 請건대 終히 見을 賜합니다."

의역 신랑은 대답하며, "아무개는 다른 연유 때문에 찾아온 것이 아니니, 직접 찾아오시겠다는 명을 욕되이 할 수 없으므로, 끝내 찾아뵙는 것을 허락해주시기를 청합니다."라고 한다.

鄭注 非他故, 彌親之辭. 命, 謂將走見之言. 今文無終賜.

'비타고(非他故)'는 더욱 친근하게 여기는 말에 해당한다. '명(命)'은 곧 달려가서 만나보겠다고 한 말을 뜻한다. 금문에는 '종사(終賜)'라는 글자가 없다.

賈疏 ●"對曰"至"賜見". ◎注"非他"至"終賜". ○釋曰: 此婿對擯者辭. 云"非他故, 彌親之辭"者, 上擯云得爲外昏姻, 是相親之辭, 今又云非他故, 是爲婿而來見, 彌相親之辭也.

● 記文: "對曰"~"賜見". ◎鄭注: "非他"~"終賜". ○ 이것은 신랑이 빈에게 대답하는 말에 해당한다. 정현이 "비타고(非他故)는 더욱 친근하게 여기는 말에 해당한다."라고 했는데, 앞에서 빈은 "외혼인을 맺을 수 있었다."고 말했는데, 이것은 서로 친근하게 대하는 말에 해당한다. 지금 재차 다른 연유 때문이 아니라고 했으니, 이것은 사위가 되어 찾아와 만나뵙겠다는 것으로, 더욱 서로 친근하게 대하는 말이다.

124上

對曰: "某得以爲昏姻之故, 不敢固辭, 敢不從!"

직역 對하여 曰 "某는 得하여 昏姻의 故가 爲하니 固辭를 不敢하니 敢히 不從하리오!"

의역 신부의 부친은 대답하며 "아무개는 혼인의 친족이 되었으므로, 감히 고사[1]할 수 없으니, 감히 따르지 않겠습니까!"라고 한다.

鄭注 不言外, 亦彌親之辭. 古文曰外昏姻.

'외(外)'를 언급하지 않은 것 또한 더욱 친근하게 여기는 말에 해당한다. 고문에는 '외혼인(外昏姻)'이라고 했다.

---

1) 고사(固辭)는 빈객과 주인은 예법에 따라 세 번 사양을 하게 되는데, 처음 사양하는 것을 '예사(禮辭)'라고 부르며, 두 번째 사양하는 것을 '고사'라고 부르고, 세 번째 사양하는 것을 '종사(終辭)'라고 부른다.

124上

主人出門左, 西面. 婿入門, 東面. 奠摯, 再拜, 出.

직역 主人은 門을 出하여 左하고 西面한다. 婿는 門에 入하여 東面한다. 摯를 奠하고 再拜하며 出한다.

의역 신부의 부친은 내문을 나와 좌측으로 가서 서쪽을 바라본다. 신랑은 대문으로 들어와 동쪽을 바라본다. 신랑은 예물을 내려놓고 재배를 하고서 밖으로 나간다.

鄭注 出門, 出內門. 入門, 入大門. 出內門不出大門者, 異於賓客也. 婿見於寢. 奠摯者, 婿有子道, 不敢授也. 摯, 雉也.

'출문(出門)'은 내문(=침문) 밖으로 나온다는 뜻이다. '입문(入門)'은 대문 안으로 들어간다는 뜻이다. 내문 밖으로 나오되 대문 밖으로 나가지 않는 것은 빈객의 경우와 달리하기 위해서이다. 사위는 침에서 찾아뵙는다. 예물을 내려놓는 것은 사위에게는 자식의 도리가 있어서 감히 직접 건넬 수 없기 때문이다. '지(摯)'는 꿩에 해당한다.

賈疏 ●"主人"至"拜出". ◎注"出門"至"雉也". ○釋曰: 云"出內門. 入大門"者, 以大夫・士迎賓皆於大門外, 故此決之也. 云"婿見於寢"者, 聘禮凡見賓客及上親迎, 皆於廟者, 聘禮敬賓客, 故在廟. 親迎在廟者, 以先祖之遺體許人, 故在廟. 此婿見外舅姑非賓, 非親迎, 故知在適寢也. 云"奠摯者, 婿有子道, 不敢授也"者, 凡執摯相見, 皆親授受, 此獨奠之, 象父子之道質, 故不親授, 奠之而已. 云"摯, 雉也"者, 以其士執雉, 是其常也.

●記文: "主人"~"拜出". ◎鄭注: "出門"~"雉也". ○"내문을 나온다. 대문으로 들어간다."라고 했는데, 대부와 사가 빈객을 맞이할 때에는 모두 대문 밖에서 한다. 그렇기 때문에 이곳에서 이처럼 풀이한 것이다. 정현

이 “사위는 침에서 찾아뵙는다.”라고 했는데, 『의례』「빙례(聘禮)」 편에서 무릇 빈객을 뵙는 경우와 앞에서 친영을 할 때에는 모두 묘에서 했는데, 「빙례」 편의 내용은 빈객을 공경하기 때문에 묘에서 시행하는 것이다. 친영을 묘에서 하게 되는 것은 선조가 물려주신 몸인 딸을 남에게 허락하기 때문에 묘에서 하는 것이다. 이곳에서 사위가 장인과 장모를 찾아뵐 때에는 빈객의 신분도 아니고 친영을 하는 경우도 아니다. 그렇기 때문에 적침[1]에서 한다는 사실을 알 수 있다. 정현이 “예물을 내려놓는 것은 사위에게는 자식의 도리가 있어서 감히 직접 건넬 수 없기 때문이다.”라고 했는데, 무릇 예물을 가지고 가서 서로 만나보는 경우에는 모두 직접 주고 받는데, 이곳에서 유독 내려놓는다고 한 것은 부친과 자식 간의 도리가 질박함을 형상한다. 그렇기 때문에 직접 건네지 않고 바닥에 내려놓기만 할 따름이다. 정현이 “지(摯)는 꿩에 해당한다.”라고 했는데, 사는 꿩을 예물로 사용하기 때문이니, 이것은 일상적인 예법이다.

1) 적침(適寢)은 정침(正寢)을 뜻한다. 가택에 있는 정옥(正屋)에 해당하며, 집무를 처리하던 곳이다. 군주의 경우에는 노침(路寢)이라고 불렀고, 대부(大夫)의 경우는 ‘적침’이라고 불렀으며, 사(士)에 대해서는 간혹 적실(適室)로 부르기도 했다. 『예기』「상대기(喪大記)」 편에는 “君夫人卒於路寢, 大夫世婦卒於適寢.”이라는 기록이 있는데, 이에 대한 정현의 주에서는 “君謂之路寢, 大夫謂之適寢, 士或謂之適室.”이라고 풀이했다.

124下

擯者以摯出, 請受.

직역 擯者는 摯로 出하여 受를 請한다.

의역 빈은 예물을 가지고 나와서 신랑에게 다시 받아줄 것을 청한다.

鄭注 欲使以賓客禮相見.

빈객의 예법에 따라 서로 만나보게끔 하고자 해서이다.

賈疏 ●"擯者以摯出請受". ◎注"欲使"至"相見". ○釋曰: 按聘禮賓執摯入門右, 從臣禮辭之, 乃出, 由門左西進, 北面, 從賓客禮. 此亦然, 故知所請受者, 請退從賓客相見受之.

●記文: "擯者以摯出請受". ◎鄭注: "欲使"~"相見". ○『의례』「빙례(聘禮)」편을 살펴보면 빈객이 예물을 가지고 문으로 들어와 우측으로 가고, 신하의 예법에 따르는 것을 사양하면 곧 밖으로 나가서 문의 좌측을 경유하여 서쪽으로 나아가고 북쪽을 바라보며 빈객의 예법에 따른다. 이곳에서도 이처럼 한다. 그렇기 때문에 받기를 청하는 것이 물러나 빈객의 예법에 따라 서로 만나보려고 받기를 청하는 것임을 알 수 있다.

125上

婿禮辭, 許, 受摯, 入. 主人再拜受, 婿再拜送, 出.

직역 婿가 禮辭하고 許하여 摯를 受하고 入한다. 主人은 再拜하고 受하고, 婿는 再拜하여 送하고 出한다.

의역 신랑은 예사를 하고서 수락을 하여 예물을 받고 안으로 들어간다. 신부의 부친은 재배를 하며 받고, 신랑은 재배를 하며 전하고 밖으로 나온다.

鄭注 出, 已見女父.

나가는 것은 이미 신부의 부친을 만나보았기 때문이다.

賈疏 ●"婿禮"至"送出". ◎注"出已見女父". ○釋曰: 云"受摯, 入"者, 亦如聘禮, 受摯乃更西入也. 云"出, 已見女父"者, 以其相見訖, 擬出, 更與主婦相見也.

●記文: "婿禮"~"送出". ◎鄭注: "出已見女父". ○"예물을 받고 안으로 들어간다."라고 했는데, 이 또한 『의례』「빙례(聘禮)」에서 예물을 받고서 다시 서쪽으로 들어가는 것과 같다. 정현이 "나가는 것은 이미 신부의 부친을 만나보았기 때문이다."라고 했는데, 서로 만나보는 절차가 끝나서 그에 따라 밖으로 나오고 재차 신부의 모친과 서로 만나보게 된다.

125上

見主婦, 主婦闔扉, 立于其內.

직역 主婦를 見하면, 主婦는 扉를 闔하고 그 內에 立한다.

의역 신랑이 신부의 모친을 찾아뵙게 되면, 신부의 모친은 좌측 문짝을 닫고 그 안에 선다.

鄭注 主婦, 主人之婦也. 見主婦者, 兄弟之道, 宜相親也. 闔扉者, 婦人無外事. 扉, 左扉.

'주부(主婦)'는 신부 부친의 아내이다. 주부를 찾아뵙는다는 것은 형제의 도리에 따라 마땅히 서로 친근하게 지내야 하기 때문이다. 문짝을 닫는 것은 부인에게는 바깥일이 없기 때문이다. '비(扉)'는 좌측 문짝을 뜻한다.

賈疏 ●"見主"至"其內". ◎注"主婦"至"左扉". ○釋曰: 云"見主婦者, 兄弟之道, 宜相親也"者, 爾雅"母與妻之黨爲兄弟", 故知主婦於婿者, 兄弟之道也, 故云宜相親也. 云"闔扉者, 婦人無外事"者, 婦人送迎不出門, 見弟不踰閾, 是無外事也. 云"扉, 左扉"者, 士喪禮卜葬云: "闔東扉, 主婦立于其內." 旣言東扉, 卽是左扉, 故知是左扉也.

●記文: "見主"~"其內". ◎鄭注: "主婦"~"左扉". ○정현이 "주부를 찾아뵙는다는 것은 형제의 도리에 따라 마땅히 서로 친근하게 지내야 하기 때문이다."라고 했는데, 『이아』에서는 "모친과 처의 친족은 형제(兄弟)가 된다."[1]라 했다. 그렇기 때문에 신부의 모친은 사위에게 있어서 그 관계가 형제의 도리에 해당한다는 사실을 알 수 있다. 그래서 "마땅히 서로 친근하게 지내야 하기 때문이다."라고 했다. 정현이 "문짝을 닫는

1) 『이아』「석친(釋親)」: 父之黨爲宗族, 母與妻之黨爲兄弟.

것은 부인에게는 바깥일이 없기 때문이다."라고 했는데, 부인은 전송하고 맞이할 때 문밖으로 나가지 않고, 동생을 만나볼 때에도 문지방을 넘지 않으니,[2] 이것은 바깥일이 없다는 사실을 나타낸다. 정현이 "비(扉)는 좌측 문짝을 뜻한다."라고 했는데, 『의례』「사상례(士喪禮)」편에서 장지를 점칠 때 "동쪽 문짝을 닫고 주부가 그 안에 선다."[3]라고 했다. 이미 동비(東扉)라고 했는데, 이것은 곧 좌측 문짝에 해당한다. 그렇기 때문에 좌측 문짝에 해당함을 알 수 있다.

참고 47-2 『이아』「석친(釋親)」 기록

* 참고: 47-1 참조

참고 47-3 『춘추좌씨전』 희공(僖公) 22년 기록

전문 丙子晨, 鄭文夫人芈氏・姜氏勞楚子於柯澤.

병자일 새벽에 정나라 문공의 부인 미씨와 강씨가 가택에서 초나라 자작을 위로하였다.

杜注 楚子還, 過鄭. 鄭文公夫人芈氏, 楚女, 姜氏, 齊女也. 柯澤, 鄭地.

초나라 자작이 되돌아가면서 정나라를 지나친 것이다. 정나라 문공의 부

2) 『춘추좌씨전』「희공(僖公) 22년」: 君子曰, "非禮也. 婦人送迎不出門, 見兄弟不踰閾, 戎事不邇女器."

3) 『의례』「사상례(士喪禮)」: 闔東扉, 主婦立于其內.

인 미씨는 초나라의 딸이고, 강씨는 제나라의 딸이다. 가택(柯澤)은 정나라 땅이다.

孔疏 ◎注“楚子”至“鄭地”. ○正義曰: 以羋是楚姓, 姜是齊姓, 故云楚女·齊女耳, 亦無明文言之. 二者共以夫人冠之, 蓋俱是夫人, 禮無二適, 而有兩夫人者, 當時僭恣, 不如禮也.

◎杜注: “楚子”~“鄭地”. ○미씨(羋氏)는 초나라의 성이고, 강씨(姜氏)는 제나라의 성이다. 그렇기 때문에 초나라의 딸이고 제나라의 딸이라 말했을 따름인데, 이 또한 경문에 기록이 없어서 언급한 것이다. 두 여자에 대해 모두 부인(夫人)이란 말로 수식하였으니, 아마도 둘 모두 부인에 해당하는 것 같다. 예법에 따르면 2명의 적처는 있을 수 없는데, 2명의 부인이 있게 된 것은 당시에는 참람되고 방자하게 굴어 예법대로 하지 않았기 때문이다.

전문 楚子使師縉示之俘馘.

초나라 자작이 사진을 시켜서 부와 괵을 보여주게 했다.

杜注 師縉, 楚樂師也. 俘, 所得囚. 馘, 所截耳.

‘사진(師縉)’은 초나라 악사이다. ‘부(俘)’는 사로잡은 포로이다. ‘괵(馘)’은 잘라낸 귀이다.

孔疏 ◎注“師縉”至“截耳”. ○正義曰: 書傳所言師曠·師曹·師蠲·師觸之類, 皆是樂師, 知此師縉亦樂師也. 釋詁云: “俘, 取也. 馘, 獲也.” 李巡云: “囚敵曰俘, 伐執之曰取.” 郭璞云: “今以獲賊耳爲馘.” 毛詩傳曰: “殺而獻其耳曰馘.” 鄭箋云: “馘, 所格者左耳也.” 然則俘者, 生執囚之; 馘者, 殺其人, 截取其左耳, 欲以計功也.

◎杜注: "師縉"~"截耳". ○『서전』에서 언급한 사광(師曠)·사조(師曹)·사견(師蠲)·사촉(師觸) 등의 부류들은 모두 악사에 해당하니, 이곳에 나온 사진(師縉) 또한 악사에 해당함을 알 수 있다. 『이아』「석고(釋詁)」편에서는 "부(俘)자는 취(取)자의 뜻이다."[4]라 했고, "괵(馘)자는 획(獲)자의 뜻이다."[5]라 했으며, 이순은 "사로잡은 적을 부(俘)라 부르고, 대신해서 가져오는 것을 취(取)라 부른다."라 했으며, 곽박은 "현재 도적을 잡아 귀를 베어온 것을 괵(馘)이라 한다."라 했다. 또 『모시』의 전문에서는 "죽이고 그 귀를 베어 바치는 것을 괵(馘)이라 한다."라 했고, 정현의 전문에서는 "괵(馘)은 사로잡은 자의 좌측 귀이다."라 했다. 그렇다면 부(俘)라는 것은 살아있는 자를 잡아서 가둔 것이고, 괵(馘)이라는 것은 그 사람을 죽이고 그의 좌측 귀를 베어 취한 것이니, 공적을 계산하고자 하기 때문이다.

전문 君子曰: "非禮也. 婦人送迎不出門, 見兄弟不踰閾,

군자가 말하길, "비례이다. 부인은 전송하고 맞이할 때 문밖으로 나가지 않고, 동생을 만나볼 때에도 문지방을 넘지 않으며,

杜注 閾, 門限.

'역(閾)'은 문지방을 뜻한다.

孔疏 ◎注"閾, 門限". ○正義曰: 釋宮云: "柣謂之閾." 孫炎曰: "柣, 門限也." 經·傳諸注皆以閾爲門限, 謂門下橫木, 爲外內之限也.

◎杜注: "閾, 門限". ○『이아』「석궁(釋宮)」편에서는 "질(柣)을 역(閾)

---

4) 『이아』「석고(釋詁)」: 探·篡·俘, 取也.

5) 『이아』「석고(釋詁)」: 馘·穧, 獲也.

이라 한다."[6]라 했고, 손염은 "질(柣)은 문지방이다."라 했다. 경문과 전문 및 여러 주들에서는 모두 역(閾)을 문지방으로 여겼으니, 문 아래에 가로로 댄 나무로, 안과 밖을 구분짓는 경계로 삼았다.

전문 戎事不邇女器."

군대나 전쟁과 관련된 사안에서 여자는 그 기물들을 가까이 하지 않는다."라 했다.

杜注 邇, 近也. 器, 物也. 言俘馘非近婦人之物.

'이(邇)'자는 가까이 한다는 뜻이다. '기(器)'자는 사물을 뜻한다. 부나 괵은 부인이 가까이 하는 물건이 아니라는 뜻이다.

---

6) 『이아』「석궁(釋宮)」 : 柣謂之閾. 棖謂之楔. 楣謂之梁. 樞謂之椳. 樞達北方謂之落時, 落時謂之戺.

125上

婿立于門外, 東面. 主婦一拜, 婿答再拜. 主婦又拜, 婿出.

직역 婿는 門外에 立하여 東面한다. 主婦는 一拜하고, 婿는 答으로 再拜한다. 主婦가 又히 拜하면, 婿는 出한다.

의역 신랑은 문밖에 서서 동쪽을 바라본다. 신부의 모친은 일배를 하고, 신랑은 답배로 재배를 한다. 신부의 모친이 재차 절을 하면 신랑은 밖으로 나간다.

鄭注 必先一拜者, 婦人於丈夫必俠拜.

반드시 먼저 일배를 하는 것은 부인은 남자에 대해 반드시 협배(俠拜)를 해야 하기 때문이다.

125下

主人請醴, 及揖讓入, 醴以一獻之禮. 主婦薦, 奠酬, 無幣.

직역 主人이 醴를 請하면, 及히 揖讓하여 入하고 醴하길 一獻의 禮로써 한다. 主婦가 薦하고, 酬를 奠하며, 幣는 無하다.

의역 신부의 부친이 신랑에게 단술로 예우하길 청하면, 신랑과 신부의 부친은 함께 읍과 사양을 하며 침문 안으로 들어가고, 당상에 오르게 되면 신부의 부친은 일헌의 예법으로 예우한다. 신부의 모친은 음식을 올리고, 신랑은 신부의 부친이 권한 술잔을 내려놓는다. 그러나 술을 권할 때 예물은 없게 된다.

鄭注 及, 與也. 無幣, 異於賓客.

'급(及)'자는 함께라는 뜻이다. 예물이 없는 것은 빈객에 대한 경우와 달리하기 위해서이다.

賈疏 ●"主人"至"無幣". ◎注"及與"至"賓客". ○釋曰: 訓及爲與者, 以主人與婿揖讓而入寢門, 升堂醴婿, 故訓及爲與也. 云"無幣, 異於賓客"者, 上冠禮醴賓酬之以幣, 昏禮饗賓酬以束錦, 燕禮·大射酬賓客皆有幣, 此無幣, 故云異於賓客也.

●記文: "主人"~"無幣". ◎鄭注: "及與"~"賓客". ○'급(及)'자를 여(與)자로 풀이한 것은 신부의 부친은 신랑과 읍 및 사양을 하며 침문으로 들어가고, 당상에 올라가 신랑을 단술로 예우하게 된다. 그렇기 때문에 '급(及)'자를 여(與)자로 풀이한 것이다. 정현이 "예물이 없는 것은 빈객에 대한 경우와 달리하기 위해서이다."라고 했는데, 앞의 『의례』「사관례(士冠禮)」편에서는 빈객을 단술로 예우하며 술을 권할 때 예물을 가지고 했고, 「사혼례」편에서 빈객에게 향연을 베풀며 술을 권할 때 속백을 가지고 했으며, 『의례』「연례(燕禮)」와 「대사(大射)」편에서는 빈객에게 술을

권할 때 모두 예물이 포함된다. 이곳에서는 예물이 없다고 했다. 그렇기 때문에 "빈객에 대한 경우와 달리하기 위해서이다."라고 했다.

125下

壻出, 主人送, 再拜.

직역 壻가 出하면, 主人이 送하며 再拜한다.

의역 신랑이 대문 밖으로 나가면 주인은 전송하며 재배를 한다.

士昏禮 人名 및 用語 辭典

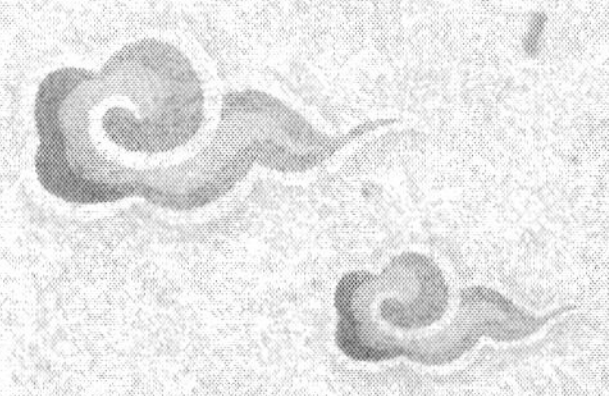

ㄱ

◎ **가규(賈逵, A.D.30 ~ A.D.101)** : 후한(後漢) 때의 경학자이다. 자(字)는 경백(景伯)이다. 『춘추좌씨전해고(春秋左氏傳解詁)』를 지었지만, 현재 일실되어 존재하지 않는다. 청대(淸代) 마국한(馬國翰)의 『옥함산방집일서(玉函山房輯佚書)』와 황석(黃奭)의 『한학당총서(漢學堂叢書)』에 일집본(佚輯本)이 남아 있다.

◎ **가례(嘉禮)** : '가례'는 오례(五禮) 중 하나로, 결혼식을 치르거나, 잔치 등을 베풀 때의 예제(禮制)를 뜻한다. 경사스러운 일이라는 뜻에서 가(嘉)자를 붙여서 '가례'라고 부르는 것이다.

◎ **가읍(家邑)** : '가읍'은 대부(大夫)가 부여받는 채지(采地)를 뜻한다.

◎ **각(刻)** : '각'은 시간의 단위이다. 고대에는 물통에 작은 구멍을 내서, 물이 떨어진 양을 보고 시간을 헤아렸다. 하루를 100'각'으로 나누었는데, 한(漢)나라 애제(哀帝) 건평(建平) 2년(-5년) 때에는 20'각'을 더해서, 하루의 길이를 총 120'각'으로 정하였다. 『한서(漢書)』「애제기(哀帝紀)」편에는 "漏刻以百二十爲度."라는 기록이 있는데, 이에 대한 안사고(顔師古)의 주에서는 "舊漏晝夜共百刻, 今增其二十."이라고 풀이하였다. 그리고 남북조(南北朝) 시기 양(梁)나라 무제(武帝)는 8'각'을 1진(辰)으로 정하여, 낮과 밤의 길이를 각각 12'진' 96'각'으로 정하였다.

◎ **강지(畺地)** : '강지'는 주(周)나라 때 도성에서 500리(理) 떨어진 지역을 일컫는 말이다.

◎ **개(介)** : '개'는 부관을 뜻한다. 빈객(賓客)이 방문했을 때 주인(主人)과 빈객 사이에서 진행되는 절차들을 보좌했던 자들이다. 계급에 따라서 '개'를 두는 숫자에도 차이가 났다. 가령 상공(上公)은 7명의 '개'를 두었고, 후작이나 백작은 5명을 두었으며, 자작과 남작은 3명의 개를 두었다. 『예기』「빙의(聘義)」편에는 "上公七介, 侯伯五介, 子男三介."라는 기록이 있다.

◎ **거우(車右)** : '거우'는 수레에 함께 타는 호위무사를 뜻한다. 수레의 우측에 위치하였기 때문에 '거우'라고 부르는 것이다.

◎ 견거(遣車) : '견거'는 장례(葬禮)를 치를 때 사용되는 수레이다. 장례 때에는 장지(葬地)에서 제사를 지내기 위해 희생물을 가져가게 된다. '견거'는 바로 희생물의 몸체를 싣고 가는 수레를 뜻한다.

◎ 견전(遣奠) : '견전'은 장차 장례(葬禮)를 치르고자 할 때, 지내게 되는 전제사[奠祭]를 뜻한다.

◎ 경사(卿士) : '경사'는 경(卿)과 대부(大夫)를 가리키는 용어이다. 후대에는 관리들을 가리키는 용어로도 사용되었다. 또한 경(卿)을 가리키는 용어로도 사용되었다.

◎ 계빈(啓殯) : '계빈'은 장례(葬禮) 절차 중 하나이다. 장례를 치르기 위하여, 빈소에 임시로 가매장했던 영구를 꺼내는 절차를 뜻한다.

◎ 고(孤) : '고'는 고대의 작위이다. 천자에게 소속된 '고'는 삼공(三公) 밑의 서열에 해당하며, 육경(六卿)보다 높았다. 고대에는 소사(少師)·소부(少傅)·소보(少保)를 삼고(三孤)라고 불렀다.

◎ 고사(固辭) : '고사'는 빈객과 주인은 예법에 따라 세 번 사양을 하게 되는데, 처음 사양하는 것을 '예사(禮辭)'라고 부르며, 두 번째 사양하는 것을 '고사'라고 부르고, 세 번째 사양하는 것을 '종사(終辭)'라고 부른다.

◎ 곡벽(穀璧) : '곡벽'은 조회 때 천자 및 각 신하들이 잡게 되는 육서(六瑞) 중의 하나이다. 자작이 잡던 벽(璧)이다. 곡식을 무늬로 새겨 넣었기 때문에 '곡(穀)'자를 붙여서 '곡벽'이라고 부르는 것이다. '벽'의 지름은 5촌(寸)이었다.

◎ 곤면(袞冕) : '곤면'은 곤룡포와 면류관을 뜻한다. 본래 천자의 제사복장으로, 비교적 중요한 제사 때 입는다. 윗옷과 아랫도리에 새겨진 무늬 등은 9가지이다. 『주례』「춘관(春官)·사복(司服)」편에는 "享先王則袞冕."이라는 기록이 있다. 이에 대한 정현의 주에서는 "冕服九章, 登龍於山, 登火於宗彝, 尊其神明也. 九章, 初一曰龍, 次二曰山, 次三曰華蟲, 次四曰火, 次五曰宗彝, 皆畫以爲績. 次六曰藻, 次七曰粉米, 次八曰黼, 次九曰黻, 皆希以爲繡. 則袞之衣五章, 裳四章, 凡九也."라고 풀이했다. 즉 '곤면'의 윗옷에는 용(龍), 산(山), 화충(華蟲), 화(火), 종이(宗彝) 등 5가지 무늬를 그려놓고, 아랫도리에는 조(藻), 분미(粉

米), 보(黼), 불(黻) 등 4가지를 수놓았다.

◎ **공사(公士)** : '공사'는 제후의 조정에 속한 사이다. 제후의 조정 및 관부를 '공가(公家)'라고 부르기 때문에, '공사'라고 부른다.

◎ **공수(空首)** : '공수'는 구배(九拜) 중 하나이다. 절을 하며 머리가 손을 포갠 곳에 닿도록 하는 것이니, '배수(拜手)'라고도 부른다.

◎ **공안국(孔安國, ? ~ ?)** : 전한(前漢) 때의 학자이다. 자(字)는 자국(子國)이다. 고문상서학(古文尙書學)의 개조(開祖)로 알려져 있다. 『십삼경주소(十三經注疏)』의 『상서정의(尙書正義)』에는 공안국의 전(傳)이 수록되어 있는데, 통상적으로 이 주석은 후대인들이 공안국의 이름에 가탁하여 붙인 문장으로 인식되고 있다.

◎ **곽박(郭璞, A.D.276 ~ A.D.324)** : =곽경순(郭景純). 진(晉)나라 때의 학자이다. 자(字)는 경순(景純)이다. 저서로는 『이아주(爾雅注)』, 『방언주(方言注)』, 『산해경주(山海經注)』 등이 있다.

◎ **관(祼)** : '관'은 본래 향기로운 술을 땅에 부어서 신을 강림시키는 의식인데, 조회를 온 제후 등을 대면하며 관(祼)을 시행하면, 술잔에 향기로운 술을 따라서 빈객을 공경한다는 뜻을 나타내기도 했다. 즉 본래는 제사의 절차였지만, 이러한 절차에 기인하여 빈객에게 따라준 술을 빈객이 마시는 것까지도 관(祼)이라고 불렀다.

◎ **관(觀)** : =궐(闕)

◎ **관헌(祼獻)** : '관헌'은 고대의 천자 및 왕후(王后)가 제사를 지낼 때, 향기로운 술을 이용해서 땅에 술을 붓고, 생고기 및 익힌 고기 등의 음식들을 신에게 바쳐서 예우를 하는 절차를 뜻한다. 그리고 '관헌'은 땅에 술을 부어 신을 강림시키는 관(祼)의 의례 절차를 지칭하기도 한다.

◎ **광아(廣雅)** : 『광아(廣雅)』는 위(魏)나라 때 장읍(張揖)이 지은 자전(字典)이다. 『박아(博雅)』라고도 부른다. 『이아』의 체제를 계승하고, 새로운 내용을 보충하여, 경전(經典)에 기록된 글자들을 해석한 서적이다. 본래 상·중·하 3권으로 구성되어 있었지만, 수(隋)나라 조헌(曺憲)이 재차 10권으로 편집하였다. 한편 '광(廣)'자가 수나라 양제(煬帝)의 시호였기 때문에, 피휘를 하여, 『박아』라고 부르게 되었다.

◎ 구기(九旗) : '구기'는 고대에 사용하던 9종류의 깃발을 뜻한다. 무늬가 각각 달랐으며, 사용하는 용도 또한 달랐다. 해[日]와 달[月]을 수놓은 깃발을 상(常)이라고 부르며, 교룡(交龍)을 수놓은 깃발을 기(旂)라고 부르며, 순색의 비단을 이용하여 만든 깃발을 전(旜)이라고 부르며, 색이 섞여 있는 깃발을 물(物)이라고 부르며, 곰[熊]과 호랑이[虎]를 수놓은 깃발을 기(旗)라고 부르며, 새매를 수놓은 깃발을 여(旟)라고 부르며, 거북이[龜]와 뱀[蛇]을 수놓은 깃발을 조(旐)라고 부르며, 새의 온전한 날개를 오색(五色)으로 채색하여, 깃술처럼 장식한 깃발을 수(旞)라고 부르며, 가느다란 새의 깃털을 오색으로 채색하여, 깃술처럼 장식한 깃발을 정(旌)이라고 부른다. 『주례』「춘관(春官)·사상(司常)」편에는 "掌九旗之物名, 各有屬以待國事. 日月爲常, 交龍爲旂, 通帛爲旜, 雜帛爲物, 熊虎爲旗, 鳥隼爲旟, 龜蛇爲旐, 全羽爲旞, 析羽爲旌."이라는 기록이 있다.

◎ 구복(九服) : '구복'은 천자의 수도를 제외하고, 그 이외의 땅을 9개의 지역으로 구분한 것을 뜻한다. 천하의 정중앙에서 사방 1000리(里)의 땅을 왕기(王畿)라고 부르고, 그 밖으로 사방 500리의 땅을 후복(侯服)이라고 부르며, 그 밖으로 사방 500리의 땅을 전복(甸服)이라고 부르고, 그 밖으로 사방 500리의 땅을 남복(男服)이라고 부르며, 그 밖으로 사방 500리의 땅을 채복(采服)이라고 부르고, 그 밖으로 사방 500리의 땅을 위복(衛服)이라고 부르며, 그 밖으로 사방 500리의 땅을 만복(蠻服)이라고 부르고, 그 밖으로 사방 500리의 땅을 이복(夷服)이라고 부르며, 그 밖으로 사방 500리의 땅을 진복(鎭服)이라고 부르고, 그 밖으로 사방 500리의 땅을 번복(藩服)이라고 부른다. 『주례』「하관(夏官)·직방씨(職方氏)」편에는 "乃辨九服之邦國, 方千里曰王畿, 其外方五百里曰侯服, 又其外方五百里曰甸服, 又其外方五百里曰男服, 又其外方五百里曰采服, 又其外方五百里曰衛服, 又其外方五百里曰蠻服, 又其外方五百里曰夷服, 又其外方五百里曰鎭服, 又其外方五百里曰藩服."이라는 기록이 있다.

◎ 구빈(九嬪) : '구빈'은 천자의 빈궁들이다. 『예기』「혼의(昏義)」편에는

"古者天子后立六宮, 三夫人, 九嬪, 二十七世婦, 八十一御妻, 以聽天下之內治, 以明章婦順, 故天下內和而家理."라는 기록이 있다. 즉 천자는 한 명의 왕후(王后)를 두고 6개의 궁(宮)을 두는데, 그 안에는 3명의 부인(夫人), 9명의 빈(嬪), 27명의 세부(世婦), 81명의 어처(御妻)를 두는 것이다.

◎ **구수(九數)** : '구수'는 고대의 아홉 가지 계산 방법이다. 방전(方田), 속미(粟米), 차분(差分), 소광(少廣), 상공(商功), 균수(均輸), 방정(方程), 영부족(贏不足), 방요(旁要)를 뜻한다. 『주례』「지관(地官) · 보씨(保氏)」편에는 "六曰九數."라는 기록이 있는데, 이에 대한 정현의 주에서는 정중(鄭衆)의 주장을 인용하여, "九數, 方田 · 粟米 · 差分 · 少廣 · 商功 · 均輸 · 方程 · 贏不足 · 旁要."라고 풀이했다.

◎ **구장(九章)** : '구장'은 의복에 수 놓았던 9가지의 문양을 말한다. 『주례』「춘관(春官) · 사복(司服)」편에는 "享先王則袞冕"이란 기록이 있는데, 이에 대한 정현의 주에서는 "冕服九章, 登龍於山, 登火於宗彝, 尊其神明也. 九章, 初一曰龍, 次二曰山, 次三曰華蟲, 次四曰火, 次五曰宗彝, 皆畫以爲繢, 次六曰藻, 次七曰粉米, 次八曰黼, 次九曰黻, 皆希以爲繡, 則袞之衣五章, 裳四章, 凡九也."이라고 풀이했다. 즉 '구장'은 용(龍), 산(山), 화충(華蟲), 화(火), 종이(宗彝)라는 상의에 수 놓는 5가지 문양과 조(藻), 분미(粉米), 보(黼), 불(黻)이라는 하의에 수 놓는 4가지 문양이다.

◎ **구주(九州)** : '구주'는 9개의 주(州)를 뜻한다. 고대 중국에서는 중원 지역을 9개의 주로 구분하여, 다스렸다. 따라서 '구주'는 오랑캐 지역과 대비되는 중국 땅을 지칭하는 용어로 사용되었다. '구주'의 포함되는 '주'의 이름들은 각 기록마다 차이를 보인다. 『서』「우서(虞書) · 우공(禹貢)」편에는 "禹敷土, 隨山刊木, 奠高山大川. 冀州旣載. …… 濟河惟兗州. 九河旣道. …… 海岱惟靑州. 嵎夷旣略, 濰淄其道. …… 海岱及淮惟徐州, 淮沂其乂, 蒙羽其藝. …… 淮海惟揚州, 彭蠡其豬, 陽鳥攸居. …… 荊及衡陽惟荊州. 江漢朝宗于海. …… 荊河惟豫州, 伊洛瀍澗, 旣入于河. …… 華陽黑水惟梁州. 岷嶓旣藝, 沱潛旣道. …… 黑水西

河惟雍州. 弱水旣西."라는 기록이 있다. 즉 『서』에 기록된 '구주'는 기주(冀州)·연주(兗州)·청주(靑州)·서주(徐州)·양주(揚州)·형주(荊州)·예주(豫州)·양주(梁州)·옹주(雍州)이다. 한편 『이아』「석지(釋地)」편에는 " 兩河間曰冀州. 河南曰豫州. 河西曰雝州. 漢南曰荊州. 江南曰楊州. 濟河間曰兗州. 濟東曰徐州. 燕曰幽州. 齊曰營州."라는 기록이 있다. 즉 『이아』에 기록된 '구주'는 『서』의 기록과 달리, '청주'와 '양주'에 대한 기록이 없고, 대신 유주(幽州)와 영주(營州)가 기록되어 있다. 또 『주례』「하관(夏官)·직방씨(職方氏)」편에는 "乃辨九州之國使同貫利. 東南曰揚州. …… 正南曰荊州. …… 河南曰豫州. …… 正東曰靑州. …… 河東曰兗州. …… 正西曰雍州. …… 東北曰幽州. …… 河內曰冀州. …… 正北曰幷州."라는 기록이 있다. 즉 『주례』에 기록된 '구주'는 『서』의 기록과 달리, '서주'와 '양주'에 대한 기록이 없고, 대신 '유주'와 병주(幷州)에 대한 기록이 있다. 이외에도 일부 차이를 보이는 기록들이 있다.

◎ **국의(鞠衣)** : '국의'는 황색으로 만든 옷이다. 본래 '천자의 부인[王后]'이 입던 '여섯 가지 의복[六服]' 중 하나를 가리키나 구빈(九嬪) 및 세부(世婦)나 어처(御妻)들 또한 이 옷을 입었고, 경(卿)의 부인에게는 가장 격식을 갖춘 예복(禮服)이 된다. 그 색깔은 누런색을 내는데, 뽕나무 잎이 처음 소생할 때의 색깔과 같다. 『주례』「천관(天官)·내사복(內司服)」편에는 "掌王后之六服. 褘衣, 揄狄, 闕狄, 鞠衣, 展衣, 緣衣."라는 기록이 있으며, 이에 대한 정현의 주에서는 "鄭司農云, 鞠衣, 黃衣也. 鞠衣, 黃桑服也. 色如鞠塵, 象桑葉始生."이라고 풀이하였다.

◎ **궁규(躬圭)** : '궁규'는 백작이 들게 되는 규(圭)이다. 사람의 형상을 새겨 넣었기 때문에 '궁규'라고 부르는 것이며, 그 무늬는 신규(信圭)에 비해 거칠다. 신중하게 행동하여 자신의 몸을 잘 보호하고자 이러한 형상을 새겨 넣은 것이다. 그리고 '궁규'의 길이는 7촌(寸)이 된다. 『주례』「춘관(春官)·대종백(大宗伯)」편에는 "侯執信圭. 伯執躬圭."라는 기록이 있고, 이에 대한 정현의 주에서는 "信當爲身, 聲之誤也. 身圭·躬圭, 蓋皆象以人形爲瑑飾, 文有麤縟耳. 欲其愼行以保身. 圭皆長七寸."이

라고 풀이했다.

◎ **궐(闕)** : '궐'은 관(觀)·상위(象魏) 등으로부터 부른다. 고대에 천자나 제후가 자신의 궁문(宮門) 밖에 세워두었던 큰 건축물을 뜻한다. 이곳에 법령을 게시하여, 사람들이 확인하도록 했다. 『주례』「천관(天官)·대재(大宰)」편에는 "乃縣治象之灋于象魏, 使萬民觀治象, 挾日而斂之." 라는 기록이 있고, 이에 대해 정현의 주에서는 정사농(鄭司農)의 주장을 인용하여, "象魏, 闕也."라고 풀이했다.

◎ **궐문(闕門)** : '궐문'은 양쪽 관(觀) 사이를 뜻한다. 또한 높은 누(樓)에 있는 대문을 가리키기도 한다.

◎ **궤식(饋食)** : '궤식'은 음식을 바친다는 뜻이다. 고대에는 천자 및 제후들이 매월 초하루마다 종묘(宗廟)에서 음식을 바치는 의식을 치렀는데, 이것을 '궤식'이라고도 부른다. 『주례』「춘관(春官)·대종백(大宗伯)」편에는 "以饋食享先王."이라는 기록이 있다. 한편 조사(朝事)를 시행할 때, 조천(朝踐)을 끝낸 뒤, 생고기를 삶아서 재차 바치는 의식을 가리키기도 한다.

◎ **궤헌(饋獻)** : '궤헌'은 제례(祭禮) 절차 중 하나이다. 익힌 고기를 바치는 의식을 뜻한다. 이때 주부(主婦)는 음식을 바치는데 필요한 변두(籩豆) 등을 올리게 된다. 『주례』「춘관(春官)·사준이(司尊彝)」편에는 "其饋獻用兩壺尊, 皆有罍."라는 기록이 있는데, 이에 대한 정현의 주에서는 "饋獻, 謂薦孰時, 后於是薦饋食之豆籩."이라고 풀이했다.

◎ **귀녕(歸寧)** : '귀녕'은 출가한 딸이 본가로 되돌아와서 부모를 찾아뵙는 것을 뜻한다.

◎ **금로(金路)** : '금로'는 금로(金輅)라고도 부른다. 천자가 사용하는 다섯 가지 수레 중 하나이다. 금(金)으로 수레를 치장했기 때문에, '금로'라고 부르게 되었다. 대기(大旂)라는 깃발을 세웠고, 빈객(賓客)을 접대하거나, 동성(同姓)인 자를 분봉할 때 사용하였다. 『주례』「춘관(春官)·건거(巾車)」편에는 "金路, 鉤樊纓九就, 鉤, 樊纓九就, 建大旂, 以賓, 同姓以封."라는 기록이 있고, 이에 대한 정현의 주에서는 "金路, 以金飾諸末."이라고 풀이했다.

◎ **기년복(期年服)** : '기년복'은 1년 동안 상복(喪服)을 입는다는 뜻이다. 또는 그 기간 동안 입게 되는 상복을 뜻하기도 하는데, 일반적으로 자최복(齊衰服)을 가리키는 용어로 사용된다. '기년복'이라고 할 때의 '기년(期年)'은 1년을 뜻하는데, '자최복'은 일반적으로 1년 동안 입게 되는 상복이 되기 때문이다.

◎ **기년상(期年喪)** : '기년상'은 1년 동안 치르는 상을 뜻한다. 일반적으로 자최복(齊衰服)을 입고 치르는 상을 뜻한다. '기년(期年)'은 1년을 뜻하는데, '자최복'은 일반적으로 1년 동안 입게 되는 상복이기 때문이다.

ㄴ

◎ **납길(納吉)** : '납길'은 혼인과 관련된 육례(六禮) 중 하나이다. 납징(納徵)을 하기 이전에 신랑 집안에서는 이번 혼인이 어떠한가를 종묘(宗廟)에서 점을 치게 되고, 길(吉)한 징조를 얻게 되면, 혼인을 최종적으로 결정하여, 신부 집안에 알리게 된다. 혼인은 이 시기부터 확정이 된다. 『의례』「사혼례(士昏禮)」편에는 "納吉用鴈, 如納采禮."라는 기록이 있는데, 이에 대한 정현의 주에서는 "歸卜於廟, 得吉兆, 復使使者往告, 婚姻之事於是定."이라고 풀이했다.

◎ **납징(納徵)** : '납징'은 납폐(納幣)라고도 부른다. 혼인과 관련된 육례(六禮) 중 하나이다. 혼인 약속을 증명하기 위해, 신부 집안에 폐백을 보내는 일을 뜻한다.

◎ **납채(納采)** : '납채'는 혼인과 관련된 육례(六禮) 중 하나이다. 청원을 하며 신부 집안에 예물을 보내는 일을 뜻한다.

◎ **납폐(納幣)** : =납징(納徵)

◎ **내귀(來歸)** : '내귀'는 출가한 여자가 남편 집안으로부터 버림을 받아 본가로 되돌아오는 것을 뜻한다.

◎ **내명부(內命婦)** : '내명부'는 천자의 비(妃), 빈(嬪), 세부(世婦), 여어(女御) 등을 지칭하는 말이다. 『예기』「상대기(喪大記)」편에는 "夫人坐于西方, 內命婦姑姊妹子姓, 立于西方."이라는 용례가 있고, 『주례』「천

관(天官)·내재(內宰)」편에는 "佐后使治外內命婦."라는 기록이 있는데, 이에 대한 정현의 주에는 "內命婦, 謂九嬪, 世婦, 女御."라고 풀이하였다.

◎ **내병(內屛)** : '내병'은 제후가 문 안에 설치했던 담장을 뜻한다. 문 안쪽에 위치하여 '내(內)'자를 붙인 것이며, 병풍처럼 가려주는 역할을 하므로, '병(屛)'자를 붙여서 '내병'이라고 부른 것이다.

◎ **녜묘(禰廟)** : '녜묘'는 부친의 묘(廟)를 뜻한다. 따라서 부묘(父廟)라고도 부른다. 한편 죽은 부친을 뜻하는 고(考)자를 붙여서 '고묘(考廟)'라고도 부른다. 『춘추좌씨전』「양공(襄公) 12년」편에는 "凡諸侯之喪, 異姓臨於外, 同姓臨於宗朝。同宗於祖廟, 同族於禰廟."라는 기록이 있는데, 이에 대한 두예(杜預)의 주에서는 "父廟也."라고 풀이했다. 또한 『춘추좌씨전』「양공(襄公) 13년」편에는 "所以從先君於禰廟者."라는 기록이 있는데, 이에 대한 공영달(孔穎達)의 소(疏)에서는 "祭法云, 諸侯立五廟, 曰考廟·王考廟·皇考廟·顯考廟·祖考廟. 此云禰廟, 卽彼考廟也. …… 禰, 近也. 於諸廟, 父最爲近也."라고 풀이했다. 즉 『예기』「제법(祭法)」편의 기록에 따르면, 제후(諸侯)의 경우 5개의 묘(廟)를 세우게 되는데, 고묘(考廟)·왕고묘(王考廟: 조부의 묘)·황고묘(皇考廟: 증조부의 묘)·현고묘(顯考廟: 고조부의 묘)·조고묘(祖考廟: 시조의 묘)이다. '녜묘'라는 것은 곧 '고묘'에 해당한다. '녜(禰)'자는 "가깝다[近]."는 뜻으로, 제후에게 있어서, 조상들 중 부친이 가장 가까운 존재이기 때문에, 부친의 묘를 '녜묘'라고 부르는 것이다.

◎ **노문(路門)** : '노문'은 고대 궁실(宮室) 건축물 중에서도 가장 안쪽에 있었던 정문이다. 여러 문들 중에서 노침(路寢)에 가장 가까운 위치에 있었기 때문에, '노문'이라는 명칭이 붙게 되었다. 『주례』「동관고공기(冬官考工記)·장인(匠人)」편에는 "路門不容乘車之五个."라는 기록이 있는데, 이에 대한 정현의 주에서는 "路門者, 大寢之門."라고 풀이하였고, 가공언(賈公彦)의 소(疏)에서는 "路門以近路寢, 故特小爲之."라고 풀이하였다.

◎ **노식(盧植**, A.D.159? ~ A.D.192) : =노씨(盧氏). 후한(後漢) 때의 유학

자이다. 자(字)는 자간(子幹)이다. 어려서 마융(馬融)을 스승으로 섬겼다. 영제(靈帝)의 건녕(建寧) 연간(A.D.168 ~ A.D.172)에 박사(博士)가 되었다. 채옹(蔡邕) 등과 함께 동관(東觀)에서 오경(五經)을 교정했다. 후에 동탁(董卓)이 소제(少帝)를 폐위시키자, 은거하며 『상서장구(尙書章句)』, 『삼례해고(三禮解詁)』를 저술했지만, 남아 있지 않다.

◎ **노씨(盧氏)** : =노식(盧植)

◎ **단(端)** : '단'은 견직물에 대한 단위이다. 1단의 길이는 1장(丈) 8척(尺)이다.

◎ **단의(襢衣)** : =전의(展衣)

◎ **단의(褖衣)** : '단의'는 흑색의 천으로 상의와 하의를 만들고, 붉은색으로 가장자리에 단을 댄 옷이다. 『의례』「사상례(士喪禮)」편에는 '단의'가 기록되어 있는데, 이에 대한 정현의 주에서는 "黑衣裳赤緣謂之褖."이라고 풀이했다.

◎ **담제(禫祭)** : '담제'는 상복(喪服)을 벗을 때 지내는 제사이다.

◎ **당우(唐虞)** : '당우'는 당요(唐堯)와 우순(虞舜)을 병칭하는 용어이다. 요순(堯舜)시대를 가리키며, 의미상으로는 태평성세(太平盛世)를 뜻한다. 『논어』「태백(泰伯)」편에는 "唐虞之際, 於斯爲盛."이라는 용례가 있다.

◎ **대공복(大功服)** : '대공복'은 상복(喪服) 중 하나로, 오복(五服)에 속한다. 조밀한 삼베를 사용해서 만들지만, 소공복(小功服)에 비해서는 삼베의 재질이 거칠기 때문에, '대공복'이라고 부른다. 이 복장을 입게 되는 기간은 상황에 따라 차이가 생기지만, 일반적으로 9개월이다. 당형제(堂兄弟) 및 미혼인 당자매(堂姊妹), 또는 혼인을 한 자매(姊妹) 등을 위해서 입는다.

◎ **대갱(大羹)** : '대갱'은 조미료를 첨가하지 않은 고깃국이다. 『예기』「악기(樂記)」편에는 大饗之禮, 尙玄酒而俎腥魚, 大羹不和, 有遺味者矣."라는 기록이 있고, 이에 대한 정현의 주에서는 "大羹, 肉湆, 不調以鹽

菜."라고 풀이했다.

◎ **대도(大都)** : '대도'는 공(公)이 부여받는 채지(采地)를 뜻한다.

◎ **대렴(大斂)** : '대렴'은 상례(喪禮) 절차 중 하나이다. 소렴(小斂)을 끝낸 뒤, 의복과 이불 등으로 재차 시신을 감싸 관에 안치하는 절차이다.

◎ **대로(大路)** : '대로'는 대로(大輅)라고도 부른다. 본래 천자가 타던 옥로(玉路: =玉輅)를 가리킨다. '대로'라는 말은 수레들 중에 가장 크다는 뜻에서 붙여진 명칭이다. 고대에는 천자가 타던 수레에 5종류가 있었다. 옥로(玉輅)·금로(金輅)·상로(象輅)·혁로(革輅)·목로(木輅)가 바로 천자가 타던 5종류의 수레인데, '옥로'가 수레들 중 가장 컸기 때문에, '대로'라고도 불렀던 것이다. 『서』「주서(周書)·고명(顧命)」편에는 "大輅在賓階面."이라는 기록이 있는데, 이에 대한 공안국(孔安國)의 전(傳)에서는 "大輅, 玉."이라고 풀이했고, 공영달(孔穎達)의 소(疏)에서는 "周禮巾車掌王之五輅, 玉輅·金輅·象輅·革輅·木輅, 是爲五輅也. …… 大輅, 輅之最大, 故知大輅玉輅也."라고 풀이했다. 한편 '옥로'는 옥(玉)으로 치장을 했기 때문에, '옥로'라는 명칭이 생기게 된 것인데, '옥로'에는 대상(大常)이라는 깃발을 세웠고, 깃발에는 12개의 치술을 달았으며, 주로 제사 때 사용하였다. 『주례』「춘관(春官)·건거(巾車)」편에는 "王之五路, 一曰玉路, 錫, 樊纓, 十有再就, 建大常, 十有二斿, 以祀."라는 기록이 있고, 이에 대한 정현의 주에서는 "玉路, 以玉飾諸末."이라고 풀이했다.

◎ **대무(大武)** : '대무'는 주(周)나라 때의 악무(樂舞) 중 하나로, 무왕(武王)에 대한 악무이다. 『주례』「춘관(春官)·대사악(大司樂)」편에는 '대무'에 대한 용례가 나오고, 이에 대한 정현의 주에서는 "大武, 武王樂也."라고 풀이하였다.

◎ **대문(臺門)** : '대문'은 고대의 천자나 제후는 궁실의 문 옆에 흙을 쌓아 관망대[臺]를 만들게 되는데, 문과 관망대를 합쳐서 부르는 말이다. 후대에는 관망대에 지붕을 올리기도 했다.

◎ **대백(大白)** : '대백'은 대적(大赤)과 비슷한 것으로, 구기(九旗) 중 순색의 비단을 이용하여 만든 깃발인 전(旜)에 해당한다. 다만 백색의 비단을

사용하였기 때문에, '대백'이라고 부른다. 은(殷)나라 때 사용하던 깃발이다. 정색(正色)을 사용해서 만들었다. 주(周)나라는 하(夏)나라 때의 역법을 기준으로 한다면 11월을 정월로 삼았는데, 그 시기에는 만물의 맹아들이 붉은색을 나타내기 때문에, 주나라에서는 '대적'이라는 깃발을 사용했던 것이다. 한편 은(殷)나라는 12월을 정월로 삼았는데, 그 시기에는 만물의 맹아들이 흰색을 나타내기 때문에, 은나라에서는 '대백'이라는 깃발을 사용했던 것이다. 『주례』「춘관(春官)·건거(巾車)」편에는 "革路, 龍勒, 條纓五就, 建大白."이라는 기록이 있는데, 이에 대한 정현의 주에서는 "大白, 殷之旗."라고 풀이했고, 가공언(賈公彦)의 소(疏)에서는 "明堂位云, 殷之大白, 周之大赤. 相對而言, 故云猶周大赤. 周以十一月爲正, 物萌色赤. 殷以十二月爲正, 物牙色白. 是象正色. 無正文, 故云蓋."라고 풀이했다. 한편 『예기』「명당위(明堂位)」편에서는 "殷之大白, 周之大赤."이라는 기록이 있는데, 이에 대한 공영달(孔穎達)의 소(疏)에서는 "殷之大白, 謂白色旗."라고 풀이했다.

◎ **대사(臺榭)** : '대사'는 대(臺)와 사(榭)를 합해 부르는 말이다. 흙을 쌓아 올려서 관망대로 쓰는 것이 '대'이고, '대' 위에 가옥이 있는 경우 그것을 '사'라고 부른다. 후대에는 이러한 건축물들을 범칭하여 '대사'라고 불렀다. 『서』「주서(周書)·태서상(泰誓上)」편에는 "惟宮室臺榭, 陂池侈服, 以殘害于爾萬姓."이라는 기록이 있는데, 이에 대한 공영달(孔穎達)의 소(疏)에서는 이순(李巡)의 말을 인용하여, "臺, 積土爲之, 所以觀望也. 臺上有屋謂之榭."라고 풀이하였다.

◎ **대적(大赤)** : '대적'은 군주가 사용하는 깃발 중 하나이다. 구기(九旗) 중 순색의 비단을 이용하여 만든 깃발인 전(旜)에 해당한다. 천자가 사용하던 것이었으므로, 크다는 의미에서 '대(大)'자를 붙인 것이며, 붉은색의 비단을 사용하였기 때문에 '적(赤)'자를 붙여서, '대적'이라고 부른 것이다. 『주례』「춘관(春官)·건거(巾車)」편에는 "象路, 朱, 樊纓七就, 建大赤以朝."라는 기록이 있는데, 이에 대한 정현의 주에서는 "大赤, 九旗之通帛."이라고 풀이했다. 한편 『예기』「명당위(明堂位)」편에는 "殷之大白, 周之大赤."이라는 기록이 있는데, 이에 대한 공영달(孔穎達)의

소(疏)에서는 "殷之大白, 謂白色旗; 周之大赤者, 赤色旗."라고 풀이했다.

◎ **대종(大宗)** : '대종'은 소종(小宗)과 상대되는 말이다. 소종과 '대종'은 고대 종법제(宗法制)에 따른 구분이다. 적장자(嫡長子)의 한 계통만이 '대종'이 되고, 나머지 아들들은 소종이 된다. 예를 들어 천자의 적장자는 '대종'이 되고, 나머지 아들들은 소종이 된다. 만약 소종인 천자의 나머지 아들들이 제후가 되었다면, 본인의 나라에서는 '대종'이 되지만, 천자에 대해서는 역시 소종이 된다. 제후가 된 자의 적장자는 본인의 나라에서 '대종'이 되고, 나머지 아들들은 소종이 된다.

◎ **대종(岱宗)** : '대종'은 오악(五嶽) 중 동악(東嶽)에 해당하는 태산(泰山)을 가리킨다. 대(岱)자는 태산을 뜻하고, 종(宗)자는 존귀하다는 의미에서 붙여진 것으로 풀이하기도 한다.

◎ **대하(大夏)** : '대하'는 주(周)나라 때의 악무(樂舞) 중 하나이다. 하(夏)나라 우(禹)임금 때의 악무를 근간으로 삼아서 만든 악무이다.

◎ **대향(大饗)** : '대향'은 큰 연회를 뜻한다. 본래는 천자가 조회로 찾아온 제후들에게 베풀었던 성대한 연회를 가리킨다. 『예기』「중니연거(仲尼燕居)」편에는 "大饗有四焉."이라는 기록이 있고, 이에 대한 정현의 주에서는 "大饗, 謂饗諸侯來朝者也."라고 풀이했다.

◎ **대휘(大麾)** : '대휘'는 군주가 사용하는 깃발 중 하나이다. 구기(九旗) 중에는 포함되지 않는다. 정색(正色)으로 분류해보면, 흑색[黑]에 해당한다. 하후씨(夏后氏) 때 사용하던 깃발이다. 『주례』「춘관(春官)·건거(巾車)」편에는 "木路, 前樊鵠纓, 建大麾."라는 기록이 있는데, 이에 대한 정현의 주에서는 "大麾不在九旗中, 以正色言之則黑, 夏后氏所建."이라고 풀이했다.

◎ **도가(徒歌)** : '도가'는 악기 반주 없이 노래하는 것을 뜻한다.

◎ **동뢰(同牢)** : '동뢰'는 고대의 혼례 때 시행된 의식 중 하나이다. 부부가 함께 음식을 먹는 의식이다.

◎ **두예(杜預, A.D.222 ~ A.D.284)** : =두원개(杜元凱). 서진(西晉) 때의 유학자이다. 경조(京兆) 두릉(杜陵) 출신이다. 자(字)는 원개(元凱)이다.

『춘추경전집해(春秋經典集解)』를 저술하였는데, 이 책은 현존하는 『춘추(春秋)』의 주석서 중 가장 오래된 것이며, 『십삼경주소(十三經注疏)』의 『춘추좌씨전정의(春秋左氏傳正義)』에도 채택되어 수록되었다.

◎ **두자춘(杜子春, B.C.30? ~ A.D.58?)** : 후한(後漢) 때의 학자이다. 유흠(劉歆)에게서 수학하였다. 정중(鄭衆)과 가규(賈逵)에게 학문을 전수하였다.

◎ **만무(萬舞)** : '만무'는 고대의 악무(樂舞) 명칭이다. 먼저 무용수들은 손에 병장기를 들고 무무(武舞)를 추고, 이후에 깃털과 악기 등을 들고 문무(文舞)를 춘다. '만무'는 또한 악무를 범칭하는 용어로도 사용되었다.

◎ **망질(望秩)** : '망질'은 해당 대상의 등급을 살펴서, 산천(山川) 등에 망제(望祭)를 지낸다는 뜻이다. '망질'의 '망(望)'자는 망제를 뜻하고, '질(秩)'자는 계급에 따른 등차를 뜻한다. 고대인의 관념에서는 산천의 중요성에 따라 각각 등급이 있었다. 예를 들어 오악(五嶽)에 대한 제사에서는 삼공(三公)에 대한 예법에 견주어서 희생물을 사용하였고, 사독(四瀆)에 대한 제사에서는 제후에 대한 예법에 견주어서 희생물을 사용하였으며, 나머지 산천 등에 대해서도 차례대로 백작 · 자작 · 남작 등의 예법에 견주어서 희생물을 사용하였다. 『서』「우서(虞書) · 순전(舜典)」편에는 "歲二月, 東巡守, 至于岱宗, 柴, 望秩于山川."이라는 기록이 있고, 이에 대한 공안국(孔安國)의 전(傳)에서는 "謂五嶽牲禮視三公, 四瀆視諸侯, 其餘視伯子男."이라고 풀이했다.

◎ **매씨(媒氏)** : '매씨'는 남녀의 혼인을 주관했던 관리이다. 고대에는 남자의 나이가 30세가 되도록 장가를 들지 않았으면, 매씨가 주관하여 혼인을 시켰다. 여자의 경우에는 20세를 기준으로 혼인을 치르게 시켰다. 『주례』「지관(地官) · 매씨(媒氏)」편에는 "媒氏掌萬民之判, 凡男女自成名以上, 皆書年月日名焉. 令男三十而娶, 女二十而嫁."라는 기록이 있다. 이러한 뜻에서 파생하여, 후대에는 중매를 주선했던 자를 부르는

용어로도 사용되었다.

◎ 맥두(貊頭) : '맥두'는 고대에 남자들이 머리를 묶을 때 사용하던 두건이다.

◎ 면복(冕服) : '면복'은 대부(大夫) 이상의 계층이 착용하는 예관(禮冠)과 복식을 뜻한다. 무릇 길례(吉禮)를 시행할 때에는 모두 면류관[冕]을 착용하는데, 복장의 경우에는 시행하는 사안에 따라서 달라진다.

◎ 명사(命士) : '명사'는 사(士) 중에서도 작명(爵命)을 받은 자를 뜻한다. 『예기』「내칙(內則)」편에는 "由命士以上, 父子皆異宮, 昧爽而朝, 慈以旨甘."이라는 용례가 나온다.

◎ 명수(明水) : '명수'는 제사 때 사용하는 깨끗한 물을 뜻한다. 현주(玄酒)를 뜻하기도 하며, '현주'와 구분해서 별도로 '명수'를 진설하기도 한다.

◎ 명의(明衣) : '명의'는 가장 안쪽에 입는 내의를 뜻한다. 재계를 할 때 목욕을 한 이후에 명의를 착용하며, 시신에 대한 염습(殮襲)을 할 때에도 시신을 닦은 이후 명의를 입혔다.

◎ 명자(明齍) : '명자'는 명자(明粢) 또는 명자(明齊)라고도 부른다. 제사에 사용되었던 곡물을 뜻한다.

◎ 명촉(明燭) : '명촉'은 제사에 사용된 횃불을 뜻한다.

◎ 목로(木路) : '목로'는 목로(木輅)라고도 부른다. 천자가 사용하는 다섯 가지 수레 중 하나이다. 단지 옻칠만 하고, 가죽으로 덮지 않았으며, 다른 치장을 하지 않았기 때문에, '목로'라고 부르게 되었다. 대휘(大麾)라는 깃발을 세웠고, 사냥을 하거나, 구주(九州) 지역 이외의 나라를 분봉해줄 때 사용하였다. 『주례』「춘관(春官)·건거(巾車)」편에는 "木路, 前樊鵠纓, 建大麾, 以田, 以封蕃國."이라는 기록이 있고, 이에 대한 정현의 주에서는 "木路, 不鞔以革, 漆之而已."라고 풀이했다.

◎ 목록(目錄) : 『목록(目錄)』은 정현이 찬술했다고 전해지는 『삼례목록(三禮目錄)』을 가리킨다. 『십삼경주소(十三經注疏)』에서 인용되고 있지만, 이 책은 『수서(隋書)』가 편찬될 당시에 이미 일실되어 존재하지 않았다. 『수서』「경적지(經籍志)」편에는 "三禮目錄一卷, 鄭玄撰, 梁有陶弘景注一卷, 亡."이라는 기록이 있다.

◎ 묵거(墨車) : '묵거'는 별다른 장식을 하지 않고, 흑색으로 칠하기만 한

수레를 뜻한다. 주(周)나라 때에는 주로 대부(大夫)들이 탔다. 『주례』「춘관(春官) · 건거(巾車)」편에는 "大夫乘墨車."라는 기록이 있고, 이에 대한 정현의 주에서는 "墨車, 不畫也."라고 풀이했다.

◎ **문명(問名)** : '문명'은 혼례와 관련된 육례(六禮) 중 하나이다. 여자의 이름 및 출생일 등에 대해서 묻는 절차를 뜻한다.

◎ **반영(繁纓)** : '반영'에서의 '반(繁)'은 말에 채우는 복대이고, '영(纓)'은 거승걸이이다. 『예기』「예기(禮器)」편에는 "大路繁纓一就, 次路繁纓七就."라는 기록이 있는데, 이에 대한 공영달(孔穎達)의 소(疏)에서는 "繁謂馬腹帶也. 纓, 鞅也."라고 풀이했다.

◎ **반영(樊纓)** : =반영(繁纓)

◎ **방언(方言)** : 『방언(方言)』은 『유헌사자절대어석별국방언(輶軒使者絶代語釋別國方言)』 · 『별국방언(別國方言)』이라고도 부른다. 한(漢)나라 때의 학자인 양웅(揚雄)이 편찬했다고 전해지는 서적이다. 총 13권으로 구성되어 있었으며, 각 지방에서 온 사신들의 방언을 모았다는 뜻에서, 『유헌사자절대어석별국방언』이라는 제목으로 출간되었고, 또 이 말을 줄여서 『별국방언』 · 『방언』이라고 부르게 되었다. 현존하는 『방언』은 곽박(郭璞)의 주(注)가 붙어 있는 판본이다. 그러나 『한서(漢書)』 등의 기록에는 양웅의 저술 목록에 『방언』이 포함되어 있지 않으므로, 편찬자에 대한 의혹이 끊임없이 제기되었다.

◎ **백호통(白虎通)** : 『백호통(白虎通)』은 후한(後漢) 때 편찬된 서적이다. 『백호통의(白虎通義)』라고도 부른다. 후한의 장제(章帝)가 학자들을 불러 모아서, 백호관(白虎觀)에서 토론을 시키고, 각 경전 해석의 차이점을 기록한 서적이다.

◎ **번국(蕃國)** : '번국'은 본래 주(周)나라 때의 구주(九州) 밖의 나라들을 지칭하는 말이다. 후대에는 오랑캐 나라들을 범칭하는 용어로도 사용되었다. 주나라 때에는 구복(九服)으로 천하의 땅을 구획하였는데, 구복 중

육복(六服)까지는 중원 지역으로 구분되며, 육복 이외의 세 개의 지역은 오랑캐 땅으로 분류하였다. 이 세 개의 지역은 이복(夷服)·진복(鎭服)·번복(藩服)이며, 이 지역에 세운 나라를 '번국'이라고 부른다. 『주례』「추관(秋官)·대행인(大行人)」편에는 "九州之外, 謂之蕃國."이라는 기록이 있는데, 이에 대한 손이양(孫詒讓)의 『정의(正義)』에서는 "職方氏九服, 蠻服以外, 有夷·鎭·藩三服. …… 是此蕃國卽職方外三服也."라고 풀이했다.

◎ **번복(藩服)** : '번복'은 번복(蕃服)이라고도 부른다. 진복(鎭服) 밖에 있는 땅으로, 가장 멀리 떨어진 지역이다. 천자의 수도 밖으로 사방 4000리(里)와 4500리 사이에 있었던 땅을 가리킨다. 오랑캐 지역에 해당한다. '번복'의 '번(藩)'자는 이 지역이 가장 멀리 떨어져서 있어서, 울타리가 둘러져 있으므로, 붙여진 글자이다. '복(服)'자는 천자를 위해 복종한다는 뜻이다. 『주례』「하관(夏官)·직방씨(職方氏)」편에는 "又其外方五百里曰鎭服, 又其外方五百里曰藩服."이라는 기록이 있고, 이에 대한 가공언(賈公彦)의 소(疏)에서는 "言藩者, 以其最在外爲藩離, 故以藩爲稱."이라고 풀이했다.

◎ **별록(別錄)** : 『별록(別錄)』은 후한(後漢) 때 유향(劉向)이 찬(撰)했다고 전해지는 책이다. 현재는 일실되어 존재하지 않으며, 『한서(漢書)』「예문지(藝文志)」편을 통해서 대략적인 내용만을 추측해볼 수 있다.

◎ 별면(鷩冕) : '별면'은 별의(鷩衣)와 면류관을 뜻한다. 천자 및 제후가 입던 복장으로, 선공(先公)에 대한 제사 및 향사례(饗射禮)를 시행할 때 착용했다. '별의'에는 꿩의 무늬를 수놓게 되는데, 이 무늬를 화충(華蟲)이라고도 부른다. 상의에는 3종류의 무늬를 수놓고, 하의에는 4종류의 무늬를 수놓게 되어, 총 7가지의 무늬가 들어가게 된다. 『주례(周禮)』「춘관(春官)·사복(司服)」편에는 "享先公, 饗射則鷩冕."이라는 기록이 있고, 이에 대한 정현의 주에서는 "鷩, 畫以雉, 謂華蟲也. 其衣三章, 裳四章, 凡七也."라고 풀이했다.

◎ **복건(服虔, ? ~ ?)** : 후한대(後漢代)의 유학자이다. 자(字)는 자신(子愼)이다. 초명은 중(重)이었으며, 기(祇)라고도 불렀다. 후에 이름을 건(虔)

으로 고쳤다. 『춘추좌씨전(春秋左氏傳)』에 주석을 남겼지만, 산일되어 전해지지 않는다. 현재는 『좌전가복주집술(左傳賈服注輯述)』로 일집본이 편찬되었다.

◎ **부사(府史)** : '부사'는 재화와 문서를 관리하는 말단직 관리를 말한다. 부(府)는 본래 창고를 관리하는 자이고, 사(史)는 문서 기록을 담당했던 자이다. 이 둘을 합쳐서 하급 관리들을 범칭하는 용어로도 사용한다. 『주례(周禮)』「천관(天官)·서관(序官)」편에는 "府六人, 史十有二人."라는 기록이 있는데, 이에 대한 정현 주에서는 "府, 治藏, 史, 掌書者. 凡府·史, 皆其官長所自闢除."라고 풀이했다.

◎ **부수(夫遂)** : '부수'는 양수(陽燧) 또는 양수(陽遂)라고도 부른다. 햇빛을 이용해 불을 붙일 때 사용했던 오목한 형태의 동거울이다.

◎ **부인(夫人)** : '부인'은 제후의 부인을 뜻한다. 『예기』「곡례하(曲禮下)」편에는 "公侯有夫人, 有世婦, 有妻, 有妾."이라는 기록이 있다. 즉 공작과 후작은 정부인인 부인(夫人)을 두고, 그 외에 세부(世婦), 처(妻), 첩(妾)을 둔다. 또한 『논어』「계씨(季氏)」편에는 "邦君之妻, 君稱之曰夫人. 夫人自稱曰小童."이라는 기록이 있다. 즉 군주의 처를 군주가 직접 부를 때에는 부인(夫人)이라고 부르며, 부인(夫人)이 자신을 지칭할 때에는 소동(小童)이라고 부른다. 참고적으로 천자의 부인은 후(后)라고 부르고, 대부(大夫)의 부인은 유인(孺人)이라고 부르며, 사(士)의 부인은 부인(婦人)이라고 부르고, 서인(庶人)의 부인은 처(妻)라고 부른다. 그러나 이러한 구분은 일률적으로 적용되는 것은 아니다.

◎ **부제(祔祭)** : '부제'는 '부(祔)'라고도 한다. 새로이 죽은 자가 있으면, 선조(先祖)에게 '부제'를 올리면서, 신주(神主)를 합사(合祀)하는 것을 말한다. 『주례』「춘관(春官)·대축(大祝)」편에는 "付練祥, 掌國事."라는 기록이 있고, 이에 대한 정현의 주에서는 "付當爲祔. 祭於先王以祔後死者."라고 풀이하였다.

◎ **분상(奔喪)** : '분상'은 타지에 있다가 상(喪)에 대한 소식을 듣고, 급히 되돌아오는 예법(禮法)을 말한다. 『예기』「분상(奔喪)」편에 대해, 공영달(孔穎達)은 "案鄭目錄云, 名曰奔喪者, 以其居他國, 聞喪奔歸之

禮."라고 풀이했다.

◎ **빈(擯)** : '빈'은 빈객(賓客)이 방문했을 때, 주인(主人)의 부관이 되어, 빈객과의 사이에서 시행해야 할 일들을 도왔던 부관들을 뜻한다.

◎ **빈관(賓館)** : '빈관'은 빈객을 접대하거나 또는 빈객이 머물게 되는 장소를 뜻한다. 『예기』「잡기하(雜記下)」편에는 "夫大饗既饗, 卷三牲之俎, 歸于賓館."이라는 기록이 있다. 공식적인 임무 때문에 찾아온 빈객에게는 공관(公館)에서 머물도록 해주는데, '공관'이 곧 '빈관'의 한 종류에 해당한다. '공관'은 군주가 빈객(賓客)들을 머물게 하기 위해 만든 숙소이다. 한편 군주의 신하들이 가지고 있는 건물은 사관(私館)에 해당하는데, 빈객이 사관에 머물 때, 군주가 명령을 내리게 되면, 그 장소는 '공관'이 되어, 빈객이 필요로 하는 것들을 지급하게 된다.

◎ **빈시(賓尸)** : '빈시'는 두 가지 뜻이 있다. 첫 번째는 제사를 지낸 다음날 다시 지내는 제사를 뜻한다. 두 번째는 제사를 지낸 다음 날 시행하는 일종의 잔치이다. 제사 때 시동의 역할을 했던 자의 노고를 위로하기 위해 시행한다.

◎ **사건(邪巾)** : '사건'은 부모가 이제 막 돌아가셨을 때 자식이 머리에 쓰게 되는 천을 뜻한다.

◎ **사독(四瀆)** : '사독'은 네 개의 주요 하천을 가리킨다. 장강(長江), 황하(黃河), 회하(淮河), 제수(濟水)가 여기에 해당한다.

◎ **사위(四衛)** : '사위'는 사방의 위복(衛服)에 속한 제후국을 뜻한다. 위복은 채복(采服)과 요복(要服: =蠻服) 사이에 있는 땅을 뜻한다. 천자의 수도 밖으로 사방 2000리(里)와 2500리 사이에 있었던 땅을 가리킨다. '위복'의 '위(衛)'자는 수호한다는 뜻으로, 천자를 위해서 외부의 침입을 막는다는 의미이다. 따라서 이 지역에 속한 제후국들을 '사위'라고 부르는 것이다.

◎ **사직(社稷)** : '사직'은 토지신과 곡식신을 뜻한다. 천자와 제후가 지냈던

제사이다. '사직'에서의 '사(社)'자는 토지신을 가리키고, '곡(稷)'자는 곡식신을 뜻한다.

◎ **산천(山川)** : '산천'은 오악(五嶽)과 사독(四瀆)의 신들을 가리키기도 하며, 산과 하천의 신들을 두루 지칭하기도 한다. 오악은 대표적인 다섯 가지 산으로, 중앙의 숭산(嵩山), 동쪽의 태산(泰山), 남쪽의 형산(衡山), 서쪽의 화산(華山), 북쪽의 항산(恒山)을 가리킨다. 사독은 장강(長江), 황하(黃河), 회하(淮河), 제수(濟水)를 가리킨다.

◎ **삼가시(三家詩)** : '삼가시'는 『노시(魯詩)』, 『제시(齊詩)』, 『한시(韓詩)』를 가리킨다.

◎ **삼공(三公)** : '삼공'은 중앙정부의 가장 높은 관직자 3명을 합쳐서 부르는 말이다. '삼공'에 속한 관직명에 대해서는 각 시대별로 차이가 있다. 『사기(史記)』「은본기(殷本紀)」편에는 "以西伯昌, 九侯, 鄂侯, 爲三公."이라는 기록이 있다. 즉 은나라 때에는 서백(西伯)인 창(昌), 구후(九侯), 악후(鄂侯)들을 '삼공'으로 삼았다. 또한 주(周)나라 때에는 태사(太師), 태부(太傅), 태보(太保)를 '삼공'으로 삼았다. 『서』「주서(周書)・주관(周官)」편에는 "立太師・太傅・太保, 玆惟三公, 論道經邦, 燮理陰陽."이라는 기록이 있다. 한편 『한서(漢書)』「백관공경표서(百官公卿表序)」에 따르면 사마(司馬), 사도(司徒), 사공(司空)을 '삼공'으로 삼았다는 기록이 있다.

◎ **삼왕(三王)** : '삼왕'은 하(夏), 은(殷), 주(周) 삼대(三代)의 왕을 뜻한다. 『춘추곡량전』「은공(隱公) 8年」편에는 "盟詛不及三王."이라는 기록이 있고, 이에 대한 범녕(範寧)의 주에서는 '삼왕'을 하나라의 우(禹), 은나라의 탕(湯), 주나라의 무왕(武王)을 지칭한다고 풀이했다. 그리고 『맹자』「고자하(告子下)」편에는 "五覇者, 三王之罪人也."이라는 기록이 있고, 이에 대한 조기(趙岐)의 주에서는 '삼왕'을 범녕의 주장과 달리, 주나라의 무왕 대신 문왕(文王)을 지칭한다고 풀이했다.

◎ **삼적(三翟)** : '삼적'은 고대의 후비(后妃)들이 착용했던 3종류의 제복(祭服)을 뜻한다. 휘의(褘衣)・요적(揄狄)・궐적(闕狄)이다.

◎ **삼주(三酒)** : '삼주'는 상황에 따라 사용되는 세 가지 술을 뜻한다. 세 가

지 술은 사주(事酒), 석주(昔酒), 청주(淸酒)를 가리킨다. 『주례』「천관(天官)·주정(酒正)」편에는 “辨三酒之物, 一曰事酒, 二曰昔酒, 三曰淸酒.”라는 기록이 있다. 각 술들에 설명은 주석마다 약간의 차이를 보인다. 위의 기록에 대해서 정현의 주에서는 “鄭司農云, ‘事酒, 有事而飮也, 昔酒, 無事而飮也, 淸酒, 祭祀之酒.’ 玄謂事酒, 酌有事者之酒, 其酒則今之醳酒也. 昔酒, 今之酋久白酒, 所謂舊醳者也. 淸酒, 今中山冬釀接夏而成.”이라고 풀이했다. 즉 정사농(鄭司農)의 주장에 따르면, ‘사주’는 어떤 사안이 있어서 마시게 되는 술을 뜻하고, ‘석주’는 특별한 일이 없을 때 마시는 술을 뜻하며, ‘청주’는 제사를 지낼 때 쓰는 술을 뜻한다. 한편 정현의 주장에 따르면, ‘사주’는 일을 맡아본 자에게 따라주는 술을 뜻하는데, 그 술은 정현 시대의 역주(醳酒)에 해당하고, ‘석주’는 오래 숙성시킨 술로 백주(白酒)와 같은 것이며, ‘청주’는 중산(中山) 지역에서 겨울에 술을 담가서 여름쯤 다 익은 술을 뜻한다. 그리고 위의 기록에 대해서 손이양(孫詒讓)의 『정의(正義)』에서는 “三酒之中, 事酒較濁, 亦隨時釀之, 酋繹卽孰. 昔酒較淸, 則冬釀春孰. 淸酒尤淸, 則冬釀夏孰.”이라고 풀이했다. 즉 손이양의 주장에 따르면, ‘사주’는 비교적 탁한 술이며, 또한 수시로 빚은 술을 말하는데, 술독을 열어두어서 곧바로 숙성시키는 술을 뜻한다. ‘석주’는 비교적 맑은 술이며, 겨울에 빚어서 봄쯤에 다 익는 술을 뜻한다. ‘청주’는 더욱 맑은 술이며, 겨울에 빚어서 여름쯤에 익는 술을 뜻한다.

◎ 상(庠) : ‘상’은 본래 향(鄕) 밑의 행정단위인 당(黨)에 건립된 학교를 뜻한다. 『예기』「학기(學記)」편에는 “古之敎者, 家有塾, 黨有庠, 術有序, 國有學.”이란 기록이 있는데, 이에 대한 공영달(孔穎達)의 소(疏)에서는 “庠, 學名也. 於黨中立學, 敎閭中所升者也.”라고 풀이했다. 또 ‘상’은 국학(國學)에 대비되는 향학(鄕學)을 뜻하는 용어로도 사용되었으며, 학교를 범칭하는 용어로도 사용되었다. 『예기』「향음주의(鄕飮酒義)」편에는 “主人拜迎賓於庠門之外”란 기록이 있고, 이에 대한 정현의 주에서는 “庠, 鄕學也.”라고 풀이했다. 또 『맹자』「등문공상(滕文公上)」편에는 “夏曰校, 殷曰序, 周曰庠, 學則三代共之, 皆所以明人倫也.”라는 기

록이 있다. 한편 학교를 뜻하는 용어로 '상'이라는 명칭이 생긴 이유는 '상'자에 봉양한다는 양(養)의 뜻이 포함되어 있기 때문이다.

◎ 상(商) : =각(刻)

◎ 상거(喪車) : '상거'는 악거(惡車)라고도 부른다. 장례(葬禮)를 치를 때 사용되는 수레이다. 다만 시신의 관을 싣는 용도로 사용되는 것이 아니라, 그의 자식이 타게 되는 수레이다. 『예기』「잡기상(雜記上)」편에는 "端衰·喪車皆無等."이라는 기록이 있는데, 이에 대한 공영달(孔穎達)의 소(疏)에서는 "喪車者, 孝子所乘惡車也."라고 풀이했다.

◎ 상공(上公) : '상공'은 주(周)나라 제도에 있었던 관직 등급이다. 본래 신하의 관직 등급은 8명(命)까지이다. 주나라 때에는 태사(太師), 태부(太傅), 태보(太保)와 같은 삼공(三公)들이 8명의 등급에 해당했다. 그런데 여기에 1명을 더하게 되면 9명이 되어, 특별직인 '상공'이 된다. 『주례』「춘관(春官)·전명(典命)」편에는 "上公九命爲伯, 其國家宮室車旗衣服禮儀, 皆以九爲節."이라는 기록이 있고, 이에 대한 정현의 주에서는 "上公, 謂王之三公有德者, 加命爲二伯. 二王之後亦爲上公."이라고 풀이하였다. 즉 '상공'은 삼공 중에서도 유덕(有德)한 자에게 1명을 더해주어, 제후들을 통솔하는 '두 명의 백(伯)[二伯]'으로 삼았다. 또한 제후의 다섯 등급을 나열할 경우, 공작(公爵)을 '상공'이라고 부르기도 한다.

◎ 상로(象路) : '상로'는 상로(象輅)라고도 부른다. 천자가 사용하는 다섯 가지 수레 중 하나이다. 상아로 수레를 치장했기 때문에, '상로'라고 부르게 되었다. 대적(大赤)이라는 깃발을 세웠으며, 조회를 보거나, 이성(異姓)인 자를 분봉할 때 사용하였다. 『주례』「춘관(春官)·건거(巾車)」편에는 "象路, 朱樊纓, 七就, 建大赤, 以朝, 異姓以封."이라는 기록이 있고, 이에 대한 정현의 주에서는 "象路, 以象飾諸末."이라고 풀이했다.

◎ 상빈(上擯) : '상빈'은 빈(擯)들 중에서도 가장 직위가 높았던 자를 뜻한다. 빈객(賓客)이 방문했을 때, 주인(主人)의 부관이 되어, 빈객과의 사이에서 시행해야 할 일들을 도왔던 부관들을 '빈'이라고 부른다.

◎ 상제(喪祭) : '상제'는 장례(葬禮)를 치른 이후에 지내는 제사들을 지칭하는 말이다.

◎ 서(序) : '서'는 본래 향(鄕) 밑의 행정단위인 주(州)에 건립된 학교를 뜻한다. 『주례』「지관(地官)·주장(州長)」편에는 "春秋以禮會民而射于州序."라는 기록이 있다. 또한 하후씨(夏后氏) 때 건립한 학교로 설명하며, 동서(東西)와 서서(西序)로 구분하기도 한다. 『예기』「왕제(王制)」편에는 "夏后氏養國老於東序, 養庶老於西序."라는 기록이 있고, 이에 대한 정현의 주에서는 "皆學名也."라고 풀이했다. 한편 '서'는 은(殷)나라 때의 학교로 설명되기도 하며 주(周)나라 때의 학교로 설명되기도 한다. 『맹자』「등문공상(滕文公上)」편에는 "夏曰校, 殷曰序, 周曰庠, 學則三代共之."라는 기록이 있고, 『한서(漢書)』「유림전서(儒林傳序)」편에는 "三代之道, 鄕里有敎, 夏曰校, 殷曰庠, 周曰序."라는 기록이 있다.

◎ 서모(庶母) : '서모'는 부친의 첩(妾)들을 뜻한다. 『의례』「사혼례(士昏禮)」편에는 "庶母及門內施鞶, 申之以父母之命."이라는 기록이 있는데, 이에 대한 정현의 주에서는 "庶母, 父之妾也."라고 풀이했다. 한편 '서모'는 부친의 첩들 중에서도 아들을 낳은 여자를 뜻하기도 한다. 『주자전서(朱子全書)』「예이(禮二)」편에는 "庶母, 自謂父妾生子者."라는 기록이 있다.

◎ 석(夕) : '석'은 고대에 저녁 무렵에 군주를 알현하는 것을 뜻한다. 아침에 알현하는 것은 조(朝)라고 불렀다.

◎ 석례(釋例) : 「석례(釋例)」편은 두예(杜預)가 『춘추경전집해(春秋經傳集解)』를 저술하고서, 각종 용례들을 별도로 간추려서 별집으로 엮은 것이다.

◎ 석명(釋名) : 『석명(釋名)』은 후한(後漢) 때의 학자인 유희(劉熙)가 지은 서적이다. 오래된 훈고학 서적의 하나로 꼽힌다.

◎ 석전(釋奠) : '석전'은 국학(國學)에서 거행되었던 전례(典禮) 중 하나이다. 성찬과 술을 진설하고, 폐백 등을 바쳐서, 선성(先聖)과 선사(先師)에게 지내는 제사이다.

◎ 선공(先公) : '선공'은 본래 천자 및 제후의 선조들을 존귀하게 높여 부르는 말이다. 따라서 '선왕(先王)'이라는 말과 동일하게 사용된다. 그러나 주(周)나라에 대해 선왕과 대비해서 사용하게 되면, 후직(后稷)의 후손

중 태왕(太王) 이전의 선조를 지칭한다. 주나라는 건립 이후 자신의 선조에 대해 추왕(追王)을 하여 왕(王)자를 붙였는데, 태왕인 고공단보(古公亶父)까지 왕(王)자를 붙였기 때문이다.

◎ **선사(先師)** : '선사'는 전 세대에 태학(太學)에서 교육을 담당하였던 자들로, 도덕(道德)을 갖춘 자들을 뜻한다. 이들이 죽게 되면 뛰어난 자들을 각 학문의 시조로 삼아 제사를 지내게 되므로, 또한 이전 세대에 태학에서 교육을 담당했던 자들을 가리키기도 한다. 『예기』「문왕세자(文王世子)」편에는 "凡學, 春官釋奠于其先師, 秋冬亦如之."라는 기록이 있고, 이에 대한 정현의 주에서는 "周禮曰: '凡有道者有德者, 使敎焉. 死則以爲樂祖, 祭於瞽宗.' 此之謂先師之類也."라고 풀이했다. 즉 『주례』에는 "무릇 도(道)를 가지고 있고 덕(德)을 가지고 있는 자들로 하여금 교육을 담당하게 한다. 그들이 죽게 되면, 그들을 악(樂)의 시조로 삼아서, 고종(瞽宗)에서 제사를 지낸다."라고 하였는데, 이러한 자들이 바로 '선사'들이다.

◎ **선성(先聖)** : '선성'은 전 세대에 생존했던 성인(聖人)들을 뜻한다. 주공(周公)이나 공자(孔子)와 같은 인물들이 '선성'에 해당한다. 후대에는 공자를 가리키는 용어로 사용되었다. 『예기』「문왕세자(文王世子)」편에는 "凡始立學者, 必釋奠于先聖先師, 及行事, 必以幣."라는 기록이 있고, 이에 대한 정현의 주에서는 "先聖, 周公若孔子."라고 풀이했다. 한편 손희단(孫希旦)의 『집해(集解)』에서는 "制作禮樂以敎後世者, 先聖也, 若堯·舜·禹·湯·文·武·周公, 是也."라고 풀이했다. 즉 예악(禮樂)을 제작하여, 후세까지도 교육시키도록 만든 자를 '선성(先聖)'이라고 부르니, 요(堯)·순(舜)·우(禹)·탕(湯)·문왕(文王)·무왕(武王)·주공(周公)과 같은 인물들이 바로 여기에 해당한다.

◎ **설문(說文)** : =설문해자(說文解字)

◎ **설문해자(說文解字)** : 『설문해자(說文解字)』는 후한(後漢) 때의 학자인 허신(許愼)이 찬(撰)했다고 전해지는 자서(字書)이다. 『설문(說文)』이라고도 칭해진다. A.D.100년경에 완성되었다고 전해진다. 글자의 형태, 뜻, 음운(音韻)을 수록하고 있다.

◎ 섭성(攝盛) : '섭성'은 고대에 혼례를 시행할 때, 사용되는 수레와 의복에 있어서 일반적인 규정보다 한 등급을 높여서 치르는 것을 뜻한다.

◎ 성동(成童) : '성동'은 아동들 중에서도 나이가 찬 자들을 뜻한다. 8세 이상이 된 아동을 뜻한다고 풀이하기도 하며, 15세 이상이 된 아동을 뜻한다고 풀이하기도 한다. 『춘추곡량전』「소공(召公) 19년」편의 "羈貫成童, 不就師傅, 父之罪也."라는 기록에 대해, 범녕(范甯)의 주에서는 "成童, 八歲以上."이라고 풀이했고, 『예기』「내칙(內則)」편의 "成童, 舞象, 學射御."라는 기록에 대해, 정현의 주에서는 "成童, 十五以上."이라고 풀이했다.

◎ 성류(聲類) : 『성류(聲類)』는 중국 삼국시대 때 위(魏)나라의 학자였던 이등(李登, ?~?)의 서적이다. 글자들을 오성(五聲)으로 나누어 정리한 운서(韻書)이다.

◎ 세최(繐衰) : '세최'는 5개월 동안 소공복(小功服)의 상을 치를 때 착용하는 상복을 뜻한다. 가늘고 성근 마(麻)의 포를 사용해서 만들기 때문에, '세최'라고 부른다.

◎ 소거(素車) : '소거'는 상사(喪事) 때 사용하던 수레로, 백색 흙으로 회칠을 한 것이다. 악거(堊車)라고도 부른다.

◎ 소공복(小功服) : '소공복'은 상복(喪服) 중 하나로, 오복(五服)에 속한다. 조밀한 삼베를 사용해서 만들며, 대공복(大功服)에 비해서 삼베의 재질이 조밀하기 때문에, '소공복'이라고 부른다. 이 복장을 입게 되는 기간은 상황에 따라 차이가 생기지만, 일반적으로 5개월이 된다. 백숙(伯叔)의 조부모나 당백숙(堂伯叔)의 조부모, 혼인하지 않은 당(堂)의 자매(姊妹), 형제(兄弟)의 처 등을 위해서 입는다.

◎ 소도(小都) : '소도'는 경(卿)이 부여받는 채지(采地)를 뜻한다.

◎ 소렴(小斂) : '소렴'은 상례(喪禮) 절차 중 하나이다. 죽은 자의 시신을 목욕시키고, 의복을 착용시키며, 그 위에 이불 등으로 감싸는 절차를 뜻한다.

◎ 소사(小祀) : '소사'는 비교적 규모가 작은 제사를 가리킨다. 또한 군사(群祀)라고 부르기도 한다. 사중(司中), 사명(司命), 풍백(風伯: =風師),

우사(雨師), 제성(諸星), 산림(山林), 천택(川澤) 등에 대해 지내는 제사이다. 『주례』「춘관(春官)·사사(肆師)」편에는 "立小祀用牲."이라는 기록이 있는데, 이에 대한 정현의 주에서는 "鄭司農云 小祀司命已下. 玄謂 小祀又有司中風師雨師山川百物."이라고 풀이하였고, 『구당서(舊唐書)』「예의지일(禮儀志一)」에도 "司中司命風伯雨師諸星山林川澤之屬爲小祀."라는 기록이 있다.

◎ 소종(小宗) : '소종'과 대종(大宗)은 고대 종법제(宗法制)에 따른 구분이다. 적장자(嫡長子)의 한 계통만이 대종이 되고, 나머지 아들들은 '소종'이 된다. 예를 들어 천자의 적장자는 대종이 되고, 나머지 아들들은 '소종'이 된다. 만약 '소종'인 천자의 나머지 아들들이 제후가 되었다면, 본인의 나라에서는 대종이 되지만, 천자에 대해서는 역시 '소종'이 된다. 제후가 된 자의 적장자는 본인의 나라에서 대종이 되고, 나머지 아들들은 '소종'이 된다.

◎ 속(束) : '속'은 견직물을 헤아리는 단위이다. 1'속'은 10단(端)을 뜻하는데, 1단의 길이는 1장(丈) 8척(尺)이 되며, 2단이 합쳐서 1권(卷)이 되므로, 10단은 총 5필이 된다. 『주례』「춘관(春官)·대종백(大宗伯)」편에는 "孤執皮帛."이라는 기록이 있고, 이에 대한 가공언(賈公彦)의 소(疏)에서는 "束者十端, 每端丈八尺, 皆兩端合卷, 總爲五匹, 故云束帛也."라고 풀이했다.

◎ 속백(束帛) : '속백'은 한 묶음의 비단으로, 그 수량은 다섯 필(匹)이 된다. 빙문(聘問)을 하거나 증여를 할 때 가져가는 예물(禮物) 등으로 사용되었다. '속(束)'은 10단(端)을 뜻하는데, 1단의 길이는 1장(丈) 8척(尺)이 되며, 2단이 합쳐서 1권(卷)이 되므로, 10단은 총 5필이 된다. 『주례』「춘관(春官)·대종백(大宗伯)」편에는 "孤執皮帛."이라는 기록이 있고, 이에 대한 가공언(賈公彦)의 소(疏)에서는 "束者十端, 每端丈八尺, 皆兩端合卷, 總爲五匹, 故云束帛也."라고 풀이했다.

◎ 손염(孫炎, ? ~ ?) : 삼국시대(三國時代) 때의 학자이다. 자(字)는 숙연(叔然)이다. 정현의 문도였으며, 『이아음의(爾雅音義)』를 저술하여 반절음을 유행시켰다.

◎ **수제(綏祭)** : '수제'는 수제(隋祭) · 타제(墮祭)라고도 부른다. 제사의 절차 중 하나이다. 음식을 흠향시키고자 할 때, 우선적으로 서직(黍稷)과 희생물의 고기를 덜어내어, 두(豆) 사이에 두고 음식에 대한 제사를 지내게 되는데, 이것을 '수제'라고 부른다. 『예기』「증자문(曾子問)」편에는 "攝主不厭祭, 不旅不假, 不綏祭, 不配."라는 기록이 있는데, 이에 대한 정현의 주에서는 "綏, 周禮作墮."라고 풀이했고, 공영달(孔穎達)의 소(疏)에서는 "謂欲食之時, 先減黍稷牢肉而祭之於豆間, 故曰綏祭."라고 풀이했다.

◎ **숙배(肅拜)** : '숙배'는 구배(九拜) 중의 하나이다. 절을 하는 방법 중 하나로, 무릎을 가지런히 모으고, 단지 손을 아래로만 내리며, 머리는 숙이지 않는 방법이다.

◎ **순거(輴車)** : '순거'는 빈소를 설치할 때 영구를 싣는 수레를 뜻한다.

◎ **순수(巡守)** : '순수'는 '순수(巡狩)'라고도 부른다. 천자가 수도를 벗어나 제후의 나라를 시찰하는 것을 뜻한다. '순수'의 '순(巡)'자는 그곳으로 행차를 한다는 뜻이고, '수(守)'자는 제후가 지키는 영토를 뜻한다. 제후는 천자가 하사해준 영토를 대신 맡아서 수호하는 것이기 때문에, 천자가 그곳에 방문하여, 자신의 영토를 어떻게 관리하고 있는지를 시찰하게 된다. 『서』「우서(虞書) · 순전(舜典)」편에는 "歲二月, 東巡守, 至于岱宗, 柴."라는 기록이 있고, 이에 대한 공안국(孔安國)의 전(傳)에서는 "諸侯爲天子守土, 故稱守. 巡, 行之."라고 풀이했으며, 『맹자』「양혜왕하(梁惠王下)」편에서는 "天子適諸侯曰巡狩. 巡狩者, 巡所守也."라고 기록하였다. 한편 『예기』「왕제(王制)」편에는 "天子, 五年, 一巡守."라는 기록이 있고, 『주례』「추관(秋官) · 대행인(大行人)」편에는 "十有二歲王巡守殷國."이라는 기록이 있다. 즉 「왕제」편에서는 천자가 5년에 1번 순수를 시행하고, 「대행인」편에서는 12년에 1번 순수를 시행한다고 기록하고 있는데, 이러한 차이점에 대해서 정현은 「왕제」편의 주에서 "五年者, 虞夏之制也. 周則十二歲一巡守."라고 풀이했다. 즉 5년에 1번 순수를 하는 제도는 우(虞)와 하(夏)나라 때의 제도이며, 주(周)나라에서는 12년에 1번 순수를 했다.

◎ 습(襲) : '습'은 고대에 의례를 시행할 때 하는 복장 방식 중 하나이다. 겉옷으로 안에 입고 있던 옷들을 완전히 가리는 방식이다. 한편 '습'은 비교적 성대한 의식 때 시행하는 복장 방식으로도 사용되어, 안에 있고 있는 옷을 드러내지 않음으로써, 공경의 뜻을 표하기도 했다.

◎ 습(襲) : '습'은 시신에 옷을 입히는 의식 절차이다. 한편 시신에 입히는 옷 자체도 '습'이라고 불렀다.

◎ 승(升) : '승'은 용량을 재는 단위이다. 지역 및 각 시대마다 다소 차이를 보이는데, 고대에는 10합(合)을 1승(升)으로 여겼고, 10승(升)을 1두(斗)로 여겼다. 『한서(漢書)』「율력지상(律曆志上)」편에는 "合龠爲合, 十合爲升."이라는 기록이 있다.

◎ 승빈(承擯) : '승빈'은 상빈(上擯)의 부관 역할을 하는 자로써, 상빈을 돕는 빈(擯)을 뜻한다. '승(承)'자는 '승(丞)'자와 통용되므로, 승빈(丞擯)이라고도 부른다. 또한 부관 역할을 한다는 뜻에서, 좌빈(佐儐)이라고도 부른다.

◎ 시마복(緦麻服) : '시마복'은 상복(喪服) 중 하나로, 오복(五服)에 속한다. 가장 조밀한 삼베를 사용해서 만든다. 이 복장을 입게 되는 기간은 상황에 따라서 차이가 있지만, 일반적으로 3개월이 된다. 친족의 백숙부모(伯叔父母)나 친족의 형제(兄弟)들 및 혼인하지 않은 친족의 자매(姊妹) 등을 위해서 입는다.

◎ 시제(柴祭) : '시제'는 일종의 하늘에 대한 제사이다. 초목을 태워서 그 연기를 하늘로 올려 보내며 아뢰는 의식이다. 『서』「우서(虞書)·순전(舜典)」편에는 "歲二月, 東巡守, 至于岱宗, 柴."라는 기록이 있고, 이에 대한 공안국(孔安國)의 전(傳)에서는 "燔柴祭天告至."라고 풀이했다.

◎ 신규(信圭) : '신규'는 신규(身圭)이다. '신(信)'자와 '신(身)'자의 소리가 비슷하기 때문에 잘못 전이된 것이다. '신규'는 후작이 들게 되는 규(圭)이다. 사람의 형상을 새겨 넣었기 때문에 '신규'라고 부르는 것이며, 그 무늬는 궁규(躬圭)에 비해 세밀하다. 신중하게 행동하여 자신의 몸을 잘 보호하고자 이러한 형상을 새겨 넣은 것이다. 그리고 '신규'의 길이는 7촌(寸)이 된다. 『주례』「춘관(春官)·대종백(大宗伯)」편에는 "侯執信圭.

伯執躬圭.”라는 기록이 있고, 이에 대한 정현의 주에서는 “信當爲身, 聲之誤也. 身圭·躬圭, 蓋皆象以人形爲瑑飾, 文有麤縟耳. 欲其愼行以保身. 圭皆長七寸.”이라고 풀이했다.

◎ **신농씨(神農氏)** : ‘신농씨’는 신농(神農)이라고도 부른다. 전설시대에 존재했다고 전해지는 고대 제왕(帝王)의 이름이다. 처음으로 백성들에게 농사짓는 방법을 가르쳤다는 뜻에서, ‘신농’이라고 부르게 되었다. 또한 약초를 발견하고 재배하여 사람들의 병을 치료했었다고 전해진다. 또한 ‘신농’은 염제(炎帝)라고도 부르는데, 그 이유는 오행(五行) 중 하나인 화(火)의 덕(德)을 통해서 제왕이 되었다고 믿었기 때문이다. 『회남자(淮南子)』「주술훈(主述訓)」편에는 “昔者, 神農之治天下也, 神不馳於胸中, 智不出於四域, 懷其仁誠之心, 甘雨時降, 五穀蕃植.”이라는 기록이 있다. 한편 ‘신농’은 토신(土神)을 뜻하는 용어로도 사용되었다. 이것은 농사와 땅과의 관계가 밀접하기 때문이며, 이러한 뜻에서 농사를 주관했던 관리를 또한 ‘신농’으로 칭하기도 하였다.

◎ **실로(室老)** : ‘실로’는 가신(家臣) 중의 우두머리를 뜻한다.

◎ **심(尋)** : ‘심’은 길이가 반상(半常)인 것으로, 8척(尺)이 되는 것을 뜻한다. 『의례』「공사대부례(公食大夫禮)」편에는 “司宮具几與蒲筵常, 緇布純. 加萑席尋, 玄帛純. 皆卷自末.”이라는 기록이 있는데, 이에 대한 정현의 주에서는 “半常曰尋.”이라고 풀이했다.

◎ **심의(深衣)** : ‘심의’는 일반적으로 상의와 하의가 서로 연결된 옷을 뜻한다. 제후, 대부(大夫), 사(士)들이 평상시 집안에 거처할 때 착용하던 복장이기도 하며, 서인(庶人)에게는 길복(吉服)에 해당하기도 한다. 순색에 채색을 가미하기도 했다.

◎ **양(兩)** : ‘양’은 길이를 재는 단위이다. 필(匹)과 같다. 8척(尺)은 1심(尋)이 되고, 5심은 1양(兩)이 된다.

◎ **양의(兩儀)** : =이의(二儀)

◎ 여빈(旅擯) : '여빈'은 빙문(聘問) 등의 의례에서, 상대방이 도착했을 때, 문 앞에 부관에 해당하는 개(介)나 빈(擯) 등이 도열하는 것을 뜻한다. 그러나 개나 빈을 통해 말을 전달하지는 않는다.

◎ 여수(旅酬) : '여수'는 본래 제사가 끝난 후에, 제사에 참가했던 친족 및 빈객(賓客)들이 술잔을 들어 술을 마시고, 서로 공경의 예(禮)를 표하며, 잔을 권하는 의례(儀禮)이다. 연회에서도 서로에게 술을 권하는 절차를 '여수'라고 부른다.

◎ 여자자(女子子) : '여자자'는 여자 아이를 뜻한다. '남자 아이[男子]'라는 말과 대비시키기 위해서, '자(子)'자를 한 글자 더 덧붙이는 것이다. 『의례』「상복(喪服)」편에는 "女子子在室爲父."라는 기록이 있는데, 이에 대한 정현의 주에서는 "女子子者, 女子也, 別於男子也."라고 풀이했다.

◎ 역제(繹祭) : '역제'는 일종의 제례 의식 중 하나이다. 정규 제사를 지낸 다음날 지내는 제사이다.

◎ 연궤(燕几) : '연궤'는 휴식을 취할 때 몸을 기댈 수 있도록 만든 안석이다.

◎ 연침(燕寢) : '연침'은 본래 천자 및 제후들이 휴식을 취하던 장소를 가리킨다. 천자에게는 6개의 침(寢)이 있었는데, 앞쪽에 있는 1개의 침은 정전(正寢)으로, 이것을 노침(路寢)이라고 부르며, 뒤쪽에 있는 다섯 개의 침을 통칭하여, '연침'이라고 부른다. 『예기』「곡례하(曲禮下)」편에는 "天子有后, 有夫人"이라는 기록이 있는데, 이에 대한 공영달(孔穎達)의 소(疏)에서는 "周禮王有六寢, 一是正寢, 餘五寢在後, 通名燕寢."이라고 풀이하였다.

◎ 염(斂) : '염'은 시신에 옷을 입히고 이불 등으로 감싸 관에 안치하는 것을 뜻한다.

◎ 예사(禮辭) : '예사'는 빈객과 주인은 예법에 따라 세 번 사양을 하게 되는데, 처음 사양하는 것을 '예사'라고 부르며, 두 번째 사양하는 것을 '고사(固辭)'라고 부르고, 세 번째 사양하는 것을 '종사(終辭)'라고 부른다.

◎ 예제(醴齊) : '예제'는 오제(五齊) 중 하나이다. 비교적 탁한 술에 해당한다. 술이 익고 나서 앙금을 한 차례 걸러낸 것으로 염주(恬酒)와 같은 술이다.

◎ **오례(五禮)** : '오례'는 고대부터 전해져 온 다섯 종류의 예제(禮制)를 뜻한다. 즉 길례(吉禮), 흉례(凶禮), 군례(軍禮), 빈례(賓禮), 가례(嘉禮)를 가리킨다. 『주례』「춘관(春官) · 소종백(小宗伯)」편에는 "掌五禮之禁令與其用等."이라는 기록이 있는데, 이에 대한 정현의 주에서는 정사농(鄭司農)의 주장을 인용하여, "五禮, 吉 · 凶 · 軍 · 賓 · 嘉."라고 풀이했다.

◎ **오로(五路)** : '오로'는 오로(五輅)라고도 기록한다. 고대의 천자가 탔던 다섯 종류의 수레를 뜻한다. 다섯 종류의 수레는 옥로(玉路) · 금로(金路) · 상로(象路) · 혁로(革路) · 목로(木路)이다. 또한 왕후(王后)가 탔던 다섯 종류의 수레를 뜻하기도 한다. 왕후가 탔던 다섯 종류의 수레는 중적(重翟) · 염적(厭翟) · 안거(安車) · 적거(翟車) · 연거(輦車)이다.

◎ **오면(五冕)** : '오면'은 고대의 제왕이 제사를 지낼 때 착용하는 다섯 종류의 관(冠)을 뜻하니, 구면(裘冕) · 곤면(袞冕) · 별면(鷩冕) · 취면(毳冕) · 치면(絺冕)을 가리킨다. 본래 면복(冕服)에는 여섯 종류가 있지만, 대구(大裘)의 경우, 그 때 착용하는 면(冕)에는 류(旒)가 달려 있지 않기 때문에, '오면'에는 포함시키지 않는다. 『주례』「하관(下官) · 변사(弁師)」편에는 "掌王之五冕, 皆玄冕朱裏延紐."라는 기록이 있고, 이에 대한 정현의 주에서는 "冕服有六, 而言五冕者, 大裘之冕蓋無旒, 不聯數也."라고 풀이했다.

◎ **오미(五味)** : '오미'는 다섯 가지 맛을 뜻한다. 맛의 종류를 총칭하는 용어로도 사용된다. '오미'는 구체적으로 산(酸: 신맛), 고(苦: 쓴맛), 신(辛: 매운맛), 함(鹹: 짠맛), 감(甘: 단맛)을 가리킨다. 『예기』「예운(禮運)」편에는 "五味, 六和, 十二食, 還相爲質也."라는 기록이 있는데, 이에 대한 정현의 주에서는 "五味, 酸, 苦, 辛, 鹹, 甘也."라고 풀이하였다.

◎ **오악(五岳)** : '오악'은 오악(五嶽)이라고도 부르며, 다섯 방위에 따른 대표적인 산들을 뜻한다. 그러나 각 기록에 따라서 해당하는 산의 명칭에는 다소 차이가 있다. 첫 번째 주장은 동쪽의 태산(泰山), 남쪽의 형산(衡山), 서쪽의 화산(華山), 북쪽의 항산(恒山), 중앙의 숭산(嵩山:= 嵩高山)을 '오악'으로 부른다. 『주례』「춘관(春官) · 대종백(大宗伯)」편에

는 "以血祭祭社稷·五祀·五嶽."이라는 기록이 있는데, 이에 대한 정현의 주에서는 "五嶽, 東曰岱宗, 南曰衡山, 西曰華山, 北曰恒山, 中曰嵩高山."이라고 풀이했다. 두 번째 주장은 동쪽의 태산(泰山), 남쪽의 곽산(霍山), 서쪽의 화산(華山), 북쪽의 항산(恒山), 중앙의 숭산(嵩山)을 '오악'으로 부른다. 『이아』「석산(釋山)」편에는 "泰山爲東嶽, 華山爲西嶽, 霍山爲南嶽, 恒山爲北嶽, 嵩高爲中嶽."이라는 기록이 있다. 세 번째 주장은 동쪽의 대산(岱山), 남쪽의 형산(衡山), 서쪽의 화산(華山), 북쪽의 항산(恒山), 중앙의 악산(嶽山: =吳嶽)을 '오악'으로 부른다. 『주례』「춘관(春官)·대사악(大司樂)」편에는 "凡日月食, 四鎭·五嶽崩." 이라는 기록이 있는데, 이에 대한 정현의 주에서는 "五嶽, 岱在兗州, 衡在荆州, 華在豫州, 嶽在雍州, 恒在幷州."라고 풀이했고, 『이아』「석산(釋山)」편에는 "河南, 華; 河西, 嶽; 河東, 岱; 河北, 恒; 江南, 衡."이라고 풀이했다.

◎ 오옥(五玉) : '오옥'은 고대에 제후들이 분봉을 받을 때 신표로 지급받았던 다섯 가지 옥들을 뜻한다. 구체적으로 황(璜), 벽(璧), 장(璋), 규(珪), 종(琮)을 가리킨다.

◎ 오제(五齊) : '오제'는 술의 맑고 탁한 정도에 따라서 다섯 가지 등급으로 분류한 술을 뜻한다. 또한 술을 범칭하는 용어로도 사용된다. 다섯 가지 술은 범제(泛齊), 례제(醴齊), 앙제(盎齊), 제제(緹齊), 침제(沈齊)를 가리킨다. 『주례』「천관(天官)·주정(酒正)」편에는 "辨五齊之名, 一曰泛齊, 二曰醴齊, 三曰盎齊, 四曰緹齊, 五曰沈齊."라는 기록이 있다. 각 술들에 대해 설명하자면, 위의 기록에 대한 정현의 주에서는 "泛者, 成而滓浮泛泛然, 如今宜成醪矣. 醴猶體也, 成而汁滓相將, 如今恬酒矣. 盎猶翁也, 成而翁翁然, 蔥白色, 如今酇白矣. 緹者, 成而紅赤, 如今下酒矣. 沈者, 成而滓沈, 如今造淸矣. 自醴以上尤濁, 縮酌者. 盎以下差淸. 其象類則然, 古之法式未可盡聞. 杜子春讀齊皆爲粢. 又禮器曰, '緹酒之用, 玄酒之尚.' 玄謂齊者, 每有祭祀, 以度量節作之."라고 풀이했다. 즉 '범제'는 술이 익고 나서 앙금이 둥둥 떠 있는 것으로 정현 시대의 의성료(宜成醪)와 같은 술이고, '례주'는 술이 익고 나

서 앙금을 한 차례 걸러낸 것으로 염주(恬酒)와 같은 것이며, '앙제'는 술이 익고 나서 새파란 빛깔을 보이는 것으로 찬백(酇白)과 같은 술이고, '제제'는 술이 익고 나서 붉은 빛깔을 보이는 것으로 하주(下酒)와 같은 술이며, '침제'는 술이 익고 나서 앙금이 모두 가라앉아 있는 것으로 조청(造淸)과 같은 술이다. '범주'는 가장 탁한 술이며, '례주'는 그 다음으로 탁한 술이고, '앙제'부터는 뒤로 갈수록 맑은 술에 해당한다.

◎ 오제(五帝) : '오제'는 전설시대에 존재했다고 전해지는 다섯 명의 제왕(帝王)을 뜻한다. 그러나 다섯 명이 누구였는지에 대해서는 이설(異說)이 많다. 첫 번째 주장은 황제(黃帝: =軒轅), 전욱(顓頊: =高陽), 제곡(帝嚳: =高辛), 당요(唐堯), 우순(虞舜)으로 보는 견해이다. 『사기정의(史記正義)』「오제본기(五帝本紀)」편에는 "太史公依世本・大戴禮, 以黃帝・顓頊・帝嚳・唐堯・虞舜爲五帝. 譙周・應劭・宋均皆同."이라는 기록이 있고, 『백호통(白虎通)』「호(號)」편에도 "五帝者, 何謂也? 禮曰, 黃帝・顓頊・帝嚳・帝堯・帝舜也."라는 기록이 있다. 두 번째 주장은 태호(太昊: =伏羲), 염제(炎帝: =神農), 황제(黃帝), 소호(少昊: =摯), 전욱(顓頊)으로 보는 견해이다. 이 주장은 『예기』「월령(月令)」편에 나타난 각 계절별 수호신들의 내용을 종합한 것이다. 세 번째 주장은 소호(少昊), 전욱(顓頊), 고신(高辛), 당요(唐堯), 우순(虞舜)으로 보는 견해이다. 『서서(書序)』에는 "少昊・顓頊・高辛・唐・虞之書, 謂之五典, 言常道也."라는 기록이 있다. 또 『제왕세기(帝王世紀)』에는 "伏羲・神農・黃帝爲三皇, 少昊・高陽・高辛・唐・虞爲五帝."라는 기록이 있다. 네 번째 주장은 복희(伏羲), 신농(神農), 황제(黃帝), 당요(唐堯), 우순(虞舜)으로 보는 견해이다. 이 주장은 『역』「계사하(繫辭下)」편의 내용에 근거한 주장이다.

◎ 오종(五宗) : '오종'은 종법제(宗法制)와 관련된 용어이다. 시조(始祖)의 적통을 이어 받은 자는 대종(大宗)이 되며, 고조부, 증조부, 조부, 부친의 대(代)에서 각각 파생된 집안을 소종(小宗)이라고 부른다. 따라서 대종은 적통을 이은 한 사람 내지는 그 사람의 집만이 해당하며, 고조부가 같은 삼종형제, 증조부가 같은 재종형제, 조부가 같은 종형제, 그리고 부

친이 같은 친형제 등은 4개의 소종 집단을 형성하게 된다. 따라서 '오종'은 대종인 1개의 집안과 소종인 4개의 집단을 포함하여 부르는 명칭이다.

◎ **옥로(玉路)** : '옥로'는 '옥로(玉輅)'라고도 부른다. 천자가 사용하는 다섯 가지 수레 중 하나이다. 옥(玉)으로 수레를 치장했기 때문에, '옥로'라고 부르게 되었다. 대상(大常)이라는 깃발을 세웠고, 깃발에는 12개의 치술을 달았으며, 주로 제사 때 사용하였다. 『주례』「춘관(春官) · 건거(巾車)」편에는 "王之五路, 一曰玉路, 錫, 樊纓, 十有再就, 建大常, 十有二斿, 以祀."라는 기록이 있고, 이에 대한 정현의 주에서는 "玉路, 以玉飾諸末."이라고 풀이했다.

◎ **옥작(玉爵)** : '옥작'은 옥(玉)을 가공하여 만든 술잔이다. 『예기』「곡례상(曲禮上)」편에는 "飲玉爵者弗揮."라는 기록이 있는데, 이에 대한 공영달(孔穎達)의 소(疏)에서는 "玉爵, 玉杯也."라고 풀이했다.

◎ **옹희(饔餼)** : '옹희'는 빈객(賓客)과 상견례(相見禮)를 하고 나서 성대하게 음식을 마련해 접대하는 것을 뜻한다. 『주례』「추관(秋官) · 사의(司儀)」편에는 "致飧如致積之禮."라는 기록이 있는데, 이에 대한 정현의 주에서는 "小禮曰飧, 大禮曰饔餼."라고 풀이하였다. 즉 '옹희'와 '손'은 모두 빈객 등을 접대하는 예법들인데, '옹희'는 성대한 예법에 해당하여, '손'보다도 융숭하게 대접하는 것이다.

◎ **왕숙(王肅, A.D.195 ~ A.D.256)** : =왕자옹(王子雍). 위진남북조(魏晉南北朝) 때의 위(魏)나라 경학자이다. 자(字)는 자옹(子雍)이다. 출신지는 동해(東海)이다. 부친 왕랑(王朗)으로부터 금문학(今文學)을 공부했으나, 고문학(古文學)의 고증적인 해석을 따랐다. 『상서(尙書)』, 『시경(詩經)』, 『좌전(左傳)』, 『논어(論語)』 및 삼례(三禮)에 대한 주석을 남겼다.

◎ **왕후(王后)** : '왕후'는 천자의 본부인을 뜻한다. 후대에는 황후(皇后)라고 부르기도 하였다. 고대에는 천자(天子)를 왕(王)이라고 불렀기 때문에, 천자의 부인을 '왕후'라고 부른다. 또한 '왕'자를 생략하여 '후(后)라고도 부른다.

◎ **외명부(外命婦)** : '외명부'는 내명부(內命婦)와 상대되는 말이다. 본래 천자의 신하들인 경(卿) · 대부(大夫)들의 부인들을 지칭하는 말이다. 『예

기』「상대기(喪大記)」편에는 "外命婦率外宗哭于堂上, 北面."이라는 기록이 있고, 이에 대한 정현의 주에서는 "卿大夫之妻爲外命婦."라고 풀이하였다.

◎ **외병(外屛)** : '외병'은 천자가 문 밖에 설치했던 담장이다. 문 안에 있는 작은 담장을 내병(內屛)이라고 부르는데, 이것과 상대되는 말이다. 문 밖에 설치했기 때문에 '외(外)'자를 붙인 것이고, 병풍과도 같은 역할을 했기 때문에 '병(屛)'자를 붙여서 '외병'이라고 부른 것이다. 후대에는 조벽(照壁)으로 부르기도 했다.

◎ **외신(外神)** : '외신'은 내신(內神)과 상대되는 말이다. 교(郊)나 사(社) 등에서 지내는 제사 대상을 '외신'이라고 부른다. 『예기』「곡례하(曲禮下)」편에 대한 손희단(孫希旦)의 『집해(集解)』에서는 오징(吳澄)의 주장을 인용하여, "宗廟所祭者, 一家之神, 內神也, 故曰內事. 郊·社·山川之屬, 天下一國之神, 皆外神也, 故曰外事."라고 설명하였다. 즉 종묘(宗廟)에서 제사를 지내는 대상은 한 집안의 신(神)으로 '내신'이라고 부르며, 그 제사들을 내사(內事)라고 부른다. 또 교, 사 및 산천(山川) 등에 지내는 제사는 그 대상이 천하 및 한 국가의 신들이기 때문에, 그들을 '외신'이라고 부르며, 그 제사를 외사(外事)라고 부른다.

◎ **용(踊)** : '용'은 상중(喪中)에 취하는 행동으로, 곡(哭)에 맞춰서 발을 구르는 행위이다.

◎ **우제(虞祭)** : '우제'는 장례(葬禮)를 치르고 난 뒤에 지내는 제사를 뜻한다.

◎ **웅안생(熊安生, ? ~ A.D.578)** : =웅씨(熊氏). 북조(北朝) 때의 경학자이다. 자(字)는 식지(植之)이다. 『주례(周禮)』, 『예기(禮記)』, 『효경(孝經)』 등 많은 전적에 의소(義疏)를 남겼지만, 모두 산일되어 남아 있지 않다. 현재 마국한(馬國翰)의 『옥함산방집일서(玉函山房輯佚書)』에 『예기웅씨의소(禮記熊氏義疏)』 4권이 남아 있다.

◎ **위복(衛服)** : '위복'은 채복(采服)과 요복(要服: =蠻服) 사이에 있는 땅을 뜻한다. 천자의 수도 밖으로 사방 2000리(里)와 2500리 사이에 있었던 땅을 가리킨다. '위복'의 '위(衛)'자는 수호한다는 뜻으로, 천자를 위해서 외부의 침입을 막는다는 의미이다. '복(服)'자는 천자를 위해 복종한다

는 뜻이다. 『주례』「하관(夏官) · 직방씨(職方氏)」편에는 "又其外方五百里曰采服, 又其外方五百里曰衛服, 又其外方五百里曰蠻服."이라는 기록이 있고, 이에 대한 가공언(賈公彦)의 소(疏)에서는 "言衛者, 爲王衛禦."라고 풀이했다.

◎ 위소(韋昭, A.D.204 ~ A.D.273) : 삼국시대(三國時代) 때 오(吳)나라의 학자이다. 자(字)는 홍사(弘嗣)이다. 사마소(司馬昭)의 이름을 피휘하여, 요(曜)로 고쳤다. 저서로는 『국어주(國語注)』 등이 있다.

◎ 유사(有司) : '유사'는 관리를 뜻하는 용어이다. '사(司)'자는 담당한다는 뜻이다. 관리들은 각자 담당하고 있는 업무가 있었으므로, 관리를 '유사'라고 불렀던 것이다. 일반적으로 하위관료들을 지칭하여, 실무자를 뜻하는 용어로 많이 사용된다. 그러나 때로는 고위관료까지도 지칭하는 용어로 사용되기도 한다.

◎ 유울지(庾蔚之, ? ~ ?) : =유씨(庾氏). 남조(南朝) 때 송(宋)나라 학자이다. 저서로는 『예기약해(禮記略解)』, 『예론초(禮論鈔)』, 『상복(喪服)』, 『상복세요(喪服世要)』, 『상복요기주(喪服要記注)』 등을 남겼다.

◎ 유창종(劉昌宗, ? ~ ?) : 자세한 이력은 남아 있지 않다. 동진(東晋) 때의 학자이다. 삼례(三禮)에 대한 주를 달아서 이름을 떨쳤다.

◎ 유향(劉向, B.C77 ~ A.D.6) : 전한(前漢) 때의 학자이다. 자(字)는 자정(子政)이다. 유흠(劉歆)의 부친이다. 비서성(秘書省)에서 고서들을 정리하였다. 저서로는 『설원(說苑)』 · 『신서(新序)』 · 『열녀전(列女傳)』 · 『별록(別錄)』 등이 있다.

◎ 유현(劉炫, ? ~ ?) : 수(隋)나라 때의 학자이다. 자는 광백(光伯)이며, 경성(景城) 출신이다. 태학박사(太學博士) 등을 지냈다. 『논어술의(論語述義)』, 『춘추술의(春秋述義)』, 『효경술의(孝經述義)』 등을 저술하였다.

◎ 육궁(六宮) : '육궁'은 왕후(王后)의 침궁(寢宮)을 뜻한다. 천자는 6개의 침(寢)을 세워서, 1개의 침을 정침(正寢)으로 사용하고, 나머지 5개의 침을 연침(燕寢)으로 사용하는데, 왕후(王后) 또한 6개의 침궁을 세워서, 1개의 침궁을 정침으로 사용하며, 나머지 5개의 침궁을 연침으로 사용한다. 배치상으로 보면 천자가 세우는 6개의 침이 위치한 건물군의 뒤편에

위치한다.

◎ **육기(六氣)** : '육기'는 자연 기후의 변화 속에 나타나는 여섯 가지 주요 현상을 뜻한다. 음기(陰氣), 양기(陽氣), 바람[風], 비[雨], 어둠[晦], 밝음[明]을 뜻한다. 『춘추좌씨전』「소공(昭公) 1년」편에는 "六氣曰陰·陽·風·雨·晦·明也."라는 기록이 있고, 『장자(莊子)』「재유(在宥)」편에는 "天氣不和, 地氣鬱結, 六氣不調, 四時不節."이라는 기록이 있는데, 이에 대한 성현영(成玄英)의 소(疏)에서는 "陰·陽·風·雨·晦·明, 此六氣也."라고 풀이했으며, 또 『국어(國語)』「주어하(周語下)」편에 대한 위소(韋昭)의 주에서는 "六氣, 陰陽風雨晦明也."라고 풀이했다.

◎ **육덕명(陸德明**, A.D.550 ~ A.D.630) : =육원랑(陸元朗). 당대(唐代)의 경학자이다. 이름은 원랑(元朗)이고, 자(字)는 덕명(德明)이다. 훈고학에 뛰어났으며, 『경전석문(經典釋文)』 등을 남겼다.

◎ **육례(六禮)** : '육례'는 혼인 과정 중에 시행되는 여섯 종류의 의례 절차를 뜻한다. 청원을 하며 신부 집안에 예물을 보내는 납채(納采), 여자의 이름 및 출생일 등에 대해서 묻는 문명(問名), 혼인이 어떠한가를 종묘(宗廟)에서 점을 치고, 길(吉)한 징조를 얻게 되면, 신부 집안에 알리는 납길(納吉), 혼인 약속을 증명하기 위해 신부 집안에 폐백을 보내는 납징(納徵: =納幣), 결혼날짜를 정하여 신부 집안에 가부(可否)를 묻는 청기(請期), 남자가 신부 집안에 가서 아내를 맞이하는 친영(親迎)을 가리킨다.

◎ **육면(六冕)** : '육면'은 천자가 착용하는 여섯 종류의 면복(冕服)을 가리킨다. 호천(昊天) 및 오제(五帝)에게 제사지낼 때에는 대구(大裘)를 입고 면류관[冕]을 쓰며, 선왕(先王)에게 제사지낼 때에는 곤면(衮冕)을 착용하고, 선공(先公)에 대한 제사 및 향사례(饗射禮)를 시행할 때에는 별면(鷩冕)을 착용하며, 산천(山川) 등에 제사지낼 때에는 취면(毳冕)을 착용하고, 사직(社稷) 등에 제사지낼 때에는 희면(希冕: =絺冕)을 착용하며, 기타 여러 제사에는 현면(玄冕)을 착용한다. 『주례』「춘관(春官)·사복(司服)」편에는 "掌王之吉凶衣服, 辨其名物, 辨其用事. 王之吉服, 祀昊天上帝, 則服大裘而冕, 祀五帝亦如之. 享先王則衮冕. 享先公, 饗射則鷩冕. 祀四望山川則毳冕. 祭社稷五祀則希冕. 祭群小祀則玄

冕."이라는 기록이 있다.

◎ 육복(六服) : '육복'은 천자의 수도를 제외하고, 그 이외의 땅을 9개의 지역으로 구분한 구복(九服) 중에서 6개 지역을 뜻하는데, 천자의 수도로부터 6개 복(服)까지는 주로 중국의 제후들에게 분봉해주는 지역이었고, 나머지 3개의 지역은 주로 오랑캐들에게 분봉해주는 지역이었다. 따라서 중국(中國)이라는 개념을 거론할 때 주로 '육복'이라고 말한다. 천하의 정중앙에는 천자의 수도인 왕기(王畿)가 있고, 그 외에는 순차적으로 6개의 '복'이 있는데, 후복(侯服), 전복(甸服), 남복(男服), 채복(采服), 위복(衛服), 만복(蠻服)이 여기에 해당한다. '후복'은 천자의 수도 밖으로 사방 500리(里)의 크기이며, 이 지역에 속한 제후들은 1년에 1번 천자를 알현하며, 제사 때 사용하는 물건을 바친다. '전복'은 '후복' 밖으로 사방 500리의 크기이며, 이 지역에 속한 제후들은 2년에 1번 천자를 알현하고, 빈객(賓客)을 접대할 때 사용하는 물건을 바친다. '남복'은 '전복' 밖으로 사방 500리의 크기이며, 이 지역에 속한 제후들은 3년에 1번 천자를 알현하고, 각종 기물(器物)들을 바친다. '채복'은 '남복' 밖으로 사방 500리의 크기이며, 이 지역에 속한 제후들은 4년에 1번 천자를 알현하고, 의복류를 바친다. '위복'은 '채복' 밖으로 사방 500리의 크기이며, 이 지역에 속한 제후들은 5년에 1번 천자를 알현하고, 각종 재목들을 바친다. '만복'은 '요복(要服)'이라고도 부르는데, '만복'이라는 용어는 변경 지역의 오랑캐들과 접해 있으므로, 붙여진 용어이다. '만복'은 '위복' 밖으로 사방 500리의 크기이며, 이 지역에 속한 제후들은 6년에 1번 천자를 알현하고, 각종 재화들을 바친다. 『주례』「추관(秋官) · 대행인(大行人)」편에는 "邦畿方千里, 其外方五百里謂之侯服, 歲壹見, 其貢祀物, 又其外方五百里謂之甸服, 二歲壹見, 其貢嬪物, 又其外方五百里謂之男服, 三歲壹見, 其貢器物, 又其外方五百里謂之采服, 四歲壹見, 其貢服物, 又其外方五百里謂之衛服, 五歲壹見, 其貢材物, 又其外方五百里謂之要服, 六歲壹見, 其貢貨物."이라는 기록이 있다.

◎ 육사(六食) : '육사'는 여섯 가지 곡물로 지은 밥을 뜻한다. 여섯 가지 곡물은 쌀[稌], 메기장[黍], 차기장[稷], 조[粱], 보리[麥], 줄[苽]을 뜻한다.

◎ **육서(六書)** : '육서'는 한자의 구성과 형성에 대한 여섯 가지 이론으로, 상형(象形), 지사(指事: =處事), 회의(會意), 형성(形聲: =諧聲), 전주(轉注), 가차(假借)를 뜻한다. 『주례』「지관(地官) · 보씨(保氏)」편에는 "五曰六書."라는 기록이 있는데, 이에 대한 정현의 주에서는 정사농(鄭司農)의 주장을 인용하여, "六書, 象形 · 會意 · 轉注 · 處事 · 假借 · 諧聲也."라고 풀이했다.

◎ **음감(陰鑑)** : '음감'은 음수(陰燧)라고도 부른다. 달밤에 이슬을 받기 위해 설치한 그릇이다.

◎ **음수(陰燧)** : =음감(陰鑑)

◎ **음염(陰厭)** : '음염'은 본래 염제(厭祭)의 절차 중 하나이다. '염제'는 정규 제사를 진행하는 절차인데, 정규 제사의 본격적인 의식은 시동을 통해 진행된다. '염제'는 시동을 이용하지 않고, 본식 이전과 이후에 간략히 지내는 제사를 뜻한다. '염(厭)'자는 신을 흠향시킨다는 뜻이다. '염제'에는 '음염'과 양염(陽厭)이 있다. '음염'은 시동을 맞이하기 이전에 축관이 술을 따라서 바치고, 그 술잔을 올려서 신을 흠향하게 만드는 것이다. 또한 적장자가 아직 성년이 되지 않은 상태에서 죽었을 때, 그에 대한 제사는 종묘(宗廟)의 그윽하고 음(陰)한 장소에서 간략하게 치르게 되는데, 이것을 '음염'이라고 부른다.

◎ **의립(疑立)** : '의립'은 본래 응립(凝立)을 뜻한다. '의(疑)'자와 '응(凝)'자가 통용되기 때문에, '응립'을 '의립'이라고도 부르는 것이다. 똑바로 서서 움직이지 않는 모습을 뜻한다. 『의례』「사혼례(士昏禮)」편에는 側尊甒醴于房中, 婦疑立于席西."라는 기록이 있는데, 이에 대한 정현의 주에서는 "疑, 正立自定之貌."라고 풀이했다.

◎ **이거(貳車)** : '이거'는 해당 주인이 타는 수레를 뒤따르는 수레이다. '부거(副車)'라고 부른다. 조회나 제사 등에 사용하는 부거를 '이거'라고 부르며, 전쟁과 사냥 등에 사용하는 부거를 '좌거(佐車)'라고 부른다. 『예기』「소의(少儀)」편에는 "乘貳車則式, 佐車則否."라는 기록이 있고, 이에 대한 정현의 주에서는 "貳車 · 佐車, 皆副車也. 朝祀之副曰貳, 戎獵之副曰佐."라고 풀이했다.

◎ **이복(夷服)** : '이복'은 요복(要服)과 진복(鎭服) 사이에 있는 땅을 뜻한다. 천자의 수도 밖으로 사방 3000리(里)와 3500리 사이에 있었던 땅을 가리킨다. 이곳부터 중원과 구분되어, 오랑캐 지역으로 규정되었다. '이복'의 '이(夷)'자는 이 지역이 오랑캐 지역에 해당하기 때문에, 붙여진 글자이다. '복(服)'자는 천자를 위해 복종한다는 뜻이다. 『주례』「하관(夏官)·직방씨(職方氏)」편에는 "又其外方五百里曰蠻服, 又其外方五百里曰夷服, 又其外方五百里曰鎭服."이라는 기록이 있고, 이에 대한 가공언(賈公彦)의 소(疏)에서는 "諸言夷者, 以其在夷狄中, 故以夷言之."라고 풀이했다.

◎ **이의(二儀)** : '이의'는 양의(兩儀)라고도 부른다. 천(天)과 지(地), 또는 음(陰)과 양(陽)을 가리키는 용어이다.

◎ **이폐(離肺)** : '이폐'는 희생물의 폐(肺)를 제사용으로 잘라낸다는 뜻이다. '이(離)'자는 "잘라낸다[割]."는 뜻이다. 제사용으로 사용되지 않을 때에는 폐를 잘게 자르게 된다. 『의례』「사관례(士冠禮)」편에는 "若殺, 則特豚, 載合升, 離肺, 實于鼎."이라는 기록이 있고, 이에 대한 정현의 주에서는 "離, 猶割也. 割肺者, 使可祭也, 可嚌也."라고 풀이했다.

ㅈ

◎ **자림(字林)** : 『자림(字林)』은 고대의 자서(字書)이다. 진(晉)나라 때 학자인 여침(呂忱)이 지었다. 원본은 일실되어 전해지지 않고, 다른 문헌들 속에 일부 기록들만 남아 있다.

◎ **자성(粢盛)** : '자성'은 자성(齊盛)이라고도 부른다. 자(粢)자는 곡식의 한 종류인 기장을 뜻하고, 성(盛)자는 그릇에 기장을 풍성하게 채워놓은 모양을 뜻한다. 따라서 '자성'은 제기(祭器)에 곡물을 가득 채워놓은 것을 뜻하며, 제물(祭物)로 사용되었다. 『춘추공양전』「환공(桓公) 14년」편에는 "御廩者何, 粢盛委之所藏也."라는 기록이 있는데, 이에 대한 하휴(何休)의 주에서는 "黍稷曰粢, 在器曰盛."이라고 풀이하였다.

◎ **자최복(齊衰服)** : '자최복'은 상복(喪服) 중 하나로, 오복(五服)에 속한

다. 거친 삼베를 사용해서 만들며, 자른 부위를 꿰매어 가지런하게 정리하기 때문에, '자최복'이라고 부른다. 이 복장을 입게 되는 기간에도 여러 종류가 있는데, 3년 동안 입는 경우는 죽은 계모(繼母)나 자모(慈母)를 위한 경우이고, 1년 동안 입는 경우는 손자가 죽은 조부모를 위해 입는 경우와 남편이 죽은 아내를 입는 경우 등이다. 그리고 1년 동안 '자최복'을 입는 경우, 그 기간을 자최기(齊衰期)라고도 부른다. 또 5개월 동안 입는 경우는 죽은 증조부나 증조모를 위한 경우이며, 3개월 동안 입는 경우는 죽은 고조부나 고조모를 위한 경우 등이다.

◎ **작변(爵弁)** : '작변'은 고대의 예관(禮冠) 중 하나로, 면류관[冕] 다음 등급에 해당한다. '작(爵)'자는 관의 모습이 참새의 머리처럼 생겼기 때문에 붙여진 명칭이다. 적색과 은미한 흑색이 나는 30승(升)의 포(布)로 만든다. 또한 '작변'은 작변복(爵弁服)을 지칭하기도 한다. 예복(禮服)의 경우 착용하는 관(冠)에 따라서 그 복장의 명칭을 붙이기도 하기 때문이다. '작변복'은 작변의 관, 분홍색의 하의, 명주로 만든 상의, 검은색의 대(帶), 매겹(韎韐)이라는 슬갑을 착용한다.

◎ **잔거(棧車)** : '잔거'는 나무로 만든 수레이며, 가죽 등을 붙이지 않고, 단지 옻칠만 한 것이다. 고대에는 사(士)가 이 수레를 탔다. 『주례』「춘관(春官)·건거(巾車)」편에는 "服車五乘, 孤乘夏篆, 卿乘夏縵, 大夫乘墨車, 士乘棧車, 庶人乘役車."라는 기록이 있고, 이에 대한 정현의 주에서는 "棧車不革鞔而漆之."라고 풀이했다.

◎ 장화(張華, A.D.232 ~ A.D.300) : 서진(西晉) 때의 학자이다. 자(字)는 무선(茂先)이다. 저서로는 『박물지(博物志)』·『장사공집(張司空集)』 등이 있다.

◎ **적침(適寢)** : '적침'은 정침(正寢)을 뜻한다. 가택에 있는 정옥(正屋)에 해당하며, 집무를 처리하던 곳이다. 군주의 경우에는 노침(路寢)이라고 불렀고, 대부(大夫)의 경우는 '적침'이라고 불렀으며, 사(士)에 대해서는 간혹 적실(適室)로 부르기도 했다. 『예기』「상대기(喪大記)」편에는 "君夫人卒於路寢, 大夫世婦卒於適寢."이라는 기록이 있는데, 이에 대한 정현의 주에서는 "君謂之路寢, 大夫謂之適寢, 士或謂之適室."이라고

풀이했다.

◎ **전복(甸服)** : '전복'은 천자의 수도 밖의 지역이다. '전복'의 '전(甸)'자는 '전(田)'자의 뜻으로, 천자가 정사를 펼치는데 필요한 조세를 거두던 지역이라는 뜻이다. '복(服)'자는 천자를 위해 복종한다는 뜻이다. 하(夏)나라 때의 제도에서는 천자의 수도와 연접한 지역이 '전복'이 되었는데, 천자의 수도로부터 사방 500리(里) 떨어진 곳까지를 '전복'이라고 불렀다. 『서』「우서(虞書)·우공(禹貢)」편에는 "錫土姓, 祗台德先, 不距朕行, 五百里甸服."이라는 기록이 있고, 이에 대한 공안국(孔安國)의 전(傳)에서는 "規方千里之內謂之甸服, 爲天子服治田, 去王城面五百里."이라고 풀이했다. 한편 주(周)나라 때에는 '전복'의 자리에 대신 '후복(侯服)'이 위치하였으며, '전복'은 '후복' 밖의 사방 500리 떨어진 곳까지를 뜻하였다. 『주례』「하관(夏官)·직방씨(職方氏)」편에는 "乃辨九服之邦國, 方千里曰王畿, 其外方五百里曰侯服, 又其外方五百里曰甸服."이라는 기록이 있다.

◎ **전욱(顓頊)** : '전욱'은 고양씨(高陽氏)라고도 부른다. '전욱'은 고대 오제(五帝) 중 하나이다. 『산해경(山海經)』「해내경(海內經)」편에는 "黃帝妻雷祖, 生昌意, 昌意降處若水, 生韓流. 韓流, …… 取淖子曰阿女, 生帝顓頊."이라는 기록이 있다. 즉 황제(黃帝)의 처인 뇌조(雷祖)가 창의(昌意)를 낳았는데, 창의가 약수(若水)에 강림하여 거처하다가, 한류(韓流)를 낳았다. 다시 한류는 아녀(阿女)를 부인으로 맞이하여 '전욱'을 낳았다. 또한 『회남자(淮南子)』「천문훈(天文訓)」편에는 "北方, 水也, 其帝顓頊, 其佐玄冥, 執權而治冬."이라는 기록이 있다. 즉 북방(北方)은 오행(五行)으로 배열하면 수(水)에 속하는데, 이곳의 상제(上帝)는 '전욱'이고, 상제를 보좌하는 신(神)은 현명(玄冥)이다. 이들은 겨울을 다스린다. 또한 '전욱'과 관련하여 『수경주(水經注)』「호자하(瓠子河)」편에는 "河水舊東決, 逕濮陽城東北, 故衞也, 帝顓頊之墟. 昔顓頊自窮桑徙此, 號曰商丘, 或謂之帝丘."라는 기록이 있다. 즉 황하의 물길은 옛날에 동쪽으로 흘러서, 복양성(濮陽城)의 동북쪽을 경유하였는데, 이곳은 옛 위(衞) 지역으로, '전욱'이 거처하던 터이며, 예전에 '전욱'이 궁

상(窮桑) 땅으로부터 이곳으로 옮겨왔기 때문에, 이곳을 상구(商丘) 또는 제구(帝丘)라고도 부른다.

◎ **전의(展衣)** : '전의'는 '단의(襢衣)'라고도 부른다. 흰색 비단으로 만든 옷이다. 본래 왕후(王后)가 입던 육복(六服)의 하나를 가리키나 대부(大夫)의 부인에게는 가장 격식을 갖춘 예복(禮服)이 된다. 일설에는 흰색이 아닌 붉은색 비단으로 만든 옷이라고도 한다. 『주례』「천관(天官) · 내사복(內司服)」편에는 '전의'가 기록되어 있는데, 이에 대한 정현의 주에서는 "鄭司農云, 展衣, 白衣也."라고 풀이했다.

◎ **전제(奠祭)** : '전제'는 죽은 자 및 귀신들에게 음식을 헌상하는 제사이다. 상례(喪禮)를 치를 때, 빈소를 차리고 나면, 매일 아침과 저녁에 음식을 바치며 제사를 지내게 되는데, '전제'는 주로 이러한 제사를 뜻한다.

◎ **정사농(鄭司農)** : =정중(鄭衆)

◎ **정색(正色)** : '정색'은 간색(間色)과 대비되는 말로, 청색(青色) · 적색(赤色) · 황색(黃色) · 백색(白色) · 흑색(黑色) 등 순일한 다섯 종류의 색깔을 뜻한다.

◎ **정중(鄭衆, ? ~ A.D.83)** : =정사농(鄭司農). 후한(後漢) 때의 경학자이다. 자(字)는 중사(仲師)이다. 부친은 정흥(鄭興)이다. 부친에게 『춘추좌씨전(春秋左氏傳)』의 학문을 전수받았다. 또한 그는 대사농(大司農) 등의 관직을 역임하였기 때문에, '정사농'이라고도 불렀다. 한편 정흥과 그의 학문은 정현(鄭玄)에게 많은 영향을 주었기 때문에, 후대에서는 정현을 후정(後鄭)이라고 불렀고, 정흥과 그를 선정(先鄭)이라고도 불렀다. 저서로는 『춘추조례(春秋條例)』, 『주례해고(周禮解詁)』 등을 지었다고 하지만, 현재는 전해지지 않았다.

◎ **정침(正寢)** : '정침'은 노침(路寢)과 같은 말이다. 또한 정전(正殿)이라고도 불렀다. 군주가 정무를 처리하던 장소이다. 천자에게는 6개의 침(寢)이 있었는데, 가장 앞쪽에 있는 1개의 침이 바로 정침(正寢)이 되고, 나머지는 5개의 침은 연침(燕寢)이 된다. 또한 군주의 부인이 사용하는 정침을 뜻하기도 한다. 또한 군주 이하의 계층에게 있어서는 공적인 업무를 처리하거나 일을 할 때 사용하는 공간을 뜻하기도 한다.

◎ **정현(鄭玄, A.D.127 ~ A.D.200)** : =정강성(鄭康成)·정씨(鄭氏). 한대(漢代)의 유학자이다. 자(字)는 강성(康成)이다. 『주역(周易)』, 『상서(尙書)』, 『모시(毛詩)』, 『주례(周禮)』, 『의례(儀禮)』, 『예기(禮記)』, 『논어(論語)』, 『효경(孝經)』 등에 주석을 하였다.

◎ **정흥(鄭興, ?~?)** : 정대부(鄭大夫)·정소공(鄭少贛)이라고도 부른다. 후한(後漢) 때의 학자이다. 자(字)는 소공(少贛)이다. 『춘추좌씨전』과 『주관(周官)』에 뛰어났다. 태중대부(太中大夫) 등에 올랐다. 정중(鄭衆)의 부친이다.

◎ **제거(齊車)** : '제거'는 정갈하게 재계한 수레를 뜻한다. 금(金)으로 제작하기도 하였다. 제왕(帝王)은 순수(巡守), 조근(朝覲) 및 회동(會同) 때에 재계를 하게 되는데, 이 수레를 사용함으로써 재계를 했음을 나타낸다. 『주례』「하관(夏官)·제우(齊右)」편에는 "掌祭祀會同賓客前齊車."라는 기록이 있고, 이에 대한 정현의 주에서는 "齊車, 金路. 王自整齊之車也."라고 풀이했고, 손이양(孫詒讓)의 『정의(正義)』에서는 "敍官齊僕注云, '古者王將朝覲會同必齊.' 是齊車以齊戒爲名."이라고 풀이하였다.

◎ **제모(諸母)** : '제모'는 서모(庶母)를 뜻한다.

◎ **제폐(制幣)** : '제폐'는 고대의 제사 때 바치게 되는 비단을 뜻한다. 제물로 사용되는 비단에는 일정한 규격이 있었기 때문에 '제(制)'자를 붙여서 부른 것이다. 『의례』「기석례(旣夕禮)」편에는 "贈用制幣玄纁束."이라는 기록이 있는데, 이에 대한 정현의 주에서는 "丈八尺曰制."라고 풀이했다. 즉 1장(丈) 8척(尺)의 길이로 재단한 비단을 '제(制)'라고 부른다.

◎ **조묘(祧廟)** : '조묘'는 천묘(遷廟)와 같은 뜻이다. '천묘'는 대수(代數)가 다한 신주(神主)를 모시는 묘(廟)를 뜻한다. 예를 들어 天子의 경우, 7개의 묘(廟)를 설치하는데, 가운데의 묘에는 시조(始祖) 혹은 태조(太祖)의 신주(神主)를 모시며, 이곳의 신주는 다른 곳으로 옮기지 않는 불천위(不遷位)에 해당한다. 그리고 좌우에는 각각 3개의 묘(廟)를 설치하여, 소목(昭穆)의 순서에 따라 6대(代)의 신주를 모신다. 현재의 천자가 죽게 되어, 그의 신주를 묘에 모실 때에는 소목의 순서에 따라 가장 끝

부분에 있는 묘로 신주가 들어가게 된다. 만약 소(昭) 계열의 가장 끝 묘에 새로운 신주가 들어서게 되면, 밀려나게 된 신주는 바로 위의 소 계열 묘로 들어가게 되고, 최종적으로 밀려나서 더 이상 갈 곳이 없는 신주는 '천묘'로 들어가게 된다. 또한 '천묘'는 위에서 서술한 것처럼 신구(新舊)의 신주가 옮겨지게 되는 의식 자체를 지칭하기도 하며, '천묘'된 신주 자체를 가리키기도 한다. 주(周)나라 때에는 문왕(文王)과 무왕(武王)의 묘를 '천묘'로 사용하였다.

◎ **조복(朝服)** : '조복'은 군주와 신하가 조회를 열 때 착용하는 복장을 뜻한다. 중요한 의식을 치를 때 착용하는 예복(禮服)을 가리키기도 한다.

◎ **조빙(朝聘)** : '조빙'은 본래 제후가 주기적으로 천자를 찾아뵙는 것을 뜻한다. 고대에는 제후가 천자에 대해서 매년 1번씩 소빙(小聘)을 했고, 3년에 1번씩 대빙(大聘)을 했으며, 5년에 1번씩 조(朝)를 했다. '소빙'은 제후가 직접 찾아가지 않았고, 대부(大夫)를 대신 파견하였으며, '대빙' 때에는 경(卿)을 파견하였다. '조'에서만 제후가 직접 찾아갔는데, 이것을 합쳐서 '조빙'이라고 부른다. 춘추시대(春秋時代) 때에는 진(晉)나라 문공(文公)과 같은 패주(霸主)에게 '조빙'을 하기도 하였다. 『예기』「왕제(王制)」편에는 "諸侯之於天子也, 比年一小聘, 三年一大聘, 五年一朝."라는 기록이 있고, 이에 대한 정현의 주에서는 "比年, 每歲也. 小聘, 使大夫, 大聘, 使卿, 朝, 則君自行. 然此大聘與朝, 晉文霸時所制也."라고 풀이했다. 후대에는 서로 찾아가서 만나보는 것을 '조빙'이라고 범칭하기도 했다.

◎ **조상(趙商, ? ~ ?)** : 정현(鄭玄)의 제자이다. 자(字)는 자성(子聲)이다. 하내(河內) 지역 출신이다.

◎ **조전(祖奠)** : '조전'은 발인 하루 전에 올리는 전제(奠祭)를 가리킨다.

◎ **조천(朝踐)** : '조천'은 제례(祭禮) 의식 중 하나이다. 희생물의 피와 기름 등을 바치고, 단술을 따르게 되면, 비로소 제사를 본격적으로 시행하게 된다. 제주(祭主)의 부인이 되는 주부(主婦)는 이때 제사 때 진설해두는 제기(祭器)인 두변(豆籩) 등을 바치게 된다. '조천'은 바로 이러한 의식 절차를 가리킨다. 『주례』「춘관(春官)·사준이(司尊彝)」에는 "其朝踐用

兩獻尊."이라는 기록이 있고, 이 기록에 대한 정현의 주에서는 "朝踐, 謂薦血腥, 酌醴, 始行祭事, 后於是薦朝事之豆籩."이라고 풀이하였다.

◎ **조헌(朝獻)** : '조헌'은 제례(祭禮) 의식 중 하나이다. 시동(尸童)에게 술잔을 바치는 의식을 가리킨다. 『주례』「춘관(春官) · 사준이(司尊彝)」편에는 "其朝獻用兩著尊."이라는 기록이 있고, 이에 대한 정현의 주에는 "朝獻, 謂尸卒食, 王酳之."라고 풀이했다.

◎ **졸곡(卒哭)** : '졸곡'은 우제(虞祭)를 지낸 뒤에 지내는 제사이다. 이 제사를 지내게 되면, 수시로 곡(哭)하던 것을 멈추고, 아침과 저녁때에만 한 번씩 곡을 하게 된다. 그렇기 때문에 '졸곡'이라고 부르게 된 것이다.

◎ **좌식(佐食)** : '좌식'은 제사를 지낼 때, 시동의 옆에서 시동이 제사 음식을 흠향할 수 있도록 시중을 드는 사람이다. 『의례』「특생궤식례(特牲饋食禮)」편에는 "佐食北面, 立於中庭."이라는 기록이 있는데, 이에 대한 정현의 주에서는 "佐食, 賓佐尸食者."라고 풀이했다.

◎ **주목(州牧)** : '주목'은 1주(州)를 대표하는 수장을 뜻한다. 고대 중국에서는 천하를 9개의 주로 구획하였고, 각 주에 소속된 제후들 중에서 수장이 되는 자를 '주목'이라고 불렀다. 『서』「주서(周書) · 주관(周官)」편에는 "唐虞稽古, 建官惟百, 內有百揆四岳, 外有州牧侯伯."이라는 기록이 있고, 이에 대한 채침(蔡沈)의 『집전(集傳)』에서는 "州牧, 各總其州者."라고 풀이했다.

◎ **중의(中衣)** : '중의'는 조복(朝服)이나 제복(祭服) 등의 예복(禮服) 안에 착용하는 옷이다. '중의' 안에는 속옷 등을 착용하고, '중의' 겉에는 예복 등을 착용하므로, 중간이라는 뜻에서 '중의'라고 부르는 것이다. 또한 모든 복장에 있어서 속옷과 겉옷 중간에 입는 옷을 뜻하기도 한다. 『예기』「교특생(郊特牲)」편에는 "繡黼丹朱中衣."라는 기록이 있고, 이에 대한 공영달(孔穎達)의 소(疏)에서는 "中衣, 謂以素爲冕服之裏衣."라고 풀이하였다.

◎ **진규(鎭圭)** : '진규'는 천자가 각종 의식 행사를 치를 때 잡게 되는 옥(玉)으로 만든 규(圭)이다. 길이는 1척(尺) 2촌(寸)으로 만들며, '진(鎭)'자는

안정시킨다는 뜻이다. ‘진규’의 네 면에는 사방에 있는 주요 네 개의 산을 각각의 방향에 조각해 넣었다. 따라서 이러한 장식을 통해 천자가 사방을 평안하게 안정시킨다는 뜻을 나타내었다.

◎ **진복(鎭服)** : ‘진복’은 이복(夷服)과 번복(藩服) 사이에 있는 땅을 뜻한다. 천자의 수도 밖으로 사방 3500리(里)리와 4000리 사이에 있었던 땅을 가리킨다. 오랑캐 지역에 해당한다. ‘진복’의 ‘진(鎭)’자는 이 지역이 오랑캐 지역 중에서도 깊숙한 곳에 위치하여, 그들을 진압하기 위해 보루를 만들어서 지킬 필요가 있기 때문에, 붙여진 글자이다. ‘복(服)’자는 천자를 위해 복종한다는 뜻이다. 『주례』「하관(夏官) · 직방씨(職方氏)」편에는 “又其外方五百里曰夷服, 又其外方五百里曰鎭服, 又其外方五百里曰藩服.”이라는 기록이 있고, 이에 대한 가공언(賈公彦)의 소(疏)에서는 “言鎭者, 以其入夷狄深, 故須鎭守之.”라고 풀이했다.

◎ **진제(振祭)** : ‘진제’는 구제(九祭) 중 하나이다. ‘진제’는 본래 유제(擩祭)와 같은 것으로, ‘유제’는 아직 입에 대지 않은 음식을 젓갈이나 소금 등에 찍어서 제사를 지내는 것을 뜻하며, ‘진제’는 젓갈이나 소금 등에 찍은 음식에 대해 겉면에 묻은 젓갈이나 소금을 털어내어 제사를 지내는 것을 뜻한다.

◎ **창아(蒼雅)** : ‘창아’는 『삼창(三蒼)』과 『이아(爾雅)』 등의 자서들을 총칭하는 말이다.

◎ **천묘(遷廟)** : ‘천묘’는 대수(代數)가 다한 신주(神主)를 모시는 묘(廟)를 뜻한다. 예를 들어 천자의 경우, 7개의 묘(廟)를 설치하는데, 가운데의 묘에는 시조(始祖) 혹은 태조(太祖)의 신주(神主)를 모시며, 이곳의 신주는 다른 곳으로 옮기지 않는 불천위(不遷位)에 해당한다. 그리고 좌우에는 각각 3개의 묘(廟)를 설치하여, 소목(昭穆)의 순서에 따라 6대(代)의 신주를 모신다. 현재의 천자가 죽게 되어, 그의 신주를 묘에 모실 때에는 소목의 순서에 따라 가장 끝 부분에 있는 묘로 신주가 들어가게 된

다. 만약 소(昭) 계열의 가장 끝 묘에 새로운 신주가 들어서게 되면, 밀려나게 된 신주는 바로 위의 소 계열 묘로 들어가게 되고, 최종적으로 밀려나서 더 이상 갈 곳이 없는 신주는 '천묘'로 들어가게 된다. 또한 '천묘'는 위에서 서술한 것처럼 신구(新舊)의 신주가 옮겨지게 되는 의식 자체를 지칭하기도 하며, '천묘'된 신주 자체를 가리키기도 한다.

◎ **천지(天地)** : '천지'는 천신(天神)과 지신(地神)을 뜻한다. 지신은 지기(地祇)라고 부르기도 한다. 천지에 대한 제사는 교(郊)에서 지냈기 때문에, 이 제사를 교제(郊祭) 또는 교사(郊祀)라고 부르기도 했다. 음양오행설(陰陽五行說)이 성행했던 시기에는 음양(陰陽)의 구분에 따라서 하늘에 대한 제사는 양(陽)에 해당하는 남쪽 교외에서 지냈고, 땅에 대한 제사는 음(陰)에 해당하는 북쪽 교외에서 지냈다. 『한서(漢書)』「교사지하(郊祀志下)」편에는 "帝王之事莫大乎承天之序, 承天之序莫重於郊祀. …… 祭天於南郊, 就陽之義也. 地於北郊, 卽陰之象也."라는 기록이 있다.

◎ **청기(請期)** : '청기'는 혼례 절차 중 하나이다. 신랑 집안에서 신부 집안에 예물을 보낸 뒤에, 혼인하기에 좋은 길일(吉日)을 점치게 된다. 길(吉)한 날을 잡게 되면, 신부 집안에 통보를 하며 가부(可否)를 묻게 되는데, 이 절차가 바로 '청기'이다.

◎ **체제(禘祭)** : '체제'는 천신(天神) 및 조상신(祖上神)에게 지내는 '큰 제사[大祭]'를 뜻한다. 『이아』「석천(釋天)」편에는 "禘, 大祭也."라는 기록이 있고, 이에 대한 곽박(郭璞)의 주에서는 "五年一大祭."라고 풀이하여, 대제(大祭)로써의 체제사는 5년마다 1번씩 지낸다고 설명한다. 그러나 『예기』「왕제(王制)」에 수록된 각종 제사들에 대한 기록을 살펴보면, 체제사는 큰 제사임에는 분명하나, 반드시 5년마다 1번씩 지내는 제사는 아니었다.

◎ **초(醮)** : '초'는 관례(冠禮)나 혼례(婚禮)에서 술과 관련된 의식 절차를 뜻하며, 례(醴)와 상대된다. 존귀한 자가 신분이 낮은 자에게 술을 따라주게 되는데, 술잔을 받은 자는 그 술을 다 마시게 되지만, 서로 술을 권하지는 않는 것을 '초'라고 부른다. 『의례』「사관례(士冠禮)」편에는 "若

不醴, 則醮, 用酒."라는 기록이 있고, 이에 대한 정현의 주에서는 "酌而無酬酢曰醮."라고 풀이했다.

◎ 초지(稍地) : '초지'는 주(周)나라 때 도성에서 300리(理) 떨어진 지역을 일컫는 말이다.

◎ 추복(追服) : '추복'은 상사(喪事)가 발생했을 때 특별한 사정으로 인해 상복(喪服)을 착용하지 못했을 때, 이후 기간을 미루어 복상(服喪)하는 것을 뜻한다.

◎ 축관(祝官) : '축관'은 고대에 제사의 축문이나 기도 등의 일을 담당했던 관리이다.

◎ 취(就) : '취'는 고대의 복식과 장식에 있어서, 다섯 가지 채색의 끈을 이용하여, 한 번 두르는 것을 뜻한다.

◎ 치면(絺冕) : '치면'은 희면(希冕)·치면(黹冕)이라고도 부른다. 치의(絺衣)와 면류관을 뜻한다. 천자 및 제후가 사직(社稷) 및 오사(五祀)에 대한 제사를 지낼 때 착용하던 복장이다. '치의'에는 쌀 모양의 무늬를 수놓았고, 다른 그림을 그려 넣지 않았다. 상의에는 1개의 무늬를 수놓고, 하의에는 2개의 무늬를 수놓게 되어, 총 3개의 무늬가 들어가게 된다. 『주례(周禮)』「춘관(春官)·사복(司服)」편에는 "祭社稷·五祀則希冕."이라는 기록이 있고, 이에 대한 정현의 주에서는 "希刺粉米, 無畫也. 其衣一章, 裳二章, 凡三也."라고 풀이했다.

◎ 친영(親迎) : '친영'은 혼례(婚禮)에서 시행하는 여섯 가지 예식(禮式) 중 하나이다. 사위될 자가 여자 집에 가서 혼례를 치르고, 자신의 집으로 데려오는 예식을 뜻한다.

◎ 침문(寢門) : '침문'은 침문(寑門)이라고도 부른다. 노문(路門)을 가리킨다. '노문'은 궁실(宮室)의 건축물 중에서도 가장 안쪽에 있었던 정문을 뜻하는데, 여러 문들 중에서도 노침(路寢)과 가장 가까운 위치에 있었기 때문에, '노문'이라는 명칭이 생겼다. '침문'이라는 용어 또한 '노침'에 가까이 있었기 때문에 붙여진 명칭이다. 한편 가장 안쪽에 있었던 정문이었으므로, '침문'을 내문(內門)이라고도 부른다.

ㅌ

◎ **태뢰(太牢)** : '태뢰'는 제사에서 소[牛], 양(羊), 돼지[豕] 3가지 희생물을 갖춘 것을 뜻한다. 『장자』「지악(至樂)」편에는 "具太牢以爲膳."이라는 기록이 있는데, 이에 대한 성현영(成玄英)의 소(疏)에서는 "太牢, 牛羊豕也."라고 풀이하였다.

ㅍ

◎ **편가(偏駕)** : '편가'는 제후가 타는 수레를 뜻하는 용어이다.

◎ **포벽(蒲璧)** : '포벽'은 조회 때 천자 및 각 신하들이 잡게 되는 육서(六瑞) 중의 하나이다. 남작이 잡던 벽(璧)이다. '포(蒲)'는 자리를 짜는 왕골을 뜻하는데, 왕골이 만개하여 꽃을 피운 모습을 무늬로 새겨 넣었기 때문에 '포벽'이라고 부르는 것이다. '벽'의 지름은 5촌(寸)이었다.

◎ **피변(皮弁)** : '피변'은 고대에 사용되었던 관(冠)의 한 종류이다. 백색 사슴의 가죽으로 만든 모자이다. 한편 관(冠)에 따른 의복까지 포함한 의미로 사용되기도 한다. 『주례』「하관(夏官)·변사(弁師)」편에는 "王之皮弁, 會五采玉琪, 象邸, 玉笄."라는 기록이 있다.

◎ **피변복(皮弁服)** : '피변복'은 호의(縞衣)라고도 부르며, 주로 군주가 조회를 하거나 고삭(告朔)을 할 때 착용하는 복장이다. 흰색 비단으로 만들었으며, 옷에 착용하는 관(冠) 또한 백색 사슴 가죽으로 만들었다. 『의례』「기석례(旣夕禮)」편에는 "薦乘車, 鹿淺幦, 干笮革靾, 載旜載皮弁服, 纓轡貝勒, 縣于衡."이라는 기록이 있고, 이에 대한 정현의 주에서는 "皮弁服者, 視朔之服."이라고 풀이했다.

ㅎ

◎ **하상(下殤)** : '하상'은 8~11세 사이에 요절한 자를 뜻한다. 『의례』「상복(喪服)」편에 "十一至八歲爲下殤."이라는 기록이 있다.

◎ 하적(夏翟) : '하적'은 하적(夏狄)이라고도 기록한다. 날개와 털의 색깔이 다섯 가지인 야생 꿩을 뜻한다.

◎ 하창(賀瑒, A.D.452 ~ A.D.510) : 남조(南朝) 때의 학자이다. 남조의 제(齊)나라와 양(梁)나라에서 각각 활동하였다. 자(字)는 덕연(德璉)이다. 『예기신의소(禮記新義疏)』 등을 찬술하였다.

◎ 하휴(何休, A.D.129 ~ A.D.182) : 전한(前漢) 때의 금문경학자(今文經學者)이다. 자(字)는 소공(邵公)이다. 『춘추공양전해고(春秋公羊傳解詁)』를 지었으며, 『효경(孝經)』, 『논어(論語)』 등에 대해서도 주를 달았고, 『춘추한의(春秋漢議)』를 짓기도 하였다.

◎ 한시내전(韓詩內傳) : 『한시내전(韓詩內傳)』은 한(漢)나라 때 한영(韓嬰)이 지은 책이다. 한영은 내전(內傳) 4권과 외전(外傳) 6권을 지었는데, 내전은 산일되어 없어졌고, 외전만이 남아 있다. 이것을 『한시외전(韓詩外傳)』이라고 부른다.

◎ 향대부(鄕大夫) : '향대부'는 주대(周代)의 행정단위였던 향(鄕)을 담당하는 관리이다.

◎ 혁로(革路) : '혁로'는 혁로(革輅)라고도 부른다. 천자가 사용하는 다섯 가지 수레 중 하나이다. 전쟁용으로 사용했던 수레인데, 간혹 제후의 나라에 순수(巡守)를 갈 때 사용하기도 하였다. 가죽으로 겉을 단단하게 동여매서 고정시키고, 옻칠만 하고, 다른 장식을 하지 않았기 때문에, '혁로'라고 부르는 것이다. 『주례』「춘관(春官) · 건거(巾車)」편에는 "革路, 龍勒, 條纓五就, 建大白, 以卽戎, 以封四衛."라는 기록이 있고, 이에 대한 정현의 주에서는 "革路, 鞔之以革而漆之, 無他飾."이라고 풀이했다.

◎ 현단(玄端) : '현단'은 고대의 예복(禮服) 중 하나이다. 흑색으로 만든 옷이다. 주로 제사 때 사용했으며, 천자 및 제후로부터 대부(大夫)와 사(士) 계급에 이르기까지 모두 이 복장을 착용할 수 있었다. '현단'은 상의와 하의 및 관(冠)까지 포함하는 용어이다. 한편 손이양(孫詒讓)의 주장에 따르면, '현단'은 의복에만 해당하는 용어이며, 관(冠)은 포함하지 않는다고 주장한다. 그리고 천자로부터 사 계급에 이르기까지 이 복장을 제복(齊服)으로 사용했다고 설명한다. 『주례』「춘관(春官) · 사복(司服)」

편에는 “其齊服有玄端素端.”이라는 기록이 있는데, 손이양의 『정의(正義)』에서는 “玄端素端是服名, 非冠名, 蓋自天子下達至於士通用爲齊服, 而冠則尊卑所用互異.”라고 풀이하였다. 그리고 ‘현단’은 천자가 평소 거처할 때 착용했던 복장을 가리키기도 한다. 『예기』「옥조(玉藻)」편에는 “卒食, 玄端而居.”라는 기록이 있고, 이에 대한 정현의 주에서는 “天子服玄端燕居也.”라고 풀이하였다.

◎ **현면(玄冕)** : ‘현면’은 현의(玄衣)와 면류관을 뜻한다. 본래 천자 및 제후의 제사복장으로, 비교적 중요성이 덜한 제사 때 입는다. ‘현의’ 중 상의에는 무늬가 들어가지 않고, 하의에만 불(黻)을 수놓는다. 『주례』「춘관(春官)·사복(司服)」편에는 “祭群小祀則玄冕.”이라는 기록이 있고, 이에 대한 정현의 주에서는 “玄者, 衣無文, 裳刺黻而已, 是以謂玄焉.”이라고 풀이했다.

◎ **현비(縣鄙)** : ‘현비’는 현(縣)과 비(鄙)를 합쳐 부르는 말로, 고대에 설치되었던 행정구역들이다. 『주례』「지관(地官)·수인(遂人)」편에는 “五家爲鄰, 五鄰爲里, 四里爲酇, 五酇爲鄙, 五鄙爲縣, 五縣爲遂.”라는 기록이 있다. 즉 5개의 가(家)가 1개의 린(鄰)이 되고, 5개의 ‘린’이 1개의 리(里)가 되며, 4개의 ‘리’가 1개의 찬(酇)이 되며, 5개의 ‘찬’이 1개의 ‘비’가 되고, 5개의 ‘비’가 1개의 ‘현’이 되며, 5개의 ‘현’이 1개의 수(遂)가 된다. ‘가’를 기준으로 설명하면, 1‘린’은 5가, 1‘리’는 25가, 1‘찬’은 100가, 1‘비’는 500가, 1‘현’은 2500가, 1‘수’는 12500가의 규모가 된다.

◎ **현주(玄酒)** : ‘현주’는 고대의 제례(祭禮)에서 술 대신 사용한 물[水]을 뜻한다. ‘현주’의 ‘현(玄)’자는 물은 흑색을 상징하므로, 붙여진 글자이다. ‘현주’의 ‘주(酒)’자의 경우, 태고시대 때에는 아직 술이 없었기 때문에, 물을 술 대신 사용했다. 따라서 후대에는 이 물을 가리키며 ‘주’자를 붙이게 된 것이다. ‘현주’를 사용하는 것은 가장 오래된 예법 중 하나이므로, 후대에도 이러한 예법을 존숭하여, 제사 때 ‘현주’ 또한 사용했던 것이며, ‘현주’를 술 중에서도 가장 귀한 것으로 여겼다. 『예기』「예운(禮運)」편에는 “故玄酒在室, 醴醆在戶.”라는 기록이 있는데, 이에 대한 공영달(孔穎達)의 소(疏)에서는 “玄酒, 謂水也. 以其色黑, 謂之玄. 而太古無

酒, 此水當酒所用, 故謂之玄酒."라고 풀이했다.

◎ **현지(縣地)** : '현지'는 주(周)나라 때 도성에서 400리(理) 떨어진 지역을 일컫는 말이다.

◎ **협배(俠拜)** : '협배'는 고대에 절을 하는 방법 중의 하나이다. 여자가 먼저 남자에게 절을 하면, 남자는 답배를 하게 되고, 여자는 재차 절을 하는데, 이것을 '협배'라고 부른다.

◎ **형갱(鉶羹)** : '형갱'은 형(鉶)이라는 그릇에 담는 국으로, 조미료나 야채 등을 가미하여 맛을 풍부하게 낸 국이다. 소고기 국에는 콩잎을 가미하였고, 양고기 국에는 씀바귀를 가미하였으며, 돼지고기 국에는 고비를 가미하기도 하였다. 『주례』「천관(天官)·형인(亨人)」편에는 "祭祀, 共大羹·鉶羹. 賓客亦如之."라는 기록이 있고, 이에 대한 가공언(賈公彦)의 소(疏)에서는 "云鉶羹者, 皆是陪鼎膷臐膮, 牛用藿, 羊用苦, 豕用薇, 調以五味, 盛之於鉶器, 卽謂之鉶羹."이라고 풀이했다.

◎ **환규(桓圭)** : '환규'는 조회 때 천자 및 각 신하들이 잡게 되는 육서(六瑞) 중의 하나이다. 공작이 잡던 규(圭)이다. 한 쌍의 기둥을 '환(桓)'이라고 부르는데, 이 무늬를 '규'에 새겼기 때문에, '환규'라고 부른다. '규'의 길이는 9촌(寸)으로 만들었다.

◎ **황간(皇侃, A.D.488 ~ A.D.545)** : =황씨(皇氏). 남조(南朝) 때 양(梁)나라의 경학자이다. 『주례(周禮)』, 『의례(儀禮)』, 『예기(禮記)』 등에 해박하여, 『상복문구의소(喪服文句義疏)』, 『예기의소(禮記義疏)』, 『예기강소(禮記講疏)』 등을 지었지만, 현재는 전해지지 않는다. 그 일부가 마국한(馬國翰)의 『옥함산방집일서(玉函山房輯佚書)』에 수록되어 있다.

◎ **황고(皇姑)** : '황고'는 고대에 며느리가 남편의 돌아가신 모친을 존대하여 지칭하는 말이다.

◎ **황구(皇舅)** : '황구'는 고대에 며느리가 남편의 돌아가신 부친을 존대하여 지칭하는 말이다.

◎ **황보밀(皇甫謐, A.D.215 ~ A.D.282)** : 위진(魏晉) 때의 학자이다. 성(姓)은 황보(皇甫)이고, 이름은 밀(謐)인데, 초명은 정(靜)이다. 자(字)는 사안(士安)이고, 호(鎬)는 현안(玄晏)이다. 『고사전(高士傳)』·『연력(年

歷)』·『열녀전(列女傳)』·『일사전(逸士傳)』·『제왕세기(帝王世紀)』·『현안춘추(玄晏春秋)』 등이 있다.

◎ **황제(黃帝)** : '황제'는 헌원씨(軒轅氏), 유웅씨(有熊氏)이라고도 부른다. 전설시대에 존재했다고 전해지는 고대 제왕(帝王)이다. 소전(少典)의 아들이고, 성(姓)은 공손(公孫)이다. 헌원(軒轅)이라는 땅의 구릉 지역에 거주하였기 때문에, 그를 '헌원씨'라고도 부르는 것이다. 또한 '황제'는 희수(姬水) 지역에도 거주를 하였기 때문에, 이 지역의 이름을 따서 성(姓)을 희(姬)로 고치기도 하였다. 그리고 수도를 유웅(有熊) 땅에 마련하였기 때문에, 그를 '유웅씨'라고도 부르는 것이다. 한편 오행(五行) 관념에 따라서, 그는 토덕(土德)을 바탕으로 제왕이 되었다고 여겼는데, 흙[土]이 상징하는 색깔은 황(黃)이므로, 그를 '황제'라고 부르는 것이다. 『역』「계사하(繫辭下)」편에는 "神農氏沒, 黃帝·堯·舜氏作, 通其變, 使民不倦."이라는 기록이 있는데, 이에 대한 공영달(孔穎達)의 소(疏)에서는 "黃帝, 有熊氏少典之子, 姬姓也."라고 풀이했다. 한편 '황제'는 오제(五帝) 중 하나를 뜻한다. 오행(五行)으로 구분했을 때 토(土)를 주관하며, 계절로 따지면 중앙 계절을 주관하고, 방위로 따지면 중앙을 주관하는 신(神)이다. 『여씨춘추(呂氏春秋)』「계하기(季夏紀)」편에는 "其帝黃帝, 其神后土."라는 기록이 있고, 이에 대한 고유(高誘)의 주에서는 "黃帝, 少典之子, 以土德王天下, 號軒轅氏, 死託祀爲中央之帝."라고 풀이했다.

◎ **회동(會同)** : '회동'은 제후들이 천자를 찾아뵙는 예법을 통칭하는 용어이다. 또한 각 계절마다 정기적으로 찾아뵙는 것을 회(會)라고 부르고, 제후들이 대규모로 찾아뵙는 것을 동(同)이라고 불러서, 구분을 짓기도 한다. 또 '회'는 정해진 시기 없이 특별한 일이 발생했을 때 찾아뵙는 것을 뜻하기도 한다. 각종 회견 등을 가리키는 용어로도 사용된다. 『시』「소아(小雅)·거공(車攻)」편에는 "赤芾金舃, 會同有繹."이라는 기록이 있는데, 이에 대한 모전(毛傳)에서는 "時見曰會, 殷見曰同. 繹, 陳也."라고 풀이했다.

| 역자 소개 |

정병섭鄭秉燮

- 1979년 출생
- 2002년 성균관대학교 유교철학과 졸업
- 2004년 성균관대학교 대학원 유학과 석사
- 2013년 성균관대학교 대학원 유학과 철학박사
- 『예기집설대전』, 『예기보주』, 『예기천견록』, 『예기유편대전』을 완역하였다.
- 현재 『의례주소』를 완역하기 위해 작업 중이다.
- 그 외에도 『주례』, 『대대례기』 번역과 한국유학자들의 예학 관련 저작들의 번역을 계획 중이다.

譯註

儀禮注疏 士昏禮 ❷

초판 인쇄 2022년 8월 16일
초판 발행 2022년 8월 31일

역 자 | 정 병 섭(鄭秉燮)
펴 낸 이 | 하 운 근
펴 낸 곳 | 學古房

주 소 | 경기도 고양시 덕양구 통일로 140 삼송테크노밸리 A동 B224
전 화 | (02)353-9908 편집부(02)356-9903
팩 스 | (02)6959-8234
홈페이지 | hakgobang.co.kr
전자우편 | hakgobang@naver.com, hakgobang@chol.com
등록번호 | 제311-1994-000001호

ISBN 979-11-6586-475-0 94140
979-11-6586-480-4 (세트)

값 38,000원